O Momento da Formação do Contrato

O Momento da Formação do Contrato

DAS NEGOCIAÇÕES PRELIMINARES AO VÍNCULO CONTRATUAL

2019

Renato Grecco

O MOMENTO DA FORMAÇÃO DO CONTRATO
DAS NEGOCIAÇÕES PRELIMINARES AO VÍNCULO CONTRATUAL
© Almedina, 2019

Autor: Renato Grecco
Diagramação: Almedina
Design de Capa: FBA.
ISBN: 978-85-8493-492-8

Dados Internacionais de Catalogação na Publicação (CIP)
(Câmara Brasileira do Livro, SP, Brasil)

Grecco, Renato
O momento da formação do contrato: das negociações preliminares ao vínculo contratual / Renato Grecco. – São Paulo: Almedina Brasil, 2019.

Bibliografia.
ISBN 978-85-8493-492-8

1. Contratos – Brasil 2. Direito civil 3. Obrigações (Direito) I. Título.

19-26046　　　　　　　　　　　　　　　　　　　　CDU-347.4(81)

Índices para catálogo sistemático:

1. Brasil: Direito das obrigações: Direito civil 347.4(81)
2. Brasil: Obrigações e contratos: Direito civil 347.4(81)

Iolanda Rodrigues Biode – Bibliotecária – CRB-8/10014

Aviso: O presente trabalho não representa parecer legal ou a opinião de Pinheiro Neto Advogados sobre o assunto tratado, mas apenas de seu autor, para fins acadêmicos.

Este livro segue as regras do novo Acordo Ortográfico da Língua Portuguesa (1990).

Todos os direitos reservados. Nenhuma parte deste livro, protegido por copyright, pode ser reproduzida, armazenada ou transmitida de alguma forma ou por algum meio, seja eletrônico ou mecânico, inclusive fotocópia, gravação ou qualquer sistema de armazenagem de informações, sem a permissão expressa e por escrito da editora.

Maio, 2019

Editora: Almedina Brasil
Rua José Maria Lisboa, 860, Conj. 131 e 132, Jardim Paulista | 01423-001 São Paulo | Brasil
editora@almedina.com.br
www.almedina.com.br

À minha mãe, ao meu irmão e à Pri, pelo fundamental e insubstituível apoio, e com quem para sempre compartilharei memórias e saudades do meu querido pai, que certamente está muito orgulhoso da família que formou.

AGRADECIMENTOS

Ao meu pai, meu maior professor, que continua diariamente presente, ensinando lições imprenscindíveis que eu nem pensava precisar saber.

À Pri, pela paciência, apoio e compreensão nos últimos anos, tão essenciais e indispensáveis quanto o carinho diário incondicional.

À minha mãe e ao meu irmão, sem os quais não teria sido possível chegar até aqui.

Ao Professor Godoy, meu orientador do mestrado, cuja disposição e paciência para compartilhar seus precisos e preciosos conhecimentos foram fundamentais para evoluir e concluir o projeto de pesquisa inicialmente apresentado.

Ao João Marcelo e ao Pinheiro Neto Advogados, que não se limitaram a simplesmente permitir o estudo acadêmico, mas incentivaram-no a todo tempo, colaborando de forma essencial para que fosse possível a sua realização.

Aos Professores Zanetti e Morsello, cujas sugestões e críticas absolutamente construtivas na banca de qualificação foram primordiais para melhor compreensão do tema e direcionamento da pesquisa.

Aos amigos, que compreenderam a ausência e incentivaram esse trabalho.

SUMÁRIO

AGRADECIMENTOS	7
SUMÁRIO	9
INTRODUÇÃO	11
1. A FASE PRÉ-CONTRATUAL	17
1.1. O Contrato como Fonte de Obrigações	17
1.2. A Fase Pré-Contratual	23
1.2.1. Tratativas, Negociações e Período de Formação do Contrato: as Divisões e Nomenclaturas da Fase Pré-Contratual	36
1.2.2. Proposta e Aceitação	41
1.2.2.1. O Momento de Conclusão do Contrato: Problemática	50
1.2.2.2. O Momento de Conclusão do Contrato: Relevância Jurídica	53
2. FORMAÇÃO PROGRESSIVA DO CONTRATO	59
2.1. O Processo de Formação do Contrato	59
2.2. Documentos Pré-Contratuais: Características e Efeitos	74
2.2.1. Notas sobre o Contrato Preliminar	87
2.2.2. A Minuta e seus Efeitos	100
2.2.3. A Carta de Intenções (*letter of intent*) e demais Acordos Parciais	116

      2.2.4. Documentos Pré-Contratuais e o *Vinculum Juris*   123
  2.3. A Cláusula Geral de Boa-Fé Objetiva e a Fase Pré-Contratual: Relação Jurídica de Confiança   131
  2.4. Notas Sobre a Responsabilidade Pré-Contratual   144

3. ELEMENTOS DO CONTRATO E DECLARAÇÕES NEGOCIAIS   161
  3.1. Os Elementos de Existência do Contrato   161
  3.2. A Ausência da *Vontade* dentre os Elementos de Existência do Contrato   183
      3.2.1. Observações Introdutórias sobre a Autonomia Privada   184
      3.2.2. A Vontade e a Declaração Negocial   188
  3.3. Declaração Negocial como Manifestação de Vontade Qualificada   199
      3.3.1. As Circunstâncias Negociais   202
      3.3.2. Interpretação das Declarações Negociais   206
  3.4. Determinação da Formação de um Contrato: uma Questão Interpretativa   232

4. NECESSIDADE DE CRITÉRIOS PARA IDENTIFICAÇÃO DA FORMAÇÃO DO CONTRATO   235
  4.1. Importância da Definição de Critérios na Análise da Formação do Contrato   235
  4.2. Experiência Estadunidense: Contornos do Contrato na *Common Law* e Possíveis Conflitos na Fase Pré-Contratual   237
  4.3. Experiência Estadunidense: o *Four-Factor Test* dos Tribunais de Nova Iorque   263

5. CONCLUSÃO   279
  5.1. É Possível Estabelecermos Critérios Objetivos para Identificação da Formação do Contrato, ainda que de Forma Não Taxativa?   279
      5.1.1. Critérios do *Four-Factor Test* Analisados da Perspectiva do Direito Brasileiro   279
      5.1.2. Critérios Adicionais   290
  5.2. Análise Crítica de Julgados   308
  5.3. Considerações Finais   328

REFERÊNCIAS   333

Introdução

A presente obra tem por objetivo analisar a formação dos contratos cuja conclusão não é instantânea, isto é, daqueles contratos precedidos por uma fase de negociação[1]. Os principais aspectos de estudo são: (i) a *identificação* da efetiva formação de um contrato – ou seja, a verificação da existência ou não desse contrato; bem como (ii) a determinação do *momento* em que o vínculo contratual é criado. Essa obra examinará, portanto, *se* e *quando* um contrato pode ser reputado concluído.

Além disso, de maneira acessória, esse estudo discorrerá sobre outros aspectos da fase pré-contratual, analisando as características de alguns dos documentos elaborados em tal período.

Neste livro, o contrato cuja formação será estudada é sempre precedido de um período de negociações, que se estendem pelo tempo, de forma continuada ou intermitente, até a conclusão do contrato. Diferentemente de contratos cuja conclusão é instantânea, ou seja, em que não se faz necessária uma fase prévia de negociações, alguns contratos, seja pela complexidade de seu conteúdo, elevado valor econômico ou importância estratégica para as partes[2], formam-se de modo progressivo, vez que a declaração de

---

[1] Desde já, frise-se que a fase preparatória está presente em todos os negócios. Contudo, a fim de facilitar a compreensão do tema e não tornar a dissertação repetitiva, considerar-se-ão os contratos de formação instantânea em oposição aos contratos precedidos por uma fase de negociações.

[2] Tendo em vista as características elencadas, não serão foco desse estudo as particularidades atinentes a contratos de consumo, contratos de adesão e outros contratos em que não seja

vontade das partes em negociação "somente irá se aperfeiçoar e convergir no mesmo sentido da vontade do outro depois de transcorrido um processo de desenvolvimento"[3]. O momento de conclusão do contrato, nesses casos, nem sempre é de simples constatação.

A formação do contrato é tema clássico do direito obrigacional.[4] O contrato, principal fonte das obrigações, é objeto de vasta literatura jurídica – nacional e estrangeira –, que de forma dedicada ou incidental aborda a sua formação. Basta abrir qualquer manual de direito civil que haverá, ao menos, alguns parágrafos dedicados ao tema, sempre explorado nos cursos adotados nas escolas de ensino jurídico.

Dificilmente, contudo, são explorados de forma dedicada o *processo* de formação do contrato e o exato momento em que este é concluído, o que pode ser de difícil constatação, notadamente quando o contrato é precedido por uma fase de negociações mais longa e intensa, com a sucessiva celebração de acordos pré-contratuais e outros documentos.

A própria fase pré-contratual, não obstante a existência de alguns notáveis estudos, como os desenvolvidos por Chaves[5], Garcia[6], Fichtner

---

comum a existência de uma fase relevante de negociações. Esse estudo focará nas relações comerciais e nas relações civis positivamente paritárias e de lucro, que pela complexidade do objeto em negociação, valor ou importância estratégica para as partes, acabam demandando longo e/ou intenso período de negociações.

[3] ROPPO, Vincenzo. Il contratto. In: IUDICA, Giovanni; ZATTI, Paolo. **Trattato di diritto privato**. Milão: Giuffrè, 2001, p. 137.

[4] Apesar de clássico, é um tema que ainda traz diversas questões interessantes. Como menciona Spínola Gomes: "É curioso como temas basilares de qualquer sistema jurídico, como a formação dos contratos, ainda desafiam tantas questões. Benjamin Cardozo, que foi jurista e *justice* da Suprema Corte norte-americana, relatou a mesma sensação, afirmando lhe provocar um senso de encantamento que 'com todos os séculos de desenvolvimento da *common law*, com tantos tribunais e decisões sobre diversos assuntos, ainda existam tantas questões elementares, no sentido de serem primárias e básicas, que permanecem sem resposta'. O mesmo pode ser dito, com tranquilidade, na tradição continental." (SPÍNOLA GOMES, Técio. **O processo de formação do contrato**: abordagem comparatista entre a tradição da *common law* e o direito brasileiro. 2017. 159f. Tese (Doutorado em Direito) – Faculdade de Direito, Universidade de São Paulo, 2017, p. 114)

[5] CHAVES, Antônio. **Responsabilidade pré-contratual**. 2ª ed., São Paulo: Lejus, 1997.

[6] GARCIA, Enéas Costa. **Responsabilidade pré e pós-contratual à luz da boa-fé**. 1ª ed., São Paulo: Editora Juarez de Oliveira, 2003.

Pereira[7], Azevedo[8], Zanetti[9], Grün[10], Gogliano[11] e Spínola Gomes[12], é tema pouco explorado pela doutrina nacional. É o que, já em 2003, apontava Zanetti:

> De fato, os juristas pátrios tratam amiúde dos problemas atinentes à conclusão, ao cumprimento e à extinção do contrato, que, no novo Código Civil, ocupam nada menos que 432 artigos, sete a mais do que havia no Código Civil de 1916. Paradoxalmente, o momento anterior à conclusão do negócio jurídico contratual não tem merecido atenção semelhante por parte dos operadores do direito nacional, não se exagerando ao afirmar que, em termos comparativos, as negociações tendentes à formalização do vínculo, salvo honrosas exceções, vêm sendo sistematicamente ignoradas, como se não tivessem qualquer relevância (...).[13]

Alguns autores dividem a fase pré-contratual em duas, três ou até quatro fases distintas. Apesar de abordar aspectos atinentes a todo esse período, isto é, desde o primeiro contato entre as partes até a efetiva conclusão do contrato, esta obra terá como foco a fase imediatamente anterior ao vínculo contratual, sendo o período mais distante, de tratativas inicias, abordado de forma incidental. A razão para tal abordagem decorre do fato de nesse momento, em que mais próxima a conclusão do contrato, se formar uma

---

[7] PEREIRA, Regis Fichtner. **A responsabilidade civil pré-contratual:** teoria geral e responsabilidade pela ruptura das negociações contratuais. Rio de Janeiro – São Paulo: Renovar, 2001.
[8] AZEVEDO, Antônio Junqueira de. A boa-fé na formação dos Contratos. **Revista da Faculdade de Direito**, Universidade de São Paulo, v.87, 1992; e AZEVEDO, Antônio Junqueira de. Responsabilidade pré-contratual no Código de Defesa do Consumidor: estudo comparativo com a responsabilidade pré-contratual no direito comum. **Revista do Direito do Consumidor**, São Paulo, v. 18, p. 23-31, 1996.
[9] ZANETTI, Cristiano de Sousa. **Responsabilidade pela ruptura das negociações.** 1. ed. São Paulo: Juarez de Oliveira Ltda., 2005.
[10] GRÜN, Mary. **A eficácia dos documentos pré-contratuais**. 2006. Dissertação (Mestrado em Direito Civil) – Faculdade de Direito, Universidade de São Paulo, São Paulo, 2006.
[11] GOGLIANO, Daisy. **Tratativas pré-contratuais (bases de uma teoria)**. São Paulo: Quartier Latin do Brasil, 2013, São Paulo.
[12] SPÍNOLA GOMES, Técio. **O processo de formação do contrato...** op. cit.
[13] ZANETTI, Cristiano de Sousa. **Responsabilidade pela ruptura das negociações...** op. cit., p. 2.

relação jurídica especial ou de confiança mais intensa que a difere do período das tratativas iniciais e a aproxima da fase propriamente contratual.

Buscar-se-á explorar e definir as características e efeitos de alguns dos principais documentos celebrados durante a fase pré-contratual, seguindo a classificação proposta por Pignataro[14] e adotada por alguns autores, dentre os quais Zanetti[15], que categoriza os instrumentos celebrados nessa fase conforme sua função: contratos preparatórios, contratos temporários e contratos parciais.

Serão analisados, ainda, os efeitos das minutas e as características das chamadas *letters of intent* (ou cartas de intenções, como traduzidas na prática contratual brasileira). Naturalmente, a análise não se limitará a traçar características desses instrumentos, mas buscará demonstrar de que forma esses documentos contribuem para a formação do contrato almejado pelas partes durante a fase de negociações pré-contratuais.

Dentro do estudo da formação do contrato, far-se-á necessário analisar como a cláusula geral[16] da boa-fé objetiva, em suas diferentes funções, atua de modo a modular a conduta das partes em negociação e a auxiliar na interpretação e identificação da declaração negocial. Sobre a cláusula geral de boa-fé e suas diferentes funções, assim ensina Martins-Costa: "a boa-fé domina e tutela todo o ordenamento jurídico, mas especialmente as relações obrigacionais, em todos os seus aspectos e em todo o seu conteúdo estão sujeitas à sua incidência imediata".[17]

Ainda, pretende-se discorrer sobre os elementos de existência do negócio jurídico (e, portanto, do contrato) e de que forma tais elementos devem ser identificados pelo operador do direito, notadamente em um contrato formado com as características já descritas acima. É evidente que essa

---

[14] PIGNATARO, Gisella. **Buona fede oggettiva e rapporto giuridico precontrattuale:** gli ordenamenti italiano e francese. Napoli: Edizioni Schientifiche Italiane, 1999, p. 97.

[15] ZANETTI, Cristiano de Sousa. **Responsabilidade pela ruptura das negociações...** op. cit., p. 19.

[16] Na definição de Karl Engisch, uma cláusula geral seria "uma formulação da hipótese que, em termos de grande generalidade, abrange e submete a tratamento jurídico todo um domínio de casos". (ENGISCH, Karl. **Introdução ao pensamento jurídico**. Lisboa: Fundação Calouste Gulbenkain, 2001, p. 229).

[17] MARTINS-COSTA, Judith. A incidência do princípio da boa-fé no período pré-negocial: reflexões em torno de uma notícia jornalística. **Revista de Direito do Consumidor**, São Paulo, v. 4, out./1992. p. 145.

questão não tem uma solução simples, demandando um aprofundamento teórico significativo, em especial com relação ao efetivo papel da vontade na formação do contrato.

Como ficará demonstrado, a identificação da declaração negocial – nas diversas formas em que ela pode se apresentar – é o grande causador de controvérsia em matéria de formação do contrato, sendo a análise dos demais elementos próprios à existência contratual menos controversa.

Por fim, serão traçados alguns critérios e balizas para nortear o operador do direito na identificação da conclusão de um contrato[18], auxiliando-o na identificação dos elementos de sua existência, incluindo, logicamente, a declaração negocial.

Nesse sentido, serão analisados alguns critérios propostos e adotados pelos tribunais de Nova Iorque, nos Estados Unidos, para identificação da intenção das partes negociantes em se vincular a um acordo – o chamado

---

[18] Quanto aos termos *formação* e *conclusão* do contrato, além de outros comumente utilizados por parte da doutrina, como *perfeição* do contrato, embora aparentemente sinônimos, parte da doutrina prefere distingui-los. Essa a opção, por exemplo, de Spínola Gomes (SPÍNOLA GOMES, Técio. **O processo de formação do contrato**... op. cit., p. 62) e Diener, para quem "a *formação* do contrato é composta de uma série de atos, cujo evento final é a *conclusão*. Portanto, a *formação* do contrato pode estender-se no tempo, mas a *conclusão* é realizada em um único instante." (DIENER, Maria Cristina. **Il contratto in generale**. 3 ed. Milão: Giuffrè, 2015, p. 127 *apud* SPÍNOLA GOMES, Técio. O processo de formação do contrato... op. cit., p. 62). A maior parte dos autores que trata de forma dedicada ou incidental sobre o tema, contudo, não chega a realizar tal distinção. A própria legislação, embora aparente preferir o termo *formação* para se referir ao processo que leva à *conclusão* de um contrato, não segue essa terminologia de forma rigorosa, vez que se refere também à *conclusão* quando deveria se referir à *formação* (art. 422) ou, ainda, à *perfeição* quando deveria se referir à *conclusão* (art. 434). Embora interessante a diferenciação, essa dissertação opta por não se ater de maneira rigorosa a essa terminologia, exceto quando o correto entendimento do termo não puder ser inferido do contexto, em especial quando quiser se referir à *conclusão* de um contrato (vez que tal termo possui um significado único no contexto que se discute, diferentemente do vocábulo *formação*, que pode ser polissêmico). Por fim, apenas para que não restem dúvidas, a expressão "*momento* de formação do contrato" (e outras similares) referida ao longo das próximas páginas e no próprio título desse trabalho, refere-se tanto ao *processo de formação* que culmina na *conclusão* de um contrato (portanto, o *momento* retrata um *período*, composto de uma série de atos), quanto ao instante único em que esse contrato é reputado concluído (nesse caso, o *momento* retrata um *instante* específico). Como visto nessa introdução, a análise de ambos faz parte do objeto de investigação principal dessa dissertação.

"four-factor test"[19]. Com inspiração na experiência daquele país, buscaremos alguns parâmetros aplicáveis ao ordenamento brasileiro, propondo critérios que, ao menos, objetivem funções similares.

Ressalta-se, desde logo, que essa obra não terá como resultado a identificação de uma linha divisória bem definida entre relações cujo vínculo contratual já foi criado e relações que ainda não deixaram a fase de negociações. Esse esforço teórico, na verdade, buscará contribuir com critérios para essa identificação no caso concreto, vez que impossível de ser realizada *in abstracto*. Espera-se, assim, que o trabalho a seguir e os critérios a serem propostos facilitem o invariavelmente necessário exame casuístico.

---

[19] Critério de análise da intenção das partes em se vincular por meio de um contrato (*intent to be bound*) proposto pelos tribunais de Nova Iorque, EUA com base no *Restatement (Second) of Contracts §27*. Os *Restatements of the Law* surgiram de esforços voltados à sistematização e codificação do direito americano. Tais trabalhos tinham por objetivo prover às cortes jurisdicionais uma base doutrinária e jurisprudencial a respeito das diversas áreas do direito, bem como proporcionar o desenvolvimento dessas. Na área dos contratos, sua primeira versão – *Restatement of the Law of Contracts* – foi publicada em 1932 pelo *American Law Institute* (ALI); tal versão foi posteriormente atualizada, sendo em 1979 publicado o *Restatement (Second) of Contracts*. Apesar de não ter natureza vinculativa de lei, é reconhecido como um exemplo de *soft law* de sucesso. (SCOTT, Robert E.; KRAUS, Jody S. **Contract law and theory**. 4. ed. Newark: LexisNexis, 2007. p. 2.)

1.
A Fase Pré-Contratual

1.1. O Contrato como Fonte de Obrigações

Para a devida compreensão do tema de estudo, é mister um preciso entendimento da figura do contrato, que é justamente o objeto em torno do qual se identificam todas as questões aqui examinadas.

Analisando o conceito de contrato sob uma perspectiva sistemática[20], Orlando Gomes demonstra que "a escala na genealogia do conceito de contrato sobe ao negócio jurídico, conceito adotado pelo Código Civil, muito embora sem definição legislativa expressa, daí para o ato jurídico e, por fim, para o fato jurídico." E continua: "nessa perspectiva, o contrato é uma espécie de negócio jurídico que se distingue, na formação, por exigir a

---

[20] Orlando Gomes, ao explicar que a análise sistemática realizada segue a ciência jurídica que se inicia com Savigny e o modelo teórico traçado pelos expoentes da escola das Pandectas, ensina que "o *sistema* assemelha-se a uma pirâmide em cujo vértice se encontra um conceito generalíssimo ao qual se reconduzem os restantes conceitos, como outros tantos tipos e subtipos, levando esse método do pensamento formal à *jurisprudência dos conceitos*. Na sequência desse pensamento, Puchta estabelece a conexão lógica dos conceitos como a suprema tarefa do jurista, explicando que, para possuir a *consciência sistemática*, é preciso estar em condições de acompanhar em sentido ascendente e descendente a proveniência de qualquer conceito através de todos os termos médios que participem de sua formação." (GOMES, Orlando. **Contratos**, 26ª ed. Rio de Janeiro: Forense, 2008. p. 4).

presença pelo menos de duas partes. Contrato é, portanto, negócio jurídico bilateral, ou plurilateral."[21]

Mais do que ser um negócio jurídico formado por duas ou mais partes – ou, mais precisamente, por dois ou mais centros de interesse – o contrato pressupõe a congruência entre duas ou mais declarações negociais contrapostas e convergentes[22], tendo como substrato uma operação econômica[23] por meio da qual as partes visam constituir, modificar ou extinguir relações jurídicas patrimoniais.[24-25]

---

[21] Ibid., p. 3-4.

[22] Nas palavras de Carlos Alberto da Mota Pinto: "O contrato, ou negócio jurídico bilateral, é formado por duas ou mais declarações de vontade, de conteúdo oposto, mas convergente, que se ajustam na sua comum pretensão de produzir resultado jurídico unitário, embora com um significado para cada parte." (MOTA PINTO, Carlos Alberto da. **Teoria geral do direito civil**. 4. Ed. por António Pinto Monteiro e Paulo Mota Pinto Coimbra: Coimbra Editora, 2005, p. 647).

[23] Como explica Roppo, o contrato é construído "com vista e em função da operação econômica, da qual representa, por assim dizer, o invólucro ou a veste exterior, e prescindindo da qual resultaria vazia, abstracta, e, consequentemente, incompreensível (...)". (ROPPO, Enzo. **O contrato**. Coimbra: Almedina, 2009, p. 9.

[24] TOMASETTI JR., Alcides. Arts. 1º a 13. In: OLIVEIRA, Juarez (coord.). **Comentários à lei de locação de imóveis urbanos (Lei n. 8.245, de 18 de outubro de 1991)**. São Paulo: Saraiva, 1992. p. 6).

[25] Nesse ponto, faz-se necessário esclarecer o emprego do vocábulo *contrato*. Como demonstrado acima, contrato é um negócio jurídico bilateral ou plurilateral. Entendido o vocábulo *contrato* em sentido amplo, ele designa *todo* negócio jurídico que se forma pelo concurso de vontades – incluindo, por exemplo, negócios jurídicos bilaterais que se apresentam no Direito de Família e no Direito das Sucessões. Em um sentido estrito, *contrato* seria o negócio jurídico formado pelo acordo de vontades *produtivo de efeitos obrigacionais na esfera patrimonial*. Como explica Gomes: "A questão é (...) puramente terminológica. Interessa, assim mesmo, fixar o exato sentido da palavra contrato porque a outras modalidades do concurso de vontades não se aplicam as regras que o regem. Deve ser observada para designar o negócio bilateral, cujo efeito jurídico pretendido pelas partes seja a criação de vínculo obrigacional de conteúdo patrimonial." Seguindo a orientação de Gomes, é essa última acepção do contrato que exploraremos nesse trabalho, não obstante a análise que será desenvolvida certamente ser útil ao conceito mais amplo de contrato. A fim de evitar confusões terminológicas, utilizaremos o termo *convenção* ou simplesmente *acordo* para designar acordos em geral, estabeleçam ou não vínculo obrigacional. Importante, por fim, frisar que a concepção de contrato como categoria jurídica encontra uma tendência de alargamento, conforme destaca Gomes: "O contrato é uma categoria jurídica que está a se alargar no próprio campo do Direito Civil; além de ser fonte de obrigações, na sua função tradicional atribuída no Direito Romano, opera, em

Por uma outra perspectiva, analisando o contrato e sua função dentro do Direito Civil, partindo de uma visão mais genérica e indo em direção ao objeto específico de estudo, verificamos que o contrato se situa no campo do direito das obrigações, no âmbito da fonte das obrigações, sendo ele – o contrato – uma dessas fontes.[26]

A obrigação, da qual o contrato é fonte, pode ser entendida como "o vínculo jurídico em virtude do qual uma pessoa pode exigir de outra prestação economicamente apreciável"[27]; ou, ainda, "o vínculo jurídico por virtude do qual uma pessoa fica adstrita para com outra à realização de uma prestação, que deve corresponder a um interesse do credor, digno de proteção legal"[28]; ou, em definição similar, "vínculo jurídico entre duas partes, em virtude do qual uma delas fica adstrita a satisfazer uma prestação patrimonial de interesse da outra, que pode exigi-la, se não for cumprida espontaneamente, mediante agressão ao patrimônio do devedor"[29]. Em todas as definições, nota-se que o clássico *vinculum juris* (ou vínculo jurídico) está presente em posição de destaque, ao lado dos elementos subjetivos (o credor e o devedor) e do elemento objetivo (a prestação).

O vínculo jurídico é justamente o núcleo central da obrigação. Como ensina Varela[30], é pelo vínculo entre credor e devedor que se opera a

---

alguns sistemas jurídicos, na esfera das *relações reais*, constituindo e transferindo *direitos reais*. Admite-se, demais disso, que o contrato não é apenas *constitutivo* de obrigações, mas também *modificativo e extintivo*." GOMES, Orlando. **Contratos...** op. cit., p. 10-14.

[26] E, no campo do direito obrigacional, há especial motivo para se estudar a sua origem, vez que, como ensina Antunes Varela, "a obrigação tem um conteúdo variável consoante a fonte de onde procede". (ANTUNES VARELA, João de Matos. **Das obrigações em geral**. 10. ed., 6. reimp. Coimbra: Almedina, 2009, v. I., p. 203).

[27] PEREIRA, Caio Mário da Silva. **Instituições de Direito Civil**: teoria geral das obrigações. v. II. Rio de Janeiro: Forense, 2008. p. 7-8.

[28] ALMEIDA COSTA, Mario Júlio de. **Direito das obrigações**. 12. ed. Coimbra: Almedina, 2014. p. 68.

[29] GOMES, Orlando. **Obrigações**. 12. ed. Rio de Janeiro: Forense, 1999, p. 10.

[30] "Como se opera a ligação entre os sujeitos da obrigação e a prestação debitória, que forma o objeto dela? Como é que a prestação serve o interesse do credor? Como é que a coisa, o direito ou o facto, aptos a satisfazer a necessidade do credor, são postos ao serviço do titular do crédito? Através do vínculo que a ordem jurídica estabelece entre o credor e o devedor. Este vínculo, construído pelo enlace dos poderes conferidos ao credor com os correlativos deveres impostos ao titular passivo da relação, forma o núcleo central da obrigação, o elemento substancial da

ligação entre os sujeitos da relação e a prestação debitória, que forma o objeto da obrigação. É, ainda, pelo vínculo, que a coisa, o direito ou o fato aptos a satisfazer a necessidade do credor, são postos a serviço do futuro titular de crédito. E esse vínculo, que é "construído pelo enlace dos poderes conferidos ao credor com os correlativos deveres impostos ao titular passivo da relação, forma o núcleo central da obrigação, o elemento substancial da economia da relação".[31] É o vínculo jurídico o elemento irredutível da relação, no qual reside o cerne do direito de crédito.

A fonte de obrigação é, portanto, o fato jurídico de onde nasce o vínculo obrigacional.[32] Formado um contrato, formado está, também, o vínculo obrigacional.

Como destaca Almeida Costa[33], os contratos constituem a principal fonte de relações obrigacionais, não apenas pela sua frequência, mas pela relevância cotidiana dos direitos e obrigações criados por essa fonte. E essa importância dos contratos, que já se evidenciava no direito romano, continua verdadeira até os dias de hoje[34], não obstante opiniões em sentido contrário que começaram a aparecer na segunda metade do século passado, sustentando existir uma tendência de declínio da relevância do contrato e da liberdade contratual[35] – corrente com a qual este autor,

---

economia da relação. Atenta a facilidade com que mudam os sujeitos da obrigação e ponderadas as transformações que sofre a cada passo a propria prestação debitória, o vínculo estabelecido entre o devedor e o credor constitui o elemento verdadeiramente irredutível da relação. Nele reside o cerne do direito de crédito." (ANTUNES VARELA, João de Matos. **Das obrigações em geral...** op. cit., p. 109).

[31] Ibid.

[32] Ibid., p. 203.

[33] ALMEIDA COSTA, Mario Júlio de. **Direito das obrigações...** op. cit., p. 201.

[34] Novamente nos valendo das palavras de Antunes Varela, ao comentar os primórdios do contrato no direito romano, "os contratos eram já, e continuam a ser ainda hoje, a fonte mais importante das obrigações (...)". (ANTUNES VARELA, João de Matos. **Das obrigações em geral...** op. cit., p. 205).

[35] Nesse sentido, ver: GILMORE, Grant. **The death of contract**. 2. Ed. The Ohio State University Press, 1995; e ATIYAH, Patrick Selim. **The rise and fall of freedom of contract**. Oxford: Clarendon Press, 1985.

corroborando as opiniões de Grau[36], Varela[37], Almeida Costa[38], entre outros, não concorda.

Pelo contrário, estamos diante de tempos de proliferação das relações contratuais e de categorias novas de contratos que prosseguem se renovando a todo tempo, o que demonstra que o contrato continua sendo um esquema jurídico de primeira linha, a serviço da colaboração entre as pessoas, do incentivo econômico e do progresso[39]. Como ilustra Almeida Costa dando destaque justamente ao caráter flexível do contrato que, por essa razão, se adapta aos novos tempos:

> Não parece excessivo reconhecer que assistimos a uma renovada dinâmica contratual, porventura, impensável no passado. Está em consonância com a qualificada sociedade pós-industrial, que se instala a passos largos, com a sua caracterizada globalização económica ou dos mercados e financeira e o modelo das empresas transnacionais, ao lado das multinacionais. A pretendida uniformização do direito privado, neste domínio, é conseguida através da adopção de idênticos paradigmas contratuais, dotados de flexibilidade ausente das normas de criação estadual. Trata-se de um elemento peculiar de "lex mercatoria" afeiçoada aos tempos actuais.[40]

Admitido o contrato como a principal fonte de obrigações, voltemos a conceituá-lo e defini-lo. Na lição de Varela[41], "diz-se contrato o acordo vinculativo, assente sobre duas ou mais declarações de vontade (oferta ou proposta, de um lado; aceitação, do outro), contrapostas, mas perfeitamente harmonizáveis entre si, que visam estabelecer uma composição unitária de interesses." Para Gomes, contrato é "o negócio jurídico bilateral, ou plurilateral, que sujeita as partes à observância de conduta idônea à satisfação dos interesses que regularam".[42]

---

[36] GRAU, Eros Roberto. Um novo paradigma dos contratos? **Revista da Faculdade de Direito da Universidade de São Paulo**, São Paulo, v. 96, p. 423-433, 2001.
[37] ANTUNES VARELA, João de Matos. **Das obrigações em geral**... op. cit., p. 211-212, nota (1).
[38] ALMEIDA COSTA, Mario Júlio de. **Direito das obrigações**... op. cit., p. 203 e ss.
[39] Ibid., p. 204.
[40] ALMEIDA COSTA, Mario Júlio de. **Direito das obrigações**... op. cit., p. 212-213.
[41] ANTUNES VARELA, João de Matos. **Das obrigações em geral**... op. cit., p. 212.
[42] GOMES, Orlando. **Contratos**... op. cit., p. 11

Roppo, definindo o conceito de contrato, explica que, em regra, o contrato é um negócio bilateral, sendo necessária a existência de pelo menos duas partes, e que cada uma delas manifeste a vontade de se sujeitar ao regramento de recíprocas relações patrimoniais que resulta do conjunto de cláusulas contratuais.[43] Destaca Roppo, ademais, a importância da proposta e da aceitação, ao explicar que para a existência de um contrato é necessário que uma parte realize a proposta de determinado regulamento contratual, o qual deve ser aceito pela outra parte – e é nesse momento de encontro entre a proposta e a aceitação, o qual dá lugar ao chamado consenso contratual, que o contrato é formado e o regulamento contratual torna-se vinculativo para as partes.[44]

Enquanto o vínculo jurídico é o núcleo central das obrigações, o consenso é o elemento central do contrato e, portanto, da formação do vínculo jurídico.

Deixando isso ainda mais evidente, Roppo explica que o *accordo* é justamente o principal requisito do contrato.[45] Ilustrando sua explicação com

---

[43] "O contrato é, por regra, um acto, ou um negócio, bilateral. Isto é, para que exista um contrato é necessário, por regra, que existam pelo menos duas partes, e que cada uma delas exprima a sua vontade de sujeitar-se àquele determinado regulamento das recíprocas relações patrimoniais, que resulta do conjunto das cláusulas contratuais. É necessário, em concreto, que uma parte proponha aquele determinado regulamento, e que a outra parte o aceite. O contrato forma-se precisamente quando essa proposta e essa aceitação se encontram, dando lugar àquilo que se chama o consenso contratual. Só nesta condição o regulamento se torna vinculativo para as partes e cria direitos e obrigações: vendedor e comprador devem ambos declarar querer vender, e respectivamente comprar, tal coisa por tal preço; de contrário, não se forma nenhum contrato de compra e venda, ninguém adquire a propriedade da coisa, ninguém se torna credor do preço." (ROPPO, Enzo. **O contrato**... op. cit., p. 73).

[44] Ibid.

[45] ROPPO, Vincenzo. Il contratto... op. cit., p. 95: "Il contratto è accordo (art. 1321); l'accordo è un requisito del contratto (art. 1325, n. 1). Perché un contratto si formi ed esista, occorre l'accordo delle parti; senza accordo, niente contratto. I criteri per stabilire si vi è accordo delle parti sono contenuti nelle regole sulla conclusione del contratto (artt. 1326-1342): la sezione che le ospita s'intitola appunto 'Dell'accordo delle parti'. L'importanza pratica di queste regole discende dal fatto che esse governano questioni rilevantissime come il 'se', il 'quando' e il 'dove' della formazione del contratto. Em tradução livre: "O contrato é um acordo (art. 1.321); o acordo é um requisito do contrato (art. 1.325, nº 1). Para que um contrato se forme e exista, deve haver o acordo entre as partes; sem acordo, não há contrato. Os critérios para estabelecer se há acordo entre as partes estão contidos nas regras de celebração do contrato (arts. 1.326-1.342) insertas na seção intitulada 'Dell'accordo delle parti' – Do acordo entre

artigos do *Codice Civile Italiano*, o autor explica que o contrato é acordo – e que, assim, o acordo é um requisito do contrato; para que um contrato se forme e exista, é necessário o acordo entre as partes, sem o qual o contrato não existe. E essa regra simples, da forma como é apontada por Roppo, é questão central para que se analise "se" e "quando" houve a formação de um contrato.

1.2. A Fase Pré-Contratual

Apesar de na vida jurídica os contratos não surgirem por geração espontânea[46], há alguns – e esses são a maioria na vida cotidiana, especialmente em relações diárias de menor complexidade[47] – que se formam instantaneamente, em razão do simples fato de que, no encontro da declaração de vontade das partes contratantes, a vontade declarada já se apresenta madura. Como explica Almeida Costa, esses contratos formam-se rapidamente, "mediante o mero encontro de uma oferta e de uma aceitação, sem que existam, ou não existindo quase, anteriores aproximações dos contraentes ou negociações prévias".[48] Exemplos de tais contratos são abundantes: *A* entra na padaria e adquire leite; sociedade *B* entra em um *website* e encomenda material para seu escritório; *C* se dirige a um restaurante e realiza uma refeição.

Não se nega que há uma fase preparatória nessas hipóteses; ela apenas é muito curta e normalmente não se exterioriza. É o que destaca Garcia[49], ao afirmar que essa fase está presente em todos os negócios, sendo mais ou

---

as partes. A relevância prática dessas regras decorre do fato de que elas estabelecem questões muito importantes como *se, quando* e *onde* houve a formação do contrato."

[46] MOTA PINTO, Carlos Alberto da. A responsabilidade pré-negocial pela não conclusão dos contratos. **Boletim da Faculdade de Direito da Universidade de Coimbra**. Suplemento XIV, 1965, p. 143-252.

[47] GARCIA, Enéas Costa. **Responsabilidade...** op. cit., p. 17.

[48] ALMEIDA COSTA, Mario Júlio de. **Direito das obrigações...** op. cit., p. 299.

[49] A fase preparatória está presente em todos os negócios. Eventualmente, é muito curta, como nos casos em que o negócio se conclui de modo instantâneo (ex. venda à vista de produto), nos contratos de adesão, nas relações contratuais de fato. Mesmo nesses casos há um período, ainda que extremamente rápido e mesmo interior (psicológico), em que cada um dos contratantes analisa as vantagens e conveniências do negócio proposto, decidindo, assim, pela celebração do negócio. (GARCIA, Enéas Costa. **Responsabilidade...** op. cit., p. 17).

menos curta a depender do tipo de contrato a ser celebrado e, em algumas vezes, é apenas interior e psicológica.[50]

Outros contratos, seja pela complexidade do seu conteúdo, elevado valor econômico ou importância estratégica para as partes, demandam um período de maturação sobre sua contratação futura e seu conteúdo.[51] Esse período de negociações objetiva, sob a perspectiva pessoal de cada contraente, permitir, entre outros: a análise e verificação da viabilidade e conveniência da contratação; o conhecimento preciso do objeto do contrato pretendido; a obtenção de informações relevantes a cada parte sobre o futuro contrato; a verificação de aspectos inerentes ao objeto do contrato pretendido etc.

Exigem esses contratos uma série de preparativos, estudos, análises, troca de ofertas, propostas e contrapropostas, tudo isso visando a um acerto da vontade contratual e ao estabelecimento do equilíbrio de interesses em jogo a fim de atingir o consenso, elemento indispensável ao contrato.[52] É isso que explica Fichtner Pereira, argumentando que há determinados negócios jurídicos em que o processo de decisão sobre realizar ou não o negócio jurídico requer o sopesamento de diversos fatores, bem como

---

[50] No mesmo sentido, Chaves: "É que nos casos mais simples o proponente ao lançar a sua oferta, frequentemente de modo tácito, pela simples exposição do seu produto à venda, e o aceitante ao acolhê-lo, cada um deles separadamente, verificou consigo mesmo a vantagem da transação. Embora o fenômeno não se exteriorize, na verdade houve, de lado a lado, cálculo e aquilatação de conveniências recíprocas, não aparecendo simplesmente porque o pequeno valor da transação, ou a sua repetição inúmera, não dão ensejo a qualquer discussão: trata-se de admitir ou de deixar. Ou se aceita, digamos, a passagem de ônibus por uma importância que todo mundo conhece, ou se percorrem à pé os quarteirões do trajeto, sem que passe pela cabeça de ninguém a lembrança de estabelecer discussões ou regatear o preço". (CHAVES, Antônio. **Responsabilidade pré-contratual...** op. cit, 1997. p. 58).

[51] GRÜN, Mary. **A eficácia dos documentos pré-contratuais...** op. cit. p. 19-20. Também sobre o assunto, Tepedino explica: "Na realidade contemporânea, a formação contratual dificilmente ocorre de maneira instantânea. As tratativas e negociações preliminares tornam-se cada vez mais complexas e demoradas. Minutas, cartas de intenções, projeções de retorno de investimento, atas de reuniões, esboços de contratos e anexos, além de compromissos verbais muitas vezes assumidos entre as partes vinculam, com intensidade variável, as partes interessadas em contratar." (TEPEDINO, Gustavo. Atividade sem negócio jurídico fundante e a formação progressiva dos contratos. **Revista Trimestral de Direito Civil**, Rio de Janeiro, v. 11, n. 44, p. 19–30, out./dez., 2010, p. 27.)

[52] GARCIA, Enéas Costa. **Responsabilidade...** op. cit., p. 17.

a obtenção de diversas informações relevantes durante o processo de negociação.[53]

Essa última categoria de contratos necessita de um processo de desenvolvimento do *consenso*, não existente desde logo, a fim de que seja, portanto, atingida uma *declaração comum de vontades* e criado o vínculo contratual. Exemplos de tais contratos são também abundantes: *A* deseja adquirir um imóvel e, ante essa intenção, avalia as condições do bem e da região, discute um financiamento com seu banco, negocia com o vendedor o preço, as formas possíveis de pagamento, o prazo para desocupação do imóvel e as adaptações na sua estrutura; sociedade *B*, que acaba de construir uma nova fábrica, necessita do fornecimento contínuo da principal matéria-prima de sua produção e, para isso, negocia com um fornecedor o preço, o volume, a forma de entrega, entre outras condições relevantes ao fornecimento pretendido; sociedade *C*, com o intuito de expandir os seus negócios, deseja adquirir o controle acionário de seu concorrente *X* e, para isso, negocia com os acionistas de *X* a venda de sua participação acionária, estuda as possíveis sinergias da conjugação dos negócios, realiza investigações (*due diligences*) na sociedade *X*, examina seus livros contábeis, contrata advogados para discussão de aspectos jurídicos, negocia tratamento de contingências e responsabilidades etc.

As possibilidades dessa categoria de contrato são infinitas e cada vez mais presentes, compreendendo tanto os contratos tradicionais e que comumente já demandavam essa fase prévia de negociações, como os contratos de compra e venda de bem imóvel ou de bens móveis de elevado

---

[53] Há negócios jurídicos em que o processo de deliberação ocorre tão rapidamente, que o agente sequer se dá conta da sua existência. "Uma pessoa, caminhando na rua, vê um bar, entra e compra um refrigerante. Entre a solicitação externa e a realização do negócio jurídico passam-se apenas alguns segundos. As questões que são postas à deliberação em um negócio dessa natureza são simples e consistem normalmente em avaliar o agente a sua própria vontade ou necessidade de ingerir líquido, o custo da aquisição de determinado tipo de líquido e até eventualmente os efeitos que a ingestão do tipo de líquido pretendido irá lhe trazer. Outros negócios jurídicos, no entanto, implicam processos decisórios mais complexos. Para chegar a uma decisão sobre realizar ou não o negócio jurídico, o agente terá que sopesar diversos fatores. Na fase de deliberação, terá o agente que se municiar de informações sobre o negócio jurídico que está pretendendo realizar. Algumas dessas informações ele poderá obter diretamente, através de investigação própria. Outras informações, porém, serão, necessariamente ou não, obtidas da outra parte no negócio jurídico." (PEREIRA, Regis Fichtner. **A responsabilidade civil pré-contratual**... op. cit., p. 45-46).

valor; os contratos de aquisição de grandes lotes de quotas ou ações; os contratos de fornecimento, entre outros; como também formas contratuais mais recentes e que igualmente requerem essa fase anterior, como os contratos de transferência de tecnologia; os contratos de *turn key*[54]; os contratos de *built-to-suit*[55] etc.[56]

Em um contexto de relações cada vez mais complexas que acabam por exigir mecanismos contratuais em igual sentido, cresce a relevância da fase de negociações. Martins-Costa[57], comentando as modificações e maior

---

[54] A expressão *turn key* tem origem no direito norte-americano e se refere a contratos de empreitada também denominados "EPC" – *Engineering, procurement and construction*, os quais compreendem a elaboração de um projeto de engenharia, a construção, a montagem e a compra de equipamentos para uma determinada obra, ou seja, trata-se de um contrato que dispõe sobre a completa execução de uma obra, cabendo ao contratante apenas "virar a chave" do empreendimento.

[55] Contrato de locação de bem imóvel urbano, em que o locador, a fim de atender a necessidades previamente identificadas pelo locatário, realiza reformas substanciais no imóvel; ou seja, prepara o imóvel para determinada locação específica. Ex.: se um imóvel será locado para a instalação de uma rede de *fast-food*, será necessário construir uma cozinha industrial, área para mesas, banheiros amplos, etc.

[56] Fontaine e Ly, em estudo comparado de contratos internacionais, exemplificam outros tipos contratuais: "*This is true, in particular, when the contract relates to a complex and wide-reaching operation, for which the negotiations or the performance may take months or even years and will require the cooperation of several enterprises. Consider, for example, complex mergers and acquisition contracts, agreements relating to the turn-key construction of a factory or to integrated production of civil or military aircraft, the exploration or extraction of natural resources, long-term supply contracts for primary materials or the transfer, exchange or joint implementation of new technology.*" (FONTAINE, Marcel; LY, Filip de. **Drafting internacional contracts:** an analysis of contract clauses. Ardsley: Transnational Publishers, Inc., 2006, p. 1). Em tradução livre: "Isto é verdade, em particular, quando o contrato se refere a uma operação complexa e abrangente, para a qual as negociações ou o cumprimento podem levar meses ou mesmo anos e exigirá uma cooperação de várias empresas. Considere-se, por exemplo, contratos complexos de fusões e aquisições, acordos relativos à construção *turn-key* de uma fábrica ou à produção integrada de aeronaves civis ou militares, exploração ou extração de recursos naturais, contratos de fornecimento a longo prazo para materiais primários ou a transferência, intercâmbio ou implementação conjunta de novas tecnologias."

[57] "(...) numerosos estudos têm versado, já há longos anos, a questão da massificação social e seus reflexos no campo do direito: a explosão demográfica, a expansão da classe média e seu acesso aos bens de consumo – ao menos nos países desenvolvidos – questões ligadas às novas formas de vida urbana, ao estágio atual do capitalismo, às linhas de força da economia mundial, aos padrões culturais vigentes nas áreas urbanizadas, são fatores que projetam eficácia em

complexidade das relações sociais, em especial aquelas ocorridas a partir das últimas décadas do século XX, explica que a questão da massificação social, a expansão da classe média com maior acesso aos bens de consumo bem como os padrões culturais das áreas urbanizadas, entre outras questões sociais, naturalmente projetam eficácia no campo do direito, o qual deve seguir essas transformações.

Como explica Zanetti[58], soma-se a tais alterações sociais uma crescente complexidade dos bens, objeto de troca, que se verifica na sociedade contemporânea. Nesse sentido, a fase de estudos exigidos para compreender e se informar adequadamente sobre tais bens, de forma a tomar uma decisão bem informada acerca da celebração de um contrato, acaba por se prolongar. Tais questões se mostram evidentes "quando se cuida da celebração de negócios jurídicos de maior vulto econômico, como, por exemplo, a aquisição de um imóvel ou de uma empresa".[59]

Se nesse cenário, por um lado, a crescente complexidade das relações sociais e comerciais demanda padronização e celeridade – como comumente verificado nos contratos de consumo, de adesão ou de pequena monta, por exemplo –, com uma tendência inclusive de exclusão da fase negociatória[60], de outro lado, influenciado pela igualmente crescente complexidade dos bens de troca, passa também a exigir que os mecanismos contratuais respectivos acompanhem essa sofisticação, demandando maior extensão do período de negociações. Com isso, natural que a fase de negociações receba cada vez mais atenção e um número cada vez maior de contratos seja precedido por uma fase negociatória mais ou menos alongada, como ilustra Almeida Costa:

---

todas as províncias do direito (...)". (MARTINS-COSTA, Judith. Crise e modificação da ideia de contrato no direito brasileiro. **Revista de Direito do Consumidor**, São Paulo, v. 3, 1992. p. 130).

[58] "(...) a complexidade crescente dos bens, objeto de troca, dos respectivos mecanismos contratuais e, consequentemente, dos estudos exigidos para se compreenderem os dados fáticos e jurídicos pertinentes tende a prolongar a fase de negociações, notadamente quando se cuida da celebração de negócios jurídicos de maior vulto econômico, como, por exemplo, a aquisição de um imóvel ou de uma empresa." (ZANETTI, Cristiano de Sousa. **Responsabilidade pela ruptura das negociações**... op. cit., p. 5).

[59] Ibid.

[60] Ibid., p. 6.

No meio industrializado e tecnológico contemporâneo são, de facto, cada vez mais frequentes os negócios em que os respectivos preliminares se alongam e pormenorizam. Tal resulta, quer da importância e complexidade crescente dos bens e serviços, assim como dos valores ou esquemas financeiros, envolvidos no comercio jurídico, quer dos mecanismos através dos quais este se realiza. Acresce que o desenvolvimento da publicidade, da mercadologia (marketing) e dos meios de comunicação, ao mesmo tempo em que produziu a ampliação do âmbito dos contratantes potenciais, tornou necessária uma progressão mais ou menos demorada das negociações anteriores ao contrato definitivo. Daí a frequência, sempre maior, dos contratos antecedidos de um processo genético, que se inicia aos primeiros contatos das partes com o objetivo da realização de um negócio e se prolonga até o momento de sua efectiva celebração.[61]

Nesse mesmo sentido, Zanetti[62] destaca serem cada vez mais frequentes os contratos que implicam um longo processo de negociações, havendo, em tais casos, considerável dispêndio de riquezas, recursos e forças produtivas.

Como a própria denominação indica, a fase pré-contratual – entendida essa expressão em sentido amplo – nada mais é do que o período anterior à existência do contrato, compreendendo desde as primeiras aproximações das partes com vistas à realização de um negócio, momento no qual há apenas intenção de tratar, obter esclarecimentos, analisar a viabilidade do contrato e traçar elementos básicos de uma possível contratação, mas não ainda intenção de se obrigar; até o momento imediatamente anterior à conclusão do contrato, contemplando atos com eficácia jurídica própria e no qual as partes já estão próximas ao consenso e à formação do contrato.

---

[61] ALMEIDA COSTA, Mario Júlio de. **Responsabilidade civil pela ruptura das negociações preparatórias de um contrato**. Coimbra: Coimbra Editora, 1984, p. 45-46.

[62] "Na realidade negocial, entretanto, não se pode contestar serem cada vez mais frequentes os contratos que implicam, para sua conclusão, longo processo de negociação, no qual há grande dispêndio de riquezas e de forças produtivas, podendo-se pensar, a título meramente exemplificativo, nas transferências acionárias, nas compras de imóveis e as alienações de estabelecimento comerciais. Nesse contexto, os danos decorrentes da ruptura das negociações podem assumir grande importância para o futuro de uma pessoa física ou jurídica, havendo fundando interesse por parte dos jurisdicionados em precisar se e em quais casos o outro candidato a contratante pode ser responsabilizado por tais prejuízos." (ZANETTI, Cristiano de Sousa. **Responsabilidade pela ruptura das negociações**... op. cit., p. 2).

Ou seja, a fase pré-contratual é a fase que se inicia com as negociações preliminares e se estende até a conclusão do contrato, não havendo, ainda, o *vinculum juris* entre as partes ditas contraentes.[63]

Fichtner Pereira[64] explica que essa fase de negociações que se estende até a conclusão do contrato se faz necessária para que a manifestação de vontade, essencial ao surgimento do negócio jurídico, passe por um processo de formação, mais ou menos longo. E continua[65], explicando que é com base nesse processo, no qual as partes trocam informações fundamentais para sobre o negócio pretendido, que as partes vão deliberar acerca da realização ou não do negócio jurídico.

Dentro dessa fase, os atos realizados são de diversas naturezas, todos ligados por um elemento comum: a instrumentalidade no desenvolvimento da relação contratual.[66] São esses atos dirigidos, portanto, à obtenção da convergência da vontade das partes sobre todos os aspectos necessários à formação do contrato – incluindo os elementos sem os quais nenhum contrato existiria e os aspectos sobre os quais qualquer das partes tenha considerado necessário acordar –, sem o que o contrato não fica concluído. É isso que explica Almeida Costa ao comentar o processo de negociações e a fase pré-contratual:

> Daí, a frequência sempre maior de contratos precedidos de um processo genético, que se inicia aos primeiros contactos das partes com a finalidade da realização de um negócio e se prolonga até ao momento da sua efectiva celebração. Nele cabem vários e sucessivos trâmites, tais como entrevistas e outras formas de diálogo, estudos individuais ou em conjunto, experiências,

---

[63] GARCIA, Enéas Costa. **Responsabilidade...** op. cit., p. 16.

[64] "O contrato se aperfeiçoa pela manifestação de vontade de duas ou mais pessoas, relativamente a um mesmo objeto, visando a uma determinada finalidade. (...) A manifestação de vontade que dá surgimento ao negócio jurídico passa, no entanto, necessariamente, por um processo de formação, que pode ser mais ou menos longo." (PEREIRA, Regis Fichtner. **A responsabilidade civil pré-contratual...** op. cit., p. 43-44).

[65] "É, portanto, durante a fase de negociações contratuais, que as partes trocam informações fundamentais para a deliberação de cada qual, sobre realizar ou não o negócio jurídico e sobre o conteúdo que devem imprimir a ele. Nessa fase, portanto, cada parte irá efetivar a representação da realidade que envolve o negócio jurídico projetado." (PEREIRA, Regis Fichtner. **A responsabilidade civil pré-contratual...** op. cit., p. 46-47).

[66] GARCIA, Enéas Costa. **Responsabilidade...** op. cit., p. 18.

consultas de técnicos, viagens de esclarecimento pessoal, redução a escrito de aspectos parcelares ou acordos provisórios e a unificação destes num projecto ou minuta, incitamentos recíprocos a propostas contratuais e, por último, a oferta e a aceitação definitivas. Tudo se dirige à obtenção da convergência da vontade das partes nas cláusulas sobre as quais qualquer delas tenha considerado necessário o acordo, sem o que o contrato não fica concluído (...).[67]

Hilsenrad destaca que a necessidade de uma formação adequada do consenso – entendido como a convergência da vontade das partes – é justamente a razão de ser da fase de negociações.[68] As partes, antes de aceitarem ou não um contrato, tomam precauções, e examinam em detalhe as proposições, termos e condições, construindo, com isso, o consentimento definitivo.

A fase pré-contratual comporta um verdadeiro processo dirigido à obtenção do consenso, composto por atos concretos das partes contraentes nesse sentido. Essa etapa é marcada pela aproximação dos contraentes, pelo entabulamento de conversações, pela realização de estudos, por sugestões negociais de parte a parte, pela sucessão de propostas e contrapropostas, pela troca de minutas, entre outras condutas que visam e caminham em direção ao amadurecimento do consenso e da formação do contrato.[69]

---

[67] ALMEIDA COSTA, Mario Júlio de. **Direito das obrigações...** op. cit., p. 300-301.

[68] "A grande importância jurídica do consentimento e a certeza de que obriga, levam as partes a tomar as maiores precauções, a refletir amplamente, antes de pronunciarem-se pela aceitação de um contrato. Esta reflexão oferece grande interesse para aqueles que desejam concluir o negócio proposto; obriga as partes a examinarem em detalhe as proposições, a propor modificações e condições diferentes. As conversações que assim precedem a conclusão do contrato, mediante a emissão do consentimento definitivo, constituem a fase preparatória do mesmo, a fase preliminar." (HILSENRAD, Arthur. **Las obligaciones precontractuales**. Trad. Faustino Menéndez Pidal, Madrid, Gongora, 1932, p. 7 *apud* GARCIA, Enéas Costa. **Responsabilidade...** op. cit., p. 17).

[69] É isso que explica Fontaine e Ly, mencionando outros exemplos geralmente necessários para que se chegue à celebração do contrato final: "*The negotiations of such contracts are long and difficult. Between the initial definition of the common objectives and the signing of the final agreements, there is a slow work process: preliminary studies, obtaining the necessary assistance from third parties (e.g., financing and insurance), applying for governmental permits that will eventually be required and ultimately refining the details relative to the various aspects of the agreement between the parties (e.g., specifications, periods for completion and delivery, determination of prices, clauses providing for variations*

Corroborando essa ideia de que a fase pré-contratual pode ser encarada como um processo, vez que marcada por uma sucessão de atos destinados a uma determinada finalidade – qual seja, a formação do contrato –, ensina Menezes Cordeiro:

> Para traduzir a ideia duma sucessão de actos destinados a proporcionar a obtenção de determinado fim, a doutrina recente, numa manifestação de vitalidade do Direito Civil, tem utilizado a noção de processo, recuperada do Direito Público. A ideia é importante, uma vez que os actos integrados em sequência processual, com ou sem prejuízo da sua valia intrínseca, se encontram todos norteados para a obtenção do escopo visado pelo processo, com claros reflexos no regime de todo o complexo em causa. Este fenómeno, diagnosticado na génese dos contratos pode, com inteiro rigor científico, ser apelidado de processo de formação do contrato.[70]

As negociações mantidas nessa fase, assim como os diversos documentos que são comumente produzidos nesse período e que serão examinados mais a frente[71], não possuem caráter *vinculante* – decorrência lógica da ainda inexistência de consenso. "O período preparatório do contrato" –

---

and supervening events, guarantees of performance, arbitration). Such negotiations and the various stages involved, may take years. Not infrequently, the discussions continue after the start of performance of the contract, when the urgency of the project drives the parties to proceed with operations before the contractual documents are fully completed." (FONTAINE, Marcel; LY, Filip de. **Drafting internacional contracts...** op. cit., p. 1) Em tradução livre: "As negociações de tais contratos são longas e difíceis. Entre a definição inicial dos objetivos comuns e a assinatura dos acordos finais, há um processo de trabalho lento: estudos preliminares, obtenção da assistência necessária de terceiros (por exemplo, financiamentos e seguros), solicitação de autorizações governamentais que eventualmente se façam necessárias e, finalmente, refinamento dos detalhes relativos aos vários aspectos do contrato (por exemplo, especificações, períodos de conclusão e entrega, determinação de preços, cláusulas de variabilidade e eventos supervenientes, garantias de desempenho, arbitragem). Essas negociações e as várias etapas envolvidas podem levar anos. Não raro, as discussões continuam após o início da execução do contrato, quando a urgência do projeto leva as partes a iniciar as operações antes que os documentos contratuais estejam completos."

[70] MENEZES CORDEIRO, António Manuel da Rocha. **Direito das Obrigações**, Lisboa: Associação Acadêmica da Faculdade de Direito de Lisboa, 1980, reimp.1999, p. 436-432 *apud* GARCIA, Enéas Costa. **Responsabilidade...** op. cit., p. 15.

[71] Nesse sentido, ver capítulo 2.2.

adverte Briz – "não cria por si só vinculação jurídica alguma, enquanto não se chegue ao aperfeiçoamento do contrato ou de um pré-contrato. Não há outra alternativa senão chegar a essa perfeição ou ao fracasso quanto a obter uma vinculação jurídica."[72]

É claro, como será examinado, que podem existir acordos sobre determinados aspectos da negociação que venham a estabelecer obrigações às partes, juridicamente vinculando-as ou não àqueles determinados aspectos. Contudo, de forma alguma as negociações ou documentos pré-contratuais, por mais avançado o estágio em que as negociações se encontrem ou por mais completos que os documentos sejam, são capazes de substituir o necessário consenso à formação do contrato que se almeja com as negociações. É isso que, sempre de forma clara, resume Gomes:

> De resto, é comum fazer preceder à proposta de entendimentos destinados à sua melhor formulação, chamados *negociações preliminares*. Debatem os interessados as condições que podem tornar o contrato viável, prolongando-as com o objetivo de verificarem se o negócio realmente lhes convém. Chegam, não raro, a elaborar um *projeto* do futuro contrato, redigindo, de comum acordo, a *minuta*, que servirá de roteiro, para a redação do competente *instrumento*, cujo texto, via de regra, a reproduz. Outras vezes, as *negociações preliminares* registram-se em simples *apontamentos*, utilizados posteriormente para precisar a vontade dos interessados quanto ao conteúdo do contrato. Seja qual for, porém, a forma que assumam, as *negociações preliminares* constituem atividade que, embora não seja propriamente contratual, possui, em certas circunstâncias, indiscutível relevância jurídica. Tais negociações não passam, entretanto, de mera tentativa para a realização de contratos, não se confundindo com as negociações contratuais propriamente ditas.
>
> Por mais completas, não têm *força vinculante*. É por todos reconhecido que não obrigam. O objetivo de cada interessado ao manter esses entendimentos consiste em averiguar se lhe é possível realizar contrato vantajoso. Nenhum deles entretém essas negociações com o propósito de, para logo, vincular-se

---

[72] BRIZ, Jaime Santos. **La Contratación Privada,** Madrid: Montecorvo, 1966 *apud* CHAVES, Antônio. Responsabilidade pré-contratual. In: NERY JR, Nelson; NERY, Rosa Maria de Andrade (Org.). **Responsabilidade civil.** São Paulo: Editora Revista dos Tribunais, 2010. V. **2**: direito das obrigações e direito negocial. p. 246.

ao outro. Mesmo se redigem *minuta*, estão apenas a elaborar, como observa Messineo, esquema meramente hipotético. Dessas negociações não lhes advém, por conseguinte, a obrigação de contratar.[73]

E, consequência natural dessa não vinculação dos atos pré-contratuais, é que cada uma das partes contraentes tem a liberdade de não celebrar o contrato, sem que haja, em regra, qualquer responsabilidade por essa recusa em contratar. Essa é a decorrência lógica do postulado da liberdade de contratar e da autonomia privada – entendida, nesse caso, em sua primordial perspectiva: a faculdade de contratar ou de não contratar. É justamente por isso que as partes que entram em negociação sabem, de antemão, que nem sempre chegarão a um entendimento comum[74], significando isso o fracasso na obtenção de uma vinculação jurídica – que, em regra, não deve trazer qualquer responsabilidade de lado a lado.

Aliás, é justamente nesse ponto que a fase de negociações contratuais se encerra: quando uma ou ambas as partes manifestam a sua vontade de encerrá-la ou, claro, quando as partes atingem um consenso com relação à contratação e estabelecem a relação jurídica contratual.[75]

Se por um lado é cediço que as negociações não vinculam, é verdade também que a fase pré-contratual não é desamparada pelo direito. O processo de negociações e a conduta das partes a caminho da formação do contrato deve ser suficiente para diferenciar as conversações e atos mantidos na fase pré-contratual, das conversações e atos apenas sociais. Em outras palavras: ainda que não haja um *vinculum juris* entre as partes contraentes, essa fase possui relevância jurídica, não se confundindo com atos meramente sociais. Como ensina Fichtner Pereira, "é quase intuitivo que no momento em que duas pessoas iniciam conversações com a finalidade de realizar um negócio jurídico, não se encontram mais na mesma situação em que se encontram duas pessoas que conversam socialmente".[76]

---

[73] GOMES, Orlando. **Contratos...** op. cit., p. 72.
[74] CHAVES, Antônio. Responsabilidade pré-contratual... op. cit., 2010, p. 246.
[75] PEREIRA, Regis Fichtner. **A responsabilidade civil pré-contratual...** op. cit., p. 51.
[76] "É quase intuitivo que no momento em que duas pessoas iniciam conversações com a finalidade de realizar um negócio jurídico, não se encontram mais na mesma situação em que se encontram duas pessoas que conversam socialmente, trocando meras experiências ou impressões pessoais. Já existe, durante a fase das negociações, uma finalidade objetivamente

Os atos praticados nessa fase se destinam a um fim, que pode ou não vir a ser atingido e que guarda uma natureza econômica objetivamente verificável.

Assim, ainda que inexista contrato, não se pode dizer que os fatos ocorridos nesse período e as condutas das partes em negociação são destituídos de importância ou não são considerados pelo direito.[77] A fase pré-contratual não deve ser enfrentada pelo direito da forma como esse trata e regula a questão contratual, visto que contrato não existe; merece, outrossim, tratamento específico, vez que não há nessa fase meros fatos sociais não jurídicos, mas atos e fatos que se projetam ao plano jurídico, gerando deveres, direitos e obrigações às partes (ainda que não aqueles que constituem objeto principal das negociações). Nas palavras de Carlos Alberto da Mota Pinto, "entrando em negociações, sai-se do círculo dos deveres gerais humanos para penetrar no mundo dos direitos relativos".[78] É isso também que diz Fichtner Pereira, para quem "não se pode (...) qualificar os atos praticados entre duas partes, com vistas à formação de uma relação jurídica contratual, como meros atos de conduta, não jurídicos, abrangidos somente pelas regras da moral."[79]

Ainda sobre esse assunto, Capellari diz que "as tratativas não são meras situações de fato, sem qualquer organicidade." E acrescenta: "são regidas (...) pelo princípio da boa-fé objetiva, o que lhes aproxima, por si só, do plano de existência no mundo jurídico."[80] Em outras palavras: a incidência da boa-fé objetiva nesse período pré-contratual é justamente a forma como o direito reconhece a sua relevância jurídica.

A fase pré-contratual, como destacado por Capellari, é regida pela boa-fé objetiva, devendo o comportamento dos contraentes ser pautado pelos cânones da lealdade e da probidade.[81] Canaris explica que nessa fase haveria um dever específico de proteção entre as partes contraentes,

---

verificável, de natureza econômica, para os atos praticados pelas partes. Esses atos se destinam a um fim, ainda que eventual, qual seja, o de instruírem os contraentes entre si uma relação jurídica de natureza contratual." Ibid., p. 53.

[77] GARCIA, Enéas Costa. **Responsabilidade...** op. cit., p. 59.
[78] MOTA PINTO. Carlos Alberto da. A responsabilidade pré-negocial... op. cit., p. 151.
[79] PEREIRA, Regis Fichtner. **A responsabilidade civil pré-contratual...** op. cit., p. 53
[80] CAPPELARI, Récio Eduardo. **Responsabilidade pré-contratual, aplicabilidade ao direito brasileiro**. Porto Alegre: Livraria do Advogado, 1995.
[81] ALMEIDA COSTA, Mario Julio de. **Direito das obrigações...** op. cit., p. 302.

derivado da situação de confiança suscitada de parte a parte e com fundamento na boa-fé objetiva – o qual subsistiria durante o contrato e sobreviver-lhe-ia.[82]

A boa-fé, no sentido de lealdade e confiança recíprocas, constitui princípio inafastável da teoria dos contratos. Guerreiro[83], antes mesmo da Constituição Federal de 1988 e do Código Civil de 2002, já defendia que o princípio da boa-fé deveria dominar todo o procedimento de formação do consenso volitivo, desde o contato inicial entre as partes até a conclusão do contrato – o que hoje é cediço não apenas na teoria do contrato, mas no próprio direito posto brasileiro.[84]

E é com fundamento na cláusula geral de boa-fé objetiva que surge não apenas um dever de proteção derivado da situação de confiança entre as partes contraentes, mas também diversos outros deveres laterais de conduta que devem ser observados pelas partes em negociação. A cláusula geral de boa-fé objetiva deve, nesse sentido, ser compreendida como verdadeira fonte autônoma de deveres de conduta a pautar a relação pré-contratual – deveres, aliás, cuja violação deve ser tutelada pelo direito, daí a chamada responsabilidade pré-contratual.

Por todas essas razões expostas, defende-se a existência de uma verdadeira relação jurídica pré-contratual, no mesmo sentido da opinião de

---

[82] "(...) desde o início das negociações preliminares, constituir-se-ia, entre os intervenientes, um dever específico de protecção, derivado da situação de confiança suscitado e fundado, positivamente, na boa-fé; esse dever subsistiria, com essa mesma natureza legal, durante a vigência do contrato, podendo sobreviver-lhe, e estendendo-se, ainda, às hipóteses de nulidade contratual e de protecção de terceiro." (CANARIS, Claus-Wilhelm, **Haftung dritter aus positiver Forderungsverletzung**, VersR, 1965, p.115 *apud* MENEZES CORDEIRO, António Manuel da Rocha. **Da boa-fé no direito civil**. Lisboa: Almedina, Coleção Teses, 2007. p. 635, nota 365.)

[83] Segundo Guerreiro, "Se é verdadeira a assertiva de Ripert de que, no momento da formação do vínculo obrigatório, exige-se o mútuo respeito da boa-fé, parece claro e irrecusável que o mesmo princípio haverá de dominar todo o procedimento de formação do consenso volitivo, desde o contato inicial entre as partes até a conclusão do contrato." (GUERREIRO, José Alexandre Tavares. A boa-fé nas negociações preliminares. **Revista de Direito Civil (imobiliário, agrário e empresarial)**, São Paulo, v. 5, n. 16, p. 48-52, abr./jun 1981, p. 51).

[84] Como já destacado na introdução supra – não obstante a redação imprecisa do artigo 422 do Código Civil – e como será retomado no capítulo 2.3 infra.

Fichtner Pereira[85], para quem tal relação possui natureza jurídica diversa da relação contratual, vez que ainda não há prestação devida de parte a parte.

Evidente, contudo, que a relação pré-contratual – e, assim, a forma como o direito incide, notadamente por meio da cláusula geral de boa-fé – não é idêntica em estágio mais inicial do período negociatório, no qual os interessados instauram conversações e analisam a conveniência de se submeterem ao vínculo contratual, e em um estágio mais avançado das negociações, quando as partes já definiram elementos do futuro contrato e estão próximas ao consenso. Assim, passemos a analisar as diferenças entre esses períodos da fase pré-contratual, bem como a diferente intensidade com que o direito – por meio da cláusula geral de boa-fé objetiva – deve atuar em tais períodos.

1.2.1. Tratativas, Negociações e Período de Formação do Contrato: as Divisões e Nomenclaturas da Fase Pré-Contratual

Em um primeiro momento, os termos "tratativas", "negociações preliminares" e "formação do contrato", bem como outros comumente utilizados para se referir ao período pré-contratual e às fases em que esse período se divide, podem causar confusão. A bem da verdade, não há no direito posto brasileiro uma definição precisa dos momentos em que se dividiria a fase pré-contratual – sequer parece-nos que haveria razão de existir tal definição em lei – de forma que coube à doutrina essa tarefa, não havendo até hoje uma classificação que se sobressaia (e talvez, por isso, a confusão).

Diversas são as classificações encontradas na doutrina[86]. A seguir, destacamos, de forma ilustrativa, algumas delas.

---

[85] De acordo com Pereira: "Não há como se deixar de reconhecer, portanto, a existência de uma relação jurídica pré-contratual, cuja natureza jurídica é diversa da natureza jurídica da relação contratual, tendo em vista a ausência do dever jurídico de prestar alguma coisa ao credor, ou do direito de exigir do devedor a obrigação por ele assumida." (PEREIRA, Regis Fichtner. **A responsabilidade civil pré-contratual**... op. cit., p. 54).

[86] Dentre outras, ver: ROPPO, Vincenzo. Il contratto... op. cit.; FERRO-LUZZI, Frederico. **L'imputazione precontrattuale. Il preliminare. Le trattative**. Padova: Cedam, 1999; ZANETTI, Cristiano de Sousa. **Responsabilidade pela ruptura das negociações**... op. cit.; GOGLIANO, Daisy. **Tratativas pré-contratuais**... op. cit.

Para Junqueira de Azevedo[87], a fase pré-contratual seria decomposta apenas em duas fases menores: a das negociações – em que ainda não haveria uma oferta – e a fase da oferta propriamente dita (e na qual, logicamente, já haveria uma oferta).

Já para Rubino[88], haveria três fases sucessivas durante o período pré-contratual: uma primeira na qual não teria sido iniciada a formação da vontade negocial; uma segunda em que a vontade negocial estaria em formação; e uma terceira, e última, caracterizada pela conclusão da vontade negocial, restando pendentes, no entanto, outros elementos gerais da *fattispecie* negocial. Como explica Amaral, a vontade negocial seria a vontade "amparada e garantida pelo ordenamento jurídico e apta a produzir os efeitos jurídicos desejados"[89].

À posição de Rubino assemelha-se a classificação defendida por Faggella, para quem esse período também seria dividido em três fases, sendo um período pré-formativo, de análise do conteúdo do negócio; um período de perfeição do projeto de contrato, reduzindo-se a escrito os pontos acordados; e um período da oferta.[90]

Garcia[91], por sua vez, classifica em quatro momentos distintos o período pré-contratual: (a) a fase de ideação, relativa à formação interior, psicológica, da vontade; (b) as negociações preliminares, quando a vontade antes meramente interna passa a ser expressa; (c) a realização da proposta; e, por fim, (d) a sua aceitação.

Carlos Alberto da Mota Pinto[92], na mesma linha seguida por Junqueira de Azevedo, prefere simplificar esse período pré-contratual dividindo-o em apenas duas etapas: (a) uma fase negociatória, que iria desde o início das negociações até à formulação da proposta de contrato; e (b) uma fase decisória, a qual seria integrada por duas declarações de vontade.

---

[87] AZEVEDO, Antônio Junqueira de. Responsabilidade pré-contratual no Código de Defesa do Consumidor... op. cit., p. 23-31.
[88] RUBINO, Domenico. **La fattispecie e gli effetti giuridici preliminari**. Milano: Giuffré, 1939, p. 170.
[89] AMARAL, Francisco. **Direito civil: introdução**. 6ª ed. Imprenta: Rio de Janeiro, Renovar, 2006, p. 380.
[90] FAGGELLA, Gabriele *apud* MOTA PINTO. Carlos Alberto da. A responsabilidade pré-negocial... op. cit., 169.
[91] GARCIA, Enéas Costa. **Responsabilidade**... op. cit., p. 18-20.
[92] MOTA PINTO. Carlos Alberto da. A responsabilidade pré-negocial... op. cit., p. 168-170.

Nessa linha, a primeira fase seria constituída por atos praticados sem intenção vinculativa e tendo por conteúdo a elaboração de um projeto de contrato que daria ensejo a uma proposta negocial. Seria, assim, a verdadeira fase de negociações, preparatória dos elementos do contrato – conhecida em outros idiomas continentais europeus por "pour-parlers", "trattative" e "Verhandlungen". Estar-se-ia, portanto, nessa fase, diante de pontos singulares do conteúdo negocial e, mesmo que esse fosse apresentado completo, não haveria intenção manifestada de o concluir.[93]

Já a segunda fase seria constituída pelas duas declarações com intenção de formar um contrato – as declarações negociais de oferta e aceitação. Em tal fase, nas palavras de Carlos Alberto da Mota Pinto "o elemento volitivo é dirigido, não à preparação, mas à formação do contrato; é assim uma fase formativa; e, porque não se negocia, mas se decide a celebração de um negócio, uma fase decisória".[94] Estar-se-ia, por conseguinte, diante de um conteúdo completo de contrato[95] e da decisão de o concluir.

De acordo com Grisi[96], não apenas as declarações de oferta e aceitação estariam inseridas nessa fase, mas também alguns negócios jurídicos próprios à fase pré-contratual, como as opções, o contrato de preferência, o contrato preliminar e a proposta irrevogável.

Na mesma linha entende Zanetti[97], que destaca que, além das declarações negociais, diversas figuras contratuais podem aparecer no período de formação do contrato principal. Essa formação complexa já seria objeto de discussão desde o início do século XX, como demonstram estudos de Carnelutti.[98]

---

[93] MOTA PINTO. Carlos Alberto da. A responsabilidade pré-negocial... op. cit., p. 169.
[94] Ibid.
[95] Nota-se que por conteúdo completo do contrato referimo-nos à presença de todos os elementos necessários para que um contrato seja formado – incluindo a inexistência de pontos de desacordo não informados. Esse tema será melhor explorado ao longo deste trabalho, em especial nos Capítulos 2 e 3 infra.
[96] GRISI, Giuseppe. **L'obbligo precontrattuale di informazione.** Napoli: Jovene Editores, 1990. p. 48.
[97] ZANETTI, Cristiano de Sousa. **Responsabilidade pela ruptura das negociações...** op. cit. p. 11-12.
[98] CARNELUTTI, Francesco. Formazione progressiva del contratto. **Revista del Diritto Commerciale e del Diritto Generale delle Obbligazioni**, Milano, v. XIV, segunda parte, p. 308-319, 1916.

Carlos Alberto da Mota Pinto, apesar de reconhecer outras classificações, é categórico em defender que apenas uma classificação bipartite seria legítima. Isso porque outras divisões propostas apresentariam, na verdade, apenas subcategorias de uma das duas fases do período pré-contratual (i.e., da fase negociatória e da fase decisória). Tomando a classificação de Faggella como exemplo, o período de perfeição do projeto de contrato nada mais seria do que a conclusão do período anterior, ou seja, do período pré-formativo do contrato. Tanto é assim que – ao menos para fins da responsabilidade pré-contratual, tema central da dissertação de Carlos Alberto da Mota Pinto – a confiança a ser tutelada pelo direito tanto na primeira quanto na segunda fase da classificação de Faggella seria a mesma (mera confiança na eventual celebração do contrato), apenas com diferente intensidade, enquanto após uma proposta (já na terceira fase da classificação de Faggella) "o aceitante sabe depender apenas dum facto seu a conclusão do contrato e, portanto, *confia na sua efectiva celebração*".[99]

Examinando algumas legislações de modo comparativo à legislação brasileira, observamos que os diplomas português e italiano trazem de forma clara uma divisão para a fase pré-contratual. De acordo com o número 1 do artigo 227º do atual Código Civil português:

> Quem negocia com outrem para conclusão de um contrato deve, tanto nos preliminares como na formação dele, proceder segundo as regras da boa-fé, sob pena de responder pelos danos que culposamente causar à outra parte.[100]

Almeida Costa[101], comentando essa disposição do Código Civil português, observa que a legislação daquele país compreendeu diferentes fases no período pré-contratual: a fase negociatória, na qual haveria uma preparação do conteúdo do acordo; e a fase decisória, em que haveria a emissão das declarações de vontade (proposta e aceitação). A primeira fase abrangeria os atos preparatórios à formação do contrato – "trattative", "pourparlers", "Verhandlungen", conforme a terminologia italiana,

---

[99] MOTA PINTO. Carlos Alberto da. A responsabilidade pré-negocial... op. cit, p. 170.
[100] PORTUGAL. **DL n.º 47344/66** da República Portuguesa, de 25 de novembro de 1966. Disponível em: <http://www.pgdlisboa.pt/leis/lei_mostra_articulado.php?nid=775&tabela=leis&so_miolo>. Acesso em 20 nov. 2017.
[101] ALMEIDA COSTA, Mario Julio de. **Direito das obrigações**... op. cit., p. 302.

francesa e alemã, respectivamente.[102] Dessa forma a "fase de tratativas" corresponderia à fase negociatória, que precede a fase decisória, englobando, portanto, os primeiros contatos entre as partes, passando pelo período de perfeição do projeto de contrato e terminando no momento imediatamente anterior às declarações negociais.

O *Codice* italiano, como explica Roppo[103], também adotou essa divisão bipartite em seu artigo 1337[104], referindo-se à fase de tratativas (*trattative*) e à fase de formação do contrato (*formazione del contratto*).

Em suma, todo o momento anterior às declarações negociais consiste em um período negociatório e de aproximações entre as partes, no qual são realizados diversos atos pelas partes em negociação visando à formação da vontade negocial de cada qual. Como bem explica Zanetti, a função desse período não é apenas possibilitar às partes que verifiquem a conveniência na celebração do contrato, mas também tornar possível a conciliação de interesses.[105]

A partir do momento em que a vontade negocial existe, passa-se a um estágio mais avançado das negociações, no qual são praticados atos que por si só podem produzir efeitos jurídicos[106]. Essa é a fase decisória, de formação e conclusão do contrato.

Nesse ponto, importante fazer uma observação: não raro, esses períodos repetem-se. Isso é de maior recorrência em contratos dito complexos e de formação progressiva. Como explica Chaves[107], "sobrevindo a proposta séria e concreta, e levada ao conhecimento da outra parte para que a aceite, surge a necessidade, como decorrência das observações e das

---

[102] Aliás, sobre essas denominações, o doutrinador português destaca que os vocábulos "tratativas" e "fase de tratativas" utilizados pelos juristas brasileiros (algumas vezes de forma imprecisa) decorre justamente da correspondência com o termo italiano. (Ibid.)

[103] ROPPO, Vincenzo. Il contratto... op. cit., p. 176

[104] Artigo 1337: "*Trattative e responsabilità precontrattuale. Le parti, nello svolgimento delle trattative e nella formazione del contratto, devono comportarsi secondo buona fede.*" (ITALIA. **Codice Civile Italiano** de 4 de abril de 1942. Disponível em: < http://www.normattiva.it/urires/N2Ls?urn:nir:stato:regio.decreto:1942-03-16;262 >. Acesso em 2 dez. 2017) Em tradução livre: "Tratativas e responsabilidade pré-contratual. As partes, na realização das tratativas e na formação do contrato, devem se comportar de acordo com a boa-fé."

[105] ZANETTI, Cristiano de Sousa. **Responsabilidade pela ruptura das negociações**... op. cit., p. 10.

[106] Ibid., p. 11.

[107] CHAVES, Antônio. **Responsabilidade pré-contratual**... op. cit, 1997. p. 59.

contrapropostas desta, de reabrir-se o período de discussão preparatória de formulação da proposta."

Para referirmo-nos às fases do período pré-contratual, adotaremos uma divisão bipartite, utilizando de forma genérica as diversas denominações anteriormente expostas. Dessa maneira, para a fase inicial e mediata ao contrato: fase de tratativas; período negociatório; negociações preliminares; fase de ideação; e período de negociações de um modo geral. Já para a fase mais próxima à conclusão do contrato: fase de conclusão; fase de oferta; fase decisória; e período da oferta e aceitação.

Para o tema dessa obra, interessa-nos mais a fase de conclusão do contrato, visto que para estabelecermos e identificarmos o momento em que o contrato está concluído será necessário analisar a transição do período de sua formação até a sua efetiva existência. De qualquer maneira, toda a fase pré-contratual é de interesse para uma completa compreensão do tema desse trabalho, principalmente em razão da chamada *formação progressiva do contrato*, que também será objeto de análise. Como será demonstrado, a divisão estanque do período pré-contratual em duas (ou mais) fases, bem como a clara determinação de um ato de proposta e um ato de aceitação funcionam em negociações mais simples – como aquelas negociações de bazares, feiras ou de compras do nosso quotidiano –, mas são de pouca utilidade para cenários mais complexos e de formação progressiva do contrato.

1.2.2. Proposta e Aceitação

Para devida compreensão do tema, é mister pincelar algumas das características e conceitos basilares da formação de um contrato em condições ditas ideais (i.e., proposta[108] e aceitação bem definidas; manifestações de vontade claras etc.). Naturalmente, essa análise será realizada de maneira

---

[108] Apesar de os termos oferta e proposta serem geralmente considerados sinônimos, parte da doutrina costuma distingui-los. A proposta e a oferta *stricto sensu* seriam espécies do gênero *oferta lato sensu*. A proposta seria dirigida a pessoa certa e determinada, enquanto a *oferta stricto sensu* seria dirigida a pessoa incerta (*ad incertam personam*); essa teria sido a abordagem do Código Civil de 2002, destacando, aindam os estudiosos que a proposta não abrangeria relações de hipossuficiência como as relações de consumo – tratando-se, nesse caso, sempre de oferta. (OLIVEIRA, Marcelo Leal Lima. A aurora na formação dos contratos: a oferta e a aceitação do clássico ao pós-moderno. **Revista de Direito Privado**, v. 4, n. 15, p. 242-272, jul./set, 2003. p. 244.)

sucinta e focada nos pontos de interesse para esse trabalho, vez que se trata de tema clássico que, como tanto, já foi exaustivamente explorado pela doutrina.[109]

A formação de um contrato, seguindo os ensinamentos clássicos do direito contratual, ocorre pelo encontro de duas declarações negociais – uma declaração que oferta e uma declaração que aceita. São ambas definidas sobre os elementos do negócio e, ao expressarem consentimento, "se entrosam e entram no mundo jurídico de forma imediata".[110]

A declaração de vontade – emanada por meio da oferta e da aceitação – tem importante papel na distinção entre os negócios jurídicos em geral e o contrato, como sublinha a teoria dos negócios jurídicos.[111] É o encontro de declarações de vontade que fixa o conteúdo do contrato.

O objetivo almejado com cada uma dessas declarações de vontade é a formação de um contrato, o que ocorre quando ambas as declarações, manifestando coincidência de vontades e convergência quanto aos efeitos buscados, *se soldam*. Com isso, e havendo observância dos requisitos de

---

Para fins do presente trabalho, tendo em vista que, nas palavras de Pontes de Miranda, ambas possuem a mesma função de "(...) suscitar a composição do negócio jurídico bilateral", ambas as expressões serão indistintamente utilizadas (PONTES DE MIRANDA, Francisco Cavalcanti. **Tratado de direito privado**. 3. ed. Rio de Janeiro: Borsoi, 1972. t. XXXVIII, p. 26-27).

[109] Dentre muitos outros, vide: ALMEIDA COSTA, Mario Júlio de. **Direito das obrigações**... op. cit., p. 220 e ss.; ANTUNES VARELA, João de Matos. **Das obrigações em geral**... op. cit., v. I. p. 216-218; GOMES, Orlando. **Contratos**... op. cit., p. 12-14; 52 e ss.; 67 e ss.; ROPPO, Vincenzo. Il contratto... op. cit., p. 73; 84 e ss.; 97 e ss.; TEPEDINO, Gustavo; BARBOZA, Heloisa Helena; e MORAES, Maria Celina Bodin. **Código Civil interpretado conforme a Constituição da República**. Vol. 2. Rio de Janeiro: Renovar, 2006.

[110] "Tradicionalmente se tem por assente que os contratos – espécie por excelência do gênero negócio jurídico – se formam pelo encontro de duas declarações de vontade, uma que oferta, outra que aceita, ambas definidas sobre os 'elementos' do negócio, as quais, expressando consentimento, se entrosam e entram no mundo jurídico de forma imediata." (MARTINS--COSTA, Judith. As cartas de intenção no processo formativo da contratação internacional: os graus de eficácia dos contratos, **Revista da Faculdade de Direito da Universidade Federal do Rio Grande do Sul**, Porto Alegre, v. 10, p. 39-55, 1994, p. 40).

[111] "Não se discute que, nos negócios jurídicos há, sempre, manifestação ou declaração de vontade, por vezes· considerada 'elemento' do negócio, por vezes tida como sua 'gênese', sendo habitualmente sublinhado o seu papel no que concerne à distinção entre os negócios jurídicos em geral e os demais atos jurídicos do tipo principal de negócio – o contrato – cujo conteúdo se tem como fixado precisamente por ela". (MARTINS-COSTA, Judith. As cartas de intenção no processo formativo da contratação internacional... op. cit., p. 41)

validade, o negócio bilateral se forma e entra no mundo jurídico, ocorrendo neste momento a vinculação jurídica contratual.[112]

Entre presentes, a verificação dessa convergência entre as declarações negociais é simples: não havendo aceitação imediata da oferta, negócio não há. Com relação às propostas entre ausentes, a distância física entre os contratantes e o interregno entre as declarações[113] de cada qual trazem algumas peculiaridades e potenciais conflitos relacionados à formação do contrato. Por essa razão, importante pontuar alguns aspectos básicos adotados pelo direito brasileiro sobre o assunto.

Em linhas gerais, dois são os sistemas possíveis: pelo sistema de cognição, o contrato somente seria perfeito no momento em que o ofertante tomasse conhecimento da aceitação. O principal problema desse sistema é a possibilidade de deixar ao arbítrio do proponente a iniciativa de conhecer a aceitação, o que faria com que o aceitante se visse em uma zona cinzenta de ter aceitado um contrato sem saber ao certo se e quando este estaria formado.

O segundo sistema, conhecido por sistema da agnação, considera que o contrato é aperfeiçoado pela declaração do oblato. Tal sistema divide-se em três correntes: (a) teoria da declaração, pela qual o contrato completa-se no próprio momento da declaração de aceitação (e.g., considerando uma contratação por correspondência, quando o aceitante escreve a carta ou o e-mail); (b) teoria da expedição, pela qual o contrato completa-se quando o aceitante expede sua aceitação ao proponente (e.g., quando o oblato coloca a carta no correio ou envia o e-mail); e (c) teoria da recepção, pela qual o

---

[112] Ibid.

[113] Gomes critica a conservação dessa terminologia e diferenciação. Em suas palavras: "Motivo não há para conservar essa terminologia. Os progressos da técnica dos meios de comunicação permitiram que pessoas separadas por longa distância celebrem contrato como se estivessem frente à frente. Foi necessário recorrer a uma ficção para dar como presente pessoas que realmente são ausentes." (GOMES, Orlando. **Contratos**... op. cit., p. 80). Por essa razão, há, na doutrina, autores que defendem que esse critério seja alterado para comunicações *instantâneas* e *não instantâneas*, deixando de lado o aspecto físico da distância. Nesse sentido, Cíntia Rosa Pereira de Lima e Técio Spínola Gomes (LIMA, Cíntia Rosa Pereira de. Contratos de adesão eletrônicos (*shrink-wrap e click-wrap*) e os termos e condições de uso (*browse-wrap*). In: LIMA, Cíntia Rosa P.; NUNES, Lydia N. B. T. (Org.). Estudos Avançados em Direito Digital. São Paulo: Campus Elsevier, 2014. P. 605-606 *apud* SPÍNOLA GOMES, Técio. **O processo de formação do contrato**... op. cit., p. 79 e SPÍNOLA GOMES, Técio. **O processo de formação do contrato**... op. cit., p. 79)

contrato é considerado formado no momento em que o ofertante recebe o comunicado de aceitação, ainda que não o leia ou não o conheça (e.g., quando o proponente recebe a correspondência ou o e-mail do oblato)[114].

Pela redação do artigo 434[115] do Código Civil, parece-nos que o ordenamento brasileiro optou pela teoria da expedição[116] – prevendo, contudo, algumas exceções[117] que se aproximariam da teoria da recepção, incluindo a retratação do aceitante antes do conhecimento pelo proponente da declaração de aceitação.

Para que uma declaração de oferta seja, de fato, apta a adentrar o mundo jurídico e, como tanto, suscetível de ser aceita (e, nesse caso, criar o *vinculum juris*), deve ela conter todos os elementos necessários à formação de um contrato, incluindo o próprio propósito de contratar. Sem tais elementos, como por exemplo uma "oferta" de aquisição de determinado bem sem que haja indicação de preço, não se está diante de uma oferta – mas diante de uma mera manifestação de vontade não apta a criar o vínculo jurídico contratual. Tal "oferta" incompleta pode configurar – como é de praxe

---

[114] VENOSA, Silvio de Salvo. **Direito Civil**: teoria geral das obrigações e teoria geral dos contratos. 7ª ed., 2ª reimpr. São Paulo: Atlas, 2007. P. 484-485.

[115] Art. 434. Os contratos entre ausentes tornam-se perfeitos desde que a aceitação é expedida, exceto:
I – no caso do artigo antecedente;
II – se o proponente se houver comprometido a esperar resposta;
III – se ela não chegar no prazo convencionado. (BRASIL. Código Civil de 10 de janeiro de 2002. Disponível em: <http://www.planalto.gov.br/ccivil_03/leis/2002/L10406.htm> Acesso em: 12 dez. 2017.)

[116] MONTEIRO, Washington de Barros; MALUF, Carlos Alberto Dabus; SILVA, Regina Beatriz Tavares da. **Curso de Direito Civil**, v.5: direito das obrigações, 2ª parte. 40ª ed., São Paulo: Saraiva, 2013, pp. 43-44; ROSENVALD, Nelson. **Código Civil comentado:** doutrina e jurisprudência. Coord. Cezar Peluso. 7. ed. rev. e atual. Barueri, SP: Manole, 2013, p. 489-490; VENOSA, Silvio de Salvo. **Código Civil interpretado**. São Paulo: Atlas, 2010, pp. 442-443; TEPEDINO, Gustavo; BARBOZA, Heloisa Helena; e MORAES, Maria Celina Bodin. **Código Civil interpretado conforme a Constituição da República**... op. cit., p. 43-44.
Parte importante da doutrina, contudo, defende a teoria da recepção, especialmente em razão do disposto nos artigos 430, 433 e 434, I e III, do Código Civil: ASSIS, Araken de; ANDRADE, Ronaldo Alves de; ALVES, Francisco Glauber Pessoa. **Comentários ao Código Civil brasileiro. Do Direito das Obrigações (Arts. 421 a 578)**. Vol. V, ALVIM, Arruda. ALVIM, Thereza. (Coord.). Rio de Janeiro: Forense, 2007, p. 182-233; GOMES, Orlando. **Contratos**... op. cit., pp. 81-82; e SPÍNOLA GOMES, Técio. **O processo de formação do contrato**... op. cit., p. 88.

[117] PEREIRA, Caio Mário da Silva. **Instituições de direito civil**... op. cit., p. 40-42

– um ato das tratativas pré-contratuais, como por exemplo uma "proposta a receber proposta"[118], mas, certamente, sem os elementos necessários a um contrato, não poderá ser considerada uma oferta.[119] Essas "ofertas incompletas" são parte importante do processo progressivo de formação de um contrato e tendem, justamente, a formular a proposta ou a facilitar a sua aceitação; visam, assim, tão-somente a organizar a matéria do contrato que se pretende formar.[120]

As meras manifestações negociais não consubstanciadas em ofertas – seja porque incompletas, seja porque despidas de elemento volitivo para tanto – não possuem o caráter de vincular o seu agente à "proposta" e, com isso, não são aptas a fazer surgir um contrato.[121]

Aliás, esse aspecto vinculativo da proposta é importante ponto a ser destacado. Apesar de a formação do contrato necessitar de ambas as declarações negociais, a declaração de proposta, de forma isolada, já consiste um negócio válido no mundo jurídico[122], produzindo seus próprios efeitos (que, claro, são diversos dos efeitos de um contrato). Como explica Martins-Costa:

---

[118] MARTINS-COSTA, Judith. As cartas de intenção no processo formativo da contratação internacional... op. cit., p. 42.

[119] Ainda, nesse sentido, Chaves: "Existe ainda outro elemento muito importante de distinção entre proposta e negociações: a oferta deve ser completa, isto é, regular todos os pontos que formarão o conteúdo do futuro contrato, condição a que também a contraproposta deve submeter-se: pode modificar inteira ou parcialmente as condições da proposta, mas deverá abranger todo o setor desta." (CHAVES, Antônio. **Responsabilidade pré-contratual...** op. cit, 1997. p. 65.)

[120] CHAVES, Antônio. **Responsabilidade pré-contratual...** op. cit, 1997. p. 65.

[121] Ibid.

[122] Não há consenso acerca da natureza jurídica da proposta. Como resume Spínola Gomes: "A natureza jurídica da proposta e da aceitação em si é motivo de controvérsia entre os juristas romano-germânicos, que são habituados às classificações em categorias mais abstratas. Roppo esclarece que existem autores que afirmam tratarem-se de atos negociais e outros sustentam a posição de que seriam atos pré-negociais. No seu entendimento, são atos unilaterais, podendo ser entendidos como uma conjunção das duas posições referidas. Para ele, são atos negociais pré-contratuais. Sustenta-se que, como declarações de vontade dirigidas a determinada finalidade pretendida pelo respectivo emissor, tanto a oferta como a aceitação ostentam natureza negocial e são unilaterais. É esclarecedora a imagem provida por Marcos Bernardes, afirmando tratarem-se de negócios jurídicos unilaterais 'que se soldam pelo consenso'." (SPÍNOLA GOMES, Técio. **O processo de formação do contrato...** op. cit., p. 64)

É também consabido que, quando essa declaração de vontade deve dirigir-se a alguém, que a recebe, diz-se vontade receptícia, o elemento "recepção" sendo essencial à eficácia da declaração porque é justamente o que vai "colar" no negócio as duas declarações – a que oferece, ou propõe, e a que aceita, de modo que é pela proposta que a vontade alcança o outro pólo da relação jurídica. Por isso, aliás, bem critica Pontes de Miranda os que afirmam que, pelo fato de a proposta poder não ser aceita – perdendo então a eficácia – não constitui, a mesma, negócio jurídico: pelo contrário, esclarece, mesmo antes da aceitação, a oferta válida entra no mundo jurídico, tanto que pode ser revogada. [123]

Com isso, a proposta por si só, como dito, pode produzir efeitos jurídicos – no caso a criação de um direito potestativo de aceitar; nas palavras de Pontes de Miranda[124], "nasce ao destinatário da oferta direito formativo gerador". É isso que se extrai, aliás, do artigo 427 do Código Civil, não obstante sua redação imprecisa[125].

Assim, ao emitir uma declaração de oferta, o policitante encontra-se exposto a vincular-se (ou, no caso de proposta irrevogável ou com prazo, já se encontra vinculado) àqueles termos caso venham a ser aceitos pela outra parte; já o destinatário – seja ele determinado em particular, seja ele o público em geral – não possui qualquer relação ou vínculo com a oferta, vez que a ninguém se impõe qualquer dever de respondê-la e, muito menos, aceitá-la.[126]

---

[123] MARTINS-COSTA, Judith. As cartas de intenção no processo formativo da contratação internacional... op. cit., p. 41.

[124] PONTES DE MIRANDA, Francisco Cavalcanti. **Tratado de direito privado**. 3. ed. Rio de Janeiro: Borsoi, 1972., t. XXIII, p. 61.

[125] Como critica Revorêdo Pugsley, ao invés de dizer "a proposta de contrato obriga o proponente", mais preciso seria dizer "vincula, porque relação jurídica obrigacional, com direito de crédito, só pode surgir depois da aceitação. É justamente o que se pretende desenvolver aqui: criou-se relação com direito potestativo e sujeição, mas ainda não há direito de crédito e, menos ainda, pretensão x obrigação". (REVORÊDO PUGSLEY, Gustavo de. **O efeito modificativo dos fatos jurídicos sobre a relação jurídica obrigacional**. Dissertação de mestrado apresentada à Faculdade de Direito da Universidade de São Paulo. Orient.: Lydia Neves Bastos Telles Nunes, 2014, p. 145.)

[126] MELLO, Marcos Bernardes de. **Teoria do fato jurídico:** plano da existência. 12. ed., São Paulo: Saraiva, 2003, p. 173.

Entretanto, embora somente a uma esfera jurídica se refiram os efeitos jurídicos do negócio da "proposta", não se cogita uma proposta sem destinatário, ainda que a proposta seja formulada indeterminadamente ao *alter*. Denota-se, daí, que a intersubjetividade constitui dado essencial de uma proposta. A proposta é, portanto, uma manifestação receptícia, vez que se dirige a destinatários determinados ou determináveis e seus efeitos ocorrem a partir do momento em que é recebida[127].

O destinatário da oferta, apesar de não ter qualquer *dever* quanto a ela, possui o poder jurídico de aceitá-la, formando um contrato e obrigando o policitante à sua proposta. Como explica Mello, "esse poder jurídico configura um *direito formativo gerador*[128], o qual, mesmo estando ligado à oferta, é, em si, independente e constitui conteúdo de uma outra situação jurídica complexa unilateral."[129]

Com efeito, a oferta cria duas situações jurídicas com conteúdos próprios e que se esgotam em si: (a) a do ofertante, caracterizada pela *vinculabilidade* ou pela *vinculação*, essa última no caso das propostas irrevogáveis ou com prazo; e (b) a do destinatário, representada pelo *direito formativo gerador*, verdadeiro direito potestativo de obrigar o policitante à sua proposta.[130]

Tem-se, com isso, que ao destinatário assistem três possibilidades: (a) exercer o seu direito formativo gerador, aceitando a proposta e estabelecendo a relação jurídica contratual "que se desenvolve e desdobra em direitos/deveres, pretensões/obrigações, ações, exceções e situações passivas de acionado e exceptuado"[131]; (b) expressamente não aceitar – ou quedar-se inerte e jamais atender à proposta –, extinguindo a situação jurídica unilateral a que cada uma das partes estava sujeita; ou (c) propor modificações à oferta.

Caso o destinatário de uma oferta proponha modificações àquela estará formulando nova oferta – ou a chamada "contraproposta", a qual possui todas as características e efeitos de uma oferta. É isso que ocorre, também,

---

[127] MIRANDA, Custódio da Piedade Ubaldino. **Comentários ao Código Civil. Dos contratos em geral (Arts. 421 a 480).** Volume 5. AZEVEDO, Antônio Junqueira de (Coord). São Paulo: Saraiva, 2013, p. 129.

[128] Os direitos formativos geradores, modificativos e extintivos são espécies de direitos potestativos.

[129] MELLO, Marcos Bernardes de. **Teoria do fato jurídico...** op. cit., p. 173.

[130] Ibid.

[131] Ibid.

com a chamada *"aceitação disforme"*, que extingue a proposta anterior e passa a valer como nova oferta[132].

Sobre a proposta e o tema da vinculação contratual, interessante se mostra a questão das propostas com prazo e das propostas *irrevogáveis*[133], bem como seus efeitos frente ao oblato.

As propostas podem ou não ter um prazo determinado. No caso de uma proposta sem prazo feita a pessoa presente, a proposta caduca se o oblato não a aceitar de imediato. Nas propostas a pessoa ausente, a legislação considera que a proposta deixa de ser obrigatória após "decorrido tempo suficiente para chegar a resposta ao conhecimento do proponente". Caso a proposta possua um prazo determinado, o proponente ficará automaticamente desvinculado da proposta em caso de não manifestação do oblato nesse período. Durante o prazo da proposta, contudo, essa é considerada irrevogável pelo proponente[134], sendo tal caráter justificado pela legítima expectativa do oblato de que a sua aceitação, nos termos daquela proposta, vinculará as partes[135].

Em uma proposta irrevogável (incluindo, portanto, uma proposta com prazo) há *efetiva vinculação* (sem relação jurídica) do policitante em relação ao conteúdo da sua proposta e seus efeitos; já na proposta simples fala-se em *vinculabilidade* da proposta, haja vista o poder do proponente em

---

[132] GABRIELLI, Enrico. **Trattato dei contratti, i contratti in generale.**, 1. ed. Milano: UTET, 1999, p. 185. Tomo Primo.

[133] Acerca da proposta irrevogável, Orlando Gomes resume: "(...) pode a proposta ser *irrevogável* por vontade do policitante. Nada obsta, realmente, que ele próprio se comprometa a não revogá-la, se não é obrigatória. A natureza desse compromisso é controvertida. A *cláusula de irrevogabilidade* não é simples modalidade acessória da declaração de *proposta*, com ela formando declaração unitária, mas um *negócio jurídico unilateral* que cria, na fase preparatória do contrato, uma *obrigação* para o proponente, por alguns escritores identificada como de *renúncia à revogação.*" (GOMES, Orlando. **Contratos...** op. cit., p. 74). Sobre o assunto e a impossibilidade de revogação, ver, ainda: TAMBURRINO, Giuseppe. **I vincoli unilaterali nella formazione progressiva del contratto.** Milano: Giuffrè, 1954, p. 254.

[134] Nesse sentido: AZEVEDO, Antônio Junqueira de. A boa-fé na formação dos contratos... op. cit., p. 86; ASSIS, Araken de; ANDRADE, Ronaldo Alves de; ALVES, Francisco Glauber Pessoa **Comentários ao Código Civil brasileiro...** op. cit., p. 181; TELLES, Inocêncio Galvão. **Direito das Obrigações.** Coimbra: Coimbra, 1982, pp. 51-52; ANTUNES VARELA, João de Matos. **Das obrigações em geral...** op. cit., p. 227.

[135] ANTUNES VARELA, João de Matos. **Das obrigações em geral...** op. cit., p. 227.

revogá-la a qualquer momento antes de expedida a aceitação pelo oblato[136] sem que, em regra, isso gere consequências ao proponente.

A retratação, assim como a própria proposta, é declaração receptícia de vontade, devendo, como tanto, chegar ao destinatário para produzir seus efeitos. Reconhecendo que o oblato é titular de um direito formativo gerador e que o proponente efetivamente vincula-se à proposta e seus efeitos, qualquer recusa em contratar ou tentativa de retratação da proposta que chegue ao aceitante *após* a expedição de sua aceitação deve ser afastada, devendo o contrato ser reputado concluído e, se necessário e possível, cabendo ao aceitante a tutela específica das obrigações avençadas.[137]

Situação diversa ocorre em caso de retratação da proposta *antes* de sua aceitação pelo oblato. Ora, nesse caso, o direito formativo gerador do oblato não teria sido exercido enquanto a proposta era eficaz – não havendo, portanto, que se falar em formação do contrato. É isso que explica Azevedo, para quem "a obrigação que surge da oferta não tem o efeito próprio de vincular o ofertante ao futuro contrato, se a retirada da oferta se dá antes da aceitação."[138] Isso, contudo, no caso de propostas com prazo, seria contrário à inviolabilidade e irrevogabilidade da proposta, quebrando a legítima expectativa do oblato, que, em boa-fé, acreditou na seriedade da proposta.[139] Nesse caso, o proponente ficaria sujeito ao dever de indenizar o oblato pelas perdas e danos causados por essa quebra de expectativa.[140] Nesse sentido Martins-Costa explica que há "o dever de manter a oferta, se esta foi irrevogável, mas não há obrigação em sentido estrito, ou técnico. Como consequência, se não mantida a proposta, o ofertante fica sujeito

---

[136] MELLO, Marcos Bernardes de. **Teoria do fato jurídico**... op. cit., p. 180-181.
[137] IGLESIAS, Felipe Campana Padin. **Opção de compra ou venda de ações no direito brasileiro**: natureza jurídica e tutela executiva judicial. 2011. 328 f. Dissertação (Mestrado em Direito Comercial) – Faculdade de Direito, Universidade de São Paulo, São Paulo, 2011, p. 81.
[138] AZEVEDO, Antônio Junqueira de. A boa-fé na formação dos contratos... op. cit., p. 86.
[139] RODRIGUES, Silvio. **Direito civil**: Dos contratos e das declarações unilaterais de vontade. 30ª ed. São Paulo: Saraiva, 2006, p. 71.
[140] Nesse sentido: ASSIS, Araken de; ANDRADE, Ronaldo Alves de; ALVES, Francisco Glauber Pessoa **Comentários ao Código Civil brasileiro**... op. cit., p. 170; MARTINS--COSTA, Judith. **A boa-fé no direito privado**: sistema e tópica no processo obrigacional. São Paulo: Revista dos Tribunais, 1999, p. 511; AZEVEDO, Antônio Junqueira de. A boa-fé na formação dos contratos... op. cit., p. 86.

às perdas e danos – mas não à execução específica, como poderia ocorrer, se aceita (...)".[141]

1.2.2.1. O Momento de Conclusão do Contrato: Problemática

Como vimos no capítulo anterior, "o vínculo contratual nasce quando a proposta e aceitação se integram".[142] As questões e conflitos normalmente surgem quando há um interregno entre a proposta e a aceitação ou quando as declarações respectivas não se mostram claramente definidas.

Nos contratos entre presentes, as situações de incerteza são diminuídas vez que, nos termos do artigo 428, I, do Código Civil, é considerada rejeitada a proposta que não for imediatamente aceita. Nos contratos entre ausentes ou, ainda, em relação às propostas com prazo para aceitação, tais conflitos são melhor percebidos, já que entre a proposta e a aceitação há um lapso temporal no qual a formação do consenso pode nunca chegar a existir.

As declarações negociais de uma maneira geral – e, com isso, a própria verificação do consenso – podem possuir formas variadas. Tomemos como exemplo o silêncio (ou a inércia) como manifestação de vontade ou, ainda, a aceitação tácita demonstrada por meio de condutas do oblato. Em determinadas situações, é possível entender que tais atos e condutas são aptas a formar um contrato; entretanto, em outras situações, o entendimento pode se mostrar absolutamente diverso.

A questão pode se tornar particularmente mais delicada em contratos de formação progressiva, nos quais a oferta e a aceitação nem sempre são claramente identificáveis ou distinguíveis[143], o que ocorre também nos

---

[141] MARTINS-COSTA, Judith. **A boa-fé no direito privado...** op. cit., p. 511.
[142] GOMES, Orlando. **Contratos...** op. cit., p. 68.
[143] Nesse sentido, Reis Júnior: "(...) à medida em que a negociação para a celebração do contrato não mais se resolve de modo estático e facilmente determinável, o intérprete pode se deparar com situações verdadeiramente tormentosas. Em dado momento, pode surpreender-se imerso em 'zona cinzenta' entre o antes consagrado espaço das 'negociações preliminares' e o contrato propriamente dito, fonte de obrigações especificadas pelas partes." (REIS JÚNIOR, Antonio dos. O problema da execução do contrato preliminar: esboço de sistematização em perspectiva civil-constitucional. **Civilistica.com**. Rio de Janeiro, a. 6, n. 1, 2017. Disponível em: http://civilistica.com/o-problema-da-execucao-do-contrato-preliminar/. Acesso em: 7 de jan. de 2018.)

contratos de elaboração conjunta[144-145], além de diversos outros fatores próprios a contratos formados de maneira progressiva.

Nesses casos, o momento em que as partes declararam a vontade de celebrar o contrato e chegaram a um consenso com relação a todos os elementos necessários (segundo a lei) e desejados (conforme manifestados) nem sempre é claro – e, portanto, não o é a formação do contrato.[146]

Pense-se, por exemplo, em um cenário no qual as partes celebraram um acordo prévio, no qual todos os elementos necessários (segundo o ordenamento) estavam presentes, mas as partes contraentes expressamente deliberaram que ainda estudariam a sua celebração. Meses depois, ambas as partes começam a praticar atos previstos nos contratos, cumprindo as prestações e contraprestações "avençadas", até que uma parte resolve

---

[144] Conforme a classificação de ROPPO, Vincenzo. Il contratto... op. cit., p. 136.

[145] Carlos Ferreira de Almeida usa a denominação "declarações negociais conjuntas" para se referir a um contrato cujo texto é elaborado em conjunto, sem que uma tenha proposto a outra algo, e ambas as declarações negociais de aceitação àquele regramento ocorrem em momento concomitante. (ALMEIDA, Carlos Ferreira de. Interpretação do contrato. **O Direito**, Lisboa, ano 124, n. 4, p. 629-651, 1992. p. 644.) Como explica Rei, esse é um modelo de contratação relativamente comum em negociações cujo conteúdo do contrato é complexo e em algumas outras situações: "Sublinhe-se que o 'modelo' de negociação de contratos através de declarações negociais conjuntas não corresponde apenas a um exercício teórico: trata-se de 'modelo' bastante frequente em negociações, em que as partes dispõem de semelhante poder negocial, em que há muitas partes, em que o conteúdo do contrato é complexo ou em que o detalhe do conteúdo do contrato é discutido por técnicos sem poder representativo das partes que, no final, i.e., depois de fechado o conteúdo do contrato, (eventualmente) o celebrarão". (REI, Maria Raquel Aleixo Antunes. **Da interpretação da declaração negocial no direito civil português**. 2010. 476 f. Tese (Doutorado em Direito Civil) – Faculdade de Direito, Universidade de Lisboa, Lisboa, 2010. p. 282) Em sentido similar, Spínola Gomes fala sobre "manifestações de vontade simultâneas" para se referir àqueles contratos que são assinados simultaneamente, com cópias idênticas do mesmo instrumento contratual, destacando que não são raras as situações nas quais cada parte assina uma cópia, trocando-as depois. (SPÍNOLA GOMES, Técio. **O processo de formação do contrato**... op. cit. p. 110)

[146] Há, inclusive, quem defenda existir uma "zona cinzenta" entre os últimos momentos das tratativas e a efetiva formação do contrato. Renato Speciale sugere que para uma efetiva análise desse fenômeno a dicotomia contrato/não-contrato talvez tivesse que ser superada. Nesse sentido, ver: SPECIALE, Renato. **Contratti preliminari e intese precontrattuali**. Milão, 1990, p. 259 e ss. Respeitada a análise sugerida, a posição deste trabalho seguirá a corrente absolutamente majoritária que identifica dois momentos distintos (e com efeitos jurídicos totalmente diversos) entre um contrato já formado e um contrato em formação.

reclamar a inexistência do contrato. Há contrato nesse caso? Em caso positivo, desde que momento?

Ou, ainda, dois indivíduos que após meses de negociações celebram um documento intitulado "memorando de entendimentos", no qual, a exemplo do cenário anterior, chegam a um consenso com relação a todos os elementos necessários e manifestados como desejados. Nesse documento não incluem qualquer disposição a respeito da celebração de instrumento posterior ou, ainda que o façam, incluem apenas uma disposição mencionando que haverá um documento posterior, o "contrato final", a detalhar melhor os termos avençados. Há nesse caso um contrato formado? Seria o "contrato final" apenas a *reprodução* de um contrato já formado? Ou o memorando de entendimentos representaria apenas um documento pré--contratual sem qualquer *efeito vinculante*?

Os contratos celebrados de forma oral também trazem terreno fértil para o aparecimento de problemas envolvendo o momento de conclusão do contrato. Tomemos como exemplo a elaboração progressiva de um projeto de contrato, que se arrasta por um longo período de intensas negociações, com concessões de lado a lado. Meses após o início das tratativas, executivos das duas companhias em negociação reúnem-se, devidamente autorizados para celebração do negócio, e atingem consenso com relação a todos os elementos que restavam em aberto do contrato pretendido, declarando, de forma oral, "negócio fechado", o que é simbolizado também por um aperto de mãos. Após essa reunião, advogados das duas companhias iniciam a redação dos instrumentos contratuais pertinentes e, dias depois, informam que não conseguiram concordar com parte do regramento contratual e acordar determinados aspectos jurídicos relevantes. Os executivos das companhias, informados disso, tentam negociar esses aspectos, também sem sucesso. Houve, nesse caso, a celebração de um contrato? Alguma das partes pode recusar-se a reconhecer o vínculo contratual, vez que não houve consenso com relação a aspectos jurídicos relevantes que desejavam incluir no contrato escrito (ainda que manifestados *a posteriori*)? Pode uma das partes requerer o inadimplemento contratual da outra parte, com base apenas no contrato oral celebrado antes do início da elaboração do contrato escrito, o qual nunca foi finalizado e assinado?

Percebe-se que não apenas questões ínsitas às figuras da proposta e aceitação, as quais por si só já trazem diversas questões polêmicas acerca da formação do contrato, mas também a própria formação progressiva é campo de problemas específicos a esse tema.

Ao compararmos a problemática da formação do contrato entre, de um lado, os contratos de formação instantânea e, de outro lado, os contratos de formação progressiva, observamos que (i) os últimos representam um terreno naturalmente mais fértil para o surgimento de polêmicas acerca do momento de formação do contrato, vez que há uma fase temporal mais ou menos alongada de negociações (que inexiste nos contratos de formação instantânea); (ii) pela mesma razão anterior, as consequências jurídicas de eventual divergência ou indefinição acerca da *própria formação* de um contrato ou, ainda, do *momento em que tal formação ocorreu* são potencialmente mais prejudiciais às partes envolvidas (ou a terceiros afetados por tal relação[147]); e (iii) enquanto todas as questões controversas acerca da conclusão do contrato cuja formação é instantânea (e.g., aquelas decorrentes do contrato entre ausentes; diversidade de formas da declaração de vontade etc.) podem se verificar também em contratos de formação progressiva, o inverso não é necessariamente verdadeiro (e.g., questões decorrentes dos instrumentos pré-contratuais celebrados pelas partes; circunstâncias negociais próprias a caracterizar as declarações de vontade etc.).

1.2.2.2. O Momento de Conclusão do Contrato: Relevância Jurídica

Como observa Garcia[148], a identificação do momento de formação do contrato é fato importante na determinação do limite extremo da fase pré-contratual, o que não serve apenas a fins teóricos. As consequências e utilidades práticas da identificação de *se* e *quando* um contrato está formado são abundantes.

Com relação ao *se*, explica Roppo[149] que, em primeiro lugar, conhecer se um contrato existe ou não existe é de fundamental relevância para saber se uma parte que aciona com pretensões fundadas em um contrato possui ou não os direitos correspondentes – e, caso contrário, o demandado poderá demonstrar que o pleito do autor não procede, já que baseado em um contrato jamais concluído.

---

[147] Sobre a eficácia *ultra partes* do contrato, ver: GODOY, Claudio Luiz Bueno de. **Função social do contrato:** os novos princípios contratuais. 4. ed. São Paulo: Saraiva, 2012. p. 147 e ss.
[148] GARCIA, Enéas Costa. **Responsabilidade...** op. cit., p. 18.
[149] ROPPO, Vincenzo. Il contratto... op. cit., p. 96.

O MOMENTO DA FORMAÇÃO DO CONTRATO

A posição das partes é bastante afetada pelas controvérsias acerca da formação ou não de um contrato. Aquele que acredita que o contrato existe poderá se organizar para tanto e realizar atos para cumprimento das obrigações que acredita contratadas – e, caso a existência do contrato seja negada, todos aqueles atos e investimentos terão ocorrido em vão. De outro lado, aquele que sustenta que o contrato não se encontra formado sentir-se-á livre para não realizar a sua contraprestação, pois entende que essa não está avençada – com isso, caso a conclusão do contrato seja reconhecida, corre o risco do inadimplemento contratual e de lhe ter imposta a execução forçada das obrigações ou uma tutela ressarcitória.[150]

O momento da formação de um contrato é fundamental para a determinação do instante em que esta passa a produzir seus efeitos. A partir da conclusão do contrato nascem as prestações e contraprestações[151], elementos objetivos da obrigação, e, assim, criam-se débitos e créditos às partes contratantes, bem como a responsabilidade pelo descumprimento de tais obrigações.[152] Em regra, a prestação e a contraprestação, passarão a

---

[150] Ibid.

[151] Pressupondo-se, claro, um contrato bilateral.

[152] Essa é a chamada teoria dualista do vínculo. De modo sucinto: o débito consiste no dever jurídico de cumprir espontaneamente uma prestação (dar, fazer e não fazer), tratando-se, portanto, da primeira parte da obrigação – *schuld* (alemão). Caso esse débito, essa obrigação, não venha a ser cumprido, nasce a responsabilidade civil, que, portanto, nada mais é do que a segunda parte da obrigação. Trata-se da consequência jurídica e patrimonial do descumprimento do débito – *haftung* (alemão); é a possibilidade de ir a juízo. Sobre o vínculo e a teoria dualista do vínculo, explica Simão: "Por fim, temos o elemento imaterial ou espiritual, qual seja, o vínculo jurídico. Nas palavras de Álvaro Villaça Azevedo é o liame que liga os sujeitos, possibilitando ao credor exigir uma conduta do devedor. Efetivamente, é antiga a noção pela qual o vínculo é elemento da obrigação. Das Institutas de Justiniano consta que *'obligatio est iuris vinculum, quo necessitate adstringimur alicuius solvendae rei secundum nostrae civitatis iura'*. O vínculo, constituído pelo enlace dos poderes conferidos ao credor com os correlativos deveres impostos ao titular passivo da relação, forma o núcleo central da obrigação, o elemento substancial da economia da relação. Foi Alois Brinz que no fim do século 19, fazendo uma releitura das fontes romanas, desenvolveu a chamada teoria dualista do vínculo pela qual este se decompõe em dois elementos: dívida (*debitum* em latim e *schuld* em alemão) e responsabilidade (*obligatio* em latim e *haftung* em alemão). Explica Judith Martins-Costa que a teoria dualista, proposta por autores alemães dos finais dos Oitocentos, notadamente Bekker e Brinz, e aperfeiçoada no início do século 20 por Von Gierke, decompunha a obrigação em dois momentos: *schuld*, como um dever legal em sentido amplo, mas em sentido estrito é a

ser devidas imediatamente após a formação do contrato – a menos, é claro, se diferentemente avençado entre as partes.

Da mesma maneira, todo o regime de responsabilidade a que as partes estão sujeitas é alterado a depender de *se* e *quando* um contrato é formado. Se antes da formação do contrato há a chamada responsabilidade pré--contratual, de natureza aquiliana[153], após a formação do contrato passam as partes a se sujeitar a um regime de responsabilidade contratual. Essa modificação do regime da responsabilidade civil enseja importantes diferenças: (i) há prazos prescricionais distintos[154]; (ii) o termo inicial

---

dívida autônoma em si mesma, que tem por conteúdo um dever legal; e *haftung*, que consiste na submissão ao poder de intervenção daquele a quem não se presta o que deve ser prestado. Observar certo comportamento e o segundo na sujeição dos bens do devedor ou do terceiro aos fins próprios da execução, ou seja, na relação de sujeição que pode ter por objeto, tanto a pessoa do devedor (antigo direito romano) como uma coisa ou complexo de coisas do devedor ou terceiro. Enquanto a dívida consiste no dever de prestar, a responsabilidade é prerrogativa conferida ao credor de tomar bens do devedor para a satisfação da dívida. Cabe ao mutuário entregar bem equivalente em quantidade e qualidade ao emprestado (dívida ou *schuld*). Seus bens se sujeitam ao adimplemento da obrigação (responsabilidade ou *haftung*). Se entregar, a prestação primária se extingue (some parte do vínculo jurídico e com ele parte do dever e a responsabilidade). Se não, pode o credor colocar em ação a prerrogativa de tomar bens do devedor (*haftung*)." (SIMÃO, José Fernando. A teoria dualista do vínculo obrigacional e sua aplicação ao direito civil brasileiro. **Revista Jurídica da Escola Superior do Ministério Público de São Paulo**, v. 3, p. 165-181, 2013, p. 168-169).

[153] Apesar de essa ser a posição majoritária na doutrina e jurisprudência, não é pacífica. Nesse sentido, explica Pereira: "Uma das questões mais polêmicas que envolvem o estudo da responsabilidade civil pré-contratual, consiste em se definir a natureza dessa responsabilidade, ou seja, se ela constitui hipótese de responsabilidade civil contratual, se tipifica hipótese de responsabilidade civil extracontratual, ou se se trata de um terceiro gênero de responsabilidade civil, com autonomia em relação aos dois tipos tradicionalmente reconhecidos." (PEREIRA, Regis Fichtner. **A responsabilidade civil pré-contratual**... op. cit., p. 213-214). De se destacar, ademais, a tendência apontada pela doutrina de unificação das modalidades de responsabilidade civil, tendo em vista os princípios e regramentos básicos que as regem serem os mesmos (cf. NORONHA, Fernando. **Direito das obrigações**. São Paulo: Saraiva, 2003. v. 1. p. 432-433.). Nesse sentido a lição de Martins-Costa de que a distinção "não resiste à constatação de que na moderna sociedade de massas, ambas têm, a rigor, uma mesma fonte, o 'contato social', e obedecem aos mesmos princípios, nascendo de um fato, qual seja, a violação de dever jurídico preexistente". (MARTINS-COSTA, Judith. **Comentários ao novo Código Civil:** do inadimplemento das obrigações. Rio de Janeiro: Forense, 2003. v. 5, t. II. p. 97).

[154] Enquanto a responsabilidade extracontratual tem o prazo prescricional previsto no art. 206, § 3º, V, do Código Civil – de 3 (três) anos – o prazo prescricional da responsabilidade

para a contagem de correção monetária e juros moratórios é diferente[155]; e (iii) a distribuição do ônus da prova também é diversa. Como explica Fichtner Pereira, "as normas reguladoras da responsabilidade civil contratual e da extracontratual não são, nem poderiam ser, diante das suas especificidades, as mesmas".[156]

Sobre a importância da identificação do momento de formação do contrato e suas consequências práticas, Roppo tece comentários bastante elucidativos e que merecem menção na íntegra:

> As regras de que nos ocupamos satisfazem ainda, de modo mediato, o interesse geral da certeza das relações jurídicas: permitindo individualizar, com precisão, o momento em que um contrato deve considerar-se concluído, elas dão, de facto, resposta unívoca aos problemas de disciplina das relações, cuja solução depende justamente da individualização de tal momento. Para dar um exemplo, se em 24 de janeiro entra em vigor uma lei que contém nova disciplina para uma determinada categoria de contratos, é importante saber se um contrato pertencente a essa categoria foi concluído a 23 ou a 25 de janeiro:

---

contratual é disposto no art. 205 do mesmo diploma legal – de 10 (dez) anos. Nesse sentido, BRASIL. Superior Tribunal de Justiça. 2ª Seção. Embargos de Divergência em Recurso Especial nº 1280825-RJ, Rel. Min. Nancy Andrighi, j. 27/06/2018. Disponível em: < http://www.stj.jus.br/> Última consulta em 23 de mar. 2019.

[155] Na responsabilidade civil contratual, os juros de mora são contados desde a citação inicial para a demanda, conforme dispõe o art. 405 do Código Civil. Na responsabilidade civil extracontratual, por sua vez, contam-se os juros de mora desde o evento danoso, de acordo com previsão expressa da Súmula nº 54 do Superior Tribunal de Justiça ("Os juros moratórios fluem a partir do evento danoso, em caso de responsabilidade extracontratual" – BRASIL. Superior Tribunal de Justiça. Súmula nº 54 de 24 de setembro de 1992. Disponível em: <http://www.stj.jus.br/SCON/SearchBRS?b=SUMU&livre=@docn=%27000000054%27> Acesso em: 4 jan 2018).

[156] "A definição do tipo de responsabilidade civil (...) é de enorme importância, de vez que cada tipo de responsabilidade civil possui tratamento específico. As normas reguladoras da responsabilidade civil contratual e da extracontratual não são, nem poderiam ser, diante das suas especificidades, as mesmas. A solução de um caso em que uma vítima solicite a reparação de danos que lhe tenham sido causados, vai variar em função de serem aplicáveis as regras de responsabilidade civil contratual ou as regras de responsabilidade civil extracontratual. As diferenças vão surgir especialmente no que se refere ao ônus da prova, à prescrição e à necessidade de demonstração ou não de culpa da pessoa a quem se imputa a responsabilidade pelo dano." (PEREIRA, Regis Fichtner. **A responsabilidade civil pré-contratual**... op. cit., p. 213-214).

no primeiro caso aplicar-se-lhe-á a antiga disciplina, no segundo caso a nova. Algumas vezes, e além disso, saber qual de dois contratos se formou primeiro, serve para estabelecer a quem pertence a propriedade de um bem: imagine-se que, ao cabo de uma complexa troca de cartas, X tinha vendido a sua colecção de moedas a Y e também a Z; pois bem, se se concluir que o contrato com Y foi concluído antes daquele outro com Z, a colecção de moedas pertence a Y, e inversamente no caso contrário (note-se no entanto que esta regra vale só quando se trate de "universalidade de móveis", por força do art. 816º do *Codice Civile*, pois nos casos de coisas móveis simples, de móveis registrados e de imóveis, o conflito entre aqueles que adquiriram do mesmo proprietário resolve-se com critérios diversos). E em qualquer caso, saber em que momento um contrato se concluiu permite saber em que momento os direitos e acções dele emergentes se extinguem por prescrição.[157]

Interessante notar, ainda, que a determinação do momento de formação de um contrato traz reflexos em diversos outros campos do direito. Pense-se, por exemplo, nos aspectos fiscais que emanam das relações contratuais. O desconhecimento quanto à efetiva formação ou não de um contrato ou quanto ao momento em que isso ocorreu pode criar um componente adicional de complexidade. Considere-se, a título ilustrativo, a celebração de um dado contrato como fato gerador de aplicação de um tributo – a conclusão de tal contrato em 30 de dezembro de um ano ou em 2 de janeiro do ano seguinte pode dar ensejo a tributação completamente distinta, com aplicação de novos impostos e/ou alíquotas, não obstante os idênticos fatos geradores.

Até do ponto de vista do direito societário a questão do momento da formação do contrato pode ser relevante. Pense-se, por exemplo, em um diretor da companhia X negociando um contrato de vultuosos valores com o diretor da companhia Y. Enquanto o diretor da companhia Y tem plenos poderes de representação, o estatuto social da companhia X requer a autorização prévia do conselho de administração para a celebração daquele contrato. Sabendo disso, o diretor da companhia X submete o assunto à deliberação do seu conselho de administração, que aprova e autoriza a celebração do contrato desde que (e apenas se) as negociações forem concluídas em até 30 dias. Ainda, durante as negociações deste

---

[157] ROPPO, Enzo. **O contrato...** op. cit., p. 85-86.

mesmo contrato, os acionistas da companhia Y resolvem revisar e alterar sua governança. Para tanto, modificam o estatuto social da companhia Y a fim de estabelecer que a representação da sociedade far-se-á sempre por dois diretores agindo em conjunto. A depender do momento em que se reputar concluído o contrato negociado entre X e Y – se antes ou após o período de 30 dias determinado pelo conselho de administração de X; se antes ou após as alterações da governança de Y –, podemos ou não ter um contrato existente e válido.

Esses, apenas, alguns exemplos de aplicação prática e importância do tema.[158] Ao longo dessa obra voltaremos a examinar alguns desses e outros exemplos.

---

[158] Interessante notar que Roppo, cujos comentários acerca da importância do tema foram ressaltados acima, anos depois, em diferente obra, relativiza o que ele chama de *dramatização* do momento de conclusão do contrato. Roppo argumenta que em muitos casos nos quais se discute a conclusão ou não de um contrato, estar-se-á a discutir qual o tipo de tutela aplicável – a "tutela do vínculo" ou a "tutela do ressarcimento". Chega a conclusão de que na maior parte desses casos, ainda que seja reconhecida a existência de um vínculo contratual, a tutela será convertida em uma tutela ressarcitória – sendo a tutela pelo interesse positivo uma maneira de geralmente mensurar a indenização devida nos casos em que se reconhece a formação de um vínculo contratual, mas que uma das partes (como normalmente ocorre em tais litígios) se recusa a cumprir o contrato. Em seus comentários, Roppo traz elementos da doutrina de *eficient breach* do direito norte-americano, tentando relativizar os efeitos do vínculo contratual. Conclui flexibilizando sua própria relativização, ressaltando que em casos nos quais a execução específica é possível e ainda desejável, de fato a "tutela do vínculo" seria adequada – e, com isso, sugere uma nova dicotomia entre os contratos. (ROPPO, Vincenzo. **Il contratto del duemila**. Terza edizione. Torino: G. Giappichelli Editore, 2011). As conclusões de Roppo são interessante, mas apenas reforçam a importância de identificação da formação do contrato. Seja para uma tutela específica nas hipóteses em que isso se demonstre cabível, seja para uma tutela indenizatória pelo interesse positivo (ambas muito diferentes da tutela ressarcitória pelo interesse negativo que geralmente é devida em casos de responsabilidade pré-contratual), será importante reconhecer e identificar se e quando um contrato foi concluído.

2.
Formação Progressiva do Contrato

2.1. O Processo de Formação do Contrato

A formação do contrato seguindo os parâmetros clássicos de uma oferta e uma proposta bem definidas e de fácil visualização reflete uma forma de negociação ultrapassada – uma *negociação de bazar* –, principalmente quando levamos em consideração sua aplicação em transações ditas complexas, já exemplificadas no capítulo anterior.

Apesar de não encontrar suporte em fontes romanas, a utilização das concepções de *oferta* e *aceitação* na teoria contratual atual é universal.[159]

A legislação vigente e as bases doutrinárias sobre o tema da formação do contrato são ainda focadas nas tradicionais regras da oferta e aceitação – e esse fenômeno não é uma exclusividade dos países de sistema *civil law*, vez que se repete de igual maneira nos países da *common law*.[160]

---

[159] SPÍNOLA GOMES, Técio. **O processo de formação do contrato...** op. cit., p. 72-74. O autor explica, ainda, que as concepções de oferta e aceitação teriam origem na segunda metade do século XVII, demonstrando que nem sempre o direito contratual utilizou-se desses conceitos.

[160] *"The law governing contract formation is typically analyzed in terms of the traditional common and civil law rules of offer and acceptance. Yet, the complex processes that lead to modern contracts are typically articulated in documents that seldom lend themselves to these classical rules. International transactions are frequently completed without clearly discernable offers, counteroffers, or acceptances; instead, agreements usually result from numerous rounds of negotiations and successions of draft agreements"*. (KLEIN, John; BACHECHI, Carla. Precontractual liability and the duty of good faith negotiation in

Há, de certa maneira, um distanciamento da linha teórica e da realidade prática. Esse modelo tradicional, apesar de importante, precisa de uma reinterpretação – seja na análise do próprio processo formativo, seja admitindo relativizações. Spínola Gomes assim resume o assunto:

> O estudo sobre a formação dos contratos passa por um período de inquietude, que se iniciou há algum tempo. Pesquisadores oriundos dos mais diversos países constataram problemas na aplicação pura do modelo baseado em declarações de vontade recíprocas e sucessivas, a exemplo dos desafios demonstrados no capítulo anterior. *A percepção geral é de que o modelo estático permanece útil para muitos casos, mas variadas situações não podem ser explicadas de modo coerente por ele.* Sem a rejeição completa do modelo anterior, começa a ser construída uma visão mais abrangente sobre a formação do contrato, preocupada com a sequência de atos destinada à conclusão.[161]

Como já mencionado, é de maneira progressiva que, na prática, são formados muitos contratos ditos complexos, "com a concordância sucessiva sobre pontos parciais, até que as partes alcancem o acordo global que o contrato representa".[162] Longe de ser uma mera construção doutrinária, tal assunto – e os problemas que suscita – já é reconhecido por cortes alhures.[163] Assim, não basta ao operador do direito entender e estudar a

---

international transactions. **Houston Journal of International Law**. v. 17. n. 1, 1994, p. 4) Em tradução livre: "As regras que regulam a formação de contratos são tipicamente analisadas tendo como base as normas tradicionais de oferta e aceitação, seja no âmbito do sistema da *common law*, seja no da *civil law*. No entanto, os processos complexos que dão origem aos contratos modernos são comumente articulados em documentos que raramente se prestam a essas regras clássicas. As transações internacionais são frequentemente concluídas sem ofertas claramente definidas, contra-ofertas ou aceitações; diversamente, tais acordos geralmente resultam de inúmeras rodadas de negociações e sucessivas trocas de minutas contratuais."
[161] SPÍNOLA GOMES, Técio. **O processo de formação do contrato**... op. cit., p. 113 – grifos nossos.
[162] GARCIA, Enéas Costa. **Responsabilidade**... op. cit., p. 202-203. Nesse mesmo sentido, Tepedino: "Identifica-se, no cenário assim delineado, o que se poderia bem designar como formação progressiva dos contratos, cujo conteúdo vai sendo estabelecido gradualmente ao longo das negociações preliminares." (TEPEDINO, Gustavo. Atividade sem negócio jurídico fundante... op. cit., p. 28.)
[163] GARCIA traduz trecho de um julgado da Corte de Cassação italiana nesse sentido: "Se em abstrato a formação do contrato pode ser esquematizada na verificação de apenas dois

intersecção das vontades como elemento formador dos contratos, desconsiderando o período anterior às respectivas declarações de vontades.[164] Roppo critica de forma veemente a percepção de que o contrato é apenas o resultado de uma intersecção de vontades:

> (...) o problema de formação do contrato é frequentemente encarado como se se tratasse de verificar a existência física de uma 'coisa': a questão de saber se um contrato se formou ou não, fica reduzida à questão de verificar se determinados factos da esfera psicofísica do homem (as 'vontades' dos contraentes, devidamente manifestadas e fundidas numa unidade) geraram causalmente um certo fenómeno (o 'consenso' contratual), do qual o contrato constitui justamente o 'produto mecânico'. (...) *trata-se de uma concepção deturpada*, que impede uma abordagem correcta do fenómeno jurídico da formação do contrato, e dos problemas reais que aí se colocam.[165]

atos, a proposta e a aceitação, na prática, ao contrário, além desta hipótese, verificam-se outras: as partes, com efeito, antes que uma delas formule uma proposta em sentido próprio, podem trocar uma série de declarações, que exprimem opiniões de alguma delas a respeito do conteúdo de um futuro contrato, até que com base nelas uma das partes consiga formular uma proposta; as partes podem, de outro lado, trocar uma série de propostas e contrapropostas, alcançando gradativamente o acordo sobre vários pontos que comporão o conteúdo do futuro contrato, até alcançar um ato que não contém modificações das precedentes propostas, possa ser considerado de aceitação definitiva e aperfeiçoamento do contrato. Estas duas hipóteses ingressam no âmbito da assim dita tratativas pré-contratuais: em particular na primeira se vislumbra a tratativa em sentido próprio, na segunda, ao contrário, realiza-se aquela que é chamada 'formação progressiva do contrato', enquanto o acordo se forma de [tempos em tempos] sobre pontos singulares e a aceitação última não se encontra apenas com uma proposta, mas compreende toda uma série de propostas e aceitações parciais." (RICHTER, Giorgio Stella. **La responsabilità precontrattuale**. Torino: UTET Libereria, 1996, p. 32 *apud* GARCIA, Enéas Costa. **Responsabilidade...** op. cit., p. 202).

[164] Nesse sentido, Cesàro, para quem o processo de formação do contrato seria dividido em "formação" e "perfeição": "*Il concetto di formazione sta ad indicare il risultato di una attività che porta all'esistenza dell'atto (cfr. Carriota Ferrara (...), il quale osserva peraltro che i termini 'formazione' e 'perfezione' non coincidono, prechè il secondo rappresenta un 'momento' diverso ed ulteriore rispetto al primo.*" (CESÀRO, Ernesto. **Il contrato e l'opzione**. Napoli: Casa Editrice Dott. Eugenio Jovene, 1969, p. 12). Em tradução livre: "O conceito de formação indica o resultado de uma atividade que leva à existência do ato (cfr. Carriota Ferrara (...), que observa, além disso, que os termos formação e perfeição não coincidem, porque o segundo representa um momento diverso e posterior em relação ao primeiro."

[165] ROPPO, Enzo. **O contrato...** op. cit., p. 84-85.

Em realidade, o contrato deve ser visto como parte "de um processo muito mais complexo"[166] que culmina com sua formação. Utilizando a metáfora de Melvin Eisenberg, que reconhece a formação do contrato como um processo, a conclusão do contrato, por mais importante que seja, é apenas um *frame* de uma série de *frames* que constitui o processo de formação do contrato. E, em suas palavras, "a menos que o direito responda por todo o filme, não irá capturar a realidade contratual."[167]

Esse processo de formação seria irredutível a uma *fattispecie* genérica[168]. Em realidade "a legislação fixa elementos de existência mínimos, que podem ser atingidos por diversos mecanismos de formação".[169] O procedimento estático de oferta e aceitação é, logicamente um deles, sendo o mais comum; entretanto, na opinião de Spínola Gomes, não o único.[170]

---

[166] Couto e Silva vai além e enxerga toda a relação obrigacional como um processo, dirigido ao adimplemento para satisfação do interesse do credor. Seria tal relação jurídica, como um todo, um sistema de processos. "A obrigação é um processo, vale dizer, dirige-se ao adimplemento, para satisfazer o interesse do credor. A relação jurídica, como um todo, é um sistema de processos." (COUTO E SILVA, Clóvis Veríssimo do. **A obrigação como processo**. 1. ed. Rio de Janeiro: Editora FGV, 2006, p. 167).

[167] EISENBERG, Melvin Aron. The Emergence of Dynamic Contract Law. California Law Review, Berkley, v. 88, p. 1813-1814, 2000 *apud* SPÍNOLA GOMES, Técio. **O processo de formação do contrato**... op. cit., p. 119.

[168] SPÍNOLA GOMES, Técio. **O processo de formação do contrato**... op. cit., p. 43. Nesse mesmo sentido, Spínola Gomes cita Andrea D'Angelo (D'ANGELO, Andrea. Proposta e accettazione. In: ROPPO, Vincenzo. (org). Trattato del contratto. Tomo I – Formarzione. Milão: Giuffrè, 2006. P. 8-11). Sobre o assunto, interessante a posição de D'Angelo, resumida por Spínola Gomes: "Mesmo sendo um jurista da tradição continental, em que a lei escrita é especialmente valorizada, o italiano Andrea D'Angelo argumenta que o processo de formação dos contratos é irredutível a uma fattispecie genérica. O juízo sobre a efetiva conclusão dos contratos subordina-se apenas à verificação de seus elementos de existência. Não está restrito a eventuais procedimentos que a lei preveja. O contrato é instrumento da autonomia privada, que dota a vontade de poder jurígeno. Sendo assim, é falsa a ideia de que o rol legal de procedimentos de formação do contrato seja taxativo. Em verdade, o rol é aberto." (Ibid., p. 64 – grifos nossos).

[169] Ibid., p. 43.

[170] Em suas palavras: "Sendo processo, são admissíveis vários procedimentos de formação dos contratos. O modelo de oferta e aceitação é um deles, constituindo o mais tradicional e usual." Spínola Gomes menciona, ainda, que estudos comparatísticos demonstram a mesma conclusão para diferentes jurisdições. Em um deles, o Projeto Cornell, importante projeto de pesquisa sobre direito contratual comparado conduzido na Universidade de Cornell, nos

O contratualismo contemporâneo, em sua opinião, admitiria a atipicidade e pluralidade dos procedimentos de formação do contrato.[171]

Esse é, também, o diagnóstico de Reis Júnior, para quem "a estrutura estática apresentada pela doutrina tradicional e pelo Código Civil, a despeito de resolver boa parte dos problemas, não é suficiente para a resolução das mais agudas controvérsias".[172] Em sua opinião, a superação do tradicional modelo estático consubstanciado no binômio proposta--aceitação é capaz de ser feita mediante o reconhecimento do fenômeno da formação progressiva do contrato, de forma complementar à disciplina clássica prevista no Código Civil.[173]

Estados Unidos, sob a direção geral de Rudolf Schlesinger, ficou demonstrado que a sequência de duas declarações de oferta e aceitação era identificável na maioria dos casos; entretanto, em certos casos, apesar de ser possível identificar um acordo mútuo, não se identificava uma sequência de oferta e aceitação. (Ibid., p. 63.) Note-se, contudo, que há autores alhures que defendem ser sempre necessária a sequência proposta-aceitação, como demonstra o trecho de Sonnenberger sobre o direito alemão: "*Si deve pertanto concludere che l'esistenza di un contratto presupone sempre una proposta ed una accettazione.*" (SONNENBERGER, Han Jürgen. **La conclusione del contratto secondo il diritto tedesco**: con attenzione ai problemi internazionalprivatistici nei rapporti commerciali ítalo-tedeschi. Padova: CEDAM, 1991, p. 58.) Em tradução livre: "Por conseguinte, deve concluir-se que a existência de um contrato pressupõe sempre uma proposta e uma aceitação." Entretanto, interessante perceber que o próprio Sonnenberger parece, ao falar sobre as declarações tácitas e comportamentos concludentes na aceitação de um contrato, admitir outras maneiras de formação do contrato: "*Si deve partir dal principio che per la conclusione del contratto ciò che viene richiesto è l'esistenza di un accordo fra le parti, indipendentemente da come esso venga in essere.*" (Ibidem, p. 66). Em tradução livre: "Devemos partir do princípio de que, para a conclusão do contrato, o que é necessário é a existência de um acordo entre as partes, independentemente da forma como ele ocorre."

[171] SPÍNOLA GOMES, Técio. **O processo de formação do contrato**... op. cit., 120. Nesse mesmo sentido, Parra Lucán, que também sustenta a atipicidade dos procedimentos de formação do contrato, entende que a distorção de fatos para que se adequem às categorias pré-fixadas do procedimento clássico oferta-aceitação seria um "empренho fictício e artificial". (LUCÁN, Maria Ángeles Parra Lucán. La formación del contrato como proceso. In: _____ (org.). Negociación y perfección de los contratos. Pamplona: Thomson Reuters Aranzadi, 2014. P. 68 e 74 *apud* SPÍNOLA GOMES, Técio. **O processo de formação do contrato**... op. cit., p. 122.)

[172] REIS JÚNIOR, Antonio dos. O problema da execução do contrato preliminar... op. cit., p. 3.

[173] Ibid.

Roppo, ao comentar a fase de negociações, ensina que o processo progressivo a caminho da formação do contrato se realiza por meio de um "*continuum* de diálogo das partes, composto de discussões e hipóteses, demandas e ofertas, concessões e negativas sobre diversos pontos do contrato *in itinere*".[174] Nesse processo, antes que se atinja o vínculo contratual almejado, verifica-se a comum instrumentalização dos movimentos de aproximação das partes por meio da celebração de instrumentos contratuais acessórios ao contrato cuja formação se busca concluir, dotados esses de eficácia própria.

A formação do contrato, seguindo essa linha, deve ser encarada como um verdadeiro encadeamento de atos e fatos sucessivos dirigidos à avença contratual e à assunção de obrigações pelas partes. Assim como em um processo, tais atos e fatos teriam uma ordem lógica e, até mesmo, previsível.[175]

Com efeito, não se deve enxergar a formação do contrato como um mero encontro de declarações negociais – a proposta e a aceitação –, mas como um procedimento organizado[176] de atos e fatos dirigido à obtenção

---

[174] "*La formazione progressiva si realizza attraverso il continuum di un dialogo delle parti fatto di discussioni e ipotesi, richieste e offerte, concessioni e rifiuti sui diversi punti del contratto in itinere: una serie più o meno lunga di passaggi che le parti percorrono insieme prima di arrivare alla conclusione del contratto*" (ROPPO, Vincenzo. Il contratto... op. cit.., p. 137-138). Em tradução livre: "A formação progressiva ocorre por meio de um diálogo contínuo entre as partes, composto de discussões e sugestões, pedidos e ofertas, concessões e objeções nos diferentes pontos do contrato em curso: uma série mais ou menos longa de etapas que as partes percorrem juntas antes de chegar à conclusão do contrato."

[175] IGLESIAS, Felipe Campana Padin. **Opção de compra ou venda de ações no direito brasileiro**... op. cit., p. 53.

[176] Por não ser objeto dessa dissertação, eventual distinção técnica acerca dos vocábulos processo e procedimento (principalmente para fins de estudo do direito processual) será desconsiderada. Assim, para análise da formação progressiva do contrato no âmbito do presente estudo, será empregado tanto o vocábulo "processo" quanto "procedimento", os quais deverão ser compreendidos de igual forma, i.e. uma sucessão ordenada e concatenada de atos e fatos com um objetivo em comum. Ainda sobre o tema, importante esclarecer que o "processo" de que tratamos nesse capítulo difere do processo judicial, como bem resumido por Iglesias: "Importante notar a diferença em relação ao processo judicial, já que no processo formativo dos contratos, as etapas encadeadas do procedimento de formação das obrigações não se atêm ao rigor do formalismo, podendo variar de uma para outra contratação, desde que os principais elementos necessários à formação da obrigação estejam presentes, enquanto que no processo judicial, por estarmos diante de normas de direito público, exige-se um

do consenso sobre a existência e conteúdo desse contrato.[177] Por essa razão, é a expressão *processo de formação do contrato* "a mais adequada para designar o fenômeno por abrangê-lo como um todo."[178]

A análise desse processo é fundamental para o juízo sobre a formação de um contrato, como bem resume Roppo:

> O juízo sobre se um contrato se formou ou não constitui um *resultado de uma qualificação de determinados comportamentos humanos*, operada por normas jurídicas. Por outras palavras, a formação do contrato consiste num processo, isto é, numa sequência de actos e comportamentos humanos, coordenados entre si(...).[179]

Ao deixar de lado uma análise puramente estática da formação do contrato, passa-se a compreender que as etapas e atos do processo de formação do contrato são elementos que podem auxiliar na compreensão e interpretação da vontade almejada (subjetiva) e, mais importante, efetivamente declarada (objetiva) das partes[180], sendo, portanto, de grande relevância para a identificação do momento em que um contrato se encontra efetivamente concluído.

---

maior rigor formal quanto às etapas do procedimento a serem seguidas durante o seu curso. (...) não se entrará em detalhes quanto à definição de processo e procedimento, assumindo como correta as lições de importante parcela doutrina processual de que o processo é uma relação complexa contemplando, de forma indissociável, o aspecto intrínseco, caracterizado pela relação jurídica que se instaura entre as partes (e o juiz), e o aspecto extrínseco, representado pelo procedimento, enquanto sucessão ordenada de fases e atos legalmente previstos destinados a um fim" (IGLESIAS, Felipe Campana Padin. **Opção de compra ou venda de ações no direito brasileiro...** op. cit., p. 53-54).

[177] Spínola Gomes indica que esse modo de formação dos contratos foi, inclusive, reconhecido como sendo um *common core* de todos os sistemas jurídicos, como resultado do já mencionado Projeto Cornell. A formação progressiva do contrato seria uma das hipóteses de manifestação de concordância sem que houvesse a identificação de uma oferta e uma aceitação. (SPÍNOLA GOMES, Técio. **O processo de formação do contrato...** op. cit., p. 99).

[178] Ibid., p. 119. Spínola Gomes menciona, ainda, que essa seria a concepção mais adequada por induzir também à possibilidade de mais de um procedimento adequado à formação do contrato – essa a principal hipótese de sua tese, como mencionado acima.

[179] ROPPO, Enzo. **O contrato...** op. cit., p. 85.

[180] IGLESIAS, Felipe Campana Padin. **Opção de compra ou venda de ações no direito brasileiro...** op. cit., p. 54.

É isso que sustenta Patti[181] para quem, nesses casos de formação progressiva do contrato, deve ser feita uma análise das condutas das partes a fim de diferenciar a hipótese de meras tratativas da hipótese de um contrato já formado. E, no caso de um contrato já formado, "o problema da desistência das tratativas não mais se coloca, resumindo-se a questão ao inadimplemento."[182]

Como bem define Roppo[183], a formação progressiva de um contrato é caracterizada pelo gradual acordo ao longo das negociações sobre determinados pontos do contrato, enquanto ainda não há alinhamento sobre outras questões. Nessa progressão de semiacordos, como explica o autor, duas regras são úteis para ajudar na identificação de quando há um acordo suficiente para formação de um contrato.

A primeira regra determina que a celebração do contrato deve ocorrer apenas *quando* e *se* houver acordo sobre *todos* os pontos em discussão. Assim, ainda que haja discordância com relação a apenas um ponto – e por mais insignificante que seja ou pareça ser tal matéria – o contrato não estará formado.

Logicamente, e Roppo[184] também destaca isso, tal regra não beneficia a quem queira defender a existência de um contrato por já haver acordo com relação a todos os "pontos essenciais" (por exemplo, a identificação da coisa vendida e seu preço), a despeito de ainda não haver acordo com relação a um ponto "não essencial" do contrato (por exemplo, o local de entrega da coisa vendida). Isso porque a distinção entre questões "essenciais" e "não essenciais" é arbitrária. Em um primeiro momento – e levando a cabo o princípio da autonomia privada – todos os pontos do contrato discutidos ou levantados por uma ou mais partes durante as tratativas devem ser considerados "essenciais" para tais partes, condicionando, portanto, a formação do contrato.

Isso, como mencionado, é consequência lógica do postulado da liberdade de contratar, do qual decorre o princípio clássico da autonomia

---

[181] PATTI, Guido; PATTI, Salvatore. **Responsabilità precontrattuale e contratti standard.** Milano: Giuffrè, 1993. p. 63 e ss.
[182] GARCIA, Enéas Costa. **Responsabilidade...** op. cit., p. 202-203.
[183] ROPPO, Vincenzo. Il contratto... op. cit., p. 137-140.
[184] Ibid.

privada, entendido, nesse caso, em sua primordial perspectiva: a faculdade de contratar ou de não contratar.

Apesar disso, Roppo[185] adverte que a regra deve ser aplicada com razoabilidade, de forma a afastar pretensões daquele que nega a existência de um contrato aparentemente concluído apenas porque não houve acordo sobre um "ponto marginalíssimo e insignificante", o qual, apesar de ter sido discutido em algum momento das tratativas, foi posteriormente esquecido ou ignorado (a menos, claro, que uma das partes tenha explicitado que o acordo sobre esse ponto era condição para a celebração do contrato).

Nesse aspecto, Roppo acaba por criar uma flexibilização à regra estabelecida, incluindo uma exceção que – sem entrar, por ora, no mérito de sua necessidade – traz um elemento complicador por ser subjetivo e, logo, sujeito a arbitrariedade (como defendido por ele próprio anteriormente).

Continuando a análise dos critérios sugeridos por Roppo, a segunda regra por ele proposta é, na verdade, uma complementação da primeira: o acordo sobre apenas parte do regramento contratual, sem a expressa concordância sobre outros pontos em aberto, poderá ser suficiente para formação do contrato, caso as partes declarem a vontade de se vincular àquele regramento contratual incompleto – o qual, dessa forma, será complementado pela legislação aplicável e demais regras gerais de integração.

Naturalmente, tal aceitação a esse regramento contratual incompleto tem que ser evidente. Ainda que as partes tenham chegado ao acordo sobre quase a totalidade do regramento contratual – incluindo os elementos essenciais necessários à existência de qualquer contrato bem como outros aspectos declarados como importantes àquela negociação –se as negociações continuarem a ocorrer com relação a outros pontos do contrato em formação (ainda que tais pontos sejam considerados "acessórios") o contrato não terá sido concluído.[186]

---

[185] ROPPO, Vincenzo. Il contratto... op. cit., p. 137-140.
[186] Roppo ainda cita uma terceira regra defendida por alguns juristas. De acordo com essa regra, em caso de acordo parcial sobre o regramento contratual e de declaração das partes de suficiência desse regramento, o contrato apenas seria considerado formado caso fosse possível a definição posterior dos pontos em aberto pela aplicação dos mecanismos de integração do

Logicamente, a não formação do contrato significa também a não vinculação das partes àquele regramento contratual em elaboração e à própria celebração de um contrato – sem afastar, por outro lado, a eventual responsabilidade pré-contratual das partes, inclusive em razão da recusa possivelmente injustificada e abusiva em concluir a avença.[187]

Durante a formação progressiva do contrato, as partes podem – e, como forma de melhor organizar e direcionar a evolução de negociações mais

---

contrato existentes. De acordo com Roppo, essa regra não faria sentido tendo em vista que não diria respeito à conclusão do contrato em si, mas à sua invalidade por indeterminação do objeto. Nas palavras de Roppo: "*Qualcuno prospetta una terza regola: in caso di accordo solo parziale, che le parti dichiarino sufficiente per la conclusione del contratto, il contratto tuttavia non si conclude se i punti sui quali resta il disaccordo non possono essere successivamente definiti con qualche meccanismo d'integrazione del contratto. Questa regola va contestata, perché il problema che essa evidenzia non riguarda la conclusione del contratto, bensì la sua invalidità per indeterminabilità dell'oggetto (15.7). Se A e B, pur non essendosi accordati sul prezzo, si dichiarano vincolati dal contratto di vendita, e questo riguarda cose che il venditore vende abitualmente, il contratto è concluso ed è valido in quanto il prezzo potrà determinarsi ex art. 1474. Se invece il contratto riguarda cose che il venditore non vende abitualmente, non c'è modo di determinare il prezzo: dunque il contratto è invalido per indeterminabilità dell'oggetto, ma ciò non toglie che sia concluso.*" (Roppo, Vincenzo. Il contratto... op. cit., p. 137-140). Em tradução livre: "Há quem proponha uma terceira regra: no caso de um acordo apenas parcial, que as partes declaram suficiente para a conclusão do contrato, o contrato não será tido por consumado se os pontos em que não houver consenso não puderem ser posteriormente definidos por algum mecanismo de integração do contrato. Esta regra se mostra questionável, uma vez que o impedimento apontado não diz respeito à conclusão do contrato, propriamente, mas sim à invalidade decorrente da indeterminabilidade do objeto (15.7). Se A e B, embora não tenham concordado sobre o preço, declaram-se vinculados a contrato de venda, e esse diz respeito a coisas que o vendedor geralmente vende, o contrato é concluído e é válido, pois o preço pode ser determinado, ex art. 1474. Se o contrato diz respeito a coisas que o vendedor geralmente não vende, não há como determinar o preço: portanto, o contrato é inválido ante a indeterminabilidade do objeto, o que contudo não significa que não tenha sido concluído."

[187] Nas palavras de Garcia: "Nesse caso, apesar da liberdade de não concluir o contrato, é de se reconhecer que o avançado grau das negociações pode ensejar o surgimento daquele estado de confiança na conclusão do contrato e este elemento, conjugado com o caráter injustificado da desistência, pode determinar a responsabilidade pré-contratual." (GARCIA, Enéas Costa. **Responsabilidade...** op. cit., p. 202-203).
Apesar de, como já mencionado, tal assunto estar além do escopo dessa dissertação, vez que demandaria um trabalho próprio e dedicado como aqueles muito bem realizados por diferentes juristas pátrios e estrangeiros, dedicamos algumas notas ao assunto em sub-capítulo próprio a seguir.

longas e complexas rumo à conclusão do contrato, devem – determinar por escrito os pontos já acordados, fazendo-o tanto por meio de documentos preparatórios ou temporários ou, ainda, redigindo acordos parciais e minutas relacionados ao contrato em formação (a chamada pontuação ou *puntuazione*).[188]

Podem as partes, ainda, trabalhar em uma minuta contratual – o que é bastante usual em transações complexas. A minuta nada mais é do que um texto provisório do contrato em formação, auxiliando também na progressão das negociações rumo ao necessário consenso em torno da contratação. Na prática, podem tanto as partes reunir-se para conjuntamente elaborar uma minuta contratual ou podem, ainda, enviar umas às outras, de tempos em tempos, minutas atualizadas e revisadas do contrato em formação (esse último ocorrendo com maior frequência), até que cheguem a um consenso em torno do regramento contratual aplicável e da própria contratação em si[189].

Importante destacar que nessa progressão de entendimentos recíprocos, pelos quais pouco a pouco as partes vão fixando o conteúdo do contrato, nenhuma delas entende, ainda, que esteja se obrigando definitivamente. Tal vinculação fica subordinada a um consenso em torno do projeto de contrato tomado na sua totalidade[190] – o que apenas ocorrerá, logicamente, com a conclusão do contrato.

Nada impede, é claro, como já destacado acima por Roppo, que as partes, no exercício de sua autonomia privada, decidam vincular-se a um

---

[188] Como explica Garcia sobre a *puntuazione*: "Nestes casos de formação progressiva do contrato é comum que as partes reduzam a escrito alguns pontos a respeito dos quais o acordo parcial já foi obtido. É a chamada 'puntuazione'. Isto não significa que já exista o contrato, apenas o documento comprova o andamento das negociações. Segue daí que as partes ainda têm a liberdade de não concluir o contrato, por exemplo porque o acordo não se estendeu a outros pontos importantes que comporiam o negócio." (GARCIA, Enéas Costa. **Responsabilidade**... op. cit., p. 202-203. O capítulo a seguir dedica-se ao exame de alguns desses documentos e seus efeitos.

[189] Importante não confundir o simples envio de minutas, com o envio de uma oferta ou proposta. Cada situação deve ser analisada individualmente, vez que a declaração de vontade necessária à formação do contrato, como será examinado no capítulo 3, deve ser inequívoca. Nem sempre, o simples envio de uma proposta de regramento contratual revisado significará total aceitação daquele regramento e/ou a vontade externada de vincular-se a ele, o que apenas poderá ser determinado após verificação das circunstâncias negociais.

[190] CHAVES, Antônio. **Responsabilidade pré-contratual**... op. cit., 1997, p. 60.

regramento incompleto[191], a ser integrado de acordo com regras pré-estabelecidas pelas partes ou suplementado pelo ordenamento, conforme aplicável; ou, ainda, decidam celebrar um contrato preliminar – o qual, como será examinado em mais detalhes, trata-se de verdadeiro contrato – vinculando-se desde já à celebração de um contrato definitivo, com termos mínimos já estabelecidos, mas continuando eventualmente a negociar os elementos daquela contratação definitiva.[192] Ou seja, no processo de formação progressiva do contrato, é possível admitirmos até mesmo, em alguns casos, da perspectiva das partes em negociação, certa superposição das fases pré-contratual e contratual.[193]

---

[191] Sobre esse assunto, ver também nota sobre "contratos incompletos" no Capítulo 2.2.1 a seguir.

[192] Nesse mesmo sentido: "(...) *il contratto si concluda pur avendo le parti lasciato in sospeso la definizione di alcuni punti* (...). *Ciò deve ammettersi quando le parti hanno chiaramente manifestato la volontà di costituire immediatamente il vincolo contrattuale e di rimettere ad un momento successivo la determinazione degli elementi ancora in discussione*". (BIANCA, C. Massimo. **Diritto civile**. Milão: Giuffrè, 1984, v. III p. 232 *apud* BIANCHINI, Luiza Lourenço. **Contrato preliminar**: conteúdo mínimo e execução. Porto Alegre: Arquipélago Ed., 2017, p. 87-88). Na tradução de Bianchini: "[pode acontecer que] o contrato seja concluído embora as partes tenham deixado em suspensão a definição de alguns pontos. (...) isso deve ser admitido quando as partes tenham claramente manifestado a vontade de constituir imediatamente o vínculo contratual e de remeter a um momento sucessivo a determinação dos elementos ainda em discussão".

[193] BIANCHINI, Luiza Lourenço. **Contrato preliminar**... op. cit, p. 184. Como veremos em capítulo próprio, não se nega que o contrato preliminar e o contrato definitivo são contratos distintos. Tanto é assim que o contrato definitivo requer nova declaração de vontade, ainda que essa seja devida e substituível por determinação judicial. Com isso, poderíamos determinar duas fases pré-contratuais (uma que antecede o contrato preliminar e que, até tal ponto, coincide com a fase pré-contratual do contrato definitivo; e outra que continua após a formação do contrato preliminar até a formação do contrato definitivo, sendo certo que esse interregno, da perspectiva do contrato preliminar, já seria sua fase contratual). O que se quer destacar aqui é que durante as negociações de um contrato, na sucessão de atos e condutas de aproximação, as partes podem sim estabelecer vínculos jurídicos sobre os mais diferentes aspectos (como será examinado no capítulo a seguir), inclusive relacionados ao objeto final da contratação, de maneira que a simples divisão entre fase pré-contratual e fase contratual nem sempre é evidente, principalmente quando examinamos essa questão da perspectiva dos sujeitos em negociação (e não tomando cada objeto ou instrumento negociado de forma autônoma e independente).

Como destaca Roppo[194], tanto os documentos preparatórios, temporários ou parciais, como as minutas contratuais, podem ou não ser assinados ou rubricados. O valor de tais documentos – seja para indicar em que estágio das negociações as partes se encontram ou, ainda, até mesmo para indicar (ou negar) a própria conclusão de um contrato, definitivo ou preliminar – dependerá unicamente das circunstâncias negociais em que se insiram. Os critérios anteriormente indicados por Roppo podem auxiliar nessa interpretação, assim como os critérios indicados mais à frente nesse trabalho.

De toda maneira, não há dúvidas de que uma simples carta trocada entre as partes com um rascunho dos principais termos de uma contratação (ainda que de objeto complexo e/ou com montantes vultuosos envolvidos) poderá indicar todos os pontos em discussão acordados de um regramento contratual aceito e completo, se assim as circunstâncias negociais demonstrarem. Da mesma forma, uma minuta contratual extensamente discutida e debatida após a celebração de um ou mais documentos pré-contratuais, ainda que tenham esses sido rubricados pelas partes e aparentemente não haja qualquer ponto de discordância, poderá ser de nenhum valor para indicar a existência de um contrato caso as circunstâncias negociais apontem nesse sentido.

Em outras palavras: apesar de ser ressaltada a importância dos documentos pré-contratuais na formação progressiva do contrato, a existência deles por si só não indica ou sugere a conclusão de um contrato; da mesma maneira, a existência de um dissenso (e, portanto, a não conclusão de um contrato) não pode ser inferida pela simples inexistência ou estágio preliminar de documentos elaborados pelas partes em negociação. O valor desses documentos depende das circunstâncias envolvidas em cada caso[195] e do próprio conteúdo e função de cada documento.

O mesmo pode ser dito da reprodução final de um contrato. Exceto no que diz respeito aos contratos que exigem um requisito formal para sua celebração – caso, por exemplo dos contratos solenes – a forma escrita (ou outra solenidade qualquer, como a própria aposição da assinatura das partes em um documento) não é requisito para a conclusão de um contrato.

---

[194] ROPPO, Vincenzo. Il contratto... op. cit., p. 137-140
[195] Ibid.

É regra geral do direito contratual a liberdade de forma do contrato, o qual pode inclusive ser celebrado de maneira oral.

Ora, em uma negociação alongada no tempo, com a troca de diversos documentos e comunicações escritas e orais entre as partes e o avanço na elaboração de minutas contratuais, pode-se chegar a um ponto em que todas as questões levantadas pelas partes terão sido dirimidas, havendo consenso em torno daquele regramento contratual e com relação à contratação em si. Sendo tal consenso manifestado – seja de uma maneira formal e expressa, seja por meio de um comportamento concludente –, a progressão em direção à formação do contrato terá chegado ao fim de maneira positiva. E isso deve ser verdade ainda que uma ou ambas as partes desejem e requeiram (mas a isso não condicionem o contrato) que as minutas sejam revisadas e reescritas para inclusão dos últimos pontos acordados ou refinamento da linguagem técnica por advogados; ou, ainda, que as partes prefiram formalizar tal acordo ante um notário. Se isso vier a ocorrer, teremos, na verdade, uma mera reprodução por escrito ou formalização de um contrato já concluído – ainda, que, como destaca Roppo[196], o contrato que passará a ser executado e possivelmente discutido seja posteriormente identificado pelo texto desse instrumento escrito. Por outro lado, se essa formalização ou reprodução não vier a ocorrer, servirão os demais documentos já elaborados como parâmetro para interpretação das cláusulas do contrato concluído, passando eventual divergência quanto ao real conteúdo avençado a ser uma questão de prova – não havendo, contudo, que se falar em contrato não existente.

Logicamente, se uma das partes condicionar sua vontade à posterior aceitação da redação final e formalização por escrito (ou qualquer outra solenidade) não haverá contrato concluído. Como já mencionado, a declaração comum de vontades necessária à formação do vínculo contratual deve ser definitiva, não sendo uma *aceitação condicionada a posterior aceitação* uma declaração com essa qualidade.

Importante ressaltar que essa progressão na formação do contrato, que culmina com a sua celebração, pressupõe que em determinado momento o "conteúdo mínimo" do contrato em discussão será acordado. Como

---

[196] ROPPO, Vincenzo. Il contratto... op. cit., p. 137-140.

explica Roppo[197], contudo, a definição desse conteúdo mínimo pode ser ambígua a depender do contexto em que é utilizada essa expressão. O conteúdo mínimo refere-se tanto ao acordo sobre todos os pontos em discussão entre as partes, quanto aos elementos essenciais a todo e qualquer contrato e àquela *fattispecie* em discussão. É claro que o conteúdo mínimo desse contrato não será suficiente para formá-lo – far-se-á necessário, ainda, como demonstraremos, identificar a declaração negocial (expressa ou tácita) de cada parte no sentido da conclusão daquele contrato (*facta concludentia*).

Uma observação importante: não se quer aqui negar a existência de declarações que ofertam e declarações que aceitam um contrato, ainda que no caso da formação progressiva do contrato. O que se quer afastar é a existência de uma formação *estática* do contrato em diversos casos[198], com identificação precisa de uma declaração de oferta e uma declaração de aceitação ou em desconsideração de todo o *iter* contratual, principalmente para fins de interpretação da conduta das partes em negociação. Na prática, pode haver sucessivas declarações que ofertam e que contraofertam, até

---

[197] Nas palavras de ROPPO: "*Ai problemi discussi in questo paragrafo si fa talora riferimento con la formula 'contenuto minimo dell'accordo'. La formula è ambigua, perché può avere significati diversi a seconda dei contesti in cui è usata. La copertura di tutti i punti in discussione è il contenuto 'minimo' necessario perché l'accordo concluda il contratto. La copertura di tutti i punti non suscettibili di successiva determinazione in via integrativa è il contenuto "minimo" necessario perché l'accordo concluda un contratto valido, anziché nullo per indeterminabilità dell'oggetto.*" (ROPPO, Vincenzo. Il contratto... op. cit., p. 137-140). Em tradução livre: "Os problemas discutidos neste parágrafo podem ser traduzidos pela fórmula 'conteúdo mínimo do contrato'; tal fórmula é ambígua, pois pode ter diferentes significados dependendo do contexto em que empregada. A abrangência de todos os pontos em discussão consiste na observância do conteúdo 'mínimo' necessário para que o contrato seja concluído. A cobertura, por outro lado, de todos os pontos não suscetíveis de determinação futura de forma integrativa ao contrato é tida como o conteúdo 'mínimo' necessário para que se conclua um contrato válido, em oposição a um contrato nulo em decorrência da indeterminabilidade do objeto."

[198] Como defendido por parte da doutrina, como Spínola Gomes e Cíntia Rosa Pereira de Lima, "a formação da vontade e sua declaração é algo dinâmico." (LIMA, Cíntia Rosa Pereira de. Validade e obrigatoriedade dos contratos de adesão eletrônicos (ShrinkWrap e Click-Wrap) e dos termos e condições de uso (Browse-Wrap): um estudo comparado entre Brasil e Canadá. Tese (Doutorado em Direito) – Faculdade de Direito da Universidade de São Paulo, São Paulo, 2009. P. 463 *apud* SPÍNOLA GOMES, Técio. **O processo de formação do contrato**... op. cit., p. 18.

que ambas estejam de acordo com um regramento contratual construído com sucessivos atos de aproximação entre elas, sem que, eventualmente, ao final, seja distinguível um último ato que oferta e um último ato que aceita, mas apenas declarações negociais coincidentes que demonstram o consenso necessário à conclusão do contrato. Na análise da formação progressiva do contrato, mais importante do que identificar uma declaração que oferta e uma declaração que aceita é identificar os atos concludentes de um contrato, sejam tais atos expressos ou tácitos – e que representam a declaração negocial, apta e necessária à formação de qualquer negócio jurídico.

O contrato, é importante destacar, não se *vai formando* por acordos parcelares.[199] A sucessiva aproximação das partes representada pela formação progressiva do contrato é, na verdade, um processo de *formação do consenso* indispensável à conclusão de um contrato. As partes, pelos movimentos de aproximação, vão ajustando seus interesses para que possam atingir esse consenso e, com isso, emitirem uma declaração negocial coincidente.

2.2. Documentos Pré-Contratuais: Características e Efeitos

Com a crescente importância da fase negociatória, natural que as partes cada vez mais precisem ou prefiram colocar por escrito os elementos já negociados, alocar as responsabilidades eventualmente decorrentes dessa fase pré-contratual e registrar suas intenções no que tange à contratação definitiva, recebendo os documentos pré-contratuais maior atenção[200]. Tais documentos preliminares não estão previstos em lei, mas são, logicamente, admitidos no contexto da autonomia privada.

Esses documentos, como destaca Matins-Costa[201] com base em Guido Alpa[202], "se inserem na tendência, observada nas relações comerciais, de conferir valor jurídico aos chamados *contatos* – tratativas, protocolos, *pourparles*, negociações preliminares, *instructions to proceed,* cartas de intenção,

---

[199] REI, Maria Raquel Aleixo Antunes. **Da interpretação da declaração...** op. cit., p. 277.
[200] ROPPO, Vincenzo. Il contratto... op. cit., p. 137-138.
[201] MARTINS-COSTA, Judith. As cartas de intenção no processo formativo da contratação internacional... op. cit, p. 40.
[202] ALPA, Guido. Le contrat 'individuel' et sa définition. **Revenue Internationale de Droit Comparé**, n. 2, p. 327-350, 1988. p. 327.

gentleman's agreement[203] e outros"[204], aumentando os deveres das partes envolvidas em negociações.

---

[203] Os chamados *gentlemen agreements* podem constituir duas figuras distintas. A primeira, e que importa a esse trabalho, corresponde a um documento de natureza preparatória a um possível contrato futuro, similar às cartas de intenções. Já o segundo (e mais comum) significado desse documento, não relacionado de forma direta ao escopo dessa dissertação, diz respeito aos "acordos" que não se submetem ao sistema legal, sendo celebrados única e exclusivamente com base na confiança que uma parte deposita na outra e não sujeitos ao poder coercitivo estatal em caso de descumprimento. Nesse sentido: "Impõe-se fazer uma observação em relação aos *gentlemen agreements* ou acordo de cavalheiros. Em algumas áreas, tais documentos são utilizados de forma diversa (...). Nesses casos, em vez de servirem como um documento de natureza preparatória a um possível contrato futuro, eles constituem o único instrumento que regerá a relação entre as partes, sendo que o seu objetivo é justamente permanecer não vinculante. O caso mais conhecido e relatado em estudos sobre o tema é aquele do mercado de diamantes, no qual os *gentlemen agreements* são largamente utilizados. É surpreendente verificar o grau de respeitabilidade que as partes têm por tais acordos, cujo principal elemento de coerção, no caso de não cumprimento, é, pura e simplesmente, a sua reputação dentre os que atuam naquele mercado. O mercado de diamantes vige sob regras internas criadas por aqueles que nele atuam, que não estão sujeitos ao Estado, em que sanções e formas de resolução de disputas são respeitadas e seguidas por todos." (MORAES, Lívia Lenz de. **Os efeitos jurídicos das cartas de intenções e memorandos de entendimentos**. 2016. 150 f. Dissertação (Mestrado em Direito Privado) – Faculdade de Direito, Universidade Federal do Rio Grande do Sul, Porto Alegre, 2016, p. 8). Sobre esse mesmo tema ver: BERNSTEIN, Herbert; ZEKOLL, Joachim. The gentleman's agreement in legal theory and in modern practice: United States. **The American Journal of Comparative Law**, Ann Arbor, v. 46, n. 1, p. 87–110, 1998 e BERNSTEIN, Lisa. Opting out of the legal system: extralegal contractual relations in the diamonds industry, **Journal of Legal Studies**, Chicago, v. 21 n. 1, p. 115-157, jan. 1992.

[204] Para Lake e Draetta essa variedade de denominações seria verdadeira "anarquia terminológica". Em suas palavras: "(...) "terminological anarchy" still seems to be the prevailing situation, and we feel comfortable in using the term as a collective phrase for precontractual instruments in general." (LAKE, Ralph B; DRAETTA, Ugo. **Letters of intent and other precontractual documents:** comparative analysis and forms, Salem, New Hampshire, 1994, p. 9). No mesmo sentido e utilizando-se da mesma expressão, Marcel Fontaine e Filip de Ly. FONTAINE, Marcel; LY, Filip de. **Drafting internacional contracts...** op. cit., p. 30.

Importante observar que não há na doutrina nacional ou estrangeira uma classificação e nomenclatura consensual para os documentos celebrados na fase pré-contratual. Por essa razão, optaremos por usar as expressões genéricas "documentos pré-contratuais" ou "acordos pré-contratuais" para designá-los.

Ainda sobre esse assunto, Mariana Assunção de Moraes resumiu de forma didática essa diversidade de nomenclaturas no direito português: "(...) referimo-nos a *contratos preliminares* (de que são exemplos o contrato-promessa, o pacto de preferência e o pacto de opção) e a

A celebração dos documentos preliminares atende a uma ampla diversificação de propósitos. Podem tais documentos servir como meio de comunicar informações, disciplinar questões atinentes à negociação, fixar pontos já acordados entre as partes, estabelecer regras e consequências em caso de ruptura das negociações, definir divisão de custos na etapa pré-contratual, estabelecer obrigações de confidencialidade ou de exclusividade nas negociações, entre muitas outras finalidades.[205]

acordos pré-contratuais (que abrangem tanto os acordos que fixam o conteúdo já acordado entre as partes quanto aqueles que regulam a negociação) como espécies de um gênero que poderia se denominar *acordos prévios à celebração de um contrato*. Adotando a mesma classificação, ALMEIDA, Carlos Ferreira de. *Contratos I, Conceitos, Fontes e Formação.*, p. 82. (...) Menezes Cordeiro prefere referir-se aos contratos preliminares como contratos preparatórios, e aos acordos pré-contratuais como contratos mitigados (CORDEIRO, António Menezes. *Tratado de Direito Civil, v. II – Parte Geral*, p. 298 e seguintes). (...) Já Menezes Leitão adota as expressões *contratos preliminares* e *contratos mitigados* (LEITÃO, Luís Manuel Teles de Menezes. *Direito das obrigações*, p. 203). Há, contudo, por parte do autor, certa flexibilização do conteúdo dos *contratos preliminares* em outra obra. (LEITÃO, Luís Manuel Teles de Menezes. *Negociações e responsabilidade pré-contratual nos contratos comerciais internacionais*). (...) Diferentemente, Galvão Telles e Almeida Costa vêm denominar *contratos preliminares* o gênero a que aqui nos referimos como *acordos prévios à celebração de um contrato* (TELLES, Inocêncio Galvão. *Manual dos contratos em geral*. p. 245 e COSTA, Mario Julio de Almeida. *Responsabilidade civil pela ruptura das negociações preliminares de um contrato*. p. 47). (...) Já José de Oliveira Ascensão subdivide o que denominamos *acordos pré-contratuais* em (i) *acordos parcelares*, por meio dos quais são fixados os pontos da negociação sobre os quais já há consenso e (ii) *acordos instrumentais*, que são os acordos que se prestam a regular a própria fase de negociações. ASCENSÃO, José de Oliveira. *Direito civil. Teoria geral, volume II*, p. 376-377." (MORAES, Mariana Assunção de. **Acordos pré-contratuais:** um estudo sobre seus efeitos jurídicos e sua relevância. 2016. Dissertação (Mestrado em Ciências Jurídicas) – Faculdade de Direito, Universidade de Lisboa. Lisboa, 2016, p. 13-14).
Igual questão ocorre nos países que adotam o sistema da *common law*. (FARNSWORTH, E. Allan. Precontractual liability and preliminary agreements: fair dealing and failed negotiations, **Columbia Law Review**, v. 87, n. 2, p. 217-294, Mar./1987. p. 250).

[205] Lívia Moraes lembra de uma outra importante função dos documentos pré-contratuais que, embora não faça parte do escopo desse trabalho, deve ser apontada: "É importante registrar também (...) a função hermenêutica que podem exercer os documentos preliminares. Nos casos em que a negociação é concluída, firmando-se um contrato final, esses documentos, que fazem parte da etapa pré-contratual, podem, posteriormente, auxiliar na interpretação da relação negocial. Nas hipóteses em que se verifica congruência entre o documento preliminar e o contrato, ele pode esclarecer a declaração negocial contida no contrato, e nos casos em que essa congruência não se verifica, ele pode suplementar os meios interpretativos."

Como bem lembra Moraes[206], "na seara dos contratos complexos (...), a conclusão do negócio se opera de forma progressiva, com concessões diversas de ambas as partes, renegociações acerca de pontos antes acordados e, portanto, as negociações podem se prolongar por bastante tempo". A organização desse período por meio de documentos pré-contratuais, como por exemplo a carta de intenções, por si só justificaria a importância de tais documentos.

Além disso, a celebração desses documentos visa a trazer maior segurança às partes para o prosseguimento das negociações. Isso porque, além de regular questões de *interesse imediato* das partes (pense-se, por exemplo, em um acordo de confidencialidade firmado para proteger o acesso a informações confidenciais trocadas durantes as negociações), a celebração de tais documentos no curso das negociações demonstra maior seriedade e intenção na contratação definitiva vez que reflete uma concordância gradativa das partes em torno da contratação.[207] Essa demonstração de seriedade e intenção na contratação é particularmente relevante quando pensamos no tempo e recursos que muitas vezes são despendidos pelas partes na análise e negociação do contrato.[208]

Não se pode negar a importância desses documentos para fins de interpretação do contrato, caso este venha a ser formado. O foco, entretanto, dessa obra, é na relevância de tais documentos pré-contratuais na interpretação das condutas (e da vontade) das partes em negociação.[209]

Gomes, ao tratar dos documentos pré-contratuais, reforça a pluralidade de finalidades desses documentos, dentre as quais destaca: "(a) assegurar aos que estipulam liberdade para ulteriores negociações, (b) permitir a

---

(MORAES, Lívia Lenz de. **Os efeitos jurídicos das cartas de intenções e memorandos de entendimentos...** op. cit., p. 9).

[206] MORAES, Mariana Assunção de. **Acordos pré-contratuais...** op. cit., p. 89.

[207] Nesse mesmo sentido, Moraes: "A adoção de cartas de intenção *stricto sensu* confere, ainda, maior segurança para as partes no que se refere ao interesse e ao comprometimento de sua contraparte, o que claramente se extrai do fato de que, mesmo não estando obrigada a celebrar a carta de intenção, a contraparte optou por voluntariamente fazê-lo." (Ibid.)

[208] IGLESIAS, Felipe Campana Padin. **Opção de compra ou venda de ações no direito brasileiro...** op. cit., p. 54.

[209] SANTOS JÚNIOR, Eduardo. Acordos intermédios: entre o início e o termo das negociações para a celebração de um contrato. **Revista da Ordem dos Advogados**, Lisboa, a. 57, n. 2, p. 566-604, 1997. p. 598.

fixação irrevogável de cláusula do eventual contrato que decida tornar perfeito e acabado e (c) ensejar a interrupção e a inoperância das negociações preliminares, ao fazer da finalização do contrato mera eventualidade".[210-211]

Naturalmente, alguns desses documentos são verdadeiros contratos, aptos a criar vinculação jurídica de índole obrigacional por seus próprios termos. A diferença entre o *vinculum juris* criado por alguns desses documentos e aquele decorrente do contrato final almejado reside no fato de que os primeiros são celebrados com *caráter negocial*, visando a possível e futura celebração do último.[212] Em outras palavras, apesar de alguns desses contratos representarem obrigações totalmente independentes daquelas buscadas pelo contrato almejado (e, novamente, pense-se nas obrigações de confidencialidade referidas acima), a celebração de tais documentos apenas ocorre *em razão* da existência ou início de uma negociação do contrato dito "principal".[213]

---

[210] GOMES, Orlando. **Contratos**, op. cit., p. 71.

[211] No mesmo sentido, reforçando a pluralidade de características dos documentos pré-contratuais, Fontaine e Ly apontam outras funções possíveis dos documentos pré-contratuais: *"During the prolonged gestation of their agreements, the negotiators often feel the need to create a series of preparatory documents. At the start, such documents set out the purpose and scope of the discussions to come, and they spell out procedural aspects. As the discussions proceed, their results are recorded. Certain basic agreements may be accepted, while specific details remain to be determined. Sometimes, such documents are intended to inform third parties whose involvement is sought. At other times, it is such third parties who, upon the request of one of the principal parties, provide written assurance of their eventual involvement, so that this may be known to the other principal party."* (FONTAINE, Marcel; LY, Filip de. **Drafting internacional contracts**... op. cit., p. 1-2.) Em tradução livre: "Durante a prolongada maturação de seus acordos, os negociadores muitas vezes sentem a necessidade de criar uma série de documentos preparatórios. No início, esses documentos estabelecem o propósito e o alcance das discussões futuras, e explicam os aspectos procedimentais. À medida que as discussões prosseguem, seus resultados são registrados. Certos acordos básicos podem ser aceitos, enquanto detalhes específicos ainda precisam ser determinados. Às vezes, esses documentos destinam-se a informar terceiros cujo envolvimento é solicitado. Outras vezes, são os terceiros que, a pedido de uma das partes principais, fornecem garantias por escrito de seu eventual envolvimento, de modo que este possa ser de conhecimento da outra parte."

[212] MARTINS-COSTA, Judith. As cartas de intenção no processo formativo da contratação internacional... op. cit, p. 40-41.

[213] Para que não haja qualquer dúvida, importante destacar que não há uma relação de acessoriedade entre os documentos pré-contratuais e o contrato almejado, de forma que o fim das negociações não importará, necessariamente e por si só, a extinção de todos esses documentos.

Discute-se a existência de uma categoria autônoma de *contratos preparatórios*. Para Tamburrino[214], por exemplo, os contratos preparatórios representariam uma categoria autônoma dotada de finalidade sistemática. Por outro lado, a doutrina mais recente, como menciona Panzarini[215], tem concluído que essa difusão e heterogeneidade de figuras na fase pré-contatual representaria, na verdade, uma tendência moderna da formação progressiva dos contratos. Tratar-se-ia de figuras preparatórias, com diversos efeitos, que permitiriam reforçar ou reafirmar a responsabilidade *"pré-contratual"* das partes.[216] Na mesma linha, Favale[217] reforça a heterogeneidade dessas figuras e a dificuldade de se individualizar seus elementos comuns, concluindo que tal elemento seria, quando tanto, o efeito *procedimental* para formação de um outro contrato projetado.

Em realidade, a categoria de *documentos pré-contratuais* abrange um sem número de documentos que, apesar de guardarem entre si a coincidência de serem celebrados na fase pré-contratual, possuem características e elementos próprios.

Para melhor compreender tais particularidades, e utilizando-se da classificação proposta por Pignataro[218] e adotada por alguns autores, dentre os quais Zanetti[219], analisaremos os *avant contrats,* como são conhecidos no direito francês os instrumentos celebrados nessa fase, conforme sua função: contratos preparatórios (que auxiliam na formação do contrato futuro), contratos temporários (que criam obrigações que vinculam as partes no período anterior à conclusão do contrato definitivo, auxiliando nas negociações em si) e contratos parciais (que contenham, ao menos, parte do clausulado do contrato definitivo que se almeja).

---

[214] TAMBURRINO, Giuseppe. **I vincoli unilaterali**... op. cit., p. 160.
[215] PANZARINI, Elisabetta. **Il contratto di opzione: I. Struttura e funzioni**, Milano, Dott. A Giuffrè, 2007, p. 3).
[216] IGLESIAS, Felipe Campana Padin. **Opção de compra ou venda de ações no direito brasileiro**... op. cit., p. 124.
[217] FAVALE, Rocco. Opzione. Art. 1331 in **Il Codice Civile**, Commentario, org. por D. Busnelli, Milano, Giuffrè, 2009, pp. 31 e 36.
[218] PIGNATARO, Gisella. **Buona fede oggettiva e rapporto giuridico precontrattuale**... op. cit., p. 97.
[219] ZANETTI, Cristiano de Sousa. **Responsabilidade pela ruptura das negociações**... op. cit., p. 19.

Não se nega a importância própria de cada uma dessas categorias na progressão das tratativas rumo à formação do contrato; de toda maneira, os contratos parciais parecem ser de maior interesse ao tema desse trabalho, vez que comumente celebrados em momento mais avançado das tratativas e, muitas vezes, com a total definição dos principais elementos negociados que virão a fazer parte do contrato almejado.

Seguindo os ensinamentos de Pignataro[220], os contratos preparatórios são aqueles que têm por função precípua auxiliar a formação do contrato futuro. São documentos que, via de regra, não trazem muitos detalhes do conteúdo do contrato almejado, mas regulam seu processo formativo. Os exemplos principais de tais documentos são o contrato de princípio, o contrato de preferência e o contrato quadro.

O contrato de princípio obriga as partes a negociarem o contrato futuro – e esgota-se na criação dessa obrigação.[221] No direito anglo-saxônico tal figura é conhecida como "agreement to negotiate".

---

[220] PIGNATARO, Gisella. **Buona fede oggettiva e rapporto giuridico precontrattuale...** op. cit., p. 97.

[221] Sobre essa "obrigação de negociar" e a extensão de tal obrigação, importante destacar as observações de Mariana Moraes em dissertação portuguesa de mestrado dedicada aos acordos pré-contratuais: "Daí, então, surge, a seguinte indagação: até quando as partes permanecem obrigadas a manter-se em negociações? Em outras palavras, qual é a extensão da obrigação de continuar a negociar e de que forma se deverá medir seu cumprimento ou incumprimento? (...) A hipótese que suscita maiores dúvidas é justamente aquela em que as negociações já se prolongaram por um período significativo sem que as partes chegassem a um acordo final; uma das partes entende, dado o impasse em que se encontram, que não há mais razão para permanecer em negociações, enquanto a outra parte insiste para que as tratativas sigam adiante. Neste caso, como e quando se poderia dar por cumprida a obrigação de negociar? Para Maria Raquel Rei, a obrigação de negociar no âmbito de um acordo de negociação deve prosseguir até 'o consenso' ou até a 'divergência insanável' (REI, Maria Raquel. Do Contrato-quadro, p. 49.) A afirmativa da autora, embora contribua para o esclarecimento da dúvida suscitada, não nos parece suficiente para respondê-la integralmente, na medida em que será igualmente subjetivo o conceito de divergência insanável. (...) A nosso ver, a depender do caso concreto, poderá haver indícios de que as partes de fato negociavam de boa fé. No entanto, nem sempre haverá meios objetivos de se apurar o efetivo cumprimento do dever de continuar a negociar sob este prisma. (...) segundo as regras da boa-fé, se uma parte cria na outra uma expectativa legítima com relação à conclusão do negócio, não mais poderá desistir das negociações de forma injustificada, sob pena de o fazendo, violar o dever de lealdade. Neste contexto, não há dúvidas de que a celebração de um acordo por meio do qual as partes se comprometem a dar continuidade às negociações, por si só, terá o efeito de aumentar a

Com a crescente importância da cláusula geral de boa-fé objetiva, que por si só já cria deveres laterais de conduta às partes em negociação, tal contrato de princípio acaba por perder importância, sendo de difícil ocorrência como um documento singular. Na verdade, essa figura costuma estar inserida em contratos complexos, juntamente com outras disposições dirigidas a auxiliar a formação do contrato futuro.

Interessante notar que no direito anglo-saxônico tal figura tem uma importância maior, tendo em vista a inexistência de uma cláusula geral de boa-fé objetiva aplicável às negociações pré-contratuais. Assim, um *"agreement to negotiate"* pode ser importante instrumento para valorar as atitudes pré-contratuais das partes, uma vez que evidencia seriedade na contratação almejada e gera – não por meio de uma cláusula geral imposta por lei, mas uma disposição livremente acordada – confiança recíproca nas negociações, trazendo à baila os deveres de conduta respectivos, à semelhança do que ocorre com a cláusula geral de boa-fé objetiva (e possivelmente de forma até mais intensa, tendo em vista o caráter dispositivo de tal cláusula, como mencionado).

O contrato de preferência, por sua vez, tem por função conferir a determinada pessoa o direito de, em igualdade de condições, preferir a terceiros na celebração futura de determinado contrato.[222] Trata-se de verdadeiro contrato, com *vinculum juris* próprio, muito utilizado na prática contratual e que, como tanto, já foi objeto de muito estudo e debate doutrinário.[223]

---

confiança e a expectativa das partes com relação à conclusão do negócio." (MORAES, Mariana Assunção de. **Acordos pré-contratuais...** op. cit., p. 95-98). Sobre as consequências a respeito da ruptura injustificada das negociações, ver notas do capítulo 2.4 desse trabalho ou, para maior profundidade sobre o assunto, ver as seguintes obras dedicadas à matéria: ZANETTI, Cristiano de Sousa. **Responsabilidade pela ruptura das negociações...** op. cit.; PEREIRA, Regis Fichtner. **A responsabilidade civil pré-contratual...** op. cit.; e GARCIA, Enéas Costa. **Responsabilidade...** op. cit.

[222] ZANETTI, Cristiano de Sousa. **Responsabilidade pela ruptura das negociações...** op. cit., p. 19.

[223] Ver, dentre outros: SERPA, Pedro Ricardo e. **A preferência legal e voluntária no direito brasileiro**. Tese de Doutorado apresentada à Faculdade de Direito da Universidade de São Paulo. Orientador: MARINO, Francisco Paulo De Crescenzo. São Paulo, 2016; WAISBERG, Ivo. **Direito de preferência para a aquisição de ações: conceito, natureza jurídica e interpretação**. São Paulo, Quartier Latin, 2016; ALVARENGA, Maria Isabel de Almeida. **Direito de preferência para a aquisição de ações**. Dissertação de Mestrado apresentada à Faculdade de Direito da Universidade de São Paulo. Orientador: COMPARATO, Fábio Konder (orient).

O contrato futuro ao qual o direito de preferência se refere poderá ou não vir a existir. Além disso, as principais condições desse contrato objeto do direito de preferência podem ou não (como normalmente ocorre) estar pré-determinadas. Verificada a hipótese do direito de preferência, caso esse não seja exercido, a contraparte (i.e., aquele que outorgou o direito de preferência) estará livre para celebrar o contrato com terceiros. Assim, apesar de ser um contrato que cria obrigações definitivas para as partes contraentes (i.e., o direito de efetivamente preferir a um terceiro na celebração de um determinado contrato), diz-se (ao menos para essa classificação adotada) que esse é um contrato inserido na fase negociatória, vez que para total produção de seus efeitos dependerá da existência de um contrato futuro.

Esse direito de preferência, como explicam Pontes de Miranda[224] e Zanetti[225], pode decorrer de uma declaração unilateral de vontade ou, como é mais comum, no âmbito de uma declaração bilateral de vontades. É corriqueiro que a preferência esteja inserida em outros instrumentos contratuais – sem que isso, contudo, impeça sua pactuação em instrumento autônomo, o que também ocorre com frequência.

Diferentemente do contrato de opção, no qual uma das partes tem o *direito potestativo* de exigir a celebração de um contrato futuro por meio do exercício de tal direito de opção, o exercício do direito de preferência só poderá vir a ocorrer (e seu exercício portanto fica a isso condicionado) se a parte outorgante da preferência vier a declarar sua vontade em celebrar com terceiros o contrato objeto da preferência.[226] Sua eficácia ficará, sempre, condicionada à intenção da parte outorgante da preferência em celebrar o contrato objeto daquele direito de preferência.

Sobre o contrato de opção, aliás, é este um negócio jurídico bilateral, pelo qual as partes estipulam que uma delas permanecerá vinculada à própria declaração negocial (de compra ou de venda, a depender se estamos diante de uma opção de venda ou de compra, respectivamente), enquanto

São Paulo, 2001; TUCCI, Rogério Lauria; AZEVEDO, Álvaro Villaça. Direito de preferência. **Revista do Advogado**, São Paulo, n. 45, p. 41-56, jan. 1995.
[224] PONTES DE MIRANDA, Francisco Cavalcanti. **Tratado de direito privado...** op. cit., t. XXXVIII, p. 383-385.
[225] ZANETTI, Cristiano de Sousa. **Responsabilidade pela ruptura das negociações...** op. cit., p. 20.
[226] Ibid., p. 21.

a outra, titular do direito potestativo de exigir a compra ou a venda (direito de opção), se reserva a faculdade de concluir ou não aquela contratação em certo tempo.[227] Pela classificação de Pignataro, poderia também ser considerado um contrato preparatório, já que guarda similaridades com o contrato de preferência e tem como função precípua auxiliar na formação de um contrato futuro.

A natureza jurídica do contrato de opção é tema de grande complexidade, não havendo consenso na doutrina – que ora aproxima tal figura à proposta irrevogável[228], ora ao contrato preliminar (no caso, contrato preliminar *unilateral*)[229-230] e ora, ainda, defende a existência de uma

---

[227] GOMES, Orlando. **Contratos...** op. cit., p. 288.

[228] *"The owner of an estate gives an option to A to purchase it within a given number of years; until the option is declared, this amounts to no more than a mere proposal; until that time there is wanting an essential ingredient of the contract, namely, the consent of the vendee."* (S. ATKINSON, The law on the contract of sale, London, Davis and Amer, Law Booksellers, 1853, p. 245 *apud* IGLESIAS, Felipe Campana Padin. **Opção de compra ou venda de ações no direito brasileiro...** op. cit., p. 80.) Em tradução livre: "O proprietário de um imóvel dá a A a opção de compra do bem em um determinado número de anos; até que a opção seja realizada ela não passa de uma mera proposta; até tal momento está presente apenas um elemento essencial do contrato, qual seja, o consentimento do vendedor." Tal posição é rechaçada por Iglesias, pelas seguintes razões: "(...) opções dependem invariavelmente de manifestação de vontade do beneficiário quanto à extensão do direito formativo gerador e à predisposição dos termos do contrato optativo, bem como desempenham função mais ampla, com maior grau de intensidade vinculativa no iter formativo do contrato optativo, em relação àquela, essencialmente procedimental, desempenhada pelas ofertas." (IGLESIAS, Felipe Campana Padin. **Opção de compra ou venda de ações no direito brasileiro...** op. cit., p. 305.)

[229] Uma vez mais, valemo-nos da análise de Iglesias em dissertação dedicada ao assunto, para quem essa posição não deve prevalecer: "Não obstante a existência de algumas semelhanças, o conteúdo obrigacional de ambos os negócios mostra-se distinto; nos últimos o efeito principal é a criação de obrigação (*stricto sensu*) de aperfeiçoar, mediante renovação da declaração de vontade de ambas as partes, o contrato definitivo, já acordado apenas em seus elementos essenciais; nas opções o efeito típico é a criação do estado de sujeição do outorgante (não há obrigação propriamente dita) frente ao direito formativo gerador do beneficiário quanto à formação do contrato optativo, já predisposto em todos os seus elementos (categoriais e particulares)". (Ibid., p. 306.)

[230] Não apenas a doutrina, mas também a jurisprudência por vezes confunde a figura do contrato de opção com a figura do contrato preliminar. Nesse sentido: "Obrigação de fazer. Opção para compra de imóvel. Execução específica. Tratando-se de opção de compra irrevogável, válida e regular, uma vez não cumprida pelo devedor a obrigação, é permitido ao credor obter a condenação daquele a emitir a manifestação de vontade a que se comprometeu, sob pena

categoria própria, *sui generis*, não equiparável a qualquer outra figura do ordenamento – essa última a posição que nos parece mais adequada.[231]

O contrato quadro, por sua vez, também chamado de contrato guarda-chuva ou *master agreement*, é utilizado para definição prévia de cláusulas a serem utilizadas em contratos futuros. São as condições gerais usualmente pactuadas entre parceiros comerciais que pretendem realizar diversas contratações dentro de um certo período – contratações essas que dependerão sempre da celebração de um contrato específico subordinado ao contrato quadro.

Esse instrumento auxilia as partes a evitar a constante negociação de cláusulas de contratos similares, atendo-se a negociação de cada contrato específico aos elementos principais e mais importantes do ponto de vista comercial (como preço, condições de pagamento, entre outros aplicáveis às diferentes relações).

Pense-se, por exemplo, em uma empresa de telefonia móvel que precisa contratar com uma empresa de torres diversos espaços para instalação de suas antenas e equipamentos de telecomunicação. Natural que as condições gerais de um contrato para o direito de uso desses espaços, como por exemplo as cláusulas de indenização, obrigações de confidencialidade, necessidade de contratação de apólices de seguro, dentre outras, sejam as mesmas independentemente da localização das torres. Por outro lado, natural também que uma torre localizada em uma região bastante populosa, cujo terreno tem um alto preço por metro quadrado, existência de restrições de construção e grande demanda por serviços de telefonia tenha um preço superior quando em comparação a uma torre localizada em região rural e pouco populosa. Um contrato quadro, nessas hipóteses, seria de bastante utilidade para os envolvidos, vez que auxiliaria as partes a

---

de, não o fazendo, produzir sentença o mesmo efeito do contrato a ser firmado. Aplicação do art. 639 do CPC. Recurso Especial conhecido e provido." (BRASIL. Superior Tribunal de Justiça. Recurso Especial nº 5406/SP, Quarta Turma, Rel. Min. Barros Monteiro, j. 26/03/91, DJ 29/04/91. Disponível em: < http://www.stj.jus.br/> Última consulta em 5 jan. 2018. – grifos nossos). O julgado é comentado e referido por Bianchini (BIANCHINI, Luiza Lourenço. **Contrato preliminar...** op. cit, p. 99-100).

[231] Para uma análise comparativa entre todas essas (e outras) correntes acerca da natureza jurídica do contrato de opção, ver Iglesias, para quem o contrato de opção seria um contrato *sui generis*. (IGLESIAS, Felipe Campana Padin. **Opção de compra ou venda de ações no direito brasileiro...** op. cit., p. 74-143)

não despender tempo em cláusulas já avençadas, focando no que realmente difere, do ponto de vista comercial, de uma torre para a outra.

Importante notar que esse contrato quadro *per se* não é um contrato completo, vez que, por conceito, não possui todos elementos essenciais do contrato definitivo. Serve o contrato quadro, assim, para deixar firmado o consenso das partes a respeito de determinadas cláusulas que poderão fazer parte de um ou mais contratos futuros *se* e *quando* as partes chegarem a uma composição a respeito dos outros pontos do negócio jurídico pretendido.[232]

Continuando a classificação proposta por Pignataro, os acordos temporários têm por função auxiliar as partes no próprio processo de negociação. Esses acordos – que geralmente são estipulados em combinação com outros contratos temporários, preparatórios e/ou parciais – visam disciplinar o período das negociações, não se preocupando de forma manifesta com questões atinentes à própria formação do contrato em si e/ou suas cláusulas definitivas.

São exemplos de tais acordos temporários aqueles relativos à confidencialidade (da negociação em si e/ou das informações às quais as partes tenham acesso nesse período); acordos de exclusividade, pelos quais uma ou ambas as partes assumam a obrigação de não negociar com terceiros por um determinado período aquele mesmo objeto de negociação; acordos para disciplinar as responsabilidades relativas a gastos efetuados pelas partes em estudos e pesquisas destinados à viabilização da eventual contratação; dentre outros.[233]

Os contratos parciais, por sua vez, têm por função precípua o fortalecimento e assentamento dos pontos já acordados pelas partes. Com isso, o regramento contratual é formado em estágios sucessivos, sendo suas cláusulas paulatinamente estabelecidas até que haja um regramento contratual *completo* (ao menos entendido como suficiente pelas partes).

---

[232] Como bem lembra Zanetti, "o contrato quadro não comporta execução específica, sendo mesmo ineficaz enquanto não houver consenso relativo aos pontos restantes necessários para a conclusão do contrato incialmente imaginado." (ZANETTI, Cristiano de Sousa. **Responsabilidade pela ruptura das negociações...** op. cit, p. 21-22).

[233] ZANETTI, Cristiano de Sousa. **Responsabilidade pela ruptura das negociações...** op. cit, p. 23.

Pode-se citar como exemplo de tais documentos as cartas de intenção, os memorandos de entendimento, os protocolos de negociação e, embora não sejam contratos, as próprias minutas.

Os contratos parciais diferem do contrato quadro em sua relação funcional com o contrato definitivo. Enquanto o contrato quadro é realizado para auxiliar a conclusão de negócios jurídicos não determinados, os contratos parciais são elaborados com estipulações referentes a um futuro contrato específico, influindo diretamente em seu processo formativo.

Zanetti[234] explica que a eficácia dos contratos parciais "fica sujeita à concordância a respeito de todos os pontos faltantes." Ou, claro, pode-se convencionar, a qualquer momento desse processo, que a concordância com relação a alguns pontos faz presumir o consenso com relação aos demais. Caso não haja a completude dos demais pontos do contrato, o contrato definitivo jamais terá sido formado e o contrato parcial não terá gerado qualquer efeito com relação àquele.

Como ensina Tamburrino[235], os acordos parciais teriam uma dupla finalidade prática: de um lado, as partes manteriam a liberdade para concluir ou não o contrato almejado, enquanto ao mesmo tempo teriam fixado de forma *irrevogável*[236] algumas de suas cláusulas, não sendo necessária a ulterior manifestação de vontade com relação a essas.[237]

---

[234] Ibid.

[235] TAMBURRINO, Giuseppe. **I vincoli unilaterali...** op. cit., p. 104-105.

[236] A irrevogabilidade referida por Tamburrino não nos parece adequada. Ora, se as partes mantêm a liberdade para concluir ou não um contrato – até que de fato o façam –, mantêm também a liberdade para alterar suas cláusulas – de acordo com o velho brocardo "*in eo quod plus est semper inest et minus*" (ou, "quem pode o mais, pode o menos").

[237] Nesse ponto, como será abordado em outros tópicos desse trabalho, entendemos que o posicionamento de Tamburrino deve ser lido de forma cuidadosa. Guardadas as particularidades aplicáveis ao contrato preliminar e descritas em capítulo próprio, o consenso progressivo em torno do regramento contratual com a concordância e fixação de cláusulas de um contrato futuro não substitui a necessária declaração de vontade em torno daquele regramento contratual completo e da própria contratação em si. Tal declaração de vontade necessária à formação do contrato é una e não uma soma de consentimentos a respeito de cada ponto do contrato. O que ocorre – e aí a importância do pensamento de Tamburrino e dos contratos parciais – é a utilidade prática de fixar-se ponto a ponto um contrato, obtendo o consentimento em torno de cada ponto que ao final formará um regramento completo e que, ao menos em tese, *facilitará* a obtenção do consentimento sobre seu conteúdo completo e a vinculação contratual almejada.

Nessa categoria é incluído, ainda, o contrato preliminar. Tal figura, contudo, guarda algumas particularidades que acabam diferenciando-o dos demais documentos dessa mesma classe. Dentre essas particularidades, insere-se o fato de ser o contrato preliminar um contrato parcial "completo", vez que (i) possui os elementos essenciais do contrato definitivo e (ii) *obriga* as partes à celebração futura de um contrato definitivo (criando *vinculum juris* próprio e gerando, portanto, efeitos jurídicos aos seus contratantes). Por suas peculiaridades e pontos de intersecção com o objeto desse estudo, passamos a tratar do contrato preliminar em capítulo próprio para, em seguida, examinarmos os efeitos dos demais contratos parciais, principalmente a minuta e as cartas de intenção.

2.2.1. Notas sobre o Contrato Preliminar

Conhecido por diversos nomes[238], o contrato preliminar – denominação utilizada pelo Código Civil em seu artigo 462 e seguintes – tem por escopo obrigar as partes à celebração de um outro contrato, dito definitivo.[239] Na definição de Gomes, o contrato preliminar é "convenção pela qual as partes criam em favor de uma delas, ou de cada qual, a faculdade de exigir

---

[238] Dentre elas, *Vorvertrag* (Alemanha), *contratto preliminare* (Itália), *avant-contrat* (França), pré-contrato (Brasil e Portugal), contrato-promessa (Portugal), compromisso (Brasil e Portugal) e *contrato de conclusión* (Espanha). Acerca da terminologia dos contratos preliminares, vide: TOMASETTI JUNIOR, Alcides. **Execução do contrato preliminar**. 1982. 311 f. Tese (Doutoramento em Direito) – Faculdade de Direito, Universidade de São Paulo, São Paulo, 1982, p. 5-6.

Diante de tantas denominações para o mesmo instituto, verificam-se algumas situações de uso indevido de alguns desses termos, como apontado por Iglesias: "A doutrina utiliza-se indistintamente dos termos acima, mas é necessário manter a atenção ao termo promessa, pois recorrentemente não tem sido utilizado para designar o contrato preliminar, mas, ao contrário, uma declaração unilateral de vontade apta a vincular e obrigar o sujeito manifestante perante um ou mais sujeitos (tal como nas promessas de recompensa previstas em nosso ordenamento). De igual maneira, alguns autores nacionais – que basearam seus estudos nos autores franceses – qualificaram os contratos de opção como promessas unilaterais, porque naquele país a expressão *promesse unilatérale de vente* é utilizada para designar os negócios outorgativos de opção. Isso gerou bastante confusão na prática." (IGLESIAS, Felipe Campana Padin. **Opção de compra ou venda de ações no direito brasileiro**... op. cit., p. 98 e ss).

[239] MARTINS-COSTA, Judith. As cartas de intenção no processo formativo da contratação internacional... op. cit., p. 42.

imediata eficácia de contrato que projetaram."[240] Cria-se, com o contrato preliminar, verdadeira obrigação de contratar o futuro contrato definitivo – ou, como explica Varela[241], "a obrigação de emitir a declaração de vontade correspondente ao contrato prometido".

Diversamente de outras figuras da fase pré-contratual, com as quais é por vezes confundido – até em razão de algumas denominações, como "pré-contrato" –, é o contrato preliminar verdadeiro contrato, que, como tanto, cria direitos/deveres, pretensões/obrigações.[242] Há efetiva criação de *vinculum juris* entre as partes que celebram um contrato preliminar, como explica Castro y Bravo: "a promessa de contrato origina, por si mesma, uma vinculação jurídica, que vive com plena substantividade, enquanto não se exija seu cuprimento ou não se extinga a relação por

---

[240] GOMES, Orlando. **Contratos...**, op. cit., p. 160. Essa definição é criticada por Tomasetti Jr., vez que evidencia apenas uma das funções do contrato preliminar, pela qual a celebração do contrato definitivo seria um mero ato devido. Entretanto, isso seria verdade (ou ao menos essa função teria maior destaque) para os casos de preliminaridade máxima, no qual há identidade de conteúdo entre o contrato preliminar e o contrato definitivo; nos casos de preliminaridade média e mínima não haveria apenas a conclusão de um contrato, mas também sua complementação. Voltaremos ao assunto ao final desse capítulo. (TOMASETTI JR., Alcides. **Execução do contrato preliminar...** op. cit., p. 31-33).

[241] ANTUNES VARELA, João de Matos. **Das obrigações em geral...** op. cit., p. 309.

[242] É isso que explica, de forma didática, o Desembargador Francisco Loureiro, em acórdão proferido pelo Tribunal de Justiça de São Paulo, em caso no qual uma das partes confundia os efeitos do contrato preliminar com outros documentos e atos próprios da fase pré-contratual: "Fraca a tese de inexistência de negócio jurídico. Confunde a recorrente duas figuras absolutamente díspares entre si: negociações preliminares (fase de pontuação), sem efeito vinculativo e contrato preliminar, com efeito vinculativo e tendo por objeto a celebração do contrato definitivo. No caso concreto, trata-se de contrato preliminar, que existe, pois reúne todos os elementos (consentimento, forma e objeto) e é valido. O contrato preliminar, em que pese sua natureza acessória, é negócio jurídico como qualquer outro, com a peculiaridade de ter por objeto a celebração de outro contrato. Embora o trespasse propriamente dito jamais tenha sido firmado, a promessa de venda e compra do estabelecimento comercial foi pactuada, como demonstra o instrumento contratual (...), com todos os elementos suficientes a lhe dar existência. Se houve, ou não, inadimplemento ao contrato preliminar, a questão é outra, que não envolve nem inexistência e nem invalidade do negócio jurídico." (BRASIL. Tribunal de Justiça do Estado de São Paulo. Apelação nº 0211399-92.2007.8.26.0100, 1ª Câmara Reservada de Direito Empresarial, Rel. Des. Francisco Loureiro, j. 16/03/16. Disponível em: <http://www.tjsp.jus.br/>. Acesso em 18 dez. 2017)

alguma causa".[243] Logicamente, por tal motivo, a responsabilidade que decorre do descumprimento de um contrato preliminar é de natureza contratual, vez que as partes (ou ao menos uma delas) *obrigou-se* a firmar o futuro contrato definitivo.

Almeida Costa[244], comparando o *contrato-promessa* com o acordo de princípio ou de negociação – os últimos, documentos pré-contratuais, similares às cartas de intenções –, igualmente destaca a criação do vínculo contratual como principal diferença entre tais figuras, já que os acordos de princípio ou de negociação não obrigam as partes à efetiva conclusão de um contrato. O contrato preliminar é, portanto, uma figura autônoma, e não uma categoria intermediária entre as negociações preliminares e o contrato definitivo[245].

Como também ressalta Tomasetti Jr.[246], o contrato preliminar caracteriza-se pela vinculação imediata das partes em relação a um regramento diferido. O contrato preliminar serviria, assim, à factibilização de um regramento contratual a ser introduzido, estando o núcleo de tal projeção de contrato já coberto por um vínculo jurídico – o qual é diverso do vínculo jurídico do contrato definitivo. Esse último permaneceria retardado em sua eficácia – quando o dever das partes vinculadas por um contrato preliminar é tão somente a conclusão futura de um contrato definitivo (preliminaridade máxima) –, ou diferido e pendente de aperfeiçoamento residual – quando, além de sua conclusão, houver a necessidade de complementação de algum elemento do contrato definitivo (preliminaridade mínima e média).

É requisito do contrato preliminar a observância de todos os requisitos essenciais do contrato definitivo, exceto a sua forma.[247] Assim, para um contrato preliminar de compra e venda, por exemplo, bastará que estejam

---

[243] CASTRO Y BRAVO, Federico. **El negocio jurídico**, Madrid: Instituto Nacional de Estudos Jurídicos, 1967, p. 48 *apud* GOMES, Orlando. **Contratos...**, op. cit., p. 164

[244] ALMEIDA COSTA, Mario Julio de. **Direito das obrigações...** op. cit., p. 231-232.

[245] ROSENVALD, Nelson. **Código Civil comentado**: doutrina e jurisprudência. Coord. Cezar Peluso. 7. ed. rev. e atual. Barueri, SP: Manole, 2013, p. 514.

[246] TOMASETTI JUNIOR, Alcides. **Execução do contrato preliminar...** op. cit., p. 20-22.

[247] É isso que prescreve o Código Civil: "Art. 462. O contrato preliminar, exceto quanto à forma, deve conter todos os requisitos essenciais ao contrato a ser celebrado." (BRASIL. **Código Civil** de 10 de janeiro de 2002. Disponível em: <http://www.planalto.gov.br/ccivil_03/leis/2002/L10406.htm> Acesso em: 5 jan. 2018)

presentes os elementos essenciais da compra e venda (o acordo quanto à coisa e quanto ao preço)[248]. Com efeito, é possível que as partes deixem pontos tidos como secundários (porque não necessários àquele tipo contratual ou porque assim considerados pelas partes) em aberto, sem que isso afete a sua natureza ou sua eficácia judicial.[249]

Essa característica do contrato preliminar – de criar um *vinculum juris* e, ainda, possibilitar que as partes continuem em negociação quanto a outros pontos do contrato antes que haja a conclusão do contrato definitivo – demonstra que a cisão entre a fase pré-contratual e a fase contratual nem sempre é tão nítida, especialmente nos casos de formação progressiva que contam com a celebração, em algum momento, de um contrato preliminar.[250]

Apesar de as partes (ou, no caso de um contrato preliminar unilateral, uma delas) obrigarem-se à celebração de um contrato definitivo, a conclusão de tal contrato definitivo dependerá de nova manifestação de vontade nesse sentido.[251] Para tanto, qualquer das partes poderá exigir que a contraparte cumpra o contrato preliminar e celebre negócio

---

[248] AZEVEDO, Antonio Junqueira de. **Novos estudos e pareceres de direito privado**. São Paulo: Saraiva, 2009, p. 258.

[249] PRATA, Ana Maria Correia Rodrigues. **O contrato-promessa e o seu regime civil**. Coimbra, Almedina, 1995, p. 403.

[250] Nesse sentido, Bianchini: "Observe-se, entretanto, que, do ponto de vista fático, nem sempre a cisão entre a fase pré-contratual das tratativas e a fase contratual do preliminar se revela tão nítida. Como visto, o contrato preliminar pode ser não somente antecedido pelas tratativas, mas também sucedido por elas, resultando em uma certa superposição entre fase pré-contratual e contratual que não pode ser desconsiderada pelo intérprete. Com efeito, o intervalo que medeia a celebração do contrato preliminar e a conclusão do negócio definitivo pode servir, justamente, para que as partes continuem as negociações a respeito de aspectos secundários do ajuste. Nesses casos, haverá os deveres contratuais derivados do contrato preliminar (obrigação de celebrar o negócio definitivo e outros eventuais deveres nele previstos), o que, todavia, não significa o fim das tratativas a respeito de outros pontos sobre os quais ainda não há um acordo cabal. É o que acontece no já mencionado processo de formação progressiva do contrato, do qual o preliminar pode constituir uma das etapas. Nessa hipótese, os deveres contratuais vão surgindo de forma paulatina e não de uma só vez, o que torna a fronteira entre a fase pré-contratual e a fase contratual menos visível, pois, como dito, certos deveres contratuais conviverão com o prosseguimento das tratativas em relação a outros pontos do negócio." (BIANCHINI, Luiza Lourenço. **Contrato preliminar...** op. cit, p. 86-87.)

[251] FAVALE, Rocco. Opzione..., op. cit., p. 45.

definitivo, assinando prazo à contraparte nesse sentido (no caso, o prazo previsto no contrato preliminar ou, se não houver tal previsão, prazo razoável[252]).

Em caso de recusa, é defesa a complementação de tal manifestação de vontade por meio de tutela jurisdicional, conforme prescrito pelo artigo 464[253] do Código Civil, exceto nos casos em que a natureza das obrigações do contrato definitivo, como aquelas dos contratos personalíssimos, não permita a execução forçada, hipótese na qual apenas a tutela indenizatória será cabível[254]. Como explica Rosenvald, "a efetivação – voluntária ou coativa – do contrato principal enfatiza a presença dos elementos da responsabilidade do declarante e da confiança do declaratário no sentido da seriedade do contrato preliminar."[255]

Menezes Cordeiro[256], comentando o contrato-promessa, afirma que seu cumprimento, ou seja, a celebração do contrato definitivo, não seria um ato jurídico voluntário, mas um mero ato devido. Preferimos, contudo, nos aproximar da opinião de Tomasetti Jr., que admite que o contrato definitivo teria, na verdade, dupla função: seria um ato devido, vez que decorrente de um *dever de contratar*, mas seria também um negócio jurídico e, como tanto, demandaria uma declaração negocial para sua formação.[257] Parece-nos, ademais, que a posição do legislador brasileiro foi clara nesse último sentido, vez que, como mencionado, diante da recusa de contratar o contrato definitivo, há a necessidade de uma sentença substitutiva da declaração da parte inadimplente, ou seja, requer-se *nova declaração negocial* para a celebração de novo negócio jurídico (o contrato definitivo).

---

[252] Código Civil, art. 463: "Concluído o contrato preliminar, com observância do disposto no artigo antecedente, e desde que dele não conste cláusula de arrependimento, qualquer das partes terá o direito de exigir a celebração do definitivo, assinando prazo à outra para que o efetive." (BRASIL. Código Civil de 10 de janeiro de 2002. Disponível em: <http://www.planalto.gov.br/ccivil_03/leis/2002/L10406.htm> Acesso em: 5 jan. 2018)

[253] Código Civil, art. 464: "Esgotado o prazo, poderá o juiz, a pedido do interessado, suprir a vontade da parte inadimplente, conferindo caráter definitivo ao contrato preliminar, salvo se a isto se opuser a natureza da obrigação." (Ibid.)

[254] GOMES, Orlando. **Contratos...** op. cit., p. 165.

[255] ROSENVALD, Nelson. **Código Civil comentado...** op. cit., p. 515.

[256] MENEZES CORDEIRO, António Manuel da Rocha. **Tratado de direito civil**. Direito das obrigações: Vol. IX. Coimbra: Almedina, 2014, p. 28.

[257] TOMASETTI JUNIOR, Alcides. **Execução do contrato preliminar...** op. cit.

Não se nega a existência de um dever de contratar – sendo possível, portanto, falar também em um ato devido de celebração do contrato definitivo; entranto, esse dever de contratar não exclui a natureza do contrato e do negócio jurídico. Há, como mencionado, uma dupla função do contrato definitivo e de sua respectiva declaração negocial.

Sobre o assunto, Tomasetti Jr. aponta a existência de uma gradação de conteúdo no encadeamento "contrato preliminar – contrato definitivo", no qual essa dupla função seria mais ou menos evidenciada a depender do estágio do contrato preliminar. Essa gradação, aliás, também seria útil para determinar a "força vinculativa e até mesmo executória"[258] dos contratos preliminares, a qual aumentaria de acordo com a completude do conteúdo do contrato preliminar.

No grau mais completo (preliminaridade máxima), o contrato preliminar já preestabelece a totalidade do conteúdo do contrato definitivo. Nesse caso, a função "ato devido" da declaração negocial teria maior relevo, vez que a celebração do contrato definitivo representaria quase que uma homologação do anteriormente já pactuado.

Importante mencionar que há quem defenda uma total identidade de conteúdo do contrato preliminar e do contrato definitivo, de maneira que apenas esse tipo de contrato preliminar "completo" seria possível[259]. Assim,

---

[258] ALEM, Fabio Pedro. **Contrato preliminar**: eficácia nos negócios jurídicos complexos. 197f. Dissertação (Mestrado em Direito das Relações Sociais) – Faculdade de Direito, Pontifícia Universidade Católica de São Paulo, São Paulo, 2009, p. 140.

[259] Nesse sentido, TORRENTE, Andrea. Manuale di diritto privato. Milano, Giuffré, 1968, p. 488 apud TOMASETTI JR, Alcides. **Execução do contrato preliminar...** op. cit., p. 28. Ainda sobre o assunto, Alem explica que essa seria a "teoria da vinculação integral" entre o contrato preliminar e o contrato definitivo, indicando alguns juristas adeptos dessa corrente: "A teoria da vinculação integral tem por base que o contrato preliminar somente se aperfeiçoa quando as partes estão de acordo com todos os termos do contrato definitivo, sem qualquer distinção entre os elementos essenciais e acidentais do contrato preliminar e do contrato definitivo. (ALEM, Fabio Pedro. **Contrato preliminar...** op.cit., p. 38-39). Mendonça, ao defender essa corrente, entende que "o contrato preliminar deve contar exatamente as cláusulas do contrato futuro, a cuja formação tende, para que na ocasião de ser aperfeiçoada a conclusão deste último, não surjam dificuldades e dúvidas". (MENDONÇA, J. X. Carvalho. **Tratado de Direito Comercial brasileiro,** 5ª edição, vol. VI. São Paulo: Freitas Bastos, 1955, p. 459). Francesco Messineo também defende essa teoria, ressaltando basicamente que existe um perfeito paralelismo de tipo entre o contrato preliminar e o definitivo, entendendo ser necessário que no primeiro já venham determinadas as cláusulas substanciais do negócio a

não haveria de se falar em gradação de conteúdo do contrato preliminar, e a ausência de qualquer elemento do contrato definitivo no conteúdo do contrato preliminar faria, nesse caso, com que o contrato preliminar não existisse (sendo reduzido a qualquer outra figura pré-contratual, despida do *vinculum juris* típico do contrato preliminar).

Essa posição foi adotada pelo emblemático Caso Disco[260], no qual o Supremo Tribunal Federal, em criticada decisão[261], qualificou o documento em discussão como mera minuta, devido à inexistência de acordo sobre todas as cláusulas do contrato definitivo. Essa posição foi seguida por diversos outros julgados[262] anteriores ao Código Civil de 2002, a partir do qual a posição do legislador foi clara em determinar que o contrato preliminar deveria conter "os requisitos necessários, não importando a sua forma e, também, não sendo necessária a presença dos requisitos ou elementos acidentais ou secundários, que podem ser incluídos futuramente, quando da elaboração do contrato definitivo."[263]

Continuando a gradação de conteúdo do contrato preliminar, em um grau médio de completude do conteúdo do contrato definitivo (preliminaridade média), as partes deixam espaço para elementos que "não depende[m] de ou pode[m] facilmente prescindir de declarações inovativas dos figurantes, aos quais cabe propriamente então concluir um segundo

---

ser concluído. (MESSINEO, Francesco. **Doutrina Generale del Contrato**: art 1321-1469 cod civil., Terza edizione ampliata. Milano: Giuffrè, 1948, p. 204)

[260] BRASIL. Supremo Tribunal Federal. Recurso Extraordinário n° 88.716-4/RJ, Segunda Turma, Rel. Min. Moreira Alves, j. 11/09/79. Disponível em: < http://portal.stf.jus.br/> Acesso em: 5 jan. 2018.

[261] Nesse sentido, TOMASETTI JR, Alcides. **Execução do contrato preliminar...** op. cit., p. 27 e ss.; e AZEVEDO, Antônio Junqueira de. **Novos estudos e pareceres de direito privado...** op. cit., p. 253 e ss.

[262] Alem cita os seguintes precedentes: "Se o contrato preliminar contém todos os elementos necessários para que se converta em definitivo, é possível a aplicação do art. 639 do Código de Processo Civil'(Ap. Civ. 1.7756/89 – Curitiba, Ac. 4.956, 4a Cam. Cível do TJPR, Rel. Des. Troiano Netto, DJPR 18.8.88, p. 7) '(...) quando se trata de execução específica do art. 639 do CPC [(de 1973, Revogado pela Lei nº 11.232, de 2005], uma das condições para que a sentença substitua a vontade da parte recalcitrante é que o pré-contrato reúna todos os requisitos que são necessários ao contrato definitivo, o que por sinal está no próprio texto constitucional (...)' (1ª Cam. do TJMG, j. 3.10.1989, Rel. Des. Bady Curi, RT 672:176)". (ALEM, Fabio Pedro. **Contrato preliminar...** op.cit., p. 32-33)

[263] Ibid., p. 37.

contrato"[264]. Nesse caso, apesar de os elementos essenciais do contrato estarem previstos no contrato preliminar, haveria espaço para alterações de natureza negocial, como por exemplo a existência de uma ou outra cláusula acidental que não teria sido objeto de consenso – o que, apesar de não descaracterizar o contrato preliminar[265], daria maior espaço negocial (e não meramente executivo) ao contrato definitivo quando comparado ao contrato preliminar de preliminaridade máxima.

Por fim, o grau mínimo de programação do contrato definitivo (preliminaridade mínima) ocorre nas hipóteses em que subsistam no contrato preliminar pontos negociais que necessitem de "acordos residuais ulteriores", ou seja, o conteúdo contratual teria de ser "razoavelmente completado com elementos negociais ulteriores"[266]. Sobre os contratos de preliminaridade mínima, Tomasetti Jr.[267] explica:

> As partes atuam o complexo 'contrato preliminar – contrato definitivo' justamente porque se reservam a possibilidade de alcançar – o que não é possível no momento – uma clausulação pontualizada dos interesses respectivos, mediante a oportuna estipulação do segundo contrato. Mas, concluindo o contrato preliminar, asseguram-se o direito de exigir a complementação pendente, em consonância com certos pressupostos vinculantes, lançados naquele negócio-base. Deste ponto de vista, o que ocorre é a inserção imediata da base do regramento, que permanece diferido e incompleto também.

Na preliminaridade mínima, portanto, há somente a definição da base do regramento, o qual deverá ser completado por negociações ulteriores das partes contratantes (ou, alternativamente, integrados por procedimento acordado no contrato preliminar). Com isso, as partes se reservam

---

[264] TOMASETTI JR, Alcides. **Execução do contrato preliminar...** op. cit., p. 23-24
[265] COELHO, Fabio Ulhoa. **Curso de direito civil.** Vol. 3, 2ª ed. São Paulo: Saraiva, 2007, p. 88. Sobre o assunto, Coelho exemplifica dizendo que a ausência de determinação de preço em um contrato preliminar de compra e venda significaria a inexistência desse contrato, vez que ausente elemento essencial. Entretanto, o silêncio sobre qual das partes deveria suportar as despesas com a tradição da coisa vendida seria um elemento secundário que, apesar de eventualmente importante, não obstaria a formação do contrato preliminar.
[266] TOMASETTI JR, Alcides. **Execução do contrato preliminar...** op. cit., p. 26.
[267] Ibid.

a oportuna complementação do conteúdo do negócio almejado[268], mas desde já se vinculam a celebrá-lo com aquele conteúdo mínimo estipulado pelo negócio-base.

Esse negócio-base representado pelo contrato preliminar deve, ao menos, conter os *elementos categoriais inderrogáveis*[269] do tipo do contrato definitivo – afinal (e sendo tautológico) são eles que identificam o contrato definitivo ao qual o contrato preliminar se refere[270].

Como destaca Tomasetti Jr., não é necessário constar de um contrato preliminar os *elementos categoriais derrogáveis*, os quais defluem da própria ordem jurídica e, portanto, se não avençado de forma diversa, constituem conteúdo implícito do negócio jurídico (no caso, do contrato definitivo).

A principal questão em torno dos contratos preliminares, principalmente aqueles de preliminaridade mínima, reside na necessidade ou não de se determinar por completo os *elementos particulares* do contrato definitivo[271]. Como se sabe (e voltaremos a esse tópico no Capítulo 3), para que um elemento particular faça parte do conteúdo de um dado negócio jurídico, necessário que as partes pronunciem-se a esse respeito, incluindo tal elemento naquele negócio *in concreto* – os quais, com isso, tornam-se elementos essenciais do negócio jurídico *in concreto*. Os "acordos residuais ulteriores", necessários à completude da base do regramento acordado pelo contrato preliminar de preliminaridade mínima, referem-se, via de regra, a elementos particulares que as partes desejam incluir no contrato definitivo, manifestando tal intenção no contrato preliminar e, portanto, sem acordá-los nesse primeiro momento.

Importante notar que não há aqui que se falar em *inexistência do contrato preliminar* por ausência de um elemento essencial do negócio jurídico, por não haver ainda acordo sobre aquele elemento particular manifestado como necessário. Seria, de fato, inexistente, em se tratando de um negócio individual (i.e., não encadeado como contrato preliminar e contrato definitivo); entretanto a própria qualificação jurídica do contrato preliminar permite tal construção, vez que justamente essa uma de suas

---

[268] Ibid., p. 36.
[269] Para maiores detalhes sobre a classificação dos elementos do negócio jurídico, referimo-nos ao Capítulo 3.
[270] TOMASETTI JR, Alcides. **Execução do contrato preliminar...** op. cit., p. 34-36.
[271] TOMASETTI JR, Alcides. **Execução do contrato preliminar...** op. cit., p. 36.

principais funções[272], qual seja: possibilitar que as partes criem um vínculo contratual em torno de um regramento mínimo já definido, obrigando-se à celebração do contrato definitivo, enquanto negociam questões tidas como secundárias, mas ainda assim importantes.

Essa flexibilidade do contrato preliminar – em oposição àquela visão limitada desse instrumento, pela qual seria necessária total identidade entre contrato preliminar e contrato definitivo – é da própria natureza desse instrumento, o qual se propõe graduável de acordo com a operação econômica subjacente.[273]

Como explica Azevedo[274], uma obrigação resultante de contrato preliminar (portanto, eminentemente uma obrigação de celebrar o contrato definitivo) pode ser forte ou fraca, a depender da possibilidade ou não da sua execução específica.

Nesse ponto, importante destacar: não se deve confundir os elementos necessários à configuração do contrato preliminar com os pressupostos necessários à execução específica do acordo. Como explica Azevedo[275], apesar de bastarem para a existência, validade e eficácia genericamente considerada do contrato preliminar, "a presença dos elementos essenciais típicos do contrato definitivo não faz com que o contrato preliminar se torne automaticamente suscetível de execução direta". A viabilidade dessa execução dependerá, outrossim, da espécie do contrato preliminar (e daí a utilidade prática da gradação de Tomasetti Jr.), bem como do comportamento sucessivo das partes e o eventual acordo em torno dos pontos em aberto. Azevedo[276] resume o assunto de forma didática:

> A primeira questão é deixar claro que, para qualificar um contrato como preliminar, deve-se verificar a presença dos elementos essenciais do tipo

---

[272] Ao lado, é claro, do próprio diferimento da celebração do contrato definitivo, que poder ser útil por diversas razões de ordem econômica e fiscal, como destaca Tomasetti Jr., além de, acrescentamos, organização negocial das partes. (TOMASETTI JR, Alcides. **Execução do contrato preliminar**... op. cit., p. 28)

[273] AZEVEDO, Antônio Junqueira de. **Novos estudos e pareceres de direito privado**... op. cit., p. 258.

[274] Ibid., p. 257.

[275] Ibid., p. 258.

[276] AZEVEDO, Antônio Junqueira de. **Novos estudos e pareceres de direito privado**... op. cit., p. 259.

contratual definitivo. Se houver esses elementos e se também seus requisitos estiverem presentes (art. 462 do Código Civil), teremos um contrato preliminar existente, válido e eficaz (eficácia forte ou fraca). A partir daí, uma vez qualificado o contrato preliminar, o regime jurídico se biparte; deve-se analisar a espécie de contrato preliminar de que se trata, à luz de sua interpretação completa, incluindo, agora, os elementos acidentais e todas as circunstâncias relevantes do caso concreto, especialmente a vontade das partes e o grau de predeterminação do conteúdo do contrato definitivo, e concluir, assim, se sua eficácia é forte ou fraca. Será fraca conforme a vontade das partes ou se o procedimento integrativo previsto não for suficientemente desenvolvido, quanto então não caberá a execução direta de prestar declaração de vontade – será possível, se for o caso, perdas e danos (veja-se, por exemplo, o art. 465 do Código Civil). No caso inverso, a sentença poderá suprir a vontade do inadimplente.

Com isso, apesar de já vincular as partes desde a sua celebração, o contrato preliminar pode trazer consequências diversas a depender "do nível de intensidade da força obrigacional inserida no contrato preliminar"[277], de forma que contratos de preliminaridade máxima e de eficácia forte poderão ser objeto de execução específica, enquanto contratos de preliminaridade mínima e de eficácia fraca, via de regra, darão ensejo, na ausência de cumprimento voluntário, apenas à tutela indenizatória. A identificação do grau de preliminaridade e da força das obrigações avençadas dependerá, como destacado por Azevedo acima, de uma interpretação completa do caso concreto e das circunstâncias que cercam o contrato preliminar celebrado (incluindo, lógica e principalmente, os próprios termos avençados no contrato preliminar) e as condutas subsequentes das partes envolvidas.[278]

---

[277] ALEM, Fabio Pedro. **Contrato preliminar...** op.cit., p. 45.
[278] Alguns autores defendem que, *via de regra*, deve-se privilegiar a execução específica do contrato preliminar, ainda que haja pontos deixados em aberto pelas partes para posterior acordo (preliminaridade média ou mínima, na classificação de Tomasetti Jr.), sendo tais lacunas integradas no caso concreto pelo juiz de acordo com as regras gerais de integração do contrato. Nesse sentido, Bianchini: "(...) a existência de pontos em aberto, em relação aos quais as partes não entrem em acordo posteriormente, não impede que, ao menos em tese, o juiz possa integrar o contrato, valendo-se das regras gerais de integração e interpretação do negócio jurídico. Isso não quer dizer que o juiz estará a negociar pelas partes, pois o negócio – em sua configuração global – já foi definido por elas no preliminar. Estará apenas a interpretar o contrato ou a

integrá-lo, recorrendo às regras supletivas existentes no ordenamento jurídico, aos usos e costumes relativos ao negócio em questão e, até mesmo, ao comportamento dos contratantes. (...) Apenas nas hipóteses em que a complexidade contratual e o grau de incompletude do contrato não permitirem uma integração satisfatória do ajuste, aí sim, excepcionalmente, deverá haver a conversão em perdas e danos, conferindo-se à parte prejudicada o que ela obteria se tivesse sido firmado o contrato (o interesse positivo). (...) Ana Prata afirma que, não sendo necessário que o contrato preliminar esgote todos os elementos do definitivo, 'basta, naturalmente, que, com recurso às normas supletivas, por um lado, e às que se ocupam da interpretação e integração do negócio, por outro, seja possível ao tribunal definir o conteúdo da relação a constituir pela sentença judicial'. (...) Evidentemente, ao concluírem o preliminar (e também o definitivo), as partes jamais conseguirão disciplinar todos os aspectos da relação: as lacunas são inevitáveis em todos os negócios jurídicos, razão pela qual o contrato (preliminar ou definitivo) sempre será objeto de interpretação e integração. Deve-se notar, entretanto, que a possibilidade de integração que se defende aqui ultrapassa o âmbito dessas lacunas despropositais, para alcançar, também, os pontos que as partes, expressamente, deixaram para negociar depois, no intervalo entre o preliminar e o definitivo, isto é, as reservas de negociação. (...) Quando existir [o contrato preliminar], deve-se buscar dar-lhe o máximo de eficácia, conferindo-lhe execução específica sempre que possível – ainda que, para tanto, o juiz tenha de integrar as reservas de negociação, mediante os recursos predispostos no ordenamento jurídico." (BIANCHINI, Luiza Lourenço. **Contrato preliminar**... op. cit, p. 177-179 – grifos nossos). De maneira menos contundente, mas também defendendo que "o peso do valor da execução específica seja, em tese, maior que o peso atribuído ao valor da liberdade de contratar a avença definitiva, que aliás já está assegurada quando da contratação do acordo preliminar", Reis Júnior (REIS JÚNIOR, Antonio dos. O problema da execução do contrato preliminar... op. cit., p 32). Sem dúvida, por sua complexidade, esse é tema que demandaria estudo próprio. A opinião de Bianchini e Reis Junior é bem embasada, mas parece-nos receoso admitir tamanha interferência estatal em pontos que as partes deliberadamente se propuseram a continuar negociando. Ora, se aquelas questões em discussão não fossem relevantes para uma ou ambas as partes, não teriam celebrado um contrato preliminar, mas apenas concluído um contrato definitivo (ou *singular*, já que não haveria nesse caso a dicotomia preliminar-definitivo). Admitir que o Estado possa integrar lacunas desse tipo e exigir do particular a celebração de um contrato diverso daquele manifestado como querido parece-nos em desacordo com os princípios clássicos do direito contratual que, embora relativizados por princípios mais modernos, não podem ser simplesmente afastados. Os próprios fundamentos da formação do contrato, examinados nos Capítulos 2 e 3 dessa dissertação, não nos parecem coadunar com essa posição. Frise-se: não se quer aqui negar a possibilidade de integração do contrato preliminar, o que sem dúvida deve ser admitido em hipóteses específicas, principalmente com relação às *lacunas despropositais*; o que, entendemos, não se pode admitir, é a exequibilidade de um contrato preliminar incompleto com integração de suas lacunas pelo poder estatal, inclusive com relação a elementos *objetiva ou subjetivamente essenciais*. Em realidade, será sempre necessário examinar o caso concreto a

A impossibilidade de execução do contrato preliminar em casos de preliminaridade mínima e eficácia fraca é decorrência lógica da autonomia privada – afinal, como já dissemos, a ninguém deve ser imperativo entrar em uma contratação caso assim não consinta sobre *todo* o seu conteúdo (desde que, é claro, como detalharemos mais a frente, tal conteúdo seja *essencial* àquela contratação, pois assim estabelecido pelo ordenamento ou manifestado como querido)[279].

fim de que se possa determinar o grau de eficácia do contrato preliminar (utilizando-nos da expressão de Tomasetti Jr.) e, diante de lacunas desse, apurar, com base nas circunstâncias concretas, a possibilidade de integração e execução específica.

[279] Nesse ponto, parece-nos válido realizar algumas observações acerca do chamado "contrato incompleto", que, apesar de ser instituto diverso, possui algumas semelhanças com os contratos preliminares de preliminaridade mínima ou média. O contrato incompleto, como explica Bandeira, é "negócio jurídico no qual um ou alguns de seus elementos se encontram 'em branco', sujeito à determinação futura, a partir de critérios fixados de antemão pelos contratantes". É justificado, na análise econômica do direito, como "instrumento destinado a reduzir os custos de transação e a contornar a racionalidade limitada dos contratantes, permitindo que se alcance solução eficiente, mediante contratos lacunosos, que não disciplinam todas as possíveis contingências." (BANDEIRA, Paulo Greco. **Contrato incompleto**. São Paulo: Atlas, 2015, p. 49-50). Para Penteado, "o contrato incompleto é aquele que apresenta omissão relevante em seu regulamento preceptivo causada por fatores como redução dos custos de transação, assimetria de informação e necessidade de estabilizar o vínculo com uma ferramenta jurídica que se apresente não como a melhor opção, mas como a segunda, gerando o risco da atividade de integração." E, comentado sobre as lacunas existentes em tais contratos, continua: "A integração de lacunas contratuais se dá nos casos em que houver omissão relevante do ato de autonomia privada. Assim como pode haver lacuna do ordenamento (art. 126 do CPC, e.g.), pode haver também lacuna negocial e, em situações de conflito entre os contratantes, torna-se necessário criar a regra do caso." (PENTEADO, Luciano de Camargo. **Integração de contratos incompletos**. 2013. 381f. Tese (Livre Docência em Direito) – Faculdade de Direito de Ribeirão Preto da Universidade de São Paulo. Ribeirão Preto, 2013, resumo.) Claro que o que importa ao presente trabalho são aquelas lacunas deliberadas – portanto conhecidas e que as partes, em pleno exercício de sua autonomia privada, decidem deixar em aberto para futura integração. Na hipótese de um elemento *objetivamente* essencial, parece-nos que tal lacuna – caso admitida no caso concreto – teria que ser integrada por regra específica expressamente aceita pelas partes, sendo portanto *determinável* conforme critério de integração aceito em ato de autonomia privada; em caso de lacunas de elementos não *objetivamente* essenciais, ainda que caros às partes, parece-nos que critérios mais gerais de integração seriam aceitáveis, vez que a opção deliberada pela lacuna sobre aquele elemento é um ato legítimo de autonomia privada e que não macula a essência do contrato (sobre os elementos do contrato, ver Capítulo 3 abaixo). Comparando o contrato incompleto com o contrato preliminar, Bandeira afirma: "Do ponto de vista estrutural, o contrato preliminar se assemelha ao contrato incompleto, vez

2.2.2. A Minuta e seus Efeitos

A minuta – também chamada de rascunho, esboço, projeto, pró-memória, pontuação, dentre outros – é documento escrito que as partes elaboram antes da conclusão do contrato, objetivando registrar os principais aspectos negociados (ou ainda em negociação) de um acordo almejado.[280]

A minuta pode dizer respeito a apenas parte do conteúdo de um contrato em formação ou a todo o regramento contratual pretendido; pode, ainda, registrar somente os principais elementos já acordados de um contrato, deixando para momento posterior o acordo e registro dos elementos secundários; pode ou não ser assinada ou rubricada. Na prática

---

que, em ambos, existem lacunas quanto a determinados elementos da relação contratual. A função, todavia, se afigura inteiramente diversa. (...) A função do contrato incompleto (...) é a de gerir o risco econômico superveniente (*rectius*, álea normal), de modo negativo, por meio de lacunas, que serão preenchidas segundo o procedimento estabelecido no contrato, pela atuação de uma ou ambas as partes, de terceiro ou mediante fatores externos. A determinação futura da lacuna, de acordo com os critérios definidos no contrato incompleto, representa, portanto, a integração de negócio definitivo, que vincula os contratantes em caráter final. (...) No contrato incompleto, o negócio firmado pelas partes é o negócio definitivo, porém lacunoso, pois as partes entenderam que deixar em branco determinados elementos seria a forma que melhor atenderia aos seus interesses, por meio da gestão negativa dos riscos econômicos supervenientes." (BANDEIRA, Paulo Greco. **Contrato incompleto...** op. cit., p. 105). Assim, as principais diferenças entre tais figuras – e que são suficientes para que os institutos não sejam confundidos – residem (a) na existência imediata de um contrato definitivo (único e final), no caso dos contratos incompletos, diferentemente do que ocorre com a estrutura "contrato preliminar – contrato definitivo"; e (b) na previsão (ao menos com relação aos elementos objetivamente essenciais) de mecanismos de integração das *lacunas deliberadas* dos contratos incompletos – o que, apesar de não ser necessário no contrato preliminar, pode também ser previsto, principalmente naqueles contratos de preliminaridade mínima ou média, aumentando, com isso, a força de sua eficácia. Comparando o contrato incompleto com as negociações preliminares e a formação progressiva do contrato, Bandeira destaca que a principal diferença reside, logicamente, na existência de uma vinculação definitiva (e que, como tanto, pressupõe uma declaração negocial), ainda que com relação a um regramento incompleto, no caso do contrato incompleto, em contraposição a um contrato ainda não formado, vez que ausente, pelo menos, a declaração negocial para tanto – como passaremos a examinar em mais detalhes nos próximos capítulos.

[280] Nas palavras de Chaves: "(...) antes de chegar à síntese dos consentimentos, as partes, à medida que vão percorrendo um 'iter', anotam, às vezes, por escrito, os pontos sobre os quais se forma o ajuste, destinados a serem reproduzidos pelo menos em suas linhas essenciais de acordo com as formas diversas que assumirá o contrato em seu destino específico". (CHAVES, Antônio. **Responsabilidade pré-contratual...** op. cit., 1997, p. 79).

mais recente, reconhece-se por minuta o projeto ou esboço de contrato em formação, reservando outras denominações (e.g., cartas de intenções, *MoUs* etc.) aos demais registros pré-contratuais, organizados ou não.

Em suma, não há forma determinada para as minutas, sendo tal denominação utilizada para identificar qualquer documento que tenha por função registar de maneira organizada as negociações de um regramento contratual em formação.

Desde logo é preciso reconhecer que – via de regra, mas com possíveis exceções, como veremos a seguir – a minuta não deve ser confundida com o contrato definitivo (ou contrato preliminar[281], que, como vimos, trata-se de verdadeiro contrato). É isso que resume o jurista português Delgado[282]:

> A minuta ou punctuação não é mais do que um projeto, um apontamento, uma nota; é, afinal, um escrito donde constam os termos, as condições em que as partes assentaram acerca do contrato a realizar; tratar-se-á, como é bem de ver, dum simples projeto sem eficácia vinculativa e, então, as minutas não são mais do que as negociações preliminares reduzidas a escrito.

Em comparação com o contrato definitivo, a minuta é carente *ao menos* da declaração negocial necessária a um contrato. Como explica Garcia, "mesmo que as partes já tenham avançado bastante no *iter* destinado à formação do contrato, a manifestação de consentimento destinada à elaboração da minuta não se confunde com o consenso necessário à conclusão do contrato".[283]

---

[281] Em recente acórdão, o Tribunal de Justiça do Rio de Janeiro comentou as diferenças entre a minuta e o contrato preliminar (ou pré-contrato): "Como se sabe, o pré-contrato não se confunde com mera minuta, sendo a minuta ato preparatório, vez que essa está na fase das tratativas, em que as negociações não trazem qualquer vinculação ou obrigação de contratar, considerando esse como um momento de análise, sendo lícito as partes desistirem de realizar o contrato durante esse período, vez que as negociações preliminares não têm força vinculante. Nesse caso, a autonomia da vontade prevalece, como ocorreu nos autos." (BRASIL. Tribunal de Justiça do Estado do Rio de Janeiro. Apelação n° 0034576-62.2011.8.19.0023, 11ª Câmara Cível, Rel. Des. Luiz Henrique Oliveira Marques, j. 26/04/17. Disponível em: < http://www.tjrj.jus.br/>. Acesso em: 20 dez. 2017)

[282] DELGADO, Abel. **Do contrato-promessa**. 3. ed. Lisboa: Livraria Petrony, 1985. p. 25

[283] GARCIA, Enéas Costa. **Responsabilidade**... op. cit., p. 24-28.

Em razão da flexibilidade de formas e estágios da minuta, parte da doutrina distingue-a em minuta completa ou perfeita, e minuta incompleta ou preparatória. De acordo com Vicente Ráo[284], as últimas seriam aquelas que registram parcialmente os pontos acordados pelas partes no curso das negociações; já as minutas completas ou perfeitas seriam as minutas que reproduzem todo o conteúdo de um contrato em formação.[285]

Sem adentrar nos pormenores da classificação proposta por Ráo e debatida por diversos juristas, incluindo Chaves[286] e Garcia[287], e, tampouco, nesse momento, na questão da necessidade de haver uma *assinatura* para que se considere uma *minuta completa* como apontado por Chaves[288], passaremos a expor e debater os efeitos e consequências desses documentos na formação de um contrato.

Assim como um contrato, a minuta representa um acordo gerado por ação da vontade das partes. Como bem explica Chaves, "não se dirá que falte a conjunção das vontades das partes, porque naqueles períodos podem as intenções reunir-se e entender-se em vários ou em todos os

---

[284] Conforme citado por CHAVES, Antônio. **Responsabilidade pré-contratual...** op. cit., 1997, p. 71.

[285] Chaves aponta, ademais, que as minutas perfeitas seriam, ainda, assinadas ou autenticadas pelas partes (Ibid.). Em tempos atuais, isso (assinar uma minuta de um contrato que não se trata de um contrato definitivo ou de um contrato preliminar) é de rara ocorrência – mas, ainda que ocorra, as observações a seguir realizadas nesse capítulo não seriam diferentes.

[286] CHAVES, Antônio. **Responsabilidade pré-contratual...** op. cit., 1997, p. 70 e ss.

[287] GARCIA, Enéas Costa. **Responsabilidade...** loc. cit.

[288] Trataremos dos elementos necessários para a existência de um contrato a seguir, no capítulo 3. De toda maneira, exceto no que se refere a contratos solenes, os quais exigem uma forma determinada, a regra do direito contratual é a liberdade de forma. Como veremos, a declaração de vontade apta e necessária à formação de um contrato também pode assumir diferentes formas, não sendo requerida a aposição de uma assinatura em qualquer documento para a conclusão de um contrato. Por essa razão, apesar de a classificação proposta por Ráo ser útil para análise dos efeitos de minutas mais preliminares (e incompletas no que se refere aos elementos do contrato) em contraposição a minutas completas, entendemos que a questão da existência ou não de uma assinatura em tais documentos não deveria ser elemento definidor para essa análise. Sua inexistência não deveria ser relevante para alterar os efeitos de um ou de outro tipo de minuta. No máximo, sua existência deveria ser tida como um componente importante para demonstração da vontade declarada pelas partes, devendo ser analisada no contexto das circunstâncias negociais.

pontos do contrato projetado".[289] Entretanto, esse acordo em torno dos termos e condições contratuais constantes de uma minuta não constitui ainda o *vinculum juris* e nem obriga ao surgimento de tal vínculo jurídico. É, em verdade, um encontro de volições dirigidas única e exclusivamente à elaboração e formação do desenho de um contrato. Objetiva-se projetá-lo e não conclui-lo.[290]

A diferença reside justamente na natureza do consentimento manifestado e é essa distinção que precisa ser realizada ao analisar-se a formação de um contrato em oposição ao simples registro das negociações, "pois do contrário poderiam surgir imprecisões, dando o contrato por concluído, quando as partes ainda negociavam."[291]

Logicamente, uma minuta que não possui os elementos essenciais de um contrato jamais poderá ser confundida com tal. Dessa maneira, por mais discutida e negociada que seja uma minuta de um contrato de compra e venda, por exemplo, não havendo acordo ou determinação quanto ao seu preço jamais estaremos diante de um contrato, vez que é a determinação do preço elemento inderrogável desse tipo contratual.

Apesar de a situação acima ser de fácil análise e reposta, em algumas hipóteses pode a minuta representar – ou se tornar – um contrato formado, e tal distinção nem sempre é evidente.

Comecemos pelas situações mais simples. Na progressão das negociações, com trocas de minutas de parte a parte, verifica-se o acordo fragmentado sobre o conteúdo do contrato projetado. As partes vão, de maneira progressiva, assentindo sobre os pontos negociais. Como mencionado, há elementos essenciais que devem fazer parte de qualquer contrato e sem os quais contrato não há. Assumamos então, para esse exercício, que a minuta possua esses elementos – e *apenas* tais elementos.

---

[289] CHAVES, Antônio. **Responsabilidade pré-contratual**... op. cit., 1997, p. 73.

[290] E continua Chaves: "Não é verdade que o *in idem placitum consensus* se opere somente na formação do vínculo de sujeição: também nos períodos pré-contratuais pode ocorrer com relação a um projeto de contrato ou sobre pontos essenciais ou secundários. A dissemelhança entre os dois fenômenos volitivos é decorrente da diversidade intrínseca do objetivo das duas volições que se encontram: o *in idem placitum consensus* pré- contratual é substancialmente distinto daquele obrigatório, diferentes as coleções e o seu conteúdo, se constróem, o primeiro, com as volições, e o segundo, com o conteúdo das mesmas.". (CHAVES, Antônio. **Responsabilidade pré-contratual**... op. cit., 1997, p. 73).

[291] GARCIA, Enéas Costa. **Responsabilidade**... op. cit., p. 24-28.

Deve ser essa minuta considerada um contrato? *Pode* essa minuta ser considerada um contrato?

A existência dessa minuta não *deve* ser considerada como conclusiva de um contrato, mas não haveria qualquer óbice em considerá-la como tal se as partes assim manifestaram (ou vierem a manifestar), de forma inequívoca, como sendo sua vontade.

Nesse mesmo exemplo, suponhamos que a minuta traga outras questões que, pela natureza do contrato, demonstram-se importantes ou desejáveis em ser discutidas e acordadas. Tais questões estão evidenciadas nas minutas (por exemplo, em notas de rodapé ou comentários ao longo da redação das cláusulas) ou, ainda, simplesmente foram manifestadas oralmente por uma das partes durante as negociações, *não havendo qualquer ato posterior* que levasse ao entendimento de que tais pontos tivessem sido superados. Ainda que as partes não acordem sobre tais pontos, mas tenham consentido de forma clara (mesmo que fragmentada) em relação aos elementos essenciais desse contrato em formação, poderá a minuta representar um contrato formado?

A única resposta que possui guarida no direito é negativa, vez que o consentimento necessário à formação de um contrato não se refere a pontos específicos de um acordo (ainda que sejam tais pontos aqueles dito *essenciais*), mas à própria contratação em si e ao seu conteúdo. Não se nega que os elementos secundários de um contrato, via de regra, poderão ser integrados pela lei ou pelos costumes. Entretanto, tais elementos podem ser de importante significado para a decisão de uma das partes por celebrar aquele contrato, de forma que se há ainda pendência sobre sua negociação – e essa pendência foi manifestada à outra parte e *não* superada (seja pelo consenso ou pela *desistência* em acordá-la[292]) – o consentimento não é total, não havendo, portanto, contrato. É isso que ensina Carvalho Santos:

---

[292] A desistência em acordar determinado ponto do contrato nada mais seria do que sujeitar tal questão em aberto para eventual e futura integração na forma prevista em contrato, pelo disposto em lei, ou pelos costumes, conforme aplicável. Admite-se, ainda, em certos casos, a formação de um contrato com *lacunas deliberadas*, como observado no capítulo anterior em nota sobre os contratos incompletos.

> (...) a verdade, a nosso ver, é que o acordo a respeito dos elementos essenciais do contrato deve ser julgado suficiente, para haver o contrato, somente quando as partes não se refiram, no curso dos debates, a nenhuma outra cláusula, porque aí, sim, pode-se aplicar a lei supletiva. Mas, se as partes discutiram outras cláusulas e o acordo sobre estas não se realizam, o contrato não passou da fase preparatória, nunca podendo ser julgado como definitivamente ultimado.[293]

Continuando o debate, outras questões podem demonstrar-se acessórias e sem fundamental relevância ao objeto principal do contrato almejado, mas uma das partes expressa necessidade em acordá-las. Após consenso em torno de todos os elementos essenciais e de todas as questões secundárias (mas tidas como importantes) de uma contratação, resta em debate apenas um ponto absolutamente acessório ao objeto principal. Poderá tal minuta ser considerada um contrato?

Não obstante a eventual responsabilidade pré-contratual em razão de possível ruptura injustificada e abusiva das negociações, a resposta deve ser idêntica à anterior. A avaliação com relação à importância ou insignificância de determinado ponto antes da formação de um contrato cabe a cada parte, de forma que o que parece insignificante para um, pode ser de estimado valor para outro. Ainda que não o seja, a ninguém deve ser imperativo entrar em uma contratação caso assim não consinta – consentimento esse que deve se dar sobre *todo* o conteúdo. Antes do *vinculum juris*, as partes são livres para contratar ou não contratar bem como fazê-lo da forma e de acordo com o regramento que entendam adequado aos seus interesses.[294]

---

[293] CARVALHO SANTOS, J.M. de. **Código civil brasileiro interpretado**. Direito das obrigações. 3. ed., Rio de Janeiro, 1945, v. XV, p. 55 *apud* GARCIA, Enéas Costa. **Responsabilidade...** op. cit., p. 24-28.

[294] Apenas para que não restem dúvidas, importante observar que tratamos aqui apenas e tão somente da formação ou não de um contrato, e não da eventual responsabilização pela recusa em contratar. Como já mencionado nesse trabalho e objeto de capítulo próprio, os prejuízos decorrentes da ruptura injustificada das negociações são amparados pelo direito, assim como a responsabilização por outros atos praticados durante as negociações pré--contratuais em inobservância aos deveres decorrentes da cláusula geral de boa-fé objetiva. Contudo, tais questões não devem ser confundidas: uma hipótese refere-se à formação de um contrato, momento a partir do qual encontramo-nos no período contratual; a outra é a

Em nenhuma hipótese um contrato se conclui enquanto não houver consentimento acerca de todas as cláusulas sobre as quais qualquer das partes manifestou interesse ou declarou importância[295-296] (desde que

---

responsabilização de uma parte pela não formação de um contrato, de forma que relativa ao período pré-contratual.

[295] E idêntico racional aplica-se às cartas de intenção. Neste sentido: LEITÃO, Luís Manuel Teles de Menezes. Negociações e responsabilidade pré-contratual nos contratos comerciais internacionais. In: **Revista da Ordem dos Advogados**, Jan. 2000, p. 49-71, p. 54. Sobre o tema, Santos Júnior tem posição que nos parece equivocada. Para ele, "se uma carta de intenção refletir o acordo das partes acerca de todos os elementos essenciais, os elementos acessórios não acordados poderão ser objeto de integração, (...) não se estando mais diante de uma carta de intenção, mas antes do próprio contrário final". (SANTOS JÚNIOR, Eduardo. Acordos Intermédios... op. cit., p. 602). MORAES também entende equivocada a posição de Santos Júnior. (MORAES, Mariana Assunção de. **Acordos pré-contratuais**... op. cit., p. 76).

[296] Importante notar que, ao examinarmos os Princípios do Unidroit, esse parece também ser o entendimento na seara dos contratos internacionais: *"ARTICLE 2.1.13 (Conclusion of contract dependent on agreement on specific matters or in a particular form) – Where in the course of negotiations one of the parties insists that the contract is not concluded until there is agreement on specific matters or in a particular form, no contract is concluded before agreement is reached on those matters or in that form"*. (UNIDROIT Principles of International Commercial Contracts 2004. Disponível em: <https://www.unidroit.org/english/principles/contracts/principles2016/principles2016-e.pdf>. Último acesso em 5 jan. 2018) Em tradução livre: "Artigo 2.1.13 (Conclusão de contrato dependente do acordo sobre questões específicas ou sob uma forma determinada) – Quando, no curso das negociações, uma das partes insistir que o contrato não será celebrado até que haja acordo sobre questões específicas ou, ainda, acerca de sua celebração em uma forma determinada, nenhum contrato será concluído até que se chegue a um acordo sobre tais questões."

Como destaca Moraes de acordo com os Princípios do Unidroit "nada impede que as partes venham a estabelecer justamente o contrário, isto é, que ainda que falte consenso com relação a determinada questão, o contrato deve ser considerado concluído." (MORAES, Mariana Assunção de. **Acordos pré-contratuais**... op. cit., p. 66.) Nesse sentido, o art. 2.1.14 dos mesmos princípios Unidroit: *"ARTICLE 2.1.14 (Contract with terms deliberately left open). (1) If the parties intend to conclude a contract, the fact that they intentionally leave a term to be agreed upon in further negotiations or to be determined by a third person does not prevent a contract from coming into existence. (2) The existence of the contract is not affected by the fact that subsequently (a) the parties reach no agreement on the term; or (b) the third person does not determine the term, provided that there is an alternative means of rendering the term definite that is reasonable in the circumstances, having regard to the intention of the parties"*. (Ibid.) Em tradução livre: "Artigo 2.1.14 (Contrato com termos deliberadamente deixados em aberto). (1) Se as partes pretendem celebrar um contrato, o fato de

as manifestações e condutas posteriores, claro, não tenham alterado tal posição).

Mister, nesse ponto, destacar a relatividade da importância dos elementos acessórios de uma negociação. O que parece importante em uma contratação para um, nem sempre o é para o outro, de forma que analisar o valor desse elemento pode ser uma tarefa ingrata, vez que altamente subjetiva. Ademais, considerar o assentimento a um regramento contratual completo quando isso não ocorreu seria atentar contra a liberdade contratual e a autonomia privada, pela qual ninguém deve ser obrigado a contratar caso não o queira ou de forma diversa da que concorda.[297]

Faggella[298] menciona que o critério que distinguiria um documento vinculativo de um não vinculativo repousaria no fato de as partes preferirem deliberar e acordar sobre todos pontos do contrato ou acordarem na deliberação de apenas parte do regramento contratual. É claro que ainda que haja acordo com relação aos pontos principais, as negociações não devem ser consideradas criadoras de *vinculum juris* se não houver consentimento

---

intencionalmente deixarem um ponto para ser definido em negociações posteriores ou por um terceiro não impede que o contrato venha a existir. (2) A existência do contrato não é afetada pelo fato de posteriormente (a) as partes não chegarem a um acordo sobre a questão em aberto; ou (b) a terceira pessoa não determinar o ponto pendente, desde que haja um meio alternativo e razoável nas circunstâncias, tendo em conta a intenção das partes, de sanar a questão pendente."

[297] Nesse mesmo sentido, Garcia: "Parece-me temerário tentar identificar no contrato o que seriam os elementos principais e acessórios, quando a prática demonstra que, muitas vezes, elementos secundários de menor importância ganham vulto e chegam a impedir a realização do ajuste. Seria atentar contra liberdade contratual considerar manifestado o consentimento quanto ao contrato como um todo, quando a parte limitou-se a aceitar parte do que fora proposto, possivelmente ainda imbuída da intenção de obter o restante que lhe parecia fundamental." (GARCIA, Enéas Costa. **Responsabilidade**... op. cit., p. 24-28).

[298] "*Il critério determinatore, per distinguere la non obbligatorietà degli accordi e delle trattative dalla obbligatorietà, é riposto nello scopo che si prefiggono le parti nell'intendersi su tutti o su alcuni punti di um disegno di contrattazione.*" (FAGGELLA, Gabriele apud CHAVES, Antônio. **Responsabilidade pré-contratual**... op. cit., 1997, p. 62) Em tradução livre: "O critério determinante, a fim de distinguir o caráter de obrigatoriedade dos acordos e das negociações, é o objetivo das partes em estabelecer todos ou apenas alguns pontos do contrato em negociação."

manifestado (tácito ou expresso) para todo o restante[299] – ou, claro, o assentimento (mais uma vez tácito ou expresso) de que o conteúdo restante não teria necessidade de ser acordado (sendo, portanto, suplementado pela lei ou costumes).

Ainda, pode ocorrer de uma minuta abranger todos os elementos essenciais – da ótica objetiva e subjetiva – de um contrato, refletindo a totalidade do entendimento das partes sobre aquele assunto. Trata-se de uma minuta completa. Apesar de esgotar os tópicos desejados quanto àquele regramento contratual, é possível que uma ou ambas as partes manifestem que a conclusão do negócio encontra-se sujeita à celebração do "contrato final". Tal disposição é muitas vezes aposta de forma expressa nas minutas, sendo usualmente conhecida como *"subject to contract"*.[300]

Em tal hipótese, se as partes optam por manifestar inequivocamente que aquele documento não deve ser entendido como vinculativo, qualquer presunção de vinculação há de ser afastada.[301]

É esta decorrência lógica da autonomia privada: não apenas as partes expressamente declararam que aquele instrumento não constituiria um contrato, como ainda não houve o consentimento necessário e apto a obrigar qualquer das partes – vez que tal consentimento não se refere apenas ao conteúdo do regramento contratual, mas também à contratação propriamente dita.

A vontade expressa de não se vincular deve prevalecer, de forma que somente nova manifestação de vontade poderá ensejar a celebração do contrato final – manifestação que pode ocorrer das mais diversas formas, é

---

[299] MOSCHELLA, Ignazio *apud* CHAVES, Antônio. **Responsabilidade pré-contratual...** op. cit., 1997, p. 65

[300] Além dessa expressão, a prática contratual adota outras de igual teor emprestadas do direito anglo-saxônico, a exemplo de *"not binding until final agreement is executed"* e do *"subject to a formal contract drawn up by our solicitors"*. (SANTOS JÚNIOR, Eduardo. Acordos Intermédios... op. cit., p. 596); e (LEITÃO, Luís Manuel Teles de Menezes. Negociações e responsabilidade pré-contratual nos contratos comerciais internacionais... op. cit., p. 60).

[301] MORAES, Mariana Assunção de. **Acordos pré-contratuais...** op. cit., p. 77.

claro, não apenas por meio da celebração de um novo documento afastando expressamente o conteúdo da referida disposição.[302-303]

---

[302] É claro que, nesse caso, a presunção é de não vinculatividade, como acima explicado. Entretanto, os demais fatores externos, principalmente aquelas condutas posteriores à celebração de tal documento, poderão afastar tal presunção e mostrar uma realidade diversa. É isso que explica resumidamente Livia Moraes: "A cláusula que estipula que o próprio documento não gerará efeitos jurídicos é controversa, uma vez que, embora esteja respaldada pela autonomia da vontade, é limitada pelos demais fatores que envolvem a relação. Viu-se que tal estipulação não será o fator determinante na decisão da vinculatividade contratual de um documento." (MORAES, Lívia Lenz de. **Os efeitos jurídicos das cartas de intenções e memorandos de entendimentos...** op. cit., p. 17.)

[303] Sobre o assunto, interessante notar que a jurisprudência italiana já se manifestou no sentido de que as *puntuazioni* simples trazem a presunção de não definitividade/vinculação, à semelhança do que ocorre em documentos com a cláusula *subject to contract* como acima mencionado; entretanto, entendem os tribunais daquele país que a presunção inverte-se para os casos em que há uma minuta completa, devendo a parte que nega a conclusão do contrato afastar tal presunção e comprovar a inexistência da *volontà di obbligarsi*. Nesse sentido, Benedetto: *"Allo stesso modo, la giurisprudenza di legittimità (Cass. civ. 02/10276; Cass. civ. 97/7857) non ha esitato ad attribuire efficacia probatoria, quanto all'esistenza di un preciso intento negoziale, alle ipotesi di minute o puntuazioni cc.dd. "complete di clausole" (distinguendole dunque dalle puntuazioni semplici), la cui caratteristica è quella di predisporre le clausole di un accordo negoziale ancora da concludersi. Ecco, rispetto a tali ultime ipotesi, la Suprema Corte ha addirittura ravvisato la sussistenza di una vera e propria presunzione semplice di avvenuto perfezionamento della fattispecie contrattuale, superabile dalla parte che provi la mancata sussistenza di un'attuale volontà di obbligarsi. Le puntuazioni semplici sono, invece, tradizionalmente assistite da una presunzione di non definitività, nel senso che il rapporto non si ritiene già concluso in maniera definitiva, ma il documento ottempera ad una funzione esclusivamente preparatoria, a meno che la parte interessata non fornisca la prova di una precisa volontà orientata in senso contrario."* (BENEDETTO, Alessandra. **Pre-contractual agreements in international commercial contracts**: legal dynamics and commercial expediency. 2012. Tese (Doutorado em Ciências Jurídicas) – Universitá Degli Studi di Salerno, Italia, Salerno, 2012. p. 106-107.) Em tradução livre: "Da mesma forma, a jurisprudência (Cass. civ. 02/10276; Cass. civ. 97/785) não hesitou em atribuir eficácia probatória, quanto à existência de uma efetiva intenção negocial, a minutas 'completas' (distinguindo-as assim de declarações simples), cuja característica é prever as cláusulas de um acordo em negociação a ser concluído. Aqui, em comparação com as últimas hipóteses, a Suprema Corte reconheceu a existência de uma presunção real e simples da conclusão do contrato, podendo ser superada pela parte que demonstrar a inexistência de uma vontade atual de se obrigar. As declarações simples são, em vez disso, tradicionalmente acompanhadas por uma presunção de não definitividade, no sentido de que a relação não é considerada concluída de forma definitiva, cumprindo o documento uma função exclusivamente preparatória, a menos que o interessado forneça provas de uma orientação precisa em sentido contrário."

Assim, nos casos de uma minuta contendo todos os elementos essenciais, havendo a possibilidade de seus elementos secundários ou acessórios serem integrados pela lei e inexistindo qualquer manifestação durante os debates acerca de pontos de negociação ainda pendentes, o que diferenciará uma *minuta* de um *contrato* será a existência ou não de uma declaração negocial nesse sentido.

Ainda que haja uma minuta completa, pode não haver o assentimento definitivo e necessário das partes (i.e., a declaração comum de vontades) para que aquele projeto de regramento contratual transmute-se em contrato e, como tanto, passe a produzir efeitos[304]. É isso que explica Ricciuto:

> (...) parece ser necessário, sempre em ordem de transição, no nível sistemático, do documento preparatório para o contrato, a consciência de ter que

---

[304] "Nada impede que as partes celebrem uma minuta completa, abrangente de todos os termos do contrato, sem que, necessariamente, estejam desde logo manifestando o assentimento definitivo quanto à formação do contrato. Pode ainda estar faltando o acordo final para transformar aquela minuta no verdadeiro contrato, as partes podem, ainda, aguardar o momento propício para a conclusão do negócio." GARCIA, Enéas Costa. **Responsabilidade...** op. cit., p. 24-28. Nesse mesmo sentido, Benedetto ensina que: "*La completezza, sotto il profilo oggettivo, di un'intesa raggiunta non implica necessariamente l'avvenuto perfezionamento di un contratto. (...) Può ben aversi nella pratica, infatti, una fattispecie rispetto alla quale le parti si siano già accordate sugli elementi essenziali del contratto ma non abbiano espresso, in maniera chiara o per facta concludentia, un'inequivocabile volontà di obbligarsi oppure abbiano dichiarato di voler rinviare il sorgere del vincolo contrattuale ad un momento successivo.*" (BENEDETTO, Alessandra. **Pre-contractual agreements in international commercial contracts...** op. cit., p. 106-107.) Em tradução livre: "A conclusão, sob o ponto de vista objetivo, de um acordo não implica necessariamente a conclusão do contrato. (...) É possível, na prática, observar uma situação em que as partes já concordaram sobre os elementos essenciais do contrato, mas não manifestaram de forma clara e definitiva um desejo inequívoco de se obrigar ou, ainda, de adiar a formação do vínculo contratual para um momento posterior."
Também sobre esse assunto, Antunes Varela é didático: "E é essencial que as partes queiram um acordo vinculativo, um pacto colocado sob a alçada do Direito. Não basta, para que haja contrato, um simples acordo amigável, de cortesia, de camaradagem ou de obsequiosidade (...). Nem bastará que os negociadores destacados pelas empresas para prepararem o contrato tenham chegado a um acordo sobre todos os pontos que interessavam à sua celebração. É necessário que haja ainda, por parte dos representantes das empresas, a vontade de tornar juridicamente vinculativo o acordo, aquilo que os alemães expressivamente chamam a *Geltungswille* (a vontade de pôr o acordo de pé, a valer)." (ANTUNES VARELA, João de Matos. **Das obrigações em geral...** op. cit., p. 217)

verificar, ao lado da existência de elementos objetivos e formais também a intenção concreta e efetiva manifestada pela partes: a necessidade, isto é, de realizar uma investigação para verificar se realmente queriam implementar o regulamento contratual (...) ou, inversamente, se a sua intenção não fosse, 'mais simplesmente', o de adiar a conclusão do contrato para uma manifestação subseqüente de vontade.[305]

Até que haja a declaração comum de vontades, apta a traduzir aquele projeto (mesmo que completo) em contrato, as partes são livres para modificá-lo ou jamais celebrá-lo. E, nesse caso, não tendo sido atingido o *vinculum juris*, estaremos sempre no período pré-contratual, no qual aplicável regime diverso da fase contratual.[306]

Sobre esse tópico, importante esclarecer que, não obstante a evidente importância das minutas no processo de formação progressiva de um contrato, o consentimento necessário à formação de um contrato não pode ser obtido de modo fragmentado.[307] O consenso necessário à formação do contrato nunca será o resultado da soma de diversos consentimentos pontuais, mas sim uma declaração una e definitiva a respeito da totalidade daquele projeto *final* de contrato – e o projeto *final* será aquele que as partes assim desejarem e, de forma definitiva, manifestarem que seja.

Em outras palavras, a declaração negocial é una, definitiva e completa, recaindo sobre todo o contrato – considerada a totalidade de seu conteúdo e a própria contratação em si.

---

[305] RICCIUTO, Vincenzo. **Formazione progressiva del contratto e obblighi a contrarre**. Turim: UTET, 1999, p. 19 *apud* BIANCHINI, Luiza Lourenço. **Contrato preliminar**... op. cit, p. 98. Tradução nossa. No original: *"(...) sembra doversi cogliere, sempre in ordine al momento della transizione, sul piano sistematico, dal documento preparatorio al contratto, la consapevolezza di dover verificare, accanto alla sussistenza di elementi oggetivi e formali anche il concreto ed effettivo intento manifestato dalle parti: la necessità, cioè, che si svolga un'indagine volta ad accertare se esse abbiano voluto realmente porre in essere il regolamento contrattuale al momento della sottoscrizione del documento in parola, oppure, al contrario, se la loro intenzione non sia stata, 'più semplicemente', quella di differire la conclusione del contratto ad una successiva manifestazione di volontà".*

[306] CHAVES, Antônio. **Responsabilidade pré-contratual**... op. cit., 1997, p. 62/63.

[307] Nesse sentido, Carvalho Santos: "O que se não concebe é o consentimento fragmentário valendo com força de mútuo consentimento, tanto mais quanto as cláusulas secundárias podem revestir-se do valor de uma condição de aceitação." (CARVALHO SANTOS, J.M. de. Código civil brasileiro... p. 55 *apud* GARCIA, Enéas Costa. **Responsabilidade**... op. cit., p. 29).

É natural que a *formação* do consenso em torno daquele regramento contratual em projeto seja – e, nesses casos de formação progressiva do contrato, *é* – fragmentada. Nesse *iter* em direção ao *vinculum juris*, as partes acordam ponto a ponto, cláusula a cláusula, de um projeto de contrato. Ao final, esses acordos pontuais e parciais resultarão em um regramento contratual completo que terá sido consentido ponto a ponto pelas partes. Essa elaboração gradual do projeto de contrato por meio de consentimentos pontuais ajudará cada parte a desenvolver – internamente – o seu próprio convencimento em torno daquela contratação, o qual deverá (se convencimento houver) ser exteriorizado pela declaração negocial (una e não fragmentada) necessária à conclusão do contrato.

É por essa razão que a celebração de "minutas" ou "cartas de intenções" que definam de forma consensual todos os elementos de um contrato, mas que condicionem o contrato ou sua celebração tão somente à verificação de um fato futuro e incerto (e apenas e tão somente a isso) são, na verdade, verdadeiros contratos – a depender do caso concreto, contratos preliminares ou contratos definitivos com eficácia suspensa, mas em qualquer hipótese contratos existentes e válidos (e, desnecessário dizer, *vinculantes*).

Já há uma declaração de vontade completa e una em torno daquela contratação, que apenas está com sua eficácia diferida (no caso das condições suspensivas) ou pendente de nova e devida manifestação para a conclusão do contrato definitivo (no caso dos contratos preliminares[308]).[309] Pense-se, por exemplo, nas minutas ou cartas de intenção já aprovadas e celebradas pelas partes, mas que condicionam sua eficácia tão somente à aprovação necessária de um órgão governamental; ou naquelas cartas de intenção que condicionam a celebração do contrato final (com termos já estipulados e acordados) apenas à obtenção de um financiamento externo.

É claro que uma análise do caso concreto faz-se necessária para determinar se houve de fato a celebração de um contrato preliminar ou de um contrato cuja eficácia as partes condicionaram a um fato futuro e incerto ou, *diferentemente*, se as partes condicionaram *a própria declaração negocial* a tal fato futuro e incerto – e, nesse último caso, jamais tendo concluído um contrato, mas apenas uma minuta, carta de intenções ou qualquer outro documento da categoria pré-contratual não apto a vinculá-las.

---

[308] Sobre o assunto, ver Capítulo 2.2.1, dedicado ao tema dos contratos preliminares.

[309] Ou, até mesmo, pendente de simples "reprodução" por escrito de um contrato já concluído.

Isso porque, como dito, a declaração de vontade necessária à formação de qualquer contrato tem que ser una, definitiva e completa – o que, logicamente, pelas mesmas razões do "consentimento fragmentado", não inclui uma declaração condicionada.[310]

Assim, se uma parte condiciona a celebração de um contrato à aprovação prévia dos órgãos societários da companhia que representa, nunca houve uma declaração de vontade apta a formação de um contrato, tendo em vista a inexistência de ato conclusivo – i.e., de declaração negocial nesse sentido – por parte do representante que conduzia as negociações, que inclusive deixou expresso que aquele contrato ainda estaria pendente de aprovação.[311-312]

Em questão adjacente, interessante notar a posição de Leitão[313], que defende a existência de uma categoria de cartas de intenção sujeitas a condição. Segundo o jurista, haveria um benefício prático de ordem negocial, principalmente para aquelas negociações interempresariais que requerem prévia aprovação societária. Nas palavras de Leitão, "não se trata da celebração de contratos sujeitos a condição suspensiva ou resolutiva, mas antes de reenviar a conclusão do contrato para um facto futuro e incerto posterior, após a celebração de uma minuta do mesmo".[314]

Moraes[315], analisando essa posição, reconhece que do ponto de vista dogmático tal figura poderia ser desqualificada, vez que conseguiria ser

---

[310] Nesse sentido, Garcia: "Apesar do eminente civilista, no excerto citado, referir-se ao acordo sobre pontos essenciais (minuta incompleta), a conclusão é igualmente aplicável à hipótese que vínhamos analisando. Isto porque o consentimento não pode, nas expressões do mestre, ser obtido de 'modo fragmentário', ou seja, considerando como assentimento pleno aos termos do contrato aquilo que ainda estava pendente de confirmação". (GARCIA, Enéas Costa. **Responsabilidade**... op. cit., p. 24-28).

[311] Situação diversa – mas com resultado similar – ocorreria caso o representante em questão não tivesse poderes suficientes para celebrar o contrato em nome da companhia que representava, dependendo necessariamente de uma autorização prévia dos órgãos societários internos. Nesse caso, o contrato não poderia ser celebrado por falta de legitimidade do representante para tanto.

[312] E ainda que se admitisse tal condição – para fins de debate –, nesse caso tratar-se-ia de uma condição ilícita, vez que meramente potestativa, nos termos do artigo 122 do Código Civil.

[313] LEITÃO, Luís Manuel Teles de Menezes. Negociações e responsabilidade pré-contratual nos contratos comerciais internacionais... op. cit., p. 58-59.

[314] Ibid.

[315] MORAES, Mariana Assunção de. **Acordos pré-contratuais**... op. cit., p. 79-80.

reconduzida a um contrato definitivo sob condição suspensiva[316] ou a um documento pré-contratual não vinculante (ou, ainda, completando o raciocínio, a um contrato preliminar). De toda forma, a autora defende o viés prático dessa figura[317], pois uma carta de intenções (ou instrumento equivalente) seria um documento mais simples do que um contrato definitivo para apreciação de conselhos de administração ou outros órgãos deliberativos de uma sociedade.

Não nos parece, contudo, que essa figura da carta de intenções (ou minuta ou qualquer outro documento similar) sujeita a condição suspensiva com efeito de, repetindo as palavras de Menezes Leitão, "reenviar a conclusão do contrato para um facto futuro e incerto posterior, após a celebração de uma minuta do mesmo" seja relevante. Ou se está diante de um contrato já celebrado – seja um contrato preliminar ou um contrato definitivo com eficácia suspensa – ou contrato não há e se está diante de um documento pré-contratual sem força vinculativa.

A disposição de "condicionar" a manifestação de vontade a determinado fato representaria, nesse caso, mera forma de organização negocial – que tem sua importância, claro, para o sucesso das negociações, mas que não traz nenhuma consequência direta à existência do *vinculum juris*. Como já dito, o consentimento necessário à celebração de um contrato não é fragmentado, mas uno. Se decidem as partes postergar a declaração negocial para um momento futuro (seja tal momento condicionado a um fato incerto ou a um termo certo), não estarão as partes ainda vinculadas ou obrigadas de qualquer forma, sendo o consentimento inexistente e podendo ser futuramente negado. Se, por outro lado, desejam as partes obrigar-se a uma contratação desde já, ainda que sujeita a fatos futuros (certos ou incertos), o ordenamento já coloca à disposição instrumentos contratuais para tanto – notadamente as figuras do contrato sob condição suspensiva e do contrato preliminar.

Feita essa digressão, e retomando a diferenciação entre minutas completas e os contratos, pouco importa para esse exercício o nome dado ao

---

[316] Neste sentido, FONSECA, Patrícia Afonso. As cartas de intenções no processo de formação do contrato. Contributo para o estudo de sua relevância jurídica, **Revista "O Direito"**, a. 138, n. 5, p. 1101-1147, Coimbra: Almedina, 2006, p. 1124.

[317] MORAES, Mariana Assunção de. **Acordos pré-contratuais...** op. cit., 79-80.

documento pelas partes[318] – minuta, carta de intenções, memorando de entendimentos ou contrato. Se as partes celebram um documento que seja resultado do consenso acerca de todos os elementos essenciais de uma contratação, sem qualquer ressalva a pontos não negociados e sem condicionar a declaração negocial, a linha divisória entre uma minuta (ou outro documento pré-contratual não vinculante) e um contrato (definitivo ou preliminar) pode ser tênue e, como já visto, tal interpretação recairá necessariamente na existência (e identificação) das declarações negociais das partes.

Em suma, superada a existência dos elementos essenciais do contrato e a ausência de pontos de negociação em aberto, a minuta diferencia-se do contrato (ou da reprodução de um contrato) *apenas* pela falta da declaração comum de vontades apta a criar o *vinculum juris*.[319] E a diferenciação de

---

[318] Como bem lembra Moraes, é claro que se um documento é denominado "não vinculante", "carta de intenções", "simples minuta" ou qualquer outra nomenclatura que denote a não vinculatividade daqueles termos, a presunção é de que tal documento de fato não é vinculativo, o que apenas poderá ser afastado com a demonstração de atos em sentido contrário. Em suas palavras: "À partida, não se pode perder de vista que o principal elemento definidor das cartas de intenção é justamente a manutenção, pelas partes, de uma liberdade de contratar ou não contratar. Daí porque jamais se poderá deduzir, de antemão, que se está diante de um contrato-promessa ou de um contrato definitivo se as partes denominaram o instrumento como carta de intenção." (MORAES, Mariana Assunção de. **Acordos pré-contratuais...** op. cit., p. 80).

[319] Nesse sentido, Benedetto: *"In definitiva, che si tratti di minute (o puntuazioni) oppure di lettere di intenti, ciò che consente ad una fattispecie di travalicare i confini del "precontrattuale" per accedere al contrattuale "tout court" è, anzitutto, l'intento espresso o comunque manifestato dalle parti in tal senso, in aggiunta all'avvenuta determinazione di tutti i punti oggetto del contratto stesso. Fino a quando tali condizioni non possono dirsi positivamente verificate, nessuno dei documenti considerati pare in grado di dar vita ad un contratto e pertanto la disciplina destinata a regolamentarne la fisiologica operatività e, soprattutto, gli eventuali risvolti patologici attraverso un adeguato sistema rimediale, resta pur sempre relegata entro i precisi confini del "precontrattuale".* (BENEDETTO, Alessandra. **Pre-contractual agreements in international commercial contracts...** op. cit., p. 106-107.) Em tradução livre: "Em última análise, caso se trate de uma minuta (ou declaração) ou de uma carta de intenção, o que levará à constatação de que superados os limites da fase pré-contratual, com a própria conclusão do contrato será, em primeiro lugar, a manifestação expressa das partes nesse sentido, além da definição de todos os pontos objeto do próprio contrato. Até que essas condições sejam verificadas, nenhum dos documentos será considerado apto a dar origem a um contrato e, portanto, a disciplina destinada a regular sua operatibilidade e, acima de tudo, quaisquer implicações deles decorrentes, permanecerá vinculada aos limites precisos da fase pré-contratual."

uma exteriorização da vontade com as características necessárias para tanto, de um lado, e de um ato não conclusivo, de outro lado, nem sempre é evidente. Como veremos, é a análise e, principalmente, interpretação do contexto das negociações que trará os elementos necessários a distinguir essas duas manifestações. No fundo, portanto, a diferenciação prática entre uma minuta e um contrato reside muitas vezes em um elemento fático, qual seja, identificar ou não, por meio da interpretação das condutas das partes, a existência de uma declaração de vontades apta a formar o contrato definitivo.[320]

2.2.3. A Carta de Intenções (*letter of intent*) e demais Acordos Parciais

Como lembra Zanetti[321], embora a divisão funcional dos documentos pré-contratuais seja útil para a compreensão de tais figuras, a presença de uma delas não exclui a das demais. Na verdade, na prática, costuma-se encontrar em um mesmo documento diversas dessas figuras, formando um contrato complexo. Muitas vezes, o instrumento que cumpre essa função é denominado de "carta de intenções" ou *"letter of intent"*.[322]

Há, inclusive, quem entenda que os acordos pré-contratuais – ou, ao menos, sua maioria – seriam espécies de um gênero denominado carta de intenções[323].

---

[320] GARCIA, Enéas Costa. **Responsabilidade...** op. cit., p. 24-28.
[321] ZANETTI, Cristiano de Sousa. **Responsabilidade pela ruptura das negociações...** op. cit., p. 18.
[322] Fontaine e Ly destacam que na prática internacional é comum se referir genericamente a "cartas de intenções" ou "memorandos de entendimentos" para uma infinidade de documentos pré-contratuais: *"Any such preparatory documents are frequently titled letter of intent or memorandum of understanding, though many other expressions are used (protocol, letter of understanding, agreement in principle, heads of agreement, etc.). The frequency of their use in practice has led to the common use of their abbreviations such as 'L/I' (letter of intent), 'MoU' (memorandum of understanding) or 'LoU' (letter of understanding)."* (FONTAINE, Marcel; LY, Filip de. **Drafting internacional contracts...** op. cit., p. 2). Em tradução livre: "Esses documentos preparatórios são frequentemente intitulados carta de intenções ou memorandos de entendimento, embora sejam usadas muitas outras expressões (protocolo, carta de entendimentos, acordo de princípio, *heads of agreement*, etc.). A frequência do seu uso na prática levou ao uso comum de suas abreviaturas, como 'L/I' (carta de intenção), "MoU" (memorando de entendimentos) ou "LoU" (carta de entendimentos)."
[323] Nesse sentido: FONSECA, Patrícia Afonso. As cartas de intenções no processo de formação do contrato. Contributo para o estudo de sua relevância jurídica, **Revista "O Direito"**, a. 138, n. 5, p. 1101-1147, 2006. p. 1107.

Roppo[324], comentando sobre *le lettere d'intenti*, destaca a pluralidade de formas e, principalmente, funções dos documentos pré-contratuais – o que se reflete nas cartas de intenções.[325] O jurista italiano realça que é esse um documento amplamente utilizado em contratações complexas[326] e está diretamente relacionado aos problemas da formação progressiva do contrato.

As cartas de intenções – à semelhança das minutas – são documentos escritos que as partes trocam ou assinam e que se referem a uma tratativa em curso. Afora esse ponto em comum entre os diversos tipos de cartas de intenção comercialmente utilizados – ou seja, o de referirem-se tais instrumentos a uma negociação ainda não concluída – as demais e diversas características das cartas de intenções comumente celebradas no tráfego

---

Já Menezes Cordeiro aponta para um caminho intermediário, pois contempla dentre os possíveis modelos de cartas de intenção, dentre muitos outros, as cartas-seriedade (que nada mais são que uma ratificação da intenção de negociar de boa fé) e as cartas procedimentais (em que as partes acordam os próximos passos da negociação em curso), mas confere autonomia a outros acordos pré-contratuais, a exemplo do acordo de negociação e do acordo de base. (MENEZES CORDEIRO, António Manuel da Rocha. **Tratado de direito civil**... op. cit., p. 309-315).

[324] ROPPO, Vincenzo. Il contratto... op. cit., p. 140-141.

[325] Nesse sentido, ainda, Martins-Costa: "A expressão 'cartas de intenção' ou 'cartas de princípios' denota uma variada gama de acepções, podendo ser concebida como a) meio de comunicar informações; b) meio para disciplinar as fases do processo de negociação; c) memorando acerca de pontos já fixados entre as partes ou, ainda, d) o próprio contrato já perfeito e concluído, considerado 'falsamente' como carta de intenção." (MARTINS-COSTA, Judith. As cartas de intenção no processo formativo da contratação internacional... op. cit., p. 42-43).

[326] Alguns autores já apontam que as cartas de intenções são utilizadas não apenas em negociações ditas complexas ou de alto valor econômico, mas também em negociações mais simples: "*deve darsi atto di un dato emerso dalla prassi degli ultimi decenni che, segnando un netto cambiamento di rotta rispetto al passato, ha fatto registrare un discreto impiego delle lettere di intenti, come pure delle cc.dd. minute o puntuazioni, per scandire lo svolgimento di trattative, peraltro non necessariamente propedeutiche alla conclusione di iniziative di particolare complessità o di ingente valore economico.*" (BENEDETTO, Alessandra. **Pre-contractual agreements in international commercial contracts**... op. cit., p. 184). Em tradução livre: "deve ser reconhecido, com base em dados oriundos da prática contratual nas últimas décadas, que, marcando uma considerável mudança em relação à prática observada no passado, registrou-se um uso discreto das cartas de intenção, bem como das minutas ou outros documentos preliminares na condução das negociações, os quais, no entanto, não foram empregados necessariamente na conclusão de iniciativas de particular complexidade ou valor econômico significativo."

comercial impede reduzir tal figura a um punhado de atributos aplicável a todos esses documentos.[327]

Podem tais cartas de intenções ser celebradas durante o início de tratativas contratuais, a fim de estabelecer o modo como serão conduzidas as negociações bem como atribuindo algumas responsabilidades às partes (e.g., por custos inerentes a tais negociações com passagens aéreas, advogados etc.) ou obrigações aos negociantes (e.g., de confidencialidade, exclusividade etc.).[328] Podem, de outra forma, ser assinadas em momento próximo à conclusão de um contrato, contendo todos os pontos já extensamente negociados e pendentes "apenas e tão somente"[329] de

---

[327] Nas palavras de Roppo: *"Le lettere (o dichiarazioni) d'intenti sono strumenti – ampiamente utilizzati specie nelle contrattazioni fra operatori professionali, e su affari di notevole complessità e valore economico – che si collegano al fenomeno e ai problemi della formazione progressiva del contratto. Sono testi che le parti, d'accordo, si scambiano o firmano, e che presentano un dato comune: si riferiscono a una trattativa in corso, e implicano che il contratto al quale la trattativa è finalizzata non sia ancora concluso. Al di là di questo, possono variare profondamente per contenuti, funzioni ed effetti."* (ROPPO, Vincenzo. Il contratto... op. cit., p. 140). Em tradução livre: "As cartas (ou declarações) de intenções são instrumentos – amplamente utilizados, especialmente em negociações entre partes representadas por profissionais e em negócios de considerável complexidade e valor econômico – que estão ligados ao fenômeno e aos problemas da formação progressiva do contrato. São textos que as partes, de comum acordo, trocam ou assinam, e que apresentam uma característica semelhante: referem-se a uma negociação em andamento e que o contrato relatuvo a tal negociação ainda não está concluído. Além disso, tais instrumentos podem variar profundamente no tocante a seu conteúdo, funções e efeitos."

[328] Almeida da Costa menciona que no sistema da *"common law"* as cartas de intenção – com diferentes nomenclaturas – situar-se-iam entre as puras negociações pré-contratuais e o contrato definitivo: "No sistema da 'common law', com destaque para o norte-americano, encontram-se figuras paralelas (...), que correspondem a modernas técnicas de acordo e se situam entre as puras negociações pré-contratuais e a celebração do contrato definitivo, como, por ex., os 'agreement with open terms', 'agreement to negotiate', 'agreement to engage in a transaction', 'stop-gap agreement', 'agreement subject to contract' e 'ultimate agreement' (acompanhado de cláusulas que remetam para 'usual terms and conditions') (...)". (ALMEIDA COSTA, Mario Julio de. **Direito das obrigações**...op. cit., p. 231-232).

[329] Importante notar que muitas sociedades possuem uma estrutura de governança que impede que seus diretores celebrem determinados contratos sem que haja a aprovação prévia de tal negócio por outros órgãos societários, como o conselho de administração ou a assembleia-geral. Isso significa que os diretores a frente de diversas negociações interempresariais, apesar de terem o poder-dever de negociar em nome de tais sociedades e, ao fazê-lo, estarem no devido cumprimento de seus deveres e agindo no limite de seus poderes, necessariamente terão que obter aprovações societárias prévias antes de validamente

aprovações societárias internas de uma ou mais sociedades envolvidas nas negociações.[330]

declarerem a vontade da sociedade e, com isso, concluírem um contrato em nome desta. Assim, a manifestação concludente por parte de um diretor ainda não autorizado a celebrar um contrato na forma dos documentos societários da sociedade que representa é irregular por falta de legitimação do diretor para aquela contratação (representação que excede os limites de seu poder), pressuposto essencial do negócio jurídico. Nesse sentido, Betti explica: "Ora, o que assegura, concretamente, (...) a efetiva referência do preceito ao representado, é, precisamente, a *legitimação* do representante para agir em seu nome. Mas é precisamente essa legitimação que vem a faltar – na medida da carência, do excesso ou do abuso – todas as vezes que quem age em representação não tenha sido investido do poder de autonomia que pretende exercer em nome e no interesse alheios, ou o exerça para além dos limites ou (dado o conflito de interesses) contra os fins, na órbita dos quais foi conferido. Daqui resulta que, então, o preceito estabelecido já não é referível ao destinatário designado (o representado): o regulamento de interesses que lhe é destiando reduz-se a nada, ou deixa de ter valor vinculativo para com ele; o negócio é inválido em relação a ele." (BETTI, Emilio. **Teoria geral do negócio jurídico**. Tradução: Servanda Editora. Campinas, SP: Servanda Editora, 2008, p. 831). Por essa razão, a falta de tais aprovações societárias internas longe de ser uma mera formalidade (e, por essa razão, as aspas acima) é, na verdade, a verificação de existência de elemento essencial ao contrato, qual seja, o consentimento daquele que tem a legitimação para declará-lo.

Por fim, tendo em vista a limitação de escopo desse trabalho, não adentraremos nas relevantes questões e consequências a respeito da aparência dos representantes da pessoa jurídica, vez que parece-nos fugir por demais dos temas aqui propostos – sobre esse assunto, ver, entre outros: KUMPEL, Vitor Frederico. **Teoria da aparência no Código Civil de 2002**. São Paulo: Ed. Método, 2007.

[330] É isso que ensina Roppo: "*Possono collocarsi allo stadio iniziale della trattativa, e semplicemente documentare che le parti intendono trattare su un certo contratto, indicando i punti che si dovranno discutere e negoziare, e magari definendo tempi, luoghi e modi della trattativa. Possono intervenire a uno stadio più avanzato, e fissare i punti sui cui è già raggiunto l'accordo, rinviando al seguito della trattativa la ricerca dell'accordo sugli altri; in tal caso, possono esplicitare l'impegno delle parti a proseguire lealmente la trattativa. Possono anche documentare che l'accordo è stato raggiunto su tutti i punti in discussione, ma che nondimeno il contratto non è ancora concluso e non vincola le parti: ad es. perché, riguardando il contratto una società, chi lo ha negoziato per essa non ha il potere di vincolarla contrattualmente, o si riserva di sottoporlo all'approvazione di qualche più autorevole organo della medesima; e in questo caso la lettera può impegnare il negoziatore a sottoporlo a tale organo in tempi i modi definiti.*" (ROPPO, Vincenzo. Il contratto... op. cit., p. 141). Em tradução livre: "Eles podem se posicionar na fase inicial da negociação e simplesmente documentar a intenção das partes de negociar um determinado contrato, indicando os pontos a serem discutidos e negociados, e enventualmente definindo o tempo, lugar e forma da negociação. Eles podem se situar em um estágio mais avançado e corrigir pontos em que o consenso já foi alcançado, remetendo a busca do acordo sobre outras questões para negociações posteriores; nesse caso, podem explicitar o compromisso das partes

Aspecto de destaque próprio às cartas de intenções é a constante dificuldade de interpretação desses documentos em razão da ambiguidade e obscuridade com que frequentemente são redigidos[331]. Em razão da sua pluralidade de formas, muitas partes ignoram o aspecto jurídico-legal de tais documentos, colaborando para sua ambiguidade e para a insegurança jurídica e negocial eventualmente geradas por tais instrumentos.

Como explica Moraes[332], isso ocorre especialmente por duas razões. Frequentemente o aspecto legal desses documentos pré-contratuais sequer é considerado pelos signatários, os quais estão mais preocupados com o aspecto "ético vinculativo" e "comercial moral" do que com os seus efeitos jurídicos. Além disso, em alguns casos, a ambiguidade e a vagueza podem ter sido intencionais, a fim de que o caráter vinculante de tal documento apenas o seja com relação a uma das partes – os chamados *un-gentlemen agreements*[333].

---

de prosseguir lealmente nas negociações. Eles também podem documentar que o acordo foi alcançado em todos os pontos em discussão, mas que o contrato ainda não está concluído e não vincula as partes: por exemplo, em se tratando de um contrato envolvendo uma sociedade, se o sujeito que o negociou não tem o poder de vincular a empresa contratualmente ou caso se reserve o direito de submetê-lo à aprovação de um órgão mais representativo da sociedade; nesse caso, a carta pode comprometer o negociador a enviar o contrato ao órgão deliberativo em tempo hábil."

[331] LAKE, Ralph B.; DRAETTA, Ugo. **Letters of intent and other precontractual documents...** op. cit., p. 10.

[332] MORAES, Lívia Lenz de. **Os efeitos jurídicos das cartas de intenções e memorandos de entendimentos...** op. cit., p. 9-10.

[333] Denominação utilizada por Furmston, que explica: "*In many instances businessmen wish to obtain the other party's acceptance before binding themselves to conclude the contract. They seek to achieve this by inserting a clause such as, "This offer is subject to formal approval by our Board of Directors" into the offer. Letters of intent can therefore seek to bind one party whilst leaving the other free. For example, some drafters of letters of intent do not allow the other party a right to negotiate in parallel with a third party but expressly reserve their own right to do so (...)*".(FURMSTON, Michael. Letters of Intent. In: BURROWS, Andrew; PEEL, Edwin. **Contract formation and parties.** New York: Oxford University Press, 2010. p. 20-21). Em tradução livre: "Em muitos casos, os empresários desejam obter a aceitação da outra parte antes de se vincularem a concluir o contrato. Como forma de atingir tal objetivo, são inseridas nas ofertas cláusulas como 'Esta oferta está sujeita à aprovação formal do nosso Conselho de Administração'. As cartas de intenção podem, portanto, ter por fim vincular uma das partes, deixando a outra livre. Por exemplo, alguns redatores de cartas de intenções não concedem a outra parte o direito de negociar em paralelo com um terceiro, mas reserva a si expressamente o direito de fazê-lo (...)."

A carta de intenções, por sua pluralidade de formas e efeitos, acaba por ser instrumento a congregar as diversas figuras pré-contratuais já mencionadas acima, incluindo, até mesmo, em certos casos, as minutas.[334] Como tanto, a fim de se compreender os efeitos de uma carta de intenções ou de outros acordos parciais, necessário se faz seu exame no caso concreto, vez que impossível identificar de antemão um padrão de efeitos e consequências desses documentos em hipótese.[335]

---

[334] Telles compreende as cartas de intenção como sendo similares (em seus efeitos e características) às minutas, tratando-as como sinônimos: "Assim, também se fala de 'minuta' quando as partes elaboram um texto que exprime a sua vontade contratual, mas ainda não pretendem vincular-se ou vincular-se nos seus exactos termos. 'Cartas de intenção' ou 'acordo de princípio' têm, segundo nos parece, o mesmo significado." (TELLES, Inocêncio Galvão. **Manual dos contratos em geral**... op. cit., p. 206).

Ainda, em mesmo sentido, Martins-Costa comenta que as cartas de intenções representariam a modernização da pontuação *vis-à-vis* a formação progressiva do contrato: "A função primordial desses instrumentos, extremamente difundidos no âmbito do direito dos negócios por influência do sistema da common law, consiste na utilidade de serem fixados pontos ou 'partes' sobre os quais os futuros contratantes já entraram em acordo, evitando-se a vinculação direta e definitiva a um arranjo de interesses que ainda é precário, isto é, não definitivo, porquanto as partes, nessa fase, ainda não dispõem de todos os dados necessários ao alcance da determinabilidade integral do conteúdo do contrato: a sua utilidade provém, por exemplo, da possibilidade que assegura ao destinatário de obter prioridade em financiamentos concedidos por terceiros ou em instituições oficiais. O que ocorre, na verdade, é a modernização da antiga punctuação mediante a sua inserção na chamada 'formação progressiva' do contrato. Todavia, não se está, ainda, diante do pré-contrato ou contrato preliminar." (...) (MARTINS-COSTA, Judith. As cartas de intenção no processo formativo da contratação internacional... op. cit., p. 42).

Já para alguns juristas, haveria importante distinção entre as minutas e as cartas de intenção: enquanto as primeiras representariam um documento que simplesmente reproduziria pontos discutidos, as segundas formalizariam, como o nome sugere, uma evolução da vontade das partes com relação àquela negociação e àquele conteúdo. Nesse outro sentido, Moraes: "(...) Isto porque, embora definida por Menezes Cordeiro como 'um documento no qual as partes vão exarando os diversos pontos a inserir no futuro contrato, à medida que sejam acordados', a minuta limita-se a documentar os pontos discutidos, sem qualquer intenção subjacente. Já a carta de intenção, como o próprio nome sugere, formaliza uma vontade das partes relativamente à negociação e ao conteúdo ali contemplado". (MORAES, Mariana Assunção de. **Acordos pré-contratuais**... op. cit., p. 68). E, ainda, corroborando essa posição, FONSECA, Patrícia Afonso. As cartas de intenções... op. cit., p. 1126.

[335] No mesmo sentido, Furmston: *"Perhaps the only general rule is that there is no general rule, that is that one cannot say in advance that a letter of intent has or has not legal effect and, if it does, what the effect would be. Everything must depend on an objective analysis of what the parties have said and done."* (FURMSTON, Michael. Letters of Intent... op. cit., p. 19). Em tradução livre: "Talvez a única

Como explica Leitão, "o conteúdo [das cartas de intenção] varia, consoante o alcance do estado das negociações nelas registrado."[336] E, naturalmente, "os seus efeitos jurídicos também serão diferentes em função desse estado."[337]

A bem da verdade, esses (efeitos e consequências) serão todos aqueles já anteriormente descritos, vez que, como dito, a carta de intenções é instrumento que reflete as figuras pré-contratuais já comentadas e classificadas.

Os efeitos das cartas de intenções e demais acordos parciais que mais interessam a esse trabalho residem justamente na possibilidade de tais documentos criarem ou não o vínculo jurídico almejado pelas partes em negociação. E, nesse ponto, todas as observações realizadas no capítulo anterior acerca das minutas são identicamente aplicáveis.

Em resumo, como apontado pelo Ministro José Carlos Moreira Alves no acórdão do conhecido Caso Disco[338-339] e corroborado pela Professora Judith Martins-Costa:

> pouco importa o *nomen juris* dado pelas partes – simples minuta, carta de intenções ou carta de princípios – na medida em que *se passa uma minuta*

---

regra geral é que não existe uma regra geral, ou seja que não se pode dizer antecipadamente se uma carta de intenções possui ou não efeitos legais e se, caso tenha, quais seriam tais efeitos. Tudo dependerá de uma análise objetiva acerca do que as partes disseram e realizaram."

[336] LEITÃO, Luís Manuel Teles de Menezes. Negociações e responsabilidade pré-contratual nos contratos comerciais internacionais... op. cit., p. 57.

[337] Ibid. No mesmo sentido, Maristela Basso a respeito da vinculatividade de tais documentos: "Tudo depende, portanto, de como está redigida a carta de intenção, do seu conteúdo, de sua forma e fundo. Por isso é difícil a generalização, já que estamos no reino da autonomia da vontade." (BASSO, Maristela. As cartas de intenção ou contratos de negociação, **Revista dos Tribunais**, v. 88, n. 769, p. 28-47, São Paulo: Revista dos Tribunais, 1999, p. 30).

[338] BRASIL. Supremo Tribunal Federal. Recurso Extraordinário n° 88.716-4/RJ, Segunda Turma, Rel. Min. Moreira Alves, j. 11/09/79. Disponível em: < http://portal.stf.jus.br/>.

[339] Não obstante concordarmos com o excerto reproduzido acima, importante destacar que outros trechos da decisão proferida pelo Supremo Tribunal Federal foram bastante criticados pela doutrina, em especial a qualificação jurídica dada ao documento em discussão, considerado mera minuta e não um contrato preliminar em razão de não haver definição sobre a totalidade de seu conteúdo. Sobre o contrato preliminar ver Capítulo 2.2.1; sobre as críticas à decisão do "Caso Disco", ver TOMASETTI JR, Alcides. **Execução do contrato preliminar**... op. cit., p. 27 e ss.; e AZEVEDO, Antônio Junqueira de. **Novos estudos e pareceres de direito privado**... op. cit., p. 253 e ss.

completa sobre todos os pontos do contrato, ao menos sobre todos os pontos principais, podendo os outros ser supridos por disposições legais, e as partes a aprovam, e se, de acordo com a lei ou a vontade das partes não tenha que ser dado ao contrato forma ad solenitatem, firma-se entre eles vínculo obrigatório.[340]

Assim, indiferente o *nomen juris* de cada documento; o que importa, em realidade, é a análise do conteúdo e do contexto em que esse se insere, a fim de corretamente identificar seu significado, seus efeitos e assegurar o seu verdadeiro valor jurídico.

2.2.4. Documentos Pré-Contratuais e o *Vinculum Juris*

Como visto, há alguns documentos celebrados na fase pré-contratual que possuem caráter vinculante sobre aspectos *adjacentes* das negociações. Pense-se, por exemplo, em um acordo de confidencialidade que continuará vigente e produzindo efeitos ainda que as negociações sejam interrompidas. É claro que a vinculação, nesse caso, não diz respeito ao objeto principal almejado pelo contrato em negociação, mas a um aspecto que para uma ou ambas as partes é fundamental e, por tal razão, foi contratado. Ainda que o contrato almejado pelas partes não seja concluído, as obrigações de confidencialidade deverão ser observadas e respeitadas nos exatos termos e condições contratadas, inclusive após o encerramento das negociações se assim foi acordado. Não há qualquer caráter de acessoriedade/dependência entre a negociação frustrada e o contrato de confidencialidade, de forma que esse último possui todos os elementos e efeitos de um contrato completo e independente.

Algumas outras vezes os documentos pré-contratuais não possuem qualquer caráter vinculante, não obstante a sua importância para a condução das negociações. Nesse sentido, pense-se em um memorando de entendimentos que visa regular o cronograma das tratativas futuras, delimitando períodos de auditorias, prazos para negociação etc. Ora, o desrespeito a qualquer desses termos – exceto se de alguma forma expressamente contratado – não parece ser apto a ensejar qualquer

---

[340] MARTINS-COSTA, Judith. As cartas de intenção no processo formativo da contratação internacional... op. cit, p. 43. E continua: "Como se pode observar, a grande dificuldade está em verificar se a carta de intenção, por seu texto, exprime a intenção de concluir contrato ou se o seu conteúdo já é bastante para formá-lo." (Ibid.)

responsabilidade à parte inadimplente. Tais prazos seriam quase *prazos impróprios,* emprestando o termo do direito processual. Além disso, a eficácia de tal documento encerra-se juntamente com o fim das negociações. Ora, se negociação não há, tal documento perde o objeto.

Assim, apesar da importância dos contratos preparatórios e dos contratos temporários, são os acordos parciais como as minutas e as cartas de intenções aqueles que trazem maior interesse (e suscitam dúvidas e problemas) ao tema da formação do *vinculum juris.*

É claro que os acordos parciais cumprem importante papel do ponto de vista *moral*[341] para as partes em negociação, além de todas as funções já mencionadas acima. Por vezes, a depender da cultura – e do meio em que tais acordos se inserem – os agentes em negociação sentem-se vinculados a determinadas declarações, "ainda que a natureza do acordo seja moral e os envolvidos saibam que aquilo não se sustentaria em um tribunal."[342]

Entretanto, é certo que a conclusão de um contrato não decorre direta e necessariamente da celebração desses documentos – a menos, é claro, que essa seja a função do instrumento celebrado, como ocorre com o contrato preliminar. Por mais que haja uma conduta esperada das partes em negociação – que, no caso concreto, se desrespeitada, poderá ensejar a responsabilização pré-contratual de uma das partes –, a faculdade de contratar ou de não contratar é a regra, como decorrência lógica da autonomia privada.

Em outras palavras: ninguém deve ser obrigado a contratar se assim não tiver se manifestado, ainda que as negociações estejam em fase bastante adiantada. A ruptura das negociações, *per se,* não pode ser considerada uma atitude ilícita ou abusiva, vez que própria manifestação da liberdade de contratar. Em realidade, o que o direito tutela, entre outros, é a abusividade própria de comportamentos contraditórios das partes em negociação e a quebra de confiança gerada de uma parte a outra, mas não a simples *não conclusão* de um contrato. Nas palavras de Chaves:

> Somente o contrato cria a estabilidade jurídica indispensável às relações comerciais. Mas, até lá, subsiste a liberdade na instabilidade. A estabilidade

---

[341] FORGIONI, Paula. Contratos empresariais: teoria geral e aplicação. 1 ed. São Paulo: RT, 2015, p. 81.

[342] SPÍNOLA GOMES, Técio. **O processo de formação do contrato**... op. cit., p. 109.

não pode resultar senão do compromisso recíproco que coloca as duas partes no mesmo pé de igualdade, que as liga ambas. Enquanto uma permanece livre, a outra o é também. Do contrário, o direito iria ao encontro dos fatos, tendo em vista favorecer uma das partes em prejuízo da outra. Seria o arbitrário e a tirania jurídica.[343]

E é por isso que a celebração de sucessivos documentos pré-contratuais, independentemente do estágio das negociações, não faz surgir uma obrigação de contratar ou tampouco cria, em determinado momento, um *vinculum juris* automático ou devido.[344]

O que pode ocorrer, isso sim, é a recondução de uma figura que, em um primeiro momento, poderia não ser vinculante, a um verdadeiro contrato. Ou, ainda, determinado documento que aparentava não constituir um contrato (em razão do seu *nomen juris*, por exemplo), demonstrar sê-lo. Em qualquer hipótese, contudo, sempre como consequência da vontade declarada (expressa ou tacitamente) pelas partes e *não* do estágio das negociações, do *nomen juris* de um documento ou de qualquer outro fator diverso da vontade declarada.

Como já visto, a diferenciação entre, de um lado, uma minuta ou uma carta de intenções e, de outro lado, um contrato, pode ser de difícil conclusão. Tal análise, verificada a existência de determinados pressupostos, reside principalmente na identificação da declaração comum de vontades apta a criar o *vinculum juris*.

A identificação de tal declaração passa, necessariamente, por um exercício de interpretação dos atos das partes em negociação. Tal exercício poderá demonstrar, por exemplo, que em determinados casos uma carta

---

[343] CHAVES, Antônio. **Responsabilidade pré-contratual...** op. cit., 1997, p. 64.

[344] Ainda nas palavras de Chaves "Muito embora, no primeiro período da formação pré--contatual as partes cheguem a entendimentos sobre a concepção do contrato e sobre suas cláusulas, não se trata senão do desenvolvimento da atividade preparatória dos contraentes na elaboração e na concretização da proposta e do projeto de contrato. Daí resulta que todos os acordos preparatórios não têm, nesta fase, a finalidade de criar especiais vínculos obrigatórios, mas, exclusivamente, a de elaborar e formular a proposta ou o projeto que, com a aceitação, traduzir-se-á em contrato. Eles não vinculam à sucessiva elaboração e o aperfeiçoamento do contrato porque não têm caráter jurídico de promessas obrigatórias: se o tivessem, não estaríamos mais no período de pré-formação contratual, mas diante de verdadeiras relações contratuais concluídas." (Ibid. p. 62).

de intenções tratar-se-á, na verdade, de um contrato preliminar[345] ou do próprio contrato definitivo[346].

O exemplo mais comum dessa situação é o início do cumprimento das prestações de um contrato com base em uma carta de intenções. Ora, se aquele documento possui todos os elementos e requisitos necessários à sua existência e validade e, ainda, ambas as partes deliberadamente iniciam sua execução, parece-nos claro que houve a recondução daquele documento não vinculante a um contrato – e, portanto, a criação de um *vinculum juris* com base em documento que inicialmente não tinha um caráter vinculante.

Ou, ainda, pense-se nas partes que receberam um documento redigido por seus advogados com uma observação de que aquele documento tratar--se-ia apenas de uma "minuta sujeita a discussões". As partes, devidamente alinhadas em torno daquele regramento contratual e manifestando a vontade em contratar, decidem imprimi-lo e assiná-lo na exata forma enviada por seus advogados – ou seja, sem excluir a expressão "minuta sujeita a discussões". Parece não haver dúvida de que se trata de um contrato definitivo, não obstante seu *nomen juris* (ou, nesse caso, observação expressa em sentido contrário).

Em ambas as hipóteses a interpretação da vontade declarada das partes não deixa dúvidas acerca do consentimento final em torno daquele regramento contratual e a efetiva vontade na criação do *vinculum juris*. Tudo isso a mercê da aparência não vinculante do documento – aparência que foi superada por novas manifestações de vontade (como no primeiro exemplo), ou afastada pela interpretação e pelo contexto da própria manifestação original (como no segundo exemplo). Em tais exemplos, as partes manifestaram a vontade de se vincular e, assim, independentemente do *nomen juris*, está-se diante do próprio contrato final.[347]

---

[345] PRATA, Ana Maria Correia Rodrigues. **O contrato-promessa**... op. cit, p.131-132, nota 252.

[346] MORAES, Mariana Assunção de. **Acordos pré-contratuais**... op. cit., p. 80-81.

[347] É isso que explica Bianchini, destacando que o que é relevante para fins de qualificação de uma minuta (ou, completamos, de qualquer outro documento celebrado durante as tratativas de um contrato) é, nas palavras de Ricciuto a "efetiva intenção manifestada pelas partes", a qual "pode ser, inclusive, aferida mediante o exame do comportamento global (*'complessivo'*) das partes subsequentemente à subscrição da minuta". (RICCIUTO, Vincenzo. **Formazione progressiva del contratto e obblighi a contrarre**. Turim: UTET, 1999, p. 21 *apud* BIANCHINI, Luiza Lourenço. **Contrato preliminar**... op. cit, p. 88).

Nesses casos, a recusa na formalização do "contrato final" seria hipótese bem diferente do rompimento das tratativas. Não haveria mais negociação em andamento, mas contrato já formado e, portanto, *vinculum juris* existente. A recusa na formalização desse contrato não mais seria a recusa própria da manifestação da liberdade de contratar, mas sim a recusa na mera reprodução de um contrato já concluído – e formado, aliás, em razão do legítimo exercício da autonomia privada de cada parte.

A vinculatividade que se identifica nessas hipóteses não resulta das características dos documentos celebrados ou tampouco é reflexo do estágio das negociações, mas sim – como não poderia deixar de ser diferente, tendo em vista os preceitos da formação de um contrato – das declarações negociais das partes, manifestadas por meio de atos concludentes de cada qual.[348]

E, em tais circuntâncias, a recusa de uma das partes em cumprir o quanto avençado no contrato formado – seja tal avença refletida em uma carta de intenções, minuta ou ainda não reduzida a documento escrito completo – significará verdadeiro inadimplemento contratual (cuja consequência é a responsabilidade contratual e a aplicação dos remédios contratuais respectivos) e não mera ruptura injustificada das negociações (cuja consequência seria, diversamente, a responsabilidade pré-contratual).

Em suma, afora (i) a eficácia própria de documentos pré-contratuais, não diretamente relacionada à formação do *vinculum juris* do contrato em negociação; e (ii) a possibilidade de recondução de um documento não vinculante a um contrato definitivo, tendo em vista a existência de declaração comum de vontades evidenciada pelo contexto das negociações – questão por si só deveras tormentosa e que ainda será objeto de maior análise – não parece haver guarida no direito qualquer tentativa de colocar as figuras pré-contratuais como dotadas de eficácia e coercibilidade própria em relação à formação do contrato.

Algumas legislações, como o recente Código Civil e Comercial Argentino, regulam de forma expressa tal assunto.[349] De acordo com essa

---

[348] RIBEIRO, Joaquim de Sousa. Responsabilidade pré-contratual – breves anotações sobre a natureza e o regime, in **Estudos em homenagem ao Prof. Doutor Manuel Henrique Mesquita**, volume II, Coimbra: Coimbra Editora, 2009, p. 763-764.

[349] Nesse sentido, art. 982: "*ARTICULO 982.- Acuerdo parcial. Los acuerdos parciales de las partes concluyen el contrato si todas ellas, con la formalidad que en su caso corresponda, expresan su*

legislação, os acordos parciais seriam concluídos uma vez que as partes, observando as formalidades eventualmente necessárias, consintam sobre seus elementos essenciais, sendo o contrato integrado pelas regras gerais do código. Em caso de dúvida, o contrato não deve ser considerado concluído. Além disso, a lei expressamente menciona que as minutas ou rascunhos não devem ser considerados acordos parciais.[350]

Não nos parece que há necessidade de o direito posto regular esse assunto.[351] Admitir a possibilidade de eficácia dos documentos pré-contratuais (com exceção, claro, das situações já descritas) seria refutar as bases doutrinárias e legais da formação do contrato, ignorar os ditames do princípio da autonomia privada e, como consequência disso, criar um componente de extrema insegurança jurídica, negocial e econômica. Como explica Forgioni, "buscar o respeito à palavra empenhada [em um acordo

---

consentimiento sobre los elementos esenciales particulares. En tal situación, el contrato queda integrado conforme a las reglas del Capítulo 1. En la duda, el contrato se tiene por no concluido. No se considera acuerdo parcial la extensión de una minuta o de un borrador respecto de alguno de los elementos o de todos ellos." (ARGENTINA. **Codigo Civil Y Comercial de La Nacion** de 1º de outubro de 2014. Disponível em: <http://servicios.infoleg.gob.ar/infolegInternet/anexos/235000-239999/235975/norma.htm>. Último acesso em 5 jan. 2018)

[350] SPÍNOLA GOMES, Técio. **O processo de formação do contrato...** op. cit., p. 105-106.

[351] Pelo contrário, parece-nos que a parte final do art. 982 do Código Civil e Comercial Argentino cria um componente de insegurança ao determinar de maneira contundente que as minutas e rascunhos não serão considerados acordos parciais. Como já vimos, há situações em que isso não é verdade. Sobre o assunto, o Código Civil e Comercial Argentino traz, ainda, disposições sobre as cartas de intenções: *"ARTICULO 993.- Cartas de intención. Los instrumentos mediante los cuales una parte, o todas ellas, expresan un consentimiento para negociar sobre ciertas bases, limitado a cuestiones relativas a un futuro contrato, son de interpretación restrictiva. Sólo tienen la fuerza obligatoria de la oferta si cumplen sus requisitos."* (ARGENTINA. **Codigo Civil Y Comercial de La Nacion** de 1º de outubro de 2014. Disponível em: <http://servicios.infoleg.gob.ar/infolegInternet/anexos/235000-239999/235975/norma.htm>. Último acesso em 5 jan. 2018). Parece, também, desnecessária tal disposição, em posição bem explicada por Spínola Gomes: "A previsão do art. 993 da codificação argentina sobre cartas de intenções parece ser desnecessária, por trazer apenas a confirmação de duas regras que já aparecem na generalidade dos sistemas romanistas e poderiam ser extraídas daquele código: (I) algo só vale como oferta caso expresse os elementos do contrato e (II) negócios que não encerrem todos os elementos essenciais do contrato devem ser interpretados restritivamente." (SPÍNOLA GOMES, Técio. **O processo de formação do contrato...** op. cit., p. 108).

parcial] é diverso de obrigar a parte àquilo que não contratou e não quis contratar [no caso, o contrato final]".[352]

Essa deve ser a única resposta para a questão que levantou Chaves, sobre se essas novas figuras conduziriam "a uma verdadeira *vinculação jurídica*, mesmo que ainda em estado embrionário, dotadas, portanto, da eficácia e coercibilidade próprias à instância do mundo jurídico".[353]

Diferentemente, contudo, da opção que Chaves dera para a negativa de sua questão, a não possibilidade de criação de vinculação jurídica desses documentos não quer significar que os efeitos dos documentos pré-contratuais estão "confinados tão-somente ao universo dos princípios morais, das promessas sem valor jurídico *para as quais a violação não conduz necessariamente à sanção.*"[354]

Pelo contrário – e contando com importante colaboração do próprio Chaves –, a evolução doutrinária e jurisprudencial em torno do tema da responsabilidade pré-contratual garantiu a tutela das partes prejudicadas nessa fase, sendo os documentos pré-contratuais importantes indicativos do estágio das negociações e das condutas (concretas ou esperadas) das partes em negociação.

Assim, a violação dos deveres de conduta das partes em negociação, incluindo em determinados casos a recusa injustificada na celebração do contrato, podem sim conduzir à sanção da parte infratora, ainda que tal sanção não signifique – para o bem dos princípios e conceitos basilares do direito privado – a coercitiva celebração de um contrato.[355]

---

[352] FORGIONI, Paula. **Contratos empresariais...** op. cit., p. 80. E Forgioni reforça: "Uma coisa é obrigar a pessoa a fazer o que prometeu, outra, bem diversa, é ir além e obrigá-la a fazer algo a que não se vinculou."

[353] CHAVES, Antônio. **Responsabilidade pré-contratual...** op. cit., 1997, p. 196.

[354] CHAVES, Antônio. **Responsabilidade pré-contratual...** op. cit., 1997, p. 196.

[355] É isso que se nota não apenas no direito brasileiro, mas também em outros países do sistema da *civil law*. Note-se, por exemplo, didático julgado do *Tribunale di Monza*, o qual (i) afirma a irrelevância do *nomen juris* para a identificação do caráter vinculante de um documento; (ii) confirma a não existência de vínculo contratual decorrente de uma *letter of intent* em vista das circunstâncias do caso concreto; e (iii) cita jurisprudência da *Corte di Cassazione* reconhecendo que, ainda que haja a concordância das partes sobre os termos de um contrato, a falta de comportamento concludente das partes (ou seja, a falta da declaração comum de vontades) significaria a não conclusão de tal contrato, sem prejuízo da responsabilidade pré--contratual da parte que eventualmente romper de forma injustificada as negociações após

criar em sua contraparte o *"affidamento sulla conclusione del contrato"*. Nesse sentido: *"Quanto al documento 20 lo stesso contiene un evidente intesa preparatoria, in cui le parti prefigurano i possibili esiti negoziali degli affari ivi trattati, ma senza esprimere alcuna volizione negoziale definitiva, attuale e vincolante. In primo luogo, pur se il dato non è dirimente non essendo di per sé vincolante il nomen juris utilizzato dalle parti, il documento è intitolato "letter of intent", con ciò già segnalando sul piano lessicale la natura programmatica dell'accordo, non ancora definitivo e cogente. (...) Ma nel caso di specie, lungi dall'esservi contrasto fra intitolazione del documento e suo contenuto negoziale, proprio quest'ultimo rafforza l'impressione suscitata dal nomen impiegato dalle parti che, come visto, pur vincolante non è neppure irrilevante. (...) Alla fattispecie in esame pare pertanto applicabile il seguente principio giurisprudenziale (Cfr. Cass. 14/06/1999, n. 5830):* "*Qualora i contatti intercorsi fra due soggetti non siano tali, per mancanza di univocità dei comportamenti, da determinare la conclusione del contratto, essi possono tuttavia configurare delle trattative giunte ad un tale punto di sviluppo da ingenerare in una parte un giustificato affidamento sulla conclusione del contratto; in tal caso, il recesso ingiustificato dà luogo solo a responsabilità pre-contrattuale, con conseguente obbligo di risarcire il danno. Del resto l'avvenuto perfezionarsi di intese su alcuni punti dello stipulando contratto o gli eventuali accordi parziali, per il loro carattere provvisorio e la loro efficacia subordinata all'esito positivo delle trattative, non esulano dall'ambito della fase precontrattuale, e non provano certo la conclusione di un contratto."*(Sentença n. 1771/2005, do *Tribunale di Monza apud* BENEDETTO, Alessandra. **Pre-contractual agreements in international commercial contracts**... op. cit., p. 106-107). Em tradução livre: "Quanto ao documento 20, o mesmo contém um acordo preparatório claro, no qual as partes prefiguram os possíveis resultados da negociação aqui tratada, mas sem expressar nenhuma vontade negocial definitiva, atual e vinculativa. Em primeiro lugar, ainda que não uma informação decisiva por si só, o *nomen juris* utilizado pelas partes não é vinculativo, o documento é intitulado 'carta de intenção', o que sinaliza a natureza programática do acordo sob o ponto de vista lexical, ainda não definitivo e vinculativo. (...) Neste caso, longe de haver um contraste entre o título do documento e o conteúdo de negociação, esta reforça a impressão despertada pelo *nomen* do documento empregado pelas partes que, como vimos, apesar de não ser decisivo, não pode ser considerado irrelevante. (...) Ao caso em análise, o seguinte precedente jurisprudencial, parece aplicável (ver Cass. 14/06/1999, n° 5830): 'Se o contato entre dois sujeitos não é suficiente para levar à constatação da conclusão do contrato, devido à falta de comportamento unívoco das partes, ele pode, no entanto, representar que as negociações chegaram a um tal ponto de desenvolvimento que as partes podem possuir confiança justificada na conclusão do contrato; nesse caso, a rescisão injustificada dá origem somente à responsabilidade pré--contratual, com a consequente obrigação de compensar o dano. Além disso, a conclusão dos acordos sobre certos pontos do contrato ou quaisquer acordos parciais, por sua natureza provisória e sua eficácia subordinada ao resultado positivo das negociações, não ultrapassam o âmbito da fase pré-contratual e certamente não comprovam a conclusão de um contrato'."

2.3. A Cláusula Geral de Boa-Fé Objetiva e a Fase Pré-Contratual: Relação Jurídica de Confiança

O importante papel da boa-fé objetiva nas negociações contratuais, como cláusula geral[356] aplicável a todo o período de negociação e formação do vínculo contratual, é inconteste. Apesar da redação imprecisa do artigo 422 do Código Civil brasileiro, é cediço na doutrina e jurisprudência[357] o entendimento de que a cláusula geral de boa-fé objetiva aplica-se às fases pré e pós contratual, assim como, logicamente, à conclusão e execução do contrato.[358]

Como cláusula geral aplicável à fase pré-contratual, é cediço também que a boa-fé objetiva atua em suas diferentes funções[359]: interpre-

---

[356] Esse modelo de cláusula geral é adotado não apenas no Brasil mas em outras diversas jurisdições: "Hoje se sustenta, em oposição ao modelo restritivo dos códigos oitocentistas, a conveniência da utilização de expressões ditas 'cláusulas gerais', onde se possa considerar admitida a garantia da boa-fé objetiva dos futuros contraentes na fase ante-negocial: as codificações mais recentes, tais como o já citado Código Italiano (art. 1337 e 1338), o Código Civil Português (art. 227, nº 1), o Código Grego (arts. 197 e 198) e o Projeto de Código Civil Brasileiro (arts. 421 e 422) incluem tais disposições." (MARTINS-COSTA, Judith. As cartas de intenção no processo formativo da contratação internacional... op. cit, p. 46).

[357] Vide os enunciados 24, 25 e 170 das Jornadas de direito civil do Conselho da Justiça Federal: "Enunciado 24: Em virtude do princípio da boa-fé, positivado no art. 422 do novo Código Civil, a violação dos deveres anexos constitui espécie de inadimplemento, independentemente de culpa."
"Enunciado 25: O art. 422 do Código Civil não inviabiliza a aplicação pelo julgador do princípio da boa-fé nas fases pré-contratual e pós-contratual."
"Enunciado 170: A boa-fé objetiva deve ser observada pelas partes na fase de negociações preliminares e após a execução do contrato, quando tal exigência decorrer da natureza do contrato."
(BRASIL. Conselho da Justiça Federal. Jornadas de direito civil I, III, IV e V: enunciados aprovados. Coordenador científico Ministro Ruy Rosado de Aguiar Júnior. Brasília: Conselho da Justiça Federal, Centro de Estudos Judiciários, 2012.)

[358] Para melhor compreensão sobre o assunto: AZEVEDO, Antônio Junqueira de. Insuficiências, deficiências e desatualização do projeto de Código Civil na questão da boa-fé objetiva nos contratos. **Revista Trimestral de Direito Civil**, v. 1, n. 1, p. 3–12, jan./mar., 2000.

[359] "Sob o ponto de vista dogmático, tem-se, por toda parte, atribuído à boa-fé objetiva uma tríplice função no sistema jurídico, a saber: (i) a função de cânone interpretativo dos negócios jurídicos; (ii) a função criadora de deveres anexos ou acessórios à prestação principal; e (iii) a função restritiva do exercício de direitos." (SCHREIBER, Anderson. **A proibição de comportamento contraditório**: tutela da confiança e venire contra factum proprium. 4. ed rev. e atual. São Paulo: Atlas, 2016, p. 56.)

tativa[360], criadora de deveres jurídicos – os chamados deveres laterais de conduta – e limitadora do exercício de direitos subjetivos.

Em sua função criadora de deveres jurídicos, a cláusula geral de boa-fé objetiva cria deveres anexos à prestação principal, que não aqueles expressamente previstos (e eventualmente contratados) pelas partes, vez que tais deveres independem da vontade dessas. A cláusula geral de boa-fé objetiva faz surgir às partes contraentes, dentre outros, os deveres de lealdade, informação, esclarecimento e proteção.[361] Os deveres criados variam de acordo com a relação jurídica concreta, sendo inviável sua total identificação em abstrato – o que, claro, conserva o necessário caráter aberto de uma cláusula geral.[362]

Cria a boa-fé objetiva verdadeira "obrigação de comportar-se de maneira honesta, não violadora da ética que deve presidir a relação contratual"[363], preservando a confiança que uma parte deposita na outra. Pelos deveres de lealdade e colaboração – decorrentes da cláusula geral e aplicáveis à fase pré-contratual –, os negociadores obrigam-se a não assumir comportamentos que se desviem de uma negociação correta e honesta[364], bem como a preservar o escopo da formação válida de um contrato e a atuar de forma consequente – esse último dever significando, para Menezes Cordeiro[365],

---

[360] Como resume Schreiber sobre tal função: "Na primeira função, alude-se à boa-fé como critério hermenêutico, exigindo que a interpretação das cláusulas contratuais privilegie sempre o sentido mais conforme à lealdade e à honestidade entre as partes. A boa-fé impede, aí, por certo, interpretações maliciosas e dirigidas a prejudicar a contraparte, mas vai além, atribuindo à norma contratual o significado mais leal e honesto. (...)" (Ibid.)

[361] Deveres que continuam na fase contratual e na fase pós-contratual e que, inclusive, para Frada, podem "subsistir em face da ineficácia do contrato". São, para Frada, "deveres de protecção à integridade do contrato." Em suas palavras, "os deveres de protecção consistiriam precisamente naquelas normas especiais de comportamento cuja observância possibilita a colaboração correcta entre os sujeitos da ligação especial, atenta a funcionalidade do relacionamento em causa." (FRADA. Manuel Antonio de Castro Portugal Carneiro da. **Contrato e deveres de protecção**. Coimbra: Gráfica de Coimbra, 1994, p. 238 e 240.)

[362] SCHREIBER, Anderson. **A proibição de comportamento contraditório**.. op. cit., p. 56.

[363] GARCIA, Enéas Costa. **Responsabilidade**... op. cit., p. 24-28.

[364] MENEZES CORDEIRO, António Manuel da Rocha. **Da boa-fé no direito civil**... op. cit., p. 583.

[365] MENEZES CORDEIRO, António Manuel da Rocha. **Da boa-fé no direito civil**... op. cit., p. 583.

a razão pela qual não se deve abruptamente interromper uma negociação de forma injustificada.

Com efeito, é claramente contrária ao dever de lealdade – e, portanto, à cláusula geral de boa-fé objetiva – a atitude de uma parte que, consciente de que não tem interesse na conclusão de um contrato, condições legais ou capacidade econômico-financeira para tanto, inicia ou prossegue na sua negociação.[366] Uma negociação que – sabidamente – não pode resultar na conclusão de um contrato (ou na qual um contrato será formado de maneira sabidamente viciada) faz com que as partes, de forma inútil, incorram em despesas de ordens diversas ou percam oportunidades de concluir contratos com terceiros.[367]

Tais condutas demonstram abuso da confiança depositada por uma das partes em sua contraparte e nas próprias negociações, sendo atentatórias ao dever de lealdade imposto pela cláusula geral de boa-fé objetiva – o que nos remete à terceira função da boa-fé.

Em sua função limitadora do exercício de direitos subjetivos, a boa-fé objetiva impede "o exercício de direitos em contrariedade à recíproca lealdade e confiança que deve imperar nas relações privadas".[368] Com isso, a boa-fé veda comportamentos que, apesar de sua aparência de correção e licitude, visto que legal ou contratualmente assegurados, "não se conformam aos *standards* impostos pela cláusula geral"[369] e, portanto, contrariam a boa-fé.

Não fosse essa função da boa-fé objetiva, a autonomia privada das partes contraentes – à semelhança do que ocorria no Estado liberal de outrora – seria limitada apenas e tão somente pela própria vontade de cada parte, a despeito de qualquer obrigação recíproca de lealdade e confiança, que seria inexistente se não expressamente contratada.

É com fundamento na cláusula geral da boa-fé objetiva que surge entre as partes contraentes, portanto, uma relação jurídica especial ou de confiança[370] que a difere do período das negociações iniciais e a aproxima

---

[366] PEREIRA, Regis Fichtner. **A responsabilidade civil pré-contratual**... op. cit., p. 94.
[367] Ibid.
[368] SCHREIBER, Anderson. **A proibição de comportamento contraditório**... op. cit., p. 56.
[369] SCHREIBER, Anderson. **A proibição de comportamento contraditório**... op. cit., p. 56.
[370] Nesse ponto, importante destacar que não há unanimidade na doutrina acerca da confiança como decorrência da cláusula geral de boa-fé objetiva. Nos dias atuais, não parece haver dúvida – como será destacado nesse capítulo – que a confiança, apesar da inexistência de

da fase propriamente contratual. "As pessoas envolvidas numa negociação, em razão desta, adotam comportamentos que não seriam usuais não fosse a confiança que essa fase de tratativas inspira."[371] Sem um mínimo de confiança – confiança na outra parte e confiança nas circunstâncias do negócio e nas aparências –, aliás, não se cogita uma relação entre pessoas, como ensina Vasconcelos.[372]

Naturalmente, a progressão das negociações, com a celebração de documentos pré-contratuais – que, como visto, vão instrumentalizando o processo de aproximação das partes –, intensifica essa relação de confiança[373]

---

previsão legal expressa, é princípio inerente ao direito privado. O que se discute, outrossim, é seu fundamento e a maneira como tal princípio se insere em nosso ordenamento. Como explica Romero: "(...) nos trabalhos sobre o assunto, ora se verificam menções de que a confiança seria uma decorrência do princípio da boa-fé, ora que o princípio da boa-fé é que seria uma decorrência do princípio da confiança e, até mesmo, que boa-fé e confiança seriam princípios que coexistem e possuem a mesma ordem de hierarquia." (ROMERO, Anna Paula Berhnes. **A tutela da confiança nos contratos empresariais**. Tese de doutorado apresentada à Faculdade de Direito da Universidade de São Paulo. Orient.: Mauro Rodrigues Penteado. 2013, p. 51.) Sobre o assunto, ver: MARTINS, Raphael Manhães. O princípio da confiança legítima e o enunciado n. 362 da IV Jornada de Direito Civil. **Revista CEJ**, Brasília, Ano XII, n. 40, p. 11-19, jan./mar. 2008. Não acreditamos que esse debate seja necessário à presente dissertação. Tendo em vista a inexistência de dúvida acerca da aplicabilidade desse princípio, qualquer posição a respeito de seu fundamento não deveria afetar o raciocínio ou conclusões dessa dissertação. O que importa, outrossim, é admitir que o princípio da confiança insere-se em nosso sistema juntamente (seja ao lado destes ou como decorrência destes) a outros princípios igualmente importantes ao tema em debate, como o princípio da solidariedade social, o princípio da segurança jurídica (ou princípio da segurança do tráfego jurídico) e, logicamente, o próprio princípio da boa-fé.

[371] GARCIA, Enéas Costa. **Responsabilidade...** op. cit., p. 61.

[372] VASCONCELOS, Pedro Pais de. **Teoria Geral do Direito Civil**, Almedina, 2005, p. 19 e ss. No mesmo sentido, Frada: "Na verdade, cabe a qualquer ordem jurídica a missão indeclinável de garantir a confiança dos sujeitos, porque ela constitui um pressuposto fundamental de qualquer coexistência ou cooperação pacífica, isto é, da paz jurídica." (FRADA, Manuel António de Castro Portugal Carneiro da. **Teoria da Confiança e Responsabilidade Civil**. Coimbra: Almedina, 2004, p. 19).

[373] Nesse sentido, Moraes: "Em verdade, o valor jurídico destes instrumentos prende-se essencialmente com fato de que a sua adoção ao longo das negociações inegavelmente atesta um maior comprometimento das partes com a negociação, de que resulta, consequentemente, uma maior – e legítima – expectativa acerca da conclusão do contrato final. Por esta razão é que se entende que a assinatura de uma carta de intenção *stricto sensu* vem reforçar a intensidade

e expectativa, assim como os efeitos da cláusula geral de boa-fé[374] e seus deveres anexos.

Martins-Costa[375] ensina que, inspirada em fontes e elementos da sociologia, parte da doutrina procura mensurar os efeitos (e aplicação) do direito de acordo com os graus de contato que se formam na vida social. Assim, do grau mais distante – viver em sociedade – até o grau mais próximo – o contrato – verifica-se uma série de graus intermediários de contato. Tais graus de contato possuem certa unidade e acompanham o *iter* formativo da relação jurídica obrigacional, intensificando-se até a formação do contrato. Por essa razão, quanto mais próximo da formação de um contrato, maior a intensidade com que o direito deve influir e tutelar essa relação.

Com efeito, Martins-Costa[376] explica que a forma com que o direito protege e influi em tal relação, tutelando os interesses públicos relevantes

---

do dever geral de boa-fé consagrado na lei." (MORAES, Mariana Assunção de. **Acordos pré-contratuais...** op. cit., p. 85).

[374] Nas palavras de Ana Prata: "ainda quando eles [os acordos pré-contratuais] não configurem convenções autônoma e especificamente vinculativas, representam, em regra, uma maior extensão e consistência da relação obrigacional de boa fé nos preliminares". (PRATA, Ana Maria Correia Rodrigues. **O contrato-promessa...** op cit., p.131.)

[375] Em suas palavras: "Inspirada em fontes e elementos alcançados pela Sociologia, vem a melhor doutrina procurando desenhar *fattispecie* o mais possível abrangente no que concerne ao fenômeno do nascimento de direitos e deveres, de modo a situar ponto geral suscetível de englobar unitariamente os efeitos de direito e suas fontes: daí decorre a proposição da categoria dogmática do contato social, a qual adota, como ponto de referência, as categorias sociológicas da proximidade e da distância – tratadas na Teoria da Associação – para, mediante o escalonamento dos graus de contato que se formam na vida social, mensurar os efeitos de direito decorrentes desse contato. Segundo tal teoria, o contato mais distante é o mero fato de viver em sociedade, em 'associação'. O grau mais próximo é justamente o contrato, forma voluntária, qualificada do contato social. Entre esses dois pontos, se verifica uma série de graus intermediários de contato, ocorrendo entre todos os graus, uma certa unidade, geradora de efeitos também, e proporcionalmente, mensuráveis por graus, os quais se refletem no iter formativo da relação jurídica obrigacional. Para que esta se crie e se desenvolva, as pessoas entram em contato, vale dizer, se relacionam e, na medida em que esta relação é reconhecida pelo direito, se transforma em relação jurídica, esteja em sua base atos jurídicos lícitos ou atos ilícitos ou o simples falo de se estabelecer a relação." (MARTINS-COSTA, Judith. As cartas de intenção no processo formativo da contratação internacional... op. cit., p. 45).

[376] MARTINS-COSTA, Judith. As cartas de intenção no processo formativo da contratação internacional... op. cit., p. 45. Ainda em suas palavras: "O 'contato' mantido na fase pré-negocial dá lugar à formação de um vínculo que não é igual àquele decorrente do simples fato de viver em sociedade. (...) Entra-se, portanto, no espaço das relações obrigacionais uma vez

– sem, contudo, "curar da intenção dos particulares", especialmente o caro princípio da liberdade – é justamente por meio da "proteção da confiança de cada uma das partes nas proposições da outra", ou, em outras palavras, pela tutela da confiança legítima. E essa tutela da confiança deve assumir dois componentes inseparáveis: um ético-jurídico e outro de segurança no tráfego jurídico.[377] Como explica Machado, "o princípio da confiança é um princípio ético-jurídico fundamentalíssimo e a ordem jurídica não pode deixar de tutelar a confiança legítima baseada na conduta de outrem".[378]

Assim, conquanto as trocas de documentos pré-contratuais entre as partes em negociação não gerem vinculação negocial, são tais documentos indicativos da progressão das negociações e da intensificação do contato. Como consequência dessa evolução das tratativas, observa-se uma relação crescente de confiança entre as partes com base na cláusula geral de boa-fé objetiva, a qual prescreve certos deveres de conduta e responsabilidades, vedando-se comportamentos contraditórios, desleais ou desonestos[379].

considerado que, 'ao lado das obrigações que entroncam numa vontade real de certos efeitos (negócio jurídico), ou numa vontade normal (quase negócio jurídico), ou que resultam dum fato ilícito, outras há, que a lei estabelece para a tutela de interesses públicos relevantes sem curar da intenção dos particulares'. Justamente aí se aloca a proteção da confiança de cada uma das partes nas proposições da outra, a qual resta situada como 'substracto teleológico da eficácia *ex lege*'. Como se observa, tais relações, não sendo idênticas àquelas que defluem do simples fato de viver em sociedade, também não o são tipicamente negociais, porque a ordem jurídica poderá prescindir de considerações acerca da volição dos particulares. Constituem, pois, 'relações contratuais fáticas' ou 'atos existenciais', os quais podem restar caracterizados em período anterior ou mesmo independente da celebração de qualquer negócio jurídico, como ocorre no caso da responsabilidade pré-negocial." (Ibid.)

[377] VASCONCELOS, Pedro Pais de, **Teoria Geral do Direito Civil**... op. cit, p. 19 e ss.

[378] MACHADO, João Baptista. Tutela da confiança e venire contra factum proprium, in: **Obra Dispersa**, v. I. Braga: Scientia Iuridica, 1991, p. 352.

[379] Como reconhecido no enunciado interpretativo n. 362 do Conselho da Justiça Federal: "Art. 422. A vedação do comportamento contraditório (*venire contra factum proprium*) funda-se na proteção da confiança, tal como se extrai dos arts. 187 e 422 do Código Civil." (BRASIL. Conselho da Justiça Federal. IV Jornada de Direito Civil: enunciados 362. Coordenador científico Ministro Ruy Rosado de Aguiar Júnior. Brasília: Conselho da Justiça Federal, Centro de Estudos Judiciários, 2012.) Esse enunciado, contudo, é objeto de críticas por parcela da doutrina que não entende a confiança como decorrente da boa-fé objetiva, mas como valor autônomo ou fundado em outros princípios. Sobre o assunto, ver: MARTINS, Raphael Manhães. O princípio da confiança legítima e o enunciado n. 362 da IV Jornada de Direito Civil. **Revista CEJ**, Brasília, Ano XII, n. 40, p. 11-19, jan./mar. 2008.

A confiança é valor destacado também por Carneiro da Frada[380], para quem existiria uma "reprovabilidade ética do defraudar injustificado de uma atitude de confiança que se suscitou". Ainda que as atitudes e palavras de uma parte em negociação nem sempre impliquem na formação de um contrato, tais palavras e atitudes poderão gerar uma expectativa legítima na contraparte que, como tanto, merece a tutela do direito – o que pode ocorrer de diversas maneiras, como veremos mais a frente.

Para Schreiber[381], a relação especial que se forma entre os privados – em negociação ou em qualquer período de exercício da autonomia privada –, antes de ser decorrente de normas infra-constitucionais, como a cláusula geral de boa-fé, é principalmente fundamentada em valores constitucionais, em especial na dignidade da pessoa humana e na solidariedade social. Explica o autor que a boa-fé objetiva teria alcançado amplo desenvolvimento no século XX, diante da necessidade de juristas e legisladores conterem o exercício desenfreado da autonomia privada dos contratantes. Mais do que um princípio geral de cooperação e lealdade recíproca entre as partes, a cláusula geral de boa-fé objetiva representaria expressão da solidariedade social – valor constitucional – no campo das relações privadas.[382]

Mais do que simplesmente limitarem a plena autonomia privada, os deveres de conduta decorrentes da boa-fé objetiva condicionam seu exercício. Não se trata de uma redução do âmbito da autonomia privada, mas de mecanismo de controle de legitimidade do seu exercício à luz de outros valores também protegidos pelo ordenamento[383] – notadamente a solidariedade e a confiança. Como bem resume Schreiber:

> (...) ainda que um certo comportamento seja expressamente autorizado por lei ou por contrato, será preciso verificar se a sua adoção nas circunstâncias concretas se conforma à dignidade humana e à solidariedade social. Só assim o ordenamento jurídico contemporâneo lhe assegurará tutela.[384]

---

[380] FRADA, Manuel Carneiro da, **Teoria da Confiança e Responsabilidade Civil**... op. cit., p. 26.
[381] SCHREIBER, Anderson. **A proibição de comportamento contraditório**... op. cit., p. 41.
[382] Ibid., p. 55.
[383] Ibid., p. 42.
[384] SCHREIBER, Anderson. **A proibição de comportamento contraditório**... op. cit., p. 42.

Ainda sobre o assunto, Negreiros[385] explica que a cláusula geral de boa-fé objetiva seria instrumento apto a conformar o direito civil – e o exercício da autonomia privada – aos demais valores caros ao ordenamento, como a segurança ao tráfego jurídico, equilíbrio social, solidariedade e, como já dito, a confiança. Em suas palavras: "trata-se (...) de reconhecer que o contrato – como, em geral, as relações obrigacionais – deve ser valorado em seus meios e fins segundo a ordem jurídica-econômica desenhada na Constituição."[386]

No exercício da autonomia privada, com base na cláusula geral de boa-fé objetiva, impor-se-ia um intenso respeito à pessoa alheia, "com atenção às suas expectativas, às suas necessidades e às suas fraquezas"[387]. É esta consideração pela posição da contraparte e seus interesses que caracterizaria a aplicação da cláusula geral de boa-fé objetiva no direito contemporâneo[388], sendo o devido respeito às expectativas daquele com quem se negocia protegido pela tutela da confiança.

Interessante notar que uma tradução literal para a expressão germânica *"Treu und Glauben"*, equivalente daquele país para a nossa boa-fé objetiva, seria "lealdade e confiança". Não à toa, como explica Nalin[389], é também atribuída à boa-fé objetiva a terminologia "boa-fé lealdade e confiança", a qual por si só expressaria o caráter dos deveres anexos que acompanham a cláusula geral. Destaca Nalin que se espera dos contratantes que respeitem

---

[385] NEGREIROS, Teresa. **Fundamentos para uma interpretação constitucional do princípio da boa-fé.** Rio de Janeiro: Renovar, 1998, p. 269

[386] Ibid.

[387] SCHREIBER, Anderson. **A proibição de comportamento contraditório...** op. cit., p. 41.

[388] Nas palavras de Cláudia Lima Marques: "Boa-fé objetiva significa, portanto, uma atuação refletida, uma atuação refletindo, pensando no outro, no parceiro contratual, respeitando-o, respeitando seus interesses legítimos, suas expectativas razoáveis, seus direitos, agindo com lealdade, sem abuso, sem obstrução, sem causar lesão ou desvantagem excessiva, cooperando para atingir o bom fim das obrigações: o cumprimento do objetivo contratual e a realização dos interesses das partes." (MARQUES, Cláudia Lima. **Contratos no Código de Defesa do Consumidor.** O novo regime das relações contratuais. 5ª ed. São Paulo: Editora Revista dos Tribunais, 2005, p. 107.)

[389] NALIN, Paulo. Ética e boa-fé no adimplemento contratual. In: FACHIN, Luiz Edson (coord.). Repensando fundamentos do direito civil brasileiro contemporâneo, Rio de Janeiro: Renovar, 1998, p. 173-210. p. 196.

"a confiança depositada na declaração de vontade originalmente emitida, quando da formação do negócio."[390]

Nesse ponto, apesar de não positivado como princípio independente no ordenamento brasileiro, não há dúvidas de que o direito brasileiro tutela a confiança por meio de normas de ordem constitucional e, principalmente, normas de caráter infra-constitucional[391], notadamente a cláusual geral de boa-fé objetiva.

E seja justificado em normas de caráter constitucional, seja fundado diretamente na cláusula geral de boa-fé objetiva[392], o exercício da autonomia privada deve atender (e, portanto, ser por ela limitado) à perspectiva dos destinatários de tal exercício, em caráter notadamente solidarista[393], afastando-se do caráter puramente liberal oitocentista pelo qual o direito atentava tão somente para a vontade do próprio indivíduo praticante da conduta.

Importante destacar que não estamos aqui falando de um solidarismo que deve se manifestar apenas em relações não paritárias, como as consumeristas e as de adesão, em favor da parte hipossuficiente (do ponto de vista jurídico, econômico ou técnico); ou que se manifesta apenas e tão somente nas relações existenciais.[394] Tal solidarismo – e a relação especial

---

[390] NALIN, Paulo. Ética e boa-fé no adimplemento contratual... op. cit.

[391] MOREIRA, Ana Alvarenga. **Por uma concepção objetiva do erro**: a contribuição da teoria da confiança. 2006. 202 f. Dissertação (Mestrado em Direito Privado) – Faculdade de Direito, Pontifícia Universidade Católica de Minas Gerais, Belo Horizonte, 2006, p. 142.

[392] Esse último o fundamento que nos parece mais adequado, diante de sua inconteste aplicação às relações privadas, incluindo à fase pré-contratual, e sua previsão codificada, o que tornaria desnecessária uma busca por um embasamento legal diverso, seja de legislação hierarquicamente superior, seja por meio do diálogo das fontes.

[393] SCHREIBER, Anderson. **A proibição de comportamento contraditório**... op. cit.

[394] Sobre a dicotomia entre contratos existenciais e contratos de lucro, ver: AZEVEDO, Antônio Junqueira de. Diálogos com a doutrina: entrevista com Antônio Junqueira de Azevedo. **Revista Trimestral de Direito Civil**, v. 9, n. 34, abr./jun. 2008; AGUIAR JR., Ruy Rosado de. Contratos relacionais, existenciais e de lucro, *in* **Revista Trimestral de Direito Civil**, Rio de Janeiro, ano 12, v. 45, jan./mar. 2011; NEGREIROS, Teresa. **Teoria do contrato:** novos paradigmas. Rio de Janeiro: Renovar, 2ª ed., 2006. Azevedo resume a dicotomia proposta da seguinte maneira: "Os contratos existenciais têm como uma das partes, ou ambas, as pessoas naturais; essas pessoas estão visando a sua subsistência. Por equiparação, podemos também incluir nesse tipo de contrato, as pessoas jurídicas sem fins lucrativos. Ora, as pessoas naturais não são 'descartáveis' e os juízes têm que atender às suas necessidades fundamentais; é preciso

de confiança que decorre da cláusula geral de boa-fé objetiva – também é devido e se manifesta nas relações paritárias, incluindo aquelas interempresariais e de lucro. O que se altera, e isso não se nega, é a densidade com que tais condutas são esperadas em uma ou em outra hipótese.[395]

O aspecto solidário que decorre da cláusula geral de boa-fé objetiva a que nos referimos – o agir com consideração ao parceiro contratual, respeitando seus interesses legítimos e suas expectativas razoáveis – é o que justifica a tutela da confiança no exercício da autonomia privada, inclusive em relações paritárias.

Diferentemente do século XIX, no qual "a elaboração dos grandes modelos jurídicos incorporados pelos códigos foi marcado pela riqueza

---

respeitar o direito à vida, à integridade física, à saúde, à habitação, etc. de forma que cláusulas contratuais que prejudiquem esses bens podem ser desconsideradas. Já os contratos de lucro são aqueles entre empresas ou entre profissionais e, inversamente, se essas entidades ou pessoas são incompetentes, devem ser expulsas, 'descartadas', do mercado ou da vida profissional. No caso desses contratos de lucro, a interferência dos juízes perturba o funcionamento do mercado ou o exercício das profissões." (AZEVEDO, Antônio Junqueira de. Diálogos com a doutrina... op. cit. p. 304-305).

[395] Trata-se, portanto, da modulação da incidência dos princípios aplicáveis ao caso concreto. É claro que tanto os princípios clássicos e com viés mais liberais – como a autonomia privada e a liberdade contratual – quanto os ditos novos princípios do direito contratual – dentre eles a boa-fé objetiva e seus deveres anexos – devem ser observados em toda e qualquer relação contratual e coexistirem. São, afinal, princípios do direito contratual. Entretanto, a depender do tipo de relação contratual (i.e., se de adesão; se consumerista; se negativamente paritária; se positivamente paritária; se existencial ou de lucro etc.), a intensidade com que cada princípio manifesta-se é diversa. Como ensina Godoy, a "distinção entre estes princípios (...) está, não na sua essência, mas na modulação de sua incidência, na intensidade com que ordenam e interferem nos vínculos obrigacionais.". (GODOY, Claudio Luiz Bueno de. CC e CDC: convergência de princípios e distinção de sua modulação. In: MELGARÉ, Plínio. (Coord.). **O direto das Obrigações na contemporaneidade**: Estudos em homenagem ao Min. Ruy Rosado. Porto Alegre: Livraria do Advogado, 2014, p. 112.) É, portanto, uma questão de calibragem e modulação de incidência dos princípios contratuais a depender do caso concreto. Teresa Negreiros, por exemplo, destaca tal diferença de modulação em contratos existenciais e em contratos de lucro: "No caso dos contratos que tenham por função satisfazer uma necessidade existencial do contratante, deverá ser aplicado um regime de caráter tutelar, ampliando-se o campo de aplicação dos novos princípios contratuais. Por outro lado, os contratos que tenham por objeto bens supérfluos, destinados a satisfazer preferências que não configuram necessidades básicas da pessoa, devem se sujeitar a uma disciplina mais liberal, de forma a sofrer maior influência dos princípios clássicos. Tais contratos, portanto, sujeitar-se-ão à regra da mínima intervenção heterônoma." (NEGREIROS, Teresa. **Teoria do contrato**... op. cit.)

fundada na propriedade imobiliária, pela nacionalização da economia, pela estabilidade da moeda e pela quase intransponível cisão entre Estado e Sociedade, Direito e Moral"[396], as relações comerciais globalizadas do século XXI são fundadas no crédito, sendo a moeda um valor marcado pela instabilidade e as regras econômicas diretamente relacionadas às vicissitudes da ordem política.[397]

Uma das formas com que o direito tutela a atuação e as relações daqueles que se envolvem em negociações nesse novo contexto é justamente estabelecendo um padrão mínimo de previsão e segurança que permita às partes planejar suas operações, sob pena de um indesejado – e atrasado – ambiente de imprevisibilidade e insegurança jurídica, negocial e econômica.

Por essas razões, a crescente importância da legítima confiança e sua tutela pelo direito, deslocando o *"eixo central da teoria das obrigações da tutela da vontade à tutela da confiança"*.[398] Passa-se, assim, a valorizar mais a confiança e o reflexo das condutas individuais sobre terceiros – em especial, no que interessa a esse trabalho, à contraparte em negociação – em detrimento das bases voluntaristas e individualistas do direito privado.[399]

Com a tutela da confiança, o direito deixa de se concentrar na *fonte* das condutas, no sujeito e sua vontade individual, para se atentar aos *efeitos* das condutas individuais sobre outros centros de interesse[400], "atribuindo-lhes

---

[396] MARTINS-COSTA, Judith. As cartas de intenção no processo formativo da contratação internacional... op. cit., p. 49.
[397] Ibid.
[398] Ibid.
[399] Schreiber cita, ainda, neste mesmo sentido, Giancarlo Scalese: *"In realtà, la tutela dell'affidamento apre una breccia nel sistema del diritto naturale fondato sulla regola nemo potest in alium tranferre quam et ipse habeat e sul dogma dela volontà nella conclusione dei contratti, dati questi cui apparivano ancora rigidamente legati, salvo qualche eccezione, il Code Napoléon ed il c.c. italiano del 1865."* (SCALESE, Giancarlo. **Diritti dei trattati e dovere di coerenza nella condotta**. Napoli: Editoriale Scientifica, 2000, p. 94 *apud* SCHREIBER, Anderson. **A proibição de comportamento contraditório**... op. cit., p. 59.). Em tradução livre: "Na verdade, a tutela da confiança abre uma brecha no sistema do direito natural fundado na regra *nemo potest in alium transferre quam et ipse habet* e no dogma da vontade na conclusão de contratos, questões sobre as quais ainda estavam estritamente vinculados, com algumas exceções, o Código Napoleônico e o Código Civil Italiano de 1865."
[400] No mesmo sentido, Judith Martins-Costa: "Daí o sentido da boa-fé na relação obrigacional, que é o de nortear o teor geral dessa colaboração intersubjetiva e o de marcar o giro epistemológico que vai da oitocentista consideração da relação obrigacional pela sua causa

eficácia obrigacional independentemente da vontade ou da intenção do sujeito que os praticou".[401]

Outras ciências também têm dedicado atenção à crescente importância da confiança, entendida essa como a crença efetiva nas motivações e comportamentos dos outros[402], havendo até quem indique "o nível de confiança inerente a uma sociedade" como fator relevante para o desenvolvimento econômico e social.[403]

(*o que a gera*, daí surgindo as Teorias da Vontade) à consideração da relação preferencialmente pelos seus efeitos (*o que gera*, daí surgindo a valorização exponencial hoje conferida à legítima confiança que despertamos, nos outros, pelos nossos atos, por nossas palavras, enfim, pela nossa conduta)". (MARTINS-COSTA, Judith. **Comentários ao novo Código Civil**... op. cit., p. 27.)

[401] Sobre o assunto, esclarece Schreiber: "(...) É neste contexto que se inserem a teoria da declaração, a teoria da aparência, e até, de certa forma, a ampliação dos casos de responsabilidade objetiva, além de outras manifestações jurisprudenciais que apenas recentemente vêm sendo objeto de um esforço sistematizador capaz de remetê-las à tutela da confiança." (SCHREIBER, Anderson. **A proibição de comportamento contraditório**... op. cit., p. 59.)

[402] Nas palavras de Schreiber: "A confiança tem atraído também a atenção de outras ciências sociais. Tomada como crença efetiva nas motivações e comportamento dos outros – o *taken-for-granted belief* –, a confiança tem sido objeto dos estudos mais recentes de sociologia e de ciência política, que a apontam como fator imprescindível para a necessária colaboração e associação entre os agentes sociais." E continua, citando estudos internacionais sobre o assunto: "Sobre o tema, Helmut Anheier e Jeremy Kendall, Interpersonal trust and voluntary associations: examining three approaches. *The British Journal of Sociology*, v. 53, n. 3, 2002, p. 349: 'Sociological approaches to trust emphasize the ability to take for granted the relevant motivations and behaviours of others. (...) the notion of trust as presumed reliability is very different from the rationalistic, or risky conceptions of trust in rational choice approaches. From a sociological perspective, such an instrumental calculation reduces trust misleadingly to a matter of risk assessment, and misses the point, since all trust is in a certain sense blind trust.'" (SCHREIBER, Anderson. **A proibição de comportamento contraditório**... op. cit., p. 59.) Em tradução livre: "As abordagens sociológicas acerca da confiança enfatizam a capacidade de levar em consideração as motivações e o comportamentos relevantes dos outros. (...) a noção de confiança como uma presunção é muito diferente das concepções racionalistas ou de análise de risco empregadas nas abordagens racionais das decisões. De uma perspectiva sociológica, esse cálculo instrumental reduz a possibilidade de erros no emprego da confiaça para uma questão de análise de risco, mas não é bem assim, já que a confiança de um certo modo – em maior ou menor intensidade – é sempre cega."

[403] A referência é a Francis Fukuyama, *Trust: the social virtues and the creation of prosperity*. New York: Free Press, 1995, *passim apud* SCHREIBER, Anderson. **A proibição de comportamento contraditório**... op. cit., p. 61.

Uma das principais funções do direito é estabilizar e assegurar expectativas, o que ocorre em qualquer ordenamento que pretenda ter como efeito a previsibilidade de ações.[404] E o valor da confiança traduz justamente essa função.

Em suma, não há dúvidas de que a confiança legítima é valor inerente às relações privadas do século XXI. Por essa razão, a tutela da boa-fé objetiva[405] e, mais especificamente, a tutela da confiança – importante manifestação da cláusula geral de boa-fé objetiva e forte expressão da solidariedade social – impõem sobre as partes um dever de "não se comportar de forma lesiva aos interesses e expectativas legítimas despertados *no outro*"[406], dever esse que deve ser observado pelas partes em negociação, independentemente de suas vontades, vez que decorrente da referida cláusula geral.[407]

---

[404] MOTA PINTO, Paulo Cardoso Correia da. **Declaração tácita e comportamento concludente no negócio jurídico**, Almedina: Coimbra, 1995, p. 425.

[405] ZANETTI, Cristiano de Sousa. **Responsabilidade pela ruptura das negociações...** op. cit., p. 81.

[406] SCHREIBER, Anderson. **A proibição de comportamento contraditório...** op. cit., p. 62.

[407] Importante não perder de vista o conteúdo da cláusula geral de boa-fé objetiva, sob pena de cair na vala comum da "superutilização da boa-fé objetiva". Sobre essa expressão e seus efeitos, explica Schreiber: "Com esta expressão, superutilização da boa-fé objetiva, propõe-se designar um processo de invocação arbitrária da boa-fé como justificativa ética de uma série de decisões judiciais e arbitrais, que nada dizem tecnicamente com seu conteúdo e suas funções. (...) Assim, a boa-fé objetiva aparece hoje, não obstante os propósitos meritórios de sua aplicação, como fundamento de soluções a que se chegaria, de forma mais eficaz e mais adequada à luz do próprio sistema jurídico, pela aplicação direta de princípios constitucionais, ou até de regras específicas de direito privado. (...) Pior: a intensa força retórica da expressão tem habituado magistrados a simplesmente mencionar a boa-fé na fundamentação de suas decisões, sem qualquer espécie de consideração adicional. O resultado é o alargamento do conceito a tal ponto que a função passa a se confundir com a do inteiro ordenamento jurídico. Em outras palavras, invocada como receptáculo de todas as esperanças, a boa-fé acaba por correr o risco de se converter em um conceito vazio, inútil mesmo na consecução daqueles fins que tecnicamente lhe são próprios. (...) Esta banalização da boa-fé, que já se vê por toda parte, traz, a longo prazo, o risco de um ocaso de conceito por sua inutilidade, uma vez que, servindo de justificativa para decisões em todos os sentidos, a boa-fé acaba por não ser determinante a qualquer fundamentação, e sua invocação perde sentido. Daí a urgente necessidade de se precisar, com algum grau de segurança, o conteúdo da cláusula geral de boa-fé objetiva. (...) o esforço doutrinário precisa ser o de, sem embargo da generalidade da cláusula de boa-fé, oferecer parâmetros objetivos aos julgadores nesta avaliação e vedação de exercícios inadmissíveis de direitos. (...) Não se pretende, com isto, reduzir a cláusula geral de boa-fé a um rol taxativo de comportamentos típicos, mas apenas fornecer alguns

2.4. Notas Sobre a Responsabilidade Pré-Contratual

Como visto, o campo das tratativas pré-contratuais não é desguarnecido pelo direito. Devem as partes em negociação respeitar os deveres de conduta decorrentes da cláusula geral de boa-fé objetiva (imposta, como vimos, por norma infra-constitucional, além de decorrência direta de princípios constitucionais), sob pena de responder pelos prejuízos causados à contraparte em negociação. Trata-se da simples aplicação dos cânones da responsabilidade civil.

Naturalmente, uma fase negociatória mais extensa traz maior relevância à responsabilidade pré-contratual. Dentre as diversas condutas contrárias ao direito e, portanto, aptas a ensejar a responsabilização pré-contratual, especial destaque deve ser dado à ruptura injustificada das negociações – que, como veremos, representa uma quebra ilegítima da situação de confiança e das expectativas geradas por uma parte à outra.

Como explica Martins-Costa, realçando que a boa-fé fundamenta o instituto da responsabilidade pré-negocial, "a ruptura das tratativas, consubstanciadas mediante a troca de cartas de intenção e acordos preliminares, pode conduzir ao dever de indenizar o participante das negociações pelas despesas realizadas em função da expectativa legítima em concluir o contrato".[408]

Como já destacado de forma incidental nesse trabalho, a desistência das negociações, apesar de aspecto inerente à liberdade de contratar[409] –

---

parâmetros razoavelmente seguros para a inadmissão de comportamentos a princípio lícitos. Como se sabe, toda cláusula geral tem, por definição, um conteúdo indeterminado capaz de incidir sobre uma série não delimitada de situações e moldar-se às exigências particulares de cada caso concreto. Deve-se, todavia, evitar o risco de cair em generalizações demasiado retóricas e vazias do conceito, afastando qualquer chance de tratamento científico do tema e transformando um instrumento jurídico-positivo em uma noção puramente argumentativa, sujeita à invocação de todas as partes, e, portanto, ineficaz ao alcance de qualquer solução para os conflitos concretos." (SCHREIBER, Anderson. **A proibição de comportamento contraditório**... op. cit., p. 80 e ss.)

[408] MARTINS-COSTA, Judith. As cartas de intenção no processo formativo da contratação internacional... op. cit, p. 46.

[409] Sobre a liberdade de contratar, Gomes: "O princípio da autonomia da vontade particulariza-se no Direito Contratual na liberdade de contratar. Significa o poder dos indivíduos de suscitar, mediante declaração de vontade, efeitos reconhecidos e tutelados pela ordem jurídica. No exercício desse poder, toda pessoa capaz tem aptidão para provocar o nascimento de um direito, ou para obrigar-se. A produção de efeitos jurídicos pode ser determinada assim pela

e, portanto, legítimo em um primeiro momento –, pode caracterizar um comportamento ilícito caso se demonstre contrário aos deveres de conduta decorrentes da cláusula geral de boa-fé objetiva, em especial a confiança e lealdade.

Para que não pairem dúvidas sobre o assunto, é importante deixar claro, ainda que sob o risco de ser repetitivo: a ruptura das negociações não é, em um primeiro momento, ilícita, justamente por ser uma manifestação da liberdade contratual.[410-411] Existe e defende-se um verdadeiro direito subjetivo de não concluir um contrato[412] – fundado não apenas na autonomia privada, mas na própria livre iniciativa prevista na Constituição Federal.

Entretanto, a liberdade de contratar decorrente da autonomia privada "não é arbitrária, a ponto de poder ser exercida de modo a causar dano ao co-contratante"[413], principalmente em vista da relação de confiança demonstrada no capítulo anterior. Se não exercido em conformidade com

---

vontade unilateral, como pelo concurso de vontades. Quando a atividade jurídica se exerce mediante contrato, ganha grande extensão. Outros conceituam a autonomia da vontade como um aspecto da liberdade de contratar, no qual o poder atribuído aos particulares é o de se traçar determinada conduta para o futuro, relativamente às relações disciplinares da lei. O conceito de liberdade de contratar abrange os poderes de auto regência de interesses, de livre discussão das condições contratuais e, por fim, de escolha do tipo de contrato conveniente à atuação da vontade. Manifesta-se, por conseguinte, sob tríplice aspecto: a) liberdade de contratar propriamente dita; b) liberdade de estipular o contrato; c) liberdade de determinar o conteúdo do contrato." (GOMES, Orlando. **Contratos**... op. cit., p. 25-26.)

[410] "*La rottura di una trattativa non è di per sè illecita, essendo manifestazione della libertà contrattuale: solo con la conclusione del contratto alla libertà subentra il vincolo, come bem dimostra, del resto, il potere riconosciuto alle parti di revocare proposta e accettazione.*" (ROPPO, Vincenzo. Il contratto... op. cit., p. 180-181.) Em tradução livre: "A ruptura de uma negociação não é, por si só, ilícita, sendo uma manifestação da liberdade contratual: somente com a conclusão do contrato, a liberdade é substituída pelo vínculo, como bem demonstra, de resto, o poder atribuído às partes de revogar a proposta e a aceitação."

[411] "Consideremos, antes de mais, o aspecto da liberdade de celebração ou conclusão dos contratos ("Abschlussfreiheit"). Ele reveste um duplo sentido: em princípio, a pessoa alguma podem ser impostos contratos contra sua vontade, ou aplicadas sanções como consequência de uma recusa de contratar; do mesmo modo que ninguém pode ser impedido de contratar, ou punido, caso contrate." (ALMEIDA COSTA, Mario Júlio de. **Direito das obrigações**... op. cit., p. 229-230.)

[412] ZANETTI, Cristiano de Sousa. **Responsabilidade pela ruptura das negociações**... op. cit., p. 209.

[413] GARCIA, Enéas Costa. **Responsabilidade**... op. cit., p. 199.

o ordenamento e os demais princípios, principalmente a boa-fé objetiva, o direito subjetivo de não concluir um contrato é abusivo.

Garcia, desenvolvendo essa questão, explica que o que ocorre, por vezes, é uma desistência injustificada e que frustra a expectativa gerada na parte contrária.[414] Haveria, portanto, uma quebra da confiança gerada com as negociações, de forma que o que se tutelaria nesse caso não seria a frustração do contrato, mas a quebra da confiança legítima[415-416] pelo comportamento desleal da parte desistente[417].Como visto no capítulo anterior, o direito não olvida a tutela dessa confiança, e o faz, nesse caso, por meio da responsabilidade pré-contratual, uma das importantes formas com que o direito protege a confiança.

Por essas razões, a responsabilidade pré-contratual pela ruptura das negociações teria fundamento na boa-fé objetiva, em posição defendida por Azevedo[418], Martins-Costa[419], Cappelari[420] dentre muitos outros. Seguindo a mesma linha – isso é, de que a responsabilidade pela ruptura das negociações fundamentar-se-ia na boa-fé objetiva – Schreiber[421] e Fichtner

---

[414] Ibid.

[415] A determinação de quando há legítima confiança na conclusão do contrato, como explica Garcia, é de difícil constatação, sendo necessário um exame casuístico e fundado em elementos objetivos: "No fundo, a determinação da existência deste justificável estado de confiança ("affidamento") é uma questão de fato que deve ser analisada caso a caso, variando conforme a natureza do negócio, as características das partes envolvidas. (...) Não deve o julgador realizar uma análise subjetiva, psicológica, quanto à existência deste estado de espírito (confiança). O juiz deve valer-se de elementos objetivos que possam autorizar a conclusão de que a parte confiava na celebração do contrato." (Ibid., p. 203.)

[416] Ainda, no mesmo sentido, Antonio Carvalho Martins: "Em qualquer circunstância, certo é que não basta uma confiança que se configure como um simples estado psicológico ou convicção, com puras raízes subjetivas. Torna-se necessário proceder a uma apreciação, casuística das situações, socorrendo-se o julgador de todos os elementos disponíveis e para o efeito relevantes, como a duração e o adiantamento das negociações, a natureza e o objeto do negócio, os valores nele envolvidos, a qualidade dos contratantes e a sua conduta." (MARTINS, Antonio Carvalho. **Responsabilidade pré-contratual**. Coimbra: Coimbra Editora, 2002, p. 79.)

[417] GARCIA, Enéas Costa. **Responsabilidade...** op. cit., p. 199.

[418] AZEVEDO, Antônio Junqueira de. A boa-fé na formação dos contratos... op. cit, p. 81-82.

[419] MARTINS-COSTA, Judith. **A boa-fé no direito privado...** op. cit.

[420] CAPPELARI, Récio Eduardo. **Responsabilidade...** op. cit., p. 42-43.

[421] "A responsabilidade pré-contratual funda-se na tutela da confiança e mais diretamente no *nemo potest venire contra factum proprium*. De fato, o que se verifica nos casos de responsabilização

Pereira[422] defendem que é a tutela da confiança (desdobramento da boa-fé objetiva como visto no capítulo anterior) a justificativa mais imediata de tal responsabilidade. Em linha similar, Zanetti[423] destaca que a figura do abuso de direito – positivada no artigo 187 do Código Civil e, assim como a tutela da confiança, um desdobramento da cláusula geral de boa-fé objetiva em sua função limitadora do exercício de direitos – cumpriria essa função.

Discute-se, ainda, sem unanimidade aqui ou alhures, a natureza jurídica da responsabilidade civil pré-contratual. Apesar de não haver consenso, a maior parcela da doutrina entende ter a responsabilidade pré-contratual natureza aquiliana, dentre eles: Chaves[424], Silva Pereira[425], Azevedo[426],

---

por rompimento de negociações preliminares é o comportamento contraditório de uma das partes, que, embora agindo de forma aparentemente dirigida à conclusão do contrato, acaba por abruptamente inverter o sentido do seu comportamento, abandonando as negociações ou expressamente lhes pondo termo. Ocorre, nestas hipóteses, um claro *venire contra factum proprium*, sendo o *factum proprium* representado pelo engajamento nas negociações, e a contradição, pela sua ruptura. Aspecto relevante da responsabilidade por ruptura das negociações preliminares está em que, por toda parte, se afirma a impossibilidade de coagir alguém a celebrar um contrato. A contradição, representada pela ruptura das negociações preliminares, tem como única consequência a reparação das perdas e danos. Pode-se dizer que, aqui, ao contrário do que normalmente acontece, o *nemo potest venire contra factum proprium* atua apenas com efeito reparatório. A incidência do princípio em seu efeito impeditivo não é admitida. Entende-se mais gravosa para a paz social a violação à liberdade que decorreria de uma contratação forçada, que a ruptura da confiança derivada da não contratação, para a qual a reparação dos prejuízos parece remédio adequado. Tal ponderação, contudo, não deve ser tida como absoluta, devendo analisar as circunstâncias do caso concreto, antes de excluir, de todo, a possibilidade de se impedir a ruptura das negociações preliminares a um contrato." (SCHREIBER, Anderson. **A proibição de comportamento contraditório**... op. cit.,. p. 250-251.)

[422] "A ideia defendida por alguns autores, como Wofang Kupper, é a de que cai em contradição a parte que durante as negociações cria na outra a confiança na estipulação do contrato e vem posteriormente, sem qualquer justificativa, a dele desistir. Tem razão essa corrente em vislumbrar na proibição do *venire contra factum proprium* o fundamento mais concreto da responsabilidade pela interrupção das negociações contratuais". (PEREIRA, Regis Fichtner. **A responsabilidade civil pré-contratual**... op. cit., p. 299-300.)

[423] ZANETTI, Cristiano de Sousa. **Responsabilidade pela ruptura das negociações**... op. cit., p. 142-143.

[424] CHAVES, Antônio. **Responsabilidade pré-contratual**... op. cit., 1997.

[425] PEREIRA, Caio Mário da Silva. **Responsabilidade civil**. Rio de Janeiro: Forense, 1994.

[426] AZEVEDO, Antônio Junqueira de. A boa-fé na formação dos contratos... op. cit.

Zanetti[427], Bittar[428], Garcia[429] e Diniz[430]; e, no direito estrangeiro, Roppo[431] e Ghestin[432]. Em posição minoritária, alguns defendem a natureza contratual da responsabilidade pré-contratual, como Benacchio[433]. Há, ainda, uma terceira corrente que defende a superação dessa dicotomia com um *neminem laedere* qualificado – essa a posição de Busnelli e Patti[434] e de Fichtner Pereira[435].

O caráter da tutela da responsabilidade pré-contratual nos casos de ruptura injustificada das negociações também é tema de muito debate. A principal controvérsia é a respeito da possibilidade de tutela pelo interesse positivo ou a limitação da indenização ao interesse negativo.

De forma concisa, o interesse negativo abrangeria as perdas efetivamente verificadas em razão da negociação frustrada, incluindo as despesas relacionadas à própria negociação que se mostrou desnecessária (e.g., honorários advocatícios, custos com estudos e projetos, despesas com deslocamento etc.), mas não o objeto almejado com a negociação ou o resultado que a parte obteria caso fosse o contrato efetivamente celebrado.

Fichtner Pereira[436] explica que, nesses casos de ruptura injustificada das negociações, a maioria da doutrina alemã – assim como a maior parte da doutrina dos demais países da *civil law* –, limita a indenização ao interesse negativo, também chamado modernamente de "danos decorrentes da confiança".

---

[427] ZANETTI, Cristiano de Sousa. **Responsabilidade pela ruptura das negociações...** op. cit.
[428] BITTAR, Carlos Alberto. **Curso de direito civil.** Rio de Janeiro: Forense Universitária, 1991, v. I.
[429] GARCIA, Enéas Costa. **Responsabilidade...** op. cit., p. 199.
[430] DINIZ, Maria Helena. **Curso de direito civil brasileiro.** 17. ed. São Paulo: Saraiva, 2002, v. 3.
[431] ROPPO, Vincenzo. Il contratto... op. cit.
[432] GHESTIN, Jacques; LOISEAU, Grégoire; SERINET, Yves-Marie. **Traité de droit civil:** la formation du contrat. Tome 1: Le contrate, Le consentement. 4ᵉ édition. Paris: Lextenso éditions, 2013
[433] BENACCHIO, Marcelo. **Responsabilidade Civil Contratual** – Col. Prof. Agostinho Alvim. São Paulo: Saraiva, 2011.
[434] BUSNELLI, Francesco D.; PATTI, Salvatore. **Danno e responsabilità civile.** Studi di Diritto Privato 7. 3·ed. Torino: G. Giappichelli Editore, 2013.
[435] PEREIRA, Regis Fichtner. **A responsabilidade civil pré-contratual...** op. cit.
[436] Ibid., p. 382.

Importante não perder de vista que o que se tutela nesses casos é a confiança na conclusão de um contrato que uma parte depositou na outra – motivada por condutas objetivamente verificáveis – e os danos sofridos em razão da não observância dos deveres de lealdade pela parte desistente. O objetivo, portanto, da responsabilidade pré-contratual pela ruptura das negociações é o de se conceder a compensação adequada aos prejuízos efetivos de uma indevida frustração do negócio[437] – e raramente essa compensação tem alguma relação com o resultado que a parte obteria caso o contrato fosse celebrado. É isso que explica Carlos Alberto da Mota Pinto[438], para quem, "em princípio, no caso de não conclusão ou de recusa da celebração do contrato, o comportamento que conduz à indenização é apenas a criação da confiança, e não a violação de qualquer dever de

---

[437] Ibid., p. 384-385. Nesse sentido, veja-se, ainda, acórdão do Tribunal de Justiça do Rio Grande do Sul, no qual reconheceu-se que (i) em regra, a desistência das tratativas não seria uma conduta ilícita; e (ii) a responsabilidade pré-contratual fundar-se-ia na quebra de uma expectativa legítima gerada por uma parte à outra que venha a causar um efetivo prejuízo material a essa: "A observância da boa-fé objetiva e a quebra do dever de confiança geram o dever de indenizar, no entanto, indenizar significa sanar o dano, o que não houve no caso. (...) A minuta de contrato de compra e venda juntada com a inicial (...) não está assinada pelas partes e sequer estão preenchidas as cláusulas principais referentes aos bens objeto da compra, preço e forma de pagamento. Assim, trata-se de mera minuta, que não gera obrigações entre as partes, evidenciando apenas que as partes estavam em negociação para a compra e venda do ponto comercial. (...) E incontroverso nos autos que houve uma séria tratativa entre as partes para negociação do estabelecimento comercial da parte autora. (...) Assim, estamos diante da chamada responsabilidade civil pré-contratual (...). E, no caso concreto, tenho que não restou evidenciado que houve rompimento injustificado das negociações iniciais e inobservância do princípio da boa-fé objetiva por parte da demandada, uma vez que a desistência do negócio foi devido a desacerto entre as partes quanto a itens da contratação, como objeto e preço. (...) Assim, entendo que restou evidenciado nos autos que houve um desacerto comercial entre as partes, ainda em fase preliminar, não havendo falar que a autora foi vítima de abandono injustificado das tratativas. Inexistindo, pois, a prática de ato ilícito por parte da ré, não há falar na procedência dos pedidos de indenização por danos morais e materiais. Além disso, a responsabilidade pré-contratual não decorre do fato de a tratativa ter sido rompida e o contrato não ter sido concluído, mas do fato de uma das partes ter gerado à outra, além da expectativa legítima de que o contrato seria concluído, efetivo prejuízo material." (BRASIL. Tribunal de Justiça do Estado do Rio Grande do Sul. Apelação nº 0139540-05.2013.8.21.7000, 9ª Câmara Cível, Rel. Des. Marilene Bonzanini, j. 14/08/13. Disponível em: < http://www.tjrs.jus.br/site/>. Acesso em 27 dez. 2017.) (grifos nossos).
[438] MOTA PINTO, Carlos Alberto da. **Interesse contratual negativo e interesse contratual positivo**. Coimbra: Coimbra, 2008, v. II, p. 1345.

contratar ou a própria ruptura." Por essa razão, em regra, a indenização corresponderá ao interesse contratual negativo.

Haveria, contudo, para parte da doutrina, situações excepcionais nas quais seria possível a tutela do interesse positivo – seja por meio de indenização pelo resultado que a parte obteria com a conclusão do contrato cujas negociações foram injustificadamente rompidas, seja, ainda, de forma mais extrema (e em posição minoritária na doutrina, como veremos a frente), com a execução específica (ou, mais precisamente, a conclusão forçada) do contrato.

Apesar de não negar que, em regra, não existiria qualquer dever de conclusão de um contrato, estando as partes em negociações livres para recusar a celebração do negócio em discussão, Carlos Alberto da Mota Pinto defende que a indenização pelo interesse positivo seria cabível em casos *assumidamente excpecionais*, nos quais poderia ser afirmado um "verdadeiro dever de conclusão do contrato – ou, de outra perspectiva, um direito a essa conclusão".[439] Em tais casos, a indenização devida por quem rompeu injustificadamente as negociações poderia corresponder ao interesse positivo na celebração do contrato. Tais casos *assumidamente excepcionais*, contudo, não parecem bem delineados – mas voltar-se-á a examinar esse assunto mais abaixo, vez que esse respeitado autor admite, ainda, em hipóteses também excepcionais, a tutela pela conclusão do contrato.

Larenz[440], por sua vez, menciona que em casos nos quais fique demonstrado que o contrato viria a ser devida e validamente concluído não tivesse a parte contrária infringido o seu dever de boa-fé, admitir-se-ia a indenização pelo interesse positivo (*Erfullungsinteresse*).[441] Nesse mesmo sentido, Ravazzoni[442] explica que quando o prejuízo decorrente de um

---

[439] Ibid., p. 1346.
[440] LARENZ, Karl. **Lehrbuch des schuldrechts**. Band I. Allhemeiner Teil. 14. Auflage. Munchen. Verlag C.H. Beck. 1987, p. 113.
[441] PEREIRA, Regis Fichtner. **A responsabilidade civil pré-contratual**... op. cit., p. 383.
[442] *"Infine, in fattispecie particolari, quando, eccezionalmente, l'interesse leso da un comportamento di mala fede nel procedimento di formazione del contratto si riferisce, per la natura delle cose, all'esatto soddisfacimento delle ragioni derivanti dal contratto, il risarcimento può avere per oggetto anche l'interesse contrattuale positivo."* (RAVAZZONI, Alberto. **La formazione del contratto**: le regole di comportamento. Milano: Giuffrè, 1974. P.217) Em tradução livre: "Finalmente, em casos particulares, quando, excepcionalmente, o interesse lesado por um comportamento dotado de

comportamento contrário à boa-fé refere-se, pela natureza da coisa, à exata satisfação do objeto do contrato, poderia ser cabível a indenização pelo interesse contratual positivo. Exemplo dessas situações – inclusive com decisões do *Bundesgerichthof* (BGH)[443] – seriam os casos de não formação de um contrato em razão de sua inconformidade com a forma prescrita em lei e na qual ficasse caracterizada a falta do dever de lealdade de uma das partes.[444]

Por aqui também há conhecido registro jurisprudencial de indenização pelo interesse contratual positivo, em que os prejuízos estariam diretamente relacionados ao objeto do contrato não celebrado: trata-se do bastante estudado "caso dos tomates".[445] Nesse, de forma resumida, entendeu o Tribunal de Justiça do Rio Grande do Sul que uma indústria de extratos de tomate havia gerado – por meio de diversas condutas objetivamente verificáveis – a confiança em agricultores de que adquiriria a totalidade de uma safra de tomates. Posteriormente, teria tal indústria se recusado a adquirir a safra colhida e, por tal razão, quebrado a confiança gerada, causando, com isso, prejuízos aos agricultores, que não conseguiram vender seus tomates a terceiros. O Tribunal, nesse caso, condenou a indústria a indenizar os agricultores pela parte da safra não vendida – tutelando, portanto, o interesse positivo (o resultado na conclusão do contrato não formado).

---

má-fé no processo de formação de contrato se refere, pela natureza das coisas, à exata satisfação do próprio contrato, a compensação pode ter por objeto o interesse contratual positivo."
[443] PEREIRA, Regis Fichtner. **A responsabilidade civil pré-contratual...** op. cit., p. 384.
[444] KÜPPER, Wolfgang. **Das Scheitern von Vertragsverhandlungen als Fallgruppe der culpa "in contrahendo"**. Berlin. Duncker & Humblot. 1988, p. 266 apud PEREIRA, Regis Fichtner. **A responsabilidade civil pré-contratual...** op. cit., p. 384.
[445] (BRASIL. Tribunal de Justiça do Estado do Rio Grande do Sul. Apelação nº 591.028.295, 5ª Câmara Cível, Rel. Des. Marilene Bonzanini, j. 6/06/91. Disponível em: < http://www.tjrs.jus.br/site/>). A bem da verdade, o "caso dos tomates" deveria ser tratado, mais precisamente, como "casos dos tomates". Isso porque diversos produtores agrícolas moveram ações autônomas contra a companhia CICA, indústria de extrato de tomates. Apesar de cada caso ter sua peculiaridade – e, naturalmente, ter sido julgado por juízes diversos e, em fase de recurso, por composições diversas do Tribunal de Justiça do Rio Grande do Sul – a tese sustentada pelo Desembargador Ruy Rosado Aguiar Júnior foi aquela que mereceu destaque da doutrina pelo reconhecimento da responsabilidade pré-contratual pela quebra dos deveres anexos da boa-fé objetiva na fase pré-contratual.

Parece-nos que de fato, aderindo às posições acima e utilizando as palavras de Cordeiro, "desde que se provem os danos, não se vislumbram razões conceptuais para premiar a ilicitude"[446], admitindo-se, portanto, a indenização pelo interesse positivo.

Mais polêmica que a indenização pelo interesse positivo, contudo, seria a tutela de execução específica do contrato cujas tratativas foram interrompidas – ou seja, a conclusão forçada do contrato. É o que defendem, em certos casos excepcionais, Meruzzi[447], Popp[448] e Carlos Alberto da Mota Pinto[449].

Carlos Alberto da Mota Pinto, como mencionado acima, defende a possibilidade de tutela pelo interesse positivo em situações manifestamente excepcionais. Para esse autor, haveria casos em que a *vinculação* pré-contratual teria se densificado tanto[450] ao ponto de surgir um verdadeiro *dever* de conclusão do contrato, de forma que "o 'evento que obriga à reparação' passa a ser, justamente, a não conclusão do contrato"[451], e

---

[446] MENEZES CORDEIRO, António Manuel da Rocha. **Tratado de Direito Civil Português**, v. I, t. I. 2. ed. Coimbra: Almedina, 2000, p. 407.

[447] MERUZZI, Giovanni. **La trattativa maliziosa**. Padova: Cedam, 2002.

[448] POPP, Carlyle. **Responsabilidade civil pré-negocial**: o rompimento das tratativas. Curitiba: Juruá, 2001.

[449] MOTA PINTO, Carlos Alberto da . **Interesse contratual...**, op. cit.

[450] Nas palavras de Carlos Alberto da Mota Pinto: "A 'densificação' no dever de conclusão do contrato – e a correspondente consideração da recusa de conclusão como o evento que obriga à reparação – poderá resultar de existirem outras circunstâncias particularmente intensificadoras da vinculação logo numa fase pré-contratual, como, por exemplo, uma repetida garantia verbal (não formalmente relevante) de que o contrato será celebrado assim que houver acordo sobre todos os pontos, tendo este sido alcançado, ou de que a decisão de concluir o contrato era firme e estava já tomada. Além destas circunstâncias, outras existem, igualmente densificadoras das vinculações logo numa fase pré-contratual até existir um dever de concluir um contrato, que podem ser consideradas próximas dos requisitos de que a doutrina e a jurisprudência fazem devem a existência de uma responsabilidade positiva pela confiança (uma 'protecção positiva' da confiança), tais como a irreversibilidade do investimento da confiança da outra parte e a insuficiência da indemnização pelo interesse negativo para sua recuperação. Antes disso, a situação de confiança que das negociações possa resulta apenas pode fundamentar, quando esta confiança é frustrada, uma obrigação de indemnização pelo interesse negativo, por apenas estar em causa, como 'evento que obriga à reparação', a criação (ou não prevenção) da confiança na conclusão do contrato". (MOTA PINTO, Carlos Alberto da. **Interesse contratual...**, op. cit., p. 1347-1349.)

[451] Ibid., p. 1347.

não mais a violação da confiança. Em tais casos, entende o respeitado autor português que seria cabível não apenas uma indenização em dinheiro, medida pelo interesse positivo na conclusão do contrato, mas, também, seria permitida a "reconstituição natural mediante a conclusão do contrato", como preceituado pelo número 1 do art. 566º[452] do Código Civil português. Carlos Alberto da Mota Pinto justifica que essa execução específica seria possível por aplicação analógica do regime do contrato--promessa (nomenclatura portuguesa para o contrato preliminar), tendo em vista a admissão de um *dever de contratar*.

Em linha similar, Meruzzi também defende em alguns casos uma interpretação extensiva dos dispositivos do *Codice* relativos à execução específica do contrato preliminar. O jurista italiano explica que, para admitir essa aplicação, seria necessário que o projeto de contrato já contivesse todos os elementos essenciais desse contrato em formação, vez que não se poderia admitir que o Poder Judiciário determinasse tal conteúdo em substituição às partes.[453] Meruzzi explica que, em sendo abusiva e fraudulenta, a declaração de vontade que encerra as tratativas seria considerada ineficaz. Nesse caso, a sentença judicial substituiria a declaração de vontade necessária (e, segundo o entendimento de Meruzzi, devida) para a conclusão do contrato e, com isso, aquele até então projeto de contrato daria origem a um contrato definitivo, vinculando as partes, nos mesmos termos aplicáveis a uma execução de contrato preliminar.[454]

---

[452] Código Civil português, artigo 566º (Indemnização em dinheiro): 1. A indemnização é fixada em dinheiro, sempre que a reconstituição natural não seja possível, não repare integralmente os danos ou seja excessivamente onerosa para o devedor. (...) PORTUGAL. **DL n.º 47344/66** da República Portuguesa, de 25 de novembro de 1966. Disponível em: <http://www.pgdlisboa.pt/leis/lei_mostra_articulado.php?nid=775&tabela=leis&so_miolo>. Acesso em 9 mai. 2018.

[453] ZANETTI, Cristiano de Sousa. **Responsabilidade pela ruptura das negociações...** op. cit. p. 147.

[454] Em suas palavras: *"il giudice si sostituisce alla parte in mala fede nel dichiarare una volontà contrattuale il cui contenuto era già stato predeterminato nei suoi elementi essenziali dalle parti stesse, e sul quale non può di conseguenza influire"*. (MERUZZI, Giovanni. **La trattativa maliziosa...** op. cit., p. 295). Em tradução livre: "o juiz substitui a parte de má fé para declarar uma vontade contratual cujo conteúdo já havia sido predeterminado no tocante a seus elementos essenciais pelas próprias partes e sobre o qual não pode influenciar".

Popp[455], por sua vez, justifica que a tutela específica seria um instrumento de efetividade da boa-fé violada, podendo ser aplicada em alguns casos específicos a depender da intensidade da confiança das partes em negociações. Apesar de reconhecer que essa posição não é acolhida, em regra, pelo direito estrangeiro, as exceções encontradas alhures, como no ordenamento japonês[456] e a posição de Ana Prata[457] no direito português, seriam, em sua opinião, perfeitamente adaptáveis ao ordenamento brasileiro. Além disso, a regra contida no art. 48[458] do Código de Defesa do Consumidor[459] poderia servir "de fundamento para o raciocínio de que diversas manifestações de vontade podem ser integradas entre si, sem necessidade de uma nova manifestação das partes".[460-461] Por fim, Popp

---

[455] POPP, Carlyle. **Responsabilidade civil pré-negocial...** op. cit., p. 289.

[456] "Além disso, de acordo com alguns casos, 'um dever de negociar com lealdade em direção à conclusão do contrato' foi imposto sobre as partes em negociação uma vez que as negociações tenham sido realizadas com honestidade, e quando as negociações tenham alcançado um estágio realmente sério e avançado, as partes teriam 'o dever de se comprometer de boa-fé a concluir o contrato'." (KAWAKAMI, Shoji *in* HONDIUS, Ewoud H. (org.). Precontractual liability: reports to the XIIIth Congress, International Academy of Comparative Law. Montreal, Canada, 1-24 ago. 1990. Deventer: Kluwer, 1991, p. 10 *apud* POPP, Carlyle. **Responsabilidade civil pré-negocial...** op. cit., p. 289) (tradução nossa).

[457] "(...) dependentemente do estádio e consistência das conversações negociatórias, do volume e extensão dos acordos parcelares interlocutórios alcançados, assim o dever de lealdade imporá a necessidade de aviso da possibilidade de inêxito das negociações, determinará o dever de as prosseguir, explorando todas as hipóteses de acordo, ou justificará mesmo a obrigação de formar o contrato. Esta última hipótese de obrigação de contratar decorrente da boa-fé na fase negociatória apresenta-se como particularmente nítida nos casos em que o conteúdo contratual se encontra já acordado, restando apenas a sua formalizaçãoo em obediência às regras legalmente impostas." (PRATA, Ana. Notas sobre responsabilidade pré-contratual. Lisboa: [s.e.], 1991, p. 74-75 *apud* POPP, Carlyle. **Responsabilidade civil pré-negocial...** op. cit., p. 287-286.)

[458] "Art. 48. As declarações de vontade constantes de escritos particulares, recibos e pré-contratos relativos às relações de consumo vinculam o fornecedor, ensejando inclusive execução específica, nos termos do art. 84 e parágrafos."

[459] BRASIL. Código de Defesa do Consumidor de 11 de setembro de 1990. Disponível em: <http://www.planalto.gov.br/ccivil_03/leis/L8078.htm> Acesso em: 12 dez. 2017.

[460] POPP, Carlyle. **Responsabilidade civil pré-negocial...** op. cit., p. 288.

[461] Há muito tempo aceita-se a aproximação do código consumerista ao Código Civil, aplicando-se disposições desse último a relações comumente reguladas pelo primeiro. Contudo, a aceitação do oposto – ou seja, a aplicação do Código de Defesa do Consumidor a relações submetidas ao Código Civil – é menos comum, ainda que não se negue a coerência valorativa

condiciona a tutela de execução específica do contrato no caso de ruptura injustificada das negociações a dois requisitos: (i) as tratativas devem estar em fase final – ou seja, as partes devem ter definido o conteúdo do contrato; e (ii) deve haver um nível intenso de confiança na conclusão desse contrato.[462]

Nota-se que Meruzzi e Popp consideram incabível a execução específica enquanto as negociações não tiverem alcançado tal ponto em que os termos do contrato já estejam ajustados. Não aceitam, assim, a interferência do Poder Judiciário na determinação do conteúdo desse contrato em respeito à autonomia privada. Aceitam, contudo, que a interferência estatal substitua a vontade das partes na declaração de conclusão do contrato, o que nos parece – a contrassenso – tão violento à autonomia privada quanto a rechaçada determinação de parte do clausulado de um contrato.

A posição de Carlos Alberto da Mota Pinto, Meruzzi e Popp não nos parece que deva prosperar – e, como detalhado por Zanetti[463], tais orientações de fato não encontram acolhimento da doutrina ou jurisprudência aqui ou alhures.

---

entre os sistemas e a existência de cláusulas de abertura que permitiriam o diálogo entre fontes normativas diversas. Nesse sentido, Godoy: "[as disposições de abertura] são verdadeiras pontes que levam de um sistema a outro, conforme, na situação fática, se encontrem aqueles fatores de aproximação, sempre, porém, mantida a coerência interna do sistema – assim sem quebras injustificáveis – e, neste sentido, mantida ainda a coerência valorativa que lhe dá conteúdo. (...) Se é verdade que o CDC realiza e efetiva comandos constitucionais também gerais, identicamente será possível – e importa aferir em que medida – que ele próprio se estenda a relações paritárias, inclusive mercê de válvulas como a do seu artigo 29 e de pontes abertas pela lei comum (por ex. Art. 421). Ou seja, não se cuida apenas de trazer eventualmente o CC à incidência nas relações consumeristas como, igualmente, levar o CDC às relações paritárias." (GODOY, Claudio Luiz Bueno de. CC e CDC... op. cit., pp. 112 e 116.)

[462] POPP, Carlyle. **Responsabilidade civil pré-negocial**... op. cit., p. 289. Note-se que Popp ainda inclui a inexistência de impedimento para a concessão da tutela diferenciada, que seriam os seguintes: "ausência de proibição legal no ordenamento; o ato que se deseja efetivar não pode exigir como elemento a espontaneidade, como é o caso do casamento; os efeitos são restritos às partes negociantes; existência de limites naturais e políticos que a impeçam." (Ibid., p. 289-299).

[463] ZANETTI, Cristiano de Sousa. **Responsabilidade pela ruptura das negociações**... op. cit. p. 149.

Como destaca Fichtner Pereira[464], obrigar uma parte a celebrar um contrato seria admitir uma intromissão estatal de tal ordem que afrontaria de forma enérgica o princípio da liberdade de contratar. Nesse mesmo sentido, Garcia[465] destaca que uma parte não poderia ser compulsoriamente levada ao contrato, ainda que haja um comportamento ilícito – cujos prejuízos devem apenas ser reparados por indenização, e não pela forçada conclusão de um contrato.

Afora o contrassenso já apontado e o descabimento frente à autonomia privada, aceitar a conclusão forçada de um contrato seria atentar contra todo o sistema do direito privado e as bases do direito contratual. A transformação recente do direito contratual e o deslocamento do "*eixo central da teoria das obrigações da tutela da vontade à tutela da confiança*"[466] não podem ser negados; contudo, o desaparecimento da autodeterminação e da liberdade contratual das partes não é – nem pode ser – admitido no direito privado, sob pena de negar as bases que sustentam o sistema. A violação à liberdade decorrente de uma contratação forçada é muito mais gravosa para a paz social do que a ruptura da confiança derivada da

---

[464] Em suas palavras: "O contrato é o acordo de vontades, mediante o qual uma parte se obriga a realizar uma prestação em favor da outra. Como se admitir uma intromissão de tal ordem na autonomia da vontade, a ponto de se obrigar uma pessoa a estabelecer uma relação contratual contra a sua vontade? A obrigação de contratar é a intervenção mais enérgica no princípio da liberdade de contratar." (PEREIRA, Regis Fichtner. **A responsabilidade civil pré-contratual**... op. cit., p. 103-104).

[465] Em suas palavras: "A doutrina tradicional, fundada na ideia de culpa in contrahendo de IHERING [restrita à conclusão do contrato nulo ou impossível, bem como ao tema da desistência injustificada das tratativas], tende a manifestar-se pela negativa, pois ressarcível seria apenas o interesse negativo do contrato, jamais o interesse positivo. Esta ideia vem calcada num princípio fundamental de direito contratual: o princípio da autonomia da vontade. Este se desdobra em várias liberdades: liberdade de determinar o conteúdo do contrato; liberdade de escolher a pessoa da contraparte; liberdade de contratar ou não. Ora, impor a realização compulsória do contrato, mesmo tendo ocorrido um comportamento reprovável da parte na fase de negociações, seria atentar contra o princípio da liberdade de contratar. Este, portanto, é o princípio: mesmo havendo o comportamento ilícito a parte não seria constrita a contratar. Seria responsável pela indenização, mas não poderia ser compulsoriamente levada ao contrato." (GARCIA, Enéas Costa. **Responsabilidade**... op. cit., p. 296).

[466] MARTINS-COSTA, Judith. As cartas de intenção no processo formativo da contratação internacional... op. cit., p. 49.

não contratação – cujos prejuízos, aliás, já possuem remédio adequado, qual seja a tutela indenizatória.[467]

Após as explicações dos capítulos anteriores, desnecessário apontar as estruturais diferenças entre um contrato preliminar – verdadeiro contrato – e negociações ou tratativas, ainda que em fase final – que, como tanto, não criam *vinculum juris* –, de forma que a extensão do regime jurídico aplicável ao contrato preliminar, como defendido por Carlos Alberto da Mota Pinto e Meruzzi, não se justifica.[468] Até mesmo no contrato preliminar – em que já houve a celebração de um contrato e cuja execução específica visa substituir a declaração de vontade que é devida, pois prévia e livremente contratada –, hipótese bastante excepcional prevista em lei[469], a execução específica é um instrumento limitador da autonomia privada[470] e, como

---

[467] "Aspecto relevante da responsabilidade por ruptura das negociações preliminares está em que, por toda parte, se afirma a impossibilidade de coagir alguém a celebrar um contrato. A contradição, representada pela ruptura das negociações preliminares, tem como única consequência a reparação das perdas e danos. (...) Entende-se mais gravosa para a paz social a violação à liberdade que decorreria de uma contratação forçada, que a ruptura da confiança derivada da não contratação, para qual a reparação dos prejuízos parece remédio adequado." (SCHREIBER, Anderson. **A proibição de comportamento contraditório**... op. cit., p. 175).

[468] Diferentemente de uma extensão indevida de um regime do contrato preliminar a hipóteses em que não há a efetiva formação de um contrato (ainda que preliminar), o que, outrossim, poderia ser admitido, é a própria existência de um contrato preliminar ou de algum contrato acessório ou (talvez menos comum) relativo a apenas parte das obrigações discutidas, casos em que haveria verdadeiro contrato e não negociações preliminares (e, como tanto, desprovidas de *vinculum juris*). Nesses casos, logicamente, aplicável a execução específica e, se essa não for possível, indenização por perdas e danos pelo interesse positivo. É o que também parece admitir Tepedino: "A admissão de interesses positivos, contudo, que encontra óbice doutrinário e jurisprudencial quando inserida em tratativas, mostra-se em tese plausível desde que se considere, em relação a certas obrigações, o contrato (ou parte autônoma dele) já formado, extrapolando-se, portanto, a fase pré-contratual" (TEPEDINO, Gustavo. Prefácio. In: SILVA, Juliana Pedreira da. **Contratos sem negócio jurídico**: crítica das relações contratuais de fato. São Paulo: Atlas, 2011, p. xix *apud* BIANCHINI, Luiza Lourenço. **Contrato preliminar**... op. cit, p. 97.)

[469] Nesse sentido, Telles: "A execução específica, no sentido em que a expressão vem sendo tomada, aplica-se somente ao contrato-promessa, a que a lei associa. Não pode, no nosso sistema jurídico, ampliar-se a outras situações, ainda que análogas ou dalgum modo análogas; reveste carácter nitidamente excepcional. Não será, pois, legítimo lançar mão dela para efectivar a obrigação ou dever de contratar, fora do âmbito do contrato-promessa" (TELLES, Inocêncio Galvão. **Manual dos contratos em geral**... **op. cit.**, p. 222.).

[470] MORAES, Mariana Assunção de. **Acordos pré-contratuais**... op. cit., p. 84.

tal, deve ser utilizado de forma criteriosa, nem sempre sendo admitida a conclusão forçada do contrato definitivo, em especial naquelas situações em que o contrato preliminar apresenta prelimaridade mínima ou média (o que não afeta sua existência ou eficácia *lato sensu*, mas, como visto em capítulo próprio, pode afetar a sua execução específica).

Da mesma maneira, os capítulos anteriores já demonstraram que por mais avançadas que estejam as negociações, a formação de um contrato precisa necessariamente de uma declaração comum de vontades, mais uma razão pela qual a posição de Popp não deve ter guarida no direito. Admitir os remédios contratuais para um contrato não formado – como a execução específica – seria considerar contrato o que não o é.

Encerrando tal questão, Zanetti é categórico e preciso, defendendo a impossibilidade de execução específica de um contrato não formado, sendo a tutela indenizatória a única possibilidade de reparação nesses casos:

> (...) deve-se reconhecer que, tratando-se de exercício abusivo do direito de encerrar as negociações, resta ao prejudicado apenas a tutela reparatória, pois, caso contrário, haveria excessiva interferência na liberdade contratual, forçando as partes a negociar e contratar um negócio jurídico que não mais desejam.[471]

Esse, aliás, o ponto de contato da responsabilidade pré-contratual e o tema examinado nessa obra.

Como se sabe, o presente livro versa sobre a identificação do momento em que um contrato é efetivamente concluído, em especial naqueles casos de formação progressiva do contrato. Nesse sentido, ou houve a formação de um contrato, com a verificação de todos os elementos necessários para tanto, incluindo a existência da declaração comum de vontades, ou contrato não há. Havendo a formação desse contrato, passa-se ao regime contratual, incluindo, portanto, a aplicação de remédios contratuais típicos (dentre os quais a execução específica das obrigações avençadas).

A responsabilidade civil pré-contratual pela ruptura das negociações trata de outra situação. Admite-se e pressupõe-se que contrato não há, vez que uma das partes, normalmente em momento próximo à sua conclusão,

---

[471] ZANETTI, Cristiano de Sousa. **Responsabilidade pela ruptura das negociações...** op. cit., p. 150.

rompeu negociações. E, como já mencionado, a recusa em concluir o contrato representaria em algumas hipóteses quebra da confiança gerada na contraparte, violando, portanto, a cláusula geral de boa-fé objetiva. Esse é o fundamento da responsabilidade civil pré-contratual. Em outras palavras, e de forma simplista: é justamente a não formação do contrato (de forma abusiva) que sustenta a responsabilidade civil pré-contratual.

As partes em negociação encontram-se em uma relação de confiança, cujas condutas podem gerar uma recíproca (e progressiva) expectativa quanto à conclusão desse contrato. Sua formação não pode, contudo, independentemente dos deveres decorrentes da cláusula geral de boa-fé objetiva, olvidar dos elementos essenciais à existência de um contrato, dentre eles a inequívoca declaração negocial a demonstrar o consenso em torno daquela contratação.

Não importa a fase em que as negociações se encontrem ou a proximidade da formação do vínculo contratual – a declaração comum de vontades será sempre elemento necessário para a formação de um contrato.

O direito, contudo, não pode deixar de tutelar os interesses daquela parte que despendeu tempo, recursos e, principalmente, confiou – com base na conduta da contraparte – na conclusão de um contrato que não veio a se formar.

Enquanto essa obra tratará de demonstrar *se* e *em que momento* um contrato se formou, a responsabilidade pré-contratual, naqueles casos em que não se formou um contrato, tutelará os interesses da parte possivelmente prejudicada – seja pela tutela indenizatória do interesse negativo, seja, quando cabível, pela tutela indenizatória do interesse positivo. São temas, portanto, suplementares: ao se identificar a não formação de um contrato e a abusividade na ruptura das negociações (pois contrária à cláusula geral de boa-fé objetiva), não estará a parte prejudicada desamparada pelo direito.

Havendo contrato, estaremos diante de uma relação contratual, na qual incabível se cogitar a responsabilidade pré-contratual. Com isso, ainda que haja a negativa de uma das partes em reconhecer o contrato, fato é que o contrato estará formado, sendo de rigor o cumprimento das prestações avençadas (caso possível), sob pena de inadimplemento contratual e aplicação dos remédios *contratuais* cabíveis, sendo desnecessário recorrer à responsabilidade pré-contratual. Se contrato não há, aí sim, a depender do caso concreto, é cabível a responsabilidade pré-contratual. Contudo, a responsabilidade pré-contratual é tema que demandaria um estudo próprio e dedicado, como já muito bem realizado por Chaves[472], Zanetti[473], Garcia[474], Fichtner Pereira[475], entre outros, e cujos apontamentos basilares realizados nesse capítulo são de importante conhecimento ao operador do direito contratual, em especial quanto ao tema da formação do contrato.

---

[472] CHAVES, Antônio. **Responsabilidade pré-contratual**... op. cit., 1997
[473] ZANETTI, Cristiano de Sousa. **Responsabilidade pela ruptura das negociações**... op. cit.
[474] GARCIA, Enéas Costa. **Responsabilidade**... op. cit.
[475] PEREIRA, Regis Fichtner. **A responsabilidade civil pré-contratual**... op. cit.

3.
Elementos do Contrato e Declarações Negociais

3.1. Os Elementos de Existência do Contrato

Uma das muitas contribuições de Pontes de Miranda ao direito foi a divisão dos fatos jurídicos (do qual o negócio jurídico é espécie) nos planos da existência, validade e eficácia. Como o fato jurídico é uma realidade (pois um fato) valorada (pela norma), ele só existe com a incidência valoradora da norma.[476] Presentes elementos suficientes do seu suporte fático, a norma incide e reconhece o fato jurídico. Caso contrário, na falta de algum elemento do suporte fático hipotético, a norma não incide e não existe fato jurídico.[477]

A fim de se determinar o que é suficiente para o suporte fático – e portanto, o que é necessário para que a norma incida e reconheça aquele fato como jurídico e, portanto, existente – é necessário analisar quais são seus elemento essenciais, ou seja, aqueles que dizem respeito à sua existência, o que passaremos a fazer com o negócio jurídico. Somente se existente, poderá o negócio jurídico ser analisado nos planos da validade e eficácia, conforme a estrutura da clássica "Escada Ponteana" e a técnica de eliminação progressiva.[478]

---

[476] REVORÊDO PUGSLEY, Gustavo de. **O efeito modificativo dos fatos jurídicos sobre a relação jurídica obrigacional**... op. cit, p. 28.
[477] MELLO, Marcos Bernardes de. **Teoria do fato jurídico**... op. cit., p. 82.
[478] AZEVEDO, Antônio Junqueira de. **Negócio jurídico:** existência, validade e eficácia. 4. ed. São Paulo: Saraiva, 2010, p. 63-64.

Na definição de Azevedo, elemento[479] é tudo aquilo de que algo mais complexo se compõe[480], sendo elemento do negócio jurídico tudo aquilo que compõe sua existência no campo do direito.

O negócio jurídico – do qual, como se sabe, o contrato é espécie[481] que exige a presença de pelo menos duas partes, sendo, portanto, negócio jurídico bilateral ou plurilateral – pode ser definido como "uma declaração de vontade que, acrescida de elementos particulares e, normalmente, também de elementos categoriais, é vista socialmente como destinada a produzir efeitos jurídicos".[482]

Pela definição acima, já temos claro o primeiro elemento necessário para que um negócio jurídico exista. Todo negócio jurídico é uma declaração de vontade.[483] É claro que um negócio jurídico pode ser formado por mais

---

[479] Nesse capítulo, adotar-se-ão os termos utilizados por Azevedo para referência aos planos de existência (elementos), validade (requisitos) e eficácia (fatores). (AZEVEDO, Antônio Junqueira de. **Negócio jurídico:** existência... op. cit.) É importante fazer essa observação tendo em vista a existência de diferentes classificações do negócio jurídico e a possível confusão com termos utilizados por outros autores. A título de exemplo, fazemos referência à classificação adotada por Mello, para quem os "elementos nucleares" (cerne e completantes) do negócio jurídico são aqueles essenciais para sua existência, enquanto o os elementos complementares constituem pressupostos de validade ou pressupostos de eficácia do negócio jurídico. (MELLO, Marcos Bernardes de. **Teoria do fato jurídico...** op. cit., p. 50.)

[480] AZEVEDO, Antônio Junqueira de. **Negócio jurídico:** existência... op. cit., p. 30

[481] Mais do que simplesmente ser espécie de negócio jurídico, o contrato é sua espécie mais importante. Sobre o assunto, valemo-nos das palavras de Carlos Alberto da Mota Pinto: "A espécie mais importante de negócio jurídico é o contrato. A teoria do negócio jurídico é, na vida económica e social, importante sobretudo enquanto aplicável aos negócios jurídicos bilaterais ou contratos. Na verdade, a *maioria* dos negócios jurídicos mais importantes e significativos, designadamente, na esfera económica, são contratos, e, além disso, é sobretudo em relação a estes que se suscitam frequentemente problemas jurídicos. Há, até quem ponha em questão a conveniência da elaboração de uma teoria do negócio jurídico que vá além dos contratos – isto é, quem questione a conveniência em tratar em paralelo dos negócios unilaterais e dos contratos. (...)" (MOTA PINTO, Carlos Alberto da. **Teoria geral do direito civil...** op. cit., p. 645.)

[482] AZEVEDO, Antônio Junqueira de. **Negócio jurídico e declaração negocial (noções gerais e formação da declaração negocial).** 1986. 244f. Tese (Titularidade do Departamento de Direito Civil) – Faculdade de Direito, Universidade de São Paulo, São Paulo, 1986, p. 27.

[483] Ou, ainda, uma "declaração negocial". Azevedo, em sua obra "Negócio jurídico e declaração negocial (noções gerais e formação da declaração negocial)", chega a realizar a distinção entre o que seria uma declaração de vontade e uma declaração negocial, destacando que "nem toda declaração de vontade é negócio jurídico". Além disso, uma análise semântica da expressão

de uma declaração, como o é o contrato – mas não há negócio jurídico sem ao menos uma declaração de vontade[484], sendo essa, portanto, seu elemento central.

É isso que destaca também Carlos Alberto da Mota Pinto[485], para quem o que é verdadeiramente constitutivo do negócio jurídico é o comportamento declarativo, ou seja, "a existência de um comportamento que, *exteriormente observado*, apareça como manifestação de uma vontade de certos efeitos práticos sob a sanção do ordenamento jurídico."

Alguns autores, dentre os quais Betti[486], Carnelutti[487] e Larenz[488], admitem negócios que não seriam declarações. Para eles, haveria negócios de atuação em contraposição aos negócios-declaração, sendo aqueles formados por atitudes e comportamentos dos quais se deduz uma vontade

---

"declaração de vontade" poderia, em sua opinião, levar ao entendimento de que o conceito poderia ser bipartido entre, de um lado, a "declaração" e, de outro lado, a "vontade", justificando interpretações voluntaristas do negócio jurídico que colocariam em nível de igualdade a vontade interna e a declaração. Esse, na verdade, deveria ser um conceito unitário, o que poderia ser atingido com a expressão "declaração negocial", que seria, em suas palavras, "toda declaração de vontade com estas características: reconhecimento social de ser destinada a efeitos jurídicos; e nível de igualdade, ou inexistência de hierarquia, entre declarante e declaratório. Havendo declaração negocial há negócio jurídico." (Ibid., p. 20-24). Sobre o assunto, interessante notar também a posição de Betti, que rejeita o uso da expressão "declaração de vontade" pelo seu caráter voluntarista (BETTI, Emilio. Negozio giuridico, *in* **Novissimmo Digesto Italiano**, Turim, UTET, s.d., vol. 3 *apud* AZEVEDO, Antônio Junqueira de. **Negócio jurídico**: existência... op. cit.). Não obstante a pertinência das observações de Azevedo e Betti, utilizaremos ambas as expressões – declaração de vontade e declaração negocial – como expressões sinônimas, principalmente em razão da vasta utilização da primeira pela doutrina.

[484] Nas palavras de Azevedo "Seria todo negócio jurídico uma declaração de vontade? A resposta é positiva; no mesmo negócio jurídico, pode haver uma ou várias declarações, mas não há negócio jurídico que não tenha em seu suporte fático pelo menos uma declaração de vontade. A declaração de vontade é, pois, elemento necessário para que o negócio jurídico exista." (AZEVEDO, Antônio Junqueira de. **Negócio jurídico e declaração negocial**... op. cit., p. 16.)

[485] MOTA PINTO, Carlos Alberto da. **Teoria geral do direito civil**... op. cit., p. 379.

[486] BETTI, Emilio. Negozio giuridico, *in* **Novissimmo Digesto Italiano**, Turim, UTET, s.d., vol. 3 *apud* AZEVEDO, Antônio Junqueira de. **Negócio jurídico**: existência... op. cit.

[487] CARNELUTTI, Francesco. **Teoria generale del diritto**. 3. ed. Roma: Soc. Ed. del "Foro Italiano", 1951.

[488] LARENZ, Karl. **Derecho civil**: parte general. Trad. de Miguel Izquierdo e Macias-Picavea. Madri: Editorial Revista de Derecho Privado, 1978.

– ou *facta concludentia*. Parece-nos – e essa a posição de Azevedo[489] – que se trata de uma mera questão de *forma* da declaração. Em todos os negócios há *facta concludentia*, sendo que no caso de uma declaração expressa a *facta concludentia* é apenas mais evidente.[490]

A declaração negocial é elemento necessário de todo e qualquer negócio jurídico, mas evidentemente não representa a totalidade da figura legal *in concreto*.[491] Para que um negócio jurídico exista em concreto é necessário que, ao lado da declaração de vontade, existam certos elementos particulares e categoriais próprios àquele negócio. Isso porque a expressão *negócio jurídico* exprime uma abstração[492]. O que há, na verdade, são negócios jurídicos particulares, compostos também por seus elementos particulares e categoriais.

---

[489] AZEVEDO, Antônio Junqueira de. **Negócio jurídico e declaração negocial**... op. cit., p. 17.

[490] Rei resume esse entendimento dualista que diferenciava a declaração negocial dos comportamentos suscetíveis a formar um negócio: "Surgiu, no dealbar do século XX, sobretudo na sequência dos trabalhos de ALFRED MANIGK, a ideia de que a declaração negocial não abarcava todos os comportamentos susceptíveis de originar um negócio jurídico. Dizia-se, grosso modo, que o conceito de declaração implica a comunicação com outrem, destinatário da mensagem do declarante. Ora, os Autores partidários destas orientações, ditas dualistas, identificavam, ao lado dos negócios jurídicos em que existia uma declaração claramente dirigida a um destinatário determinado, negócios jurídicos originados por comportamentos que expressavam a vontade directamente, sem necessidade ou sem mediação de qualquer comunicação (da vontade) a outrem. (...) A declaração negocial, como as outras realidades jurídicas, tem a exata medida que cada ordenamento jurídico lhe conferir." (REI, Maria Raquel Aleixo Antunes. **Da interpretação da declaração**... op. cit., p. 4-5). Ainda, sobre o mesmo assunto, Ehrlich critica a classificação normalmente utilizada para distinguir declarações tácitas de declarações expressas, defendendo que, na verdade, a designação "declaração tácita" serviria apenas para encobrir meras interpretações de declarações, ficções legais, cláusulas e termos consagrados pelos usos comerciais e negociais, de forma que o uso da expressão "declaração tácita" não teria um sentido técnico, estando sob o mesmo tratamento das declarações expressas. (EHRLICH, Eugen. **Die stillschweigende Willenserklärung**. Berlin, 1893 *apud* MOTA PINTO, Paulo Cardoso Correia da. **Declaração tácita**... op. cit., p. 151). Não há dúvidas de que no ordenamento jurídico brasileiro a noção de declaração negocial abarca tanto as manifestações expressas e diretas quanto as declarações tácitas (incluindo, nessas últimas, os comportamentos concludentes), como por exemplo admitido em diversos dispositivos do Código Civil já mencionados nesse trabalho. Não há, portanto, no direito brasileiro, espaço para essa dualidade, a não ser para fins didáticos.

[491] AZEVEDO, Antônio Junqueira de. **Negócio jurídico e declaração negocial**... op. cit., p. 17.

[492] Ibid., p. 31.

Seguindo a classificação adotada por Azevedo, os elementos do negócio jurídico podem ser classificados em: (i) gerais, sendo aqueles elementos que são comuns a todo e qualquer tipo de negócio jurídico; (ii) categoriais, próprios de cada tipo de negócio jurídico; e (iii) particulares, que existem em um negócio específico, sem serem comuns a toda uma categoria de negócios ou a determinados tipos de negócio.

Os elementos gerais, necessários à existência de todo negócio jurídico, podem ser classificados em extrínsecos (tempo; lugar; e agente) e intrínsecos (forma da declaração; objeto ou conteúdo; e as circunstâncias negociais[493]).

O tempo e lugar são elementos comuns a qualquer fato jurídico – i.e., não há fato jurídico se esse fato não ocorre em determinado tempo e em determinado lugar. Se o fato não ocorreu, inexiste e não pode ser logicamente um fato jurídico. Já o agente, terceiro elemento geral extrínseco, é elemento comum a qualquer ato jurídico *lato sensu*. Sem agente um determinado fato pode até ser um fato jurídico, mas jamais será um ato jurídico, vez que esse pressupõe uma declaração de vontade e, portanto, um agente para que a manifeste. Esses três elementos extrínsecos são pressupostos do negócio jurídico e, como tanto, precedem a realização do próprio negócio jurídico.

Passando aos elementos gerais intrínsecos, para que um agente possa emitir sua declaração e dar vida a um negócio jurídico, faz-se necessário que essa manifestação tenha alguma forma[494] (entendida essa como a maneira em que a declaração se exterioriza; não uma formalidade que a lei requer ou que as partes tenham estabelecido, com por exemplo prescreve o artigo 109 do Código Civil[495] – até porque tais hipóteses estariam no plano da validade). Tal forma pode ser escrita, oral, gestual ou qualquer outra

---

[493] Registre-se que há controvérsia acerca da inclusão das circunstâncias negociais dentre os elementos gerais do negócio jurídico – entretanto, a discussão acerca dessa questão não interessa a esse trabalho, vez que independentemente da corrente que se adote, os resultados para fins desse trabalho serão os mesmos, sendo impossível negar de qualquer maneira a importância das circunstâncias negociais para a caracterização de uma declaração de vontade.

[494] AZEVEDO, Antônio Junqueira de. **Negócio jurídico**: existência... op. cit., p. 126-133.

[495] "Art. 109. No negócio jurídico celebrado com a cláusula de não valer sem instrumento público, este é da substância do ato." (BRASIL. Código Civil de 10 de janeiro de 2002. Disponível em: <http://www.planalto.gov.br/ccivil_03/leis/2002/L10406.htm>. Acesso em: 5 jan. 2018.).

maneira que permita uma manifestação de vontade. Sempre haverá uma forma pela qual a vontade é manifestada – se não há forma, manifestação não há. Pode a lei prescrever uma forma específica; entretanto, a regra geral no direito civil, como já mencionado nesse trabalho, é de que a forma da declaração de vontade – e do negócio jurídico – é livre.[496]

As circunstâncias negociais qualificam uma manifestação de vontade para que essa seja socialmente vista como juridicamente vinculante – e, como tanto, considerada uma declaração de vontade apta a formar um negócio jurídico. Em outras palavras: para que uma manifestação de vontade seja vista como juridicamente vinculante, deve se inserir em um modelo cultural que a reconheça como socialmente apta a formar tal vínculo. Havendo uma manifestação de vontade qualificada pelas circunstâncias negociais – e, portanto, uma declaração de vontade – o direito, em consonância com a visão social, atribui a tal manifestação os efeitos apontados como desejados, desde que verificados, *in concreto*, os demais pressupostos de existência, validade e eficácia daquele negócio.[497]

Assim, uma negociação para aquisição de um imóvel entre construtora e cliente em um *stand* de vendas terá tratamento diverso de uma compra e venda de imóvel teatralizada no palco de uma peça ou utilizada para fins didáticos em sala de aula. É certo que, diferentemente da negociação entre cliente e construtora, na peça de teatro e na sala de aula faltam elementos de seriedade – ou elementos negociais –, de maneira que somente naquele caso pode-se dizer que as manifestações de vontade são socialmente vistas como aptas à produção de efeitos jurídicos.[498]

As circunstâncias negociais seriam, portanto, o *quid* da declaração de vontade, que faz com que uma manifestação de vontade seja vista

---

[496] Nesse sentido, Mello: "Todo negócio jurídico tem uma forma. Tudo, aliás, no mundo se nos oferece sob uma determinada forma. Por isso, quando se classifica o negócio jurídico segundo a sua forma não implica dizer que haja espécie que não tenha forma, mas se leva em conta que as normas jurídicas, considerando a necessidade de melhor documentar (provar) certos negócios, determinam que sejam realizados por meio de formas mais ou menos solenes, ou sem qualquer solenidade. (...) No direito hodierno, no tocante aos negócios jurídicos, vigora o princípio da liberdade de forma, em razão do qual a exigência de forma solene constitui exceção." (MELLO, Marcos Bernardes de. **Teoria do fato jurídico**... op. cit., p. 210-211).

[497] AZEVEDO, Antônio Junqueira de. **Negócio jurídico**: existência... op. cit., p. 124-125

[498] Pela importância das circunstâncias negociais ao tema dessa dissertação, dedicaremos abaixo capítulo próprio ao assunto, no qual analisaremos outras questões relacionadas ao tema.

socialmente como destinada à produção de efeitos jurídicos. Despida dos demais elementos gerais – forma e objeto – é o que resta da declaração de vontade.

O objeto de um negócio jurídico, terceiro elemento geral intrínseco do negócio jurídico, nada mais é do que seu próprio conteúdo. Tudo o que for incluído em um dado negócio jurídico, incluindo os elementos categoriais e os elementos particulares, deve fazer parte do objeto do negócio jurídico.[499]

Descendo na escala de abstração do negócio jurídico, temos que os elementos gerais, embora pressupostos de qualquer negócio jurídico, não são suficientes para a existência *in concreto* das diversas categorias de negócio jurídico, dentre elas o contrato e seus subtipos contratuais.[500] A tais elementos gerais deverão se acrescentar os elementos próprios de cada categoria de negócio, os quais derivam da ordem legal e caracterizam a sua natureza.[501] Assim, a natureza jurídica do negócio não é definida pela vontade das partes, mas sim pelo conjunto de elementos categoriais daquele negócio *in concreto*, da maneira como decorrem da ordem jurídica.[502]

Os elementos categoriais podem ser classificados em elementos categoriais derrogáveis (ou naturais) e elementos categoriais inderrogáveis – esses últimos também chamados de elementos essenciais.[503] Os elementos categoriais inderrogáveis (ou essenciais) são os que propriamente definem

---

[499] Em regra, não fazem parte do objeto do negócio jurídico "os motivos enquanto motivos, visto que esses são do agente e nele estão; para que os motivos façam parte do objeto (e, portanto, do negócio) é preciso que sejam referidos no objeto como *motivos determinantes* (e, então, serão conteúdo expresso)", nos termos do art. 140 do Código Civil. (AZEVEDO, Antônio Junqueira de. **Negócio jurídico:** existência... op. cit., p. 137.)

[500] Ibid., p. 35.

[501] Ibid.

[502] Nesse mesmo sentido, Mello: "(...) o fato jurídico se caracteriza pelo seu suporte fáctico, não importando: (a) o nome que lhe seja dado pelos interessados nem (b) a configuração que se pretenda dar aos fatos concretizados." (MELLO, Marcos Bernardes de. **Teoria do fato jurídico...** op. cit., p. 120).

[503] Na dissertação, a fim de simplificar a leitura e o entendimento do tema em estudo, utilizaremo-nos da expressão "elementos essenciais" de forma genérica, abrangendo todos os elementos necessários à existência de um contrato (incluindo, assim, elementos gerais; elementos categoriais inderrogáveis; assim como, a depender do contexto, aqueles elementos derrogáveis – elementos naturais ou elementos particulares – que, por manifestação das partes, façam parte do negócio jurídico ou da declaração negocial). Nesse capítulo específico, por estarmos fazendo a diferenciação entre os diferentes elementos de um negócio jurídico e de um

a categoria de determinado negócio, vez que representam os elementos categoriais mínimos e necessários àquele tipo.[504] Assim, são elementos categoriais inderrogáveis do contrato de compra e venda o consenso sobre coisa e preço[505]; no contrato de depósito, o consenso sobre a entrega e guarda do objeto móvel[506] etc.

Os elementos categoriais inderrogáveis, como a própria denominação denota, não podem ser afastados pela vontade das partes, sob pena de desvirtuamento daquele negócio jurídico específico. Na falta de um elemento categorial inderrogável, aquele negócio específico não existirá como negócio daquele tipo (e.g., ausência de preço em uma compra e venda), mas poderá ser convertido em outro negócio se as características *in concreto* permitirem tal conversão (e.g., utilizando o mesmo exemplo anterior, a eventual conversão de uma compra e venda em doação).

Nesse ponto, importante destacar algumas particularidades envolvendo os contratos reais, como o contrato de depósito ou o contrato de mútuo, em contraposição aos contratos consensuais.[507] Tais contratos são ditos

---

contrato, manteremos o rigor técnico da classificação adotada, utilizando apenas a expressão elementos essenciais em referência aos elementos categoriais inderrogáveis.

[504] Na classificação de Mello, os elementos categoriais inderrogáveis da classificação de Azevedo seriam *elementos completantes* do suporte fático, os quais ao lado do *cerne* completariam o núcleo do suporte fático: "No contrato de compra-e-venda, exige-se que haja acordo de vontades (cerne) sobre certo bem e preço determinado ou determinável (elementos completantes). O bem pode ser futuro e o preço a apurar segundo critérios predeterminados na avença. Se o bem futuro não vier a existir em decorrência de fato não imputável ao devedor (...), resolve--se o contrato de compra-e-venda porque a falta de elemento completante faz insuficiente o suporte fático." (MELLO, Marcos Bernardes de. **Teoria do fato jurídico**... op. cit., p. 50).

[505] Observadas, claro, peculiaridades do caso concreto. Exemplo clássico é o sujeito que entra em uma barbearia e contrata serviços do barbeiro sem antes perguntar o preço. Estamos, claro, diante da aplicação do artigo 488 do Código Civil, pelo qual "Convencionada a venda sem fixação de preço ou de critérios para a sua determinação, se não houver tabelamento oficial, entende-se que as partes se sujeitaram ao preço corrente nas vendas habituais do vendedor." (BRASIL. Código Civil de 10 de janeiro de 2002. Disponível em: <http://www.planalto.gov.br/ccivil_03/leis/2002/L10406.htm>. Acesso em: 5 jan. 2018.)

[506] AZEVEDO, Antônio Junqueira de. **Negócio jurídico**: existência... op. cit., p. 35.

[507] Mello didaticamente diferencia os contratos consensuais dos contratos reais: "Há negócios jurídicos cujo suporte fáctico prevê, como elemento nuclear, além do consenso entre os figurantes, um ato-fato representado pela tradição do objeto da prestação. No mútuo, exige-se a entrega ao mutuário do dinheiro, por exemplo. Esses negócios jurídicos são ditos reais porque a sua perfeição depende do ato real (= ato-fato) da tradição. (...). Consensuais são os negócios

reais pois a sua perfeição depende não apenas do consenso[508] entre os contratantes, mas também do ato real da tradição[509] (no mútuo, por exemplo, exige-se a entrega ao mutuário do dinheiro). Com isso, a formação dos contratos reais deverá sempre ser analisada com especial atenção a esse ponto, já que sua formação poderá ser apurável por meio de um fato concreto (desde que, é claro, presentes os demais elementos, incluindo o consentimento).[510]

jurídicos que se perfazem apenas pelo consenso entre os figurantes, sem a necessidade de tradição do bem. A compra-e-venda, a doação, a locação, e o mandato exemplificam negócios jurídicos consensuais." (MELLO, Marcos Bernardes de. **Teoria do fato jurídico**... op. cit., p. 209.) Respeitados juristas como Caio Mário Pereira e Orlando Gomes criticam a própria necessidade de existência da divisão entre contratos reais e contratos consensuais, inclusive destacando que o Código Suíço das Obrigações já aboliu tal distinção. (GOMES, Orlando. **Contratos**... op. cit. p. 90-91.) Outros juristas, como Hironaka, defendem que tal distinção não é meramente categórica, trazendo importantes consequências práticas e sendo condizente com os institutos históricos que embasaram o direito contratual moderno (HIRONAKA, Giselda Maria Fernandes Novaes. Contratos reais e o princípio do consensualismo. **Revista do Instituto de Pesquisas e Estudos**: Divisão Jurídica, Bauru, n. 14, p. 151-70, abr./jul. 1996.)

[508] É claro que a classificação de contratos entre consensuais e reais jamais afastará a necessidade do consenso nos contratos reais. A diferença é que os contratos consensuais se formam *solo consenso*, ou seja, tornam-se perfeitos e acabados por efeito exclusivo das declarações de vontade; nos contratos reais, além do consentimento, exige-se a entrega da coisa para sua perfeição.

[509] A natureza jurídica desse ato real é bastante discutida pela doutrina. Para Azevedo, tratar-se-ia de causa pressuposta dos contratos reais, sendo, como tanto, um requisito de validade. (AZEVEDO, Antônio Junqueira de. **Negócio jurídico**: existência... op. cit., p. 35.) Para Mello tratar-se-ia de elemento completante do suporte fático. (MELLO, Marcos Bernardes de. **Teoria do fato jurídico**... loc. cit.) Para Hironaka, a tradição da coisa faria parte da própria existência do contrato, sendo sua ausência razão de inexistência do contrato, nunca de nulidade (HIRONAKA, Giselda Maria Fernandes Novaes. Contratos reais e o princípio do consensualismo... op. cit.) Como indica Gomes, alguns outros autores qualificam-na como simples *fato jurídico* do qual nasceria a obrigação de restituição; outros como forma essencial da expressão da vontade das partes; ou elemento de qualificação do contrato; ou, ainda, como um "momento substancial da estrutura" (GOMES, Orlando. **Contratos**... op. cit., p. 90-91.) Independentemente da qualificação que se dê à necessária tradição do objeto para que haja a formação dos contratos reais – tema que, por sua complexidade, demandaria estudo próprio e não condizente com o objeto dessa dissertação –, o direito posto vigente coloca a entrega da coisa como necessária à perfeição dos contratos reais (e, portanto, é questão relevante para a identificação do momento da formação de tais contratos). (Ibid.)

[510] Interessante a posição de Spínola Gomes, para quem a conclusão de contratos reais constituiria *procedimento específico de formação* do contrato. (SPÍNOLA GOMES, Técio. **O processo**

O MOMENTO DA FORMAÇÃO DO CONTRATO

Logicamente, havendo apenas o acordo das partes com relação ao objeto de um contrato real, em homenagem ao princípio da conservação do negócio jurídico e tendo em vista o disposto no artigo 170 do Código Civil, admite-se a conversão substancial desse negócio em um *contrato preliminar* (unilateral ou bilateral, a depender do caso concreto), formado unicamente pelo consentimento[511]; o contrato definitivo almejado, entretanto, vez que um contrato real, só estará formado a partir do momento em que houver a tradição da coisa.[512-513]

de formação do contrato... op. cit., p. 123.)

[511] Importante mencionar que a possibilidade de conversão substancial de um contrato real em contrato contrato preliminar (ou outra espécie de contrato consensual) não é admitida pela totalidade da doutrina. Defendem essa possibilidade, dentre outros, Azevedo, Carlos Alberto da Mota Pinto e Mello – nas palavras desse último: "Se há o acordo sobre o mútuo, mas não se realiza a entrega da coisa emprestada, mútuo não há, existindo, apenas, uma promessa de mútuo, que, se não cumprida, pode dar ensejo a ressarcimento pelas perdas e danos que resultarem do inadimplemento." (MELLO, Marcos Bernardes de. **Teoria do fato jurídico...** op. cit., p. 50). Em linha semelhante, Carlos Alberto da Mota Pinto, para quem sequer a referida conversão é necessária, de forma que poderia se admitir a existência de um contrato consensual de depósito ou mútuo, por exemplo, se não ficar provado que as partes quiseram necessariamente esse contrato como real. (MOTA PINTO, Carlos Alberto da. **Teoria geral do direito civil...** op. cit., p. 396-397). Já em posição oposta, Hironaka não admite que um acordo relacionado a um contrato real seja considerado um *pré-contrato inominado* ou uma *promessa de contratar*, vez que isso seria incondizente com o próprio conceito de contrato real. Assim, não seria possível, em sua opinião a conversão substancial de um contrato real em um contrato consensual – sendo aquele contrato real sem tradição um contrato inexistente. (HIRONAKA, Giselda Maria Fernandes Novaes. Contratos reais e o princípio do consensualismo... op. cit.) Em homenagem ao princípio da conservação – e não importando a posição que se adote com relação à natureza jurídica do ato de tradição, vez que, como mencionado em nota anterior, tal princípio atua tanto no plano da existência quanto no plano da validade e da eficácia –, parece-nos que a posição de Azevedo, Carlos Alberto da Mota Pinto e Mello deve prevalecer.

[512] Nesse caso, admitida a possibilidade de conversão do contrato real em um contrato consensual, a execução específica desse contrato (i.e., a entrega da coisa) dependerá de diversos fatores, inclusive da posição que se adote a respeito dessa conversão (i.e., em *que* aquele contrato é convertido). Por exemplo, caso se considere que o contrato real é convertido em um contrato preliminar – o que nos parece a posição adequada –, não há dúvidas de que estaríamos diante de um contrato preliminar existente, válido e eficaz; entretanto, como visto em capítulo próprio acima, disso não decorre, necessariamente, a execução específica daquele contrato preliminar.

[513] Em suma, a respeito do tópico contratos reais, e utilizando-nos das palavras de Gomes, "a concepção clássica está a exigir realmente uma revisão crítica". Dada a complexidade do tópico – e, como brevemente indicado acima, as variadas matérias que suscitam divergências

Voltando à análise dos elementos categoriais, podem tais elementos, ainda, ser considerados objetivos ou formais. Como vimos, todo negócio jurídico – e, portanto, toda declaração de vontade – compõe-se de objeto, forma e circunstâncias negociais. As últimas caracterizam a essência de todo e qualquer negócio, de maneira que as variações entre os tipos de negócio podem ocorrer de acordo com: (i) seu objeto, sendo tais negócios denominados de negócios causais e caracterizados pelos elementos categoriais objetivos tendo, portanto, um *objeto típico*; ou (ii) sua forma, sendo tais negócios denominados negócios abstratos, caracterizados pelos elementos categoriais formais tendo, portanto, uma *forma típica*.[514] São exemplos de negócios abstratos os títulos de crédito; enquanto a imensa maioria dos demais tipos contratuais são causais.

É claro que tanto os negócios causais têm forma (que, inclusive, pode ser solene), quanto os negócios abstratos têm objeto – afinal, são objeto e forma elementos gerais intrínsecos de todo e qualquer negócio jurídico.[515] O que se destaca é que nos negócios causais os elementos categoriais inderrogáveis são relacionados ao seu objeto, enquanto que nos negócios abstratos tais elementos inderrogáveis são relacionados à sua forma. Nos casos de negócios causais solenes (pense-se, por exemplo, no contrato de compra e venda de imóvel acima de determinado valor, cuja lei prescreve a forma escrita; ou, ainda, naqueles negócios jurídicos em que as partes condicionaram a sua validade à celebração de um instrumento público, no termos do artigo 109 do Código Civil), a ausência do requisito formal importará em sua invalidade; já nos negócios abstratos, a não observância do elemento de forma significará sua inexistência.

Os elementos objetivos, próprios dos negócios causais, podem referir-se a um fato anterior ao próprio negócio jurídico, justificando-o, como no contrato de depósito, no contrato de mútuo, ou no contrato de comodato, cujo objeto pressupõe a entrega da coisa. Diz-se, nesses casos, em causa pressuposta.[516] Podem, também, referir-se a fato futuro ao qual o negócio

---

sobre o assunto – isso demandaria um estudo próprio e dedicado, além do escopo desse trabalho. (GOMES, Orlando. **Contratos**... op. cit., p. 92.)

[514] AZEVEDO, Antônio Junqueira de. **Negócio jurídico**: existência... op. cit., p. 140.

[515] Ibid.

[516] Assim como não se deve confundir o conceito de negócio causal com o conceito de motivo determinante (que, como mencionado, não faz parte do objeto do negócio em regra), não se deve confundir a causa pressuposta com a *causa efficiens*, "isto é, o próprio fato jurídico, que dá

jurídico tende (causa final), como o mandato e a compra e venda, que se destinam, respectivamente, a dar poderes de representação de uma pessoa a outra e a transferir certa coisa em troca de um preço.[517]

Vale dizer que tanto os contratos inominados quanto os contratos atípicos também possuem elementos categoriais inderrogáveis. Aliás, importante a distinção entre essas duas categorias: a tipicidade contratual não pode ser confundida com o fato de o contrato ter ou não determinado *nomen juris* especificado na lei.[518] O tipo contratual tem a função de permitir que se estabeleça se o negócio *in concreto* conforma-se com determinado regime jurídico já previsto *in abstrato*, na forma de um modelo ao menos tendencialmente completo de sua disciplina legal, conferindo maior previsibilidade, segurança e simplicidade à contratação[519], além de ser fonte de interpretação e integração do que não esteja explicitamente estabelecido nos contratos que correspondam a tal tipo contratual[520].

Entretanto, diferentemente de outrora, no qual os tipos contratuais eram fixos, especificamente denominados e taxativamento disciplinados no direito objetivo, como no direito romano clássico[521], o direito atual admite tipos contratuais não taxativamente indicados pela lei, mas que correspondam "a uma exigência legítima, a um interesse social durável

---

origem à obrigação (causa obligationis). Este último parece ter sido o sentido mais comum da palavra 'causa' no direito romano (...). A causa pressuposta, porém, não é o fato jurídico que dá origem à obrigação; ela é mesmo causa do negócio (...)." (AZEVEDO, Antônio Junqueira de. **Negócio jurídico**: existência... op. cit., p. 147, nota 217).

[517] Nas palavras de Azevedo: "São exemplos de causa pressuposta: todos os contratos reais, como o mútuo, o depósito, o comodato, que pressupõem logicamente a entrega da coisa; a confissão de dívida, a novação, a delegação e a dação em pagamento, que supõem dívidas já existentes; a fiança, que supõe o débito do afiançado; a transação, que supõe lide ajuizada ou por ajuizar. Em todos esses casos, o porquê do negócio encontra sua resposta em fato logicamente anterior ao negócio; esse fato é, pois, sua causa. São exemplos de negócios com causa final: a troca, que se destina a dar fundamento para que duas coisas mudem juridicamente de mão; o mandato, que se destina a dar poderes de representação de uma pessoa a outra; a compra e venda, a sociedade e uma boa parte dos contratos." (Ibid., p. 147-148).

[518] PANUCCI FILHO, Roberto. **Lease-back**. 2014. 195f. Dissertação (Mestrado em Direito Civil) – Faculdade de Direito, Universidade de São Paulo, São Paulo, 2014, p. 69.

[519] MARINO, Francisco Paulo de Crescenzo. **Contratos coligados no direito brasileiro**. São Paulo: Saraiva, 2009, p. 6 e ss. E, ainda, VASCONCELOS, Pedro Pais. **Contratos atípicos**. 2 ed. Coimbra: Almedina, 2009, p. 93.

[520] VASCONCELOS, Pedro Pais. **Contratos atípicos**... op. cit., p. 215.

[521] AZEVEDO, Antônio Junqueira de. **Negócio jurídico**: existência... op. cit., p. 147.

ou necessário", e, como tais, possam ser considerados dignos de tutela jurídica.[522] Isso coaduna inclusive com as origens e com o próprio conceito de negócio jurídico, vez que esse, como vimos, é um fato social – são os atos *socialmente* vistos como destinados a produzir efeitos jurídicos.[523] Com isso, os tipos legais não esgotam os tipos contratuais, que podem também ser "tipos sociais".[524-525] Assim, a distinção entre contratos nominados e inominados deve dizer respeito apenas aos contratos que possuem ou não

---

[522] BETTI, Emilio. Causa del negozio giuridico, in **Novissimo digesto italiano**, Torino, UTET, s.d., v.3, p.38 *apud* AZEVEDO, Antônio Junqueira de. **Negócio jurídico**: existência... op. cit., p. 145.

[523] Nas palavras de Azevedo: "(...) não é o direito posto, o direito estatal, que dá o caráter de negócio jurídico a determinados atos; o direito posto recebe, quase sem refração, o que é considerado negócio jurídico pelo grupo social. O direito posto contenta-se, salvo uma ou outra situação de exceção, com regular a validade e a eficácia dos atos negociais (não a sua existência)" (AZEVEDO, Antônio Junqueira de. **Negócio jurídico e declaração negocial**... op. cit., p. 8.)

[524] Em suas palavras: "Os tipos legais de contratos não esgotam os tipos contratuais. Para além dos que constam tipificados na lei, outros tipos contratuais existem na prática da vida e da contratação. Na sua generalidade, os tipos contratuais legais foram construídos sobre os correspondentes tipos extralegais, sobre práticas contratuais que já eram típicas na sociedade. Estes tipos, que são tipos normativos, quando contrapostos aos tipos legais, que são tipos jurídicos estruturais, podem designar-se adequadamente por 'tipos sociais'." (VASCONCELOS, Pedro Pais. **Contratos atípicos**... op. cit., p. 61).

[525] Impossível dissociar o direito da sociedade, ainda mais no campo do direito contratual, em que, como se sabe, a autonomia privada é regra e entrega aos particulares a liberdade – dentro de uma moldura mínima –para que estabeleçam entre si as mais diversas relações. Nesse sentido, natural que o direito posto reflita aquilo que já era socialmente visto como típico; e, por sua vez, natural que a sociedade evolua (ou, ao menos, se modifique) e que novos modelos passem a ser vistos como típicos, de forma que o direito posto já nasce defasado – e, por mais essa razão, a importância das normas aplicáveis ao contrato como gênero e, claro, dos princípios contratuais e das cláusulas gerais. Ao mesmo tempo, nada impede que o legislador assuma uma postura promocional de certos tipos contratuais, que, por qualquer razão, entendam de interesse geral. Natural que a decisão de adotar ou não tais tipos caberá aos particulares, tendo em vista a autonomia privada. Panucci resume de forma clara e em poucas palavras essa dicotomia dos tipos contratuais: "Em geral, os tipos contratuais legais são construídos sobre práticas que já eram típicas na sociedade, ou seja, a norma serve para dar uma roupagem legal ao que já era um contrato socialmente típico. Nada impede, porém, que o direito assuma uma postura promocional de certos comportamentos e crie um tipo contratual legal original, visando a incentivar ou introduzir seu uso, sem que haja um correspondente tipo contratual social." (PANUCCI FILHO, Roberto. **Lease-back**... op. cit., p. 69).

um *nomen* na lei, enquanto que os contratos típicos e atípicos devem ser diferenciados por terem ou não, "na lei ou na prática, um modelo típico de disciplina própria."[526]

E, como dito, tanto os contratos inominados quanto os contratos atípicos possuem elementos categoriais inderrogáveis e, como tanto, um regime jurídico mínimo ao qual estão submetidos. Ora, a ordem jurídica (incluindo a lei e o que a doutrina e jurisprudência constroem em torno dessa[527]) estabelece certos parâmetros aplicáveis a todo e qualquer contrato, de maneira que existe a liberdade de plasmar o conteúdo de um contrato desde que respeitados tais parâmetros legais. Apesar de haver uma maleabilidade maior em sua estrutura – principalmente com relação aos contratos atípicos – todo e qualquer contrato encontra-se submetido às regras gerais do contrato previstas na ordem jurídica.[528] Mais do que isso: ao subirmos na escala de abstração, verifica-se que gêneros mais abstratos do qual decorrem os contratos em espécie também possuem elementos categoriais essenciais, como o acordo sobre o sinalagma genético nos contratos onerosos.[529]

Os elementos categoriais derrogáveis, por sua vez, também caracterizam certas espécies de negócios jurídicos. Embora defluam da natureza do negócio, tais elementos – ditos também naturais – podem ser afastados por vontade das partes sem que isso modifique aquele tipo contratual específico[530] (ou seja, sem afastar aquele regime jurídico próprio). Assim, por exemplo, a responsabilidade pela evicção no contrato de compra e venda; a gratuidade no contrato de depósito etc.

Azevedo[531] destaca que quanto aos elementos naturais há, para as partes, um ônus de se manifestar caso queiram afastá-lo. Assim, se um dado negócio é formado e não houve manifestação e acordo prévios a respeito do afastamento de um elemento categorial derrogável, esse é sempre parte do negócio jurídico formado, vez que deflui da natureza daquele negócio.

A diferença entre os elementos naturais e os elementos particulares para Azevedo[532] reside justamente nesse aspecto. Os elementos particulares são

---

[526] VASCONCELOS, Pedro Pais. **Contratos atípicos**... op. cit., p. 212.
[527] AZEVEDO, Antônio Junqueira de. **Negócio jurídico**: existência... op. cit., p. 35.
[528] AZEVEDO, Antônio Junqueira de. **Negócio jurídico**: existência... op. cit., p. 146.
[529] Ibid., p. 36.
[530] Ibid., p. 35.
[531] Ibid., p. 38.
[532] Ibid.

aqueles que podem ser incluídos pelas partes em um negócio concreto e cuja ausência, assim como ocorre com os elementos categoriais derrogáveis, não altera o regime jurídico ao qual o negócio encontra-se submetido; entretanto, diferentemente dos elementos essenciais, os elementos particulares são sempre voluntários e precisam ser inseridos pelas partes no negócio jurídico *in concreto*.

De forma mais simplista, os elementos particulares são todos aqueles elementos que as partes desejam incluir em um dado negócio, sem que a ordem jurídica já o tenha feito. Os elementos particulares comumente lembrados no estudo do tema são as cláusulas de condição, termo[533] e encargo; entretanto, impossível delimitar todos os elementos particulares, vez que esses decorrem da própria vontade das partes e podem possuir as mais diversas características.

Os elementos particulares podem parecer, em um primeiro momento, apenas acessórios – ou *acidentais* – ao negócio jurídico, tendo em vista que, como regra geral, não fazem parte da estrutura mínima de um dado negócio *in abstrato*. Entretanto, importante destacar que esse aspecto acidental é verdadeiro apenas, justamente, *in abstrato*. A partir do momento em que um elemento particular é incluído no negócio jurídico *in concreto*, passa ele a ser parte de sua estrutura e é, portanto, *essencial*.

Como já dito, há elementos que a ordem jurídica diz essenciais; e há aqueles que assim se tornam por vontade das partes, vez que sem eles negócio não haveria para aquelas partes.[534] Se uma condição, por exemplo,

---

[533] Talvez, inclusive, seja essa a razão de alguns autores colocarem os elementos particulares no plano da eficácia, e não no campo da existência. Essa a posição, por exemplo, de Pontes de Miranda. Não nos parece- contudo, que essa posição deva prevalecer. Apesar de alguns – e apenas alguns – elementos particulares comumente observados *in concreto*, como as cláusulas de condição e termo, atuarem no plano da eficácia, a partir do momento em que são incluídas em um negócio *in concreto* tornam-se parte da constituição do negócio jurídico. Deixam, portanto, de ser um elemento particular *in abstrato* para se tornar parte integrante da estrutura do próprio negócio jurídico, ainda que seus efeitos atuem no plano da eficácia. Essa a posição de Junqueira de Azevedo e de Moreira Alves. (MOREIRA ALVES, José Carlos. **Direito romano**. v. 1, Rio de Janeiro: Forense, 2003, p. 173).

[534] FONSECA, Patrícia Afonso. **As cartas de intenções**..., op. cit., p.1123, nota 45. Ainda, nesse mesmo sentido, Moraes: "Para além daquilo que se considera objetivamente essencial, que são, notadamente, as cláusulas de cujo teor é possível extrair verdadeiramente o conteúdo do contrato, deve-se acrescer, ainda, as cláusulas consideradas subjetivamente essenciais, traduzidas em disposições que, embora sob a ótica objetiva possam ser entendidas como

é incluída em um determinado contrato em formação, torna-se elemento subjetivamente *essencial* daquele negócio jurídico, que somente será formado caso as partes consintam com aquele elemento particular – sem dizer, é claro, os elementos *objetivamente essenciais* (gerais e categoriais inderrogáveis) e demais elementos particulares eventualmente incluídos na contratação.

A classificação adotada por Azevedo e seguida por esse trabalho é importante não apenas do ponto de vista didático, mas também de uma perspectiva prática. A falta de um elemento geral em determinado negócio jurídico representa a inexistência do próprio negócio. Em se tratando da ausência de um elemento geral intrínseco, aquilo que aparenta ser um negócio (mas não o é, pela ausência de elemento constitutivo) poderá ser um fato jurídico ou um ato jurídico não negocial, incidindo regras específicas a cada uma dessas hipóteses. A exata consciência dos elementos categorias aplicáveis a determinado negócio jurídico e, portanto, da categoria de tal negócio, é fundamental para que se saiba qual o regime jurídico aplicável ao negócio *in concreto* ou, no caso de ausência de um ou mais elementos categoriais inderrogáveis, a possibilidade de sua recondução a um outro tipo negocial[535]. Por fim, a identificação dos elementos particulares de um negócio jurídico *in concreto* também é fundamental, pois apesar de voluntários – e, como tanto, não requeridos *in abstrato* –, uma vez inseridos no negócio jurídico dele passam a fazer parte.[536]

---

acessórias, relevam para qualquer das partes, por qualquer motivo, naquele caso concreto." (MORAES, Mariana Assunção de. **Acordos pré-contratuais...** op. cit., p. 73).

[535] A identificação dos elementos gerais nos negócios *in concreto* é indispensável para que um negócio jurídico exista como tanto, sem exceção. Já a ausência de um elemento categorial inderrogável pode ser superada pela conversão substancial de um dado negócio jurídico em um outro negócio. É, portanto, um fenômeno de qualificação, acarretando a conversão em nova qualificação categorial. (AZEVEDO, Antônio Junqueira de. **Negócio jurídico**: existência... op. cit., p. 67.) Isso claro, dependerá sempre do negócio *in concreto* vez que, apesar de o ordenamento jurídico abrir essa possibilidade, tal conversão deve ser condizente com o negócio jurídico entabulado entre as partes no caso concreto, seu contexto e suas vontades manifestadas, sob pena de uma indevida interferência do ordenamento na esfera privada. Por fim, importante mencionar que o Código Civil expressamente admite a conversão substancial em seu artigo 170, referindo-se, todavia, a negócios *nulos* (e, portanto, ao plano da validade). Em realidade, em vista do princípio da conservação, "procura-se salvar tudo que é possível num negócio jurídico concreto, tanto no plano da existência, quanto da validade, quanto da eficácia" (Ibid, p. 66).

[536] Ibid., p. 40.

No plano abstrato e teórico, esses são os elementos de existência do negócio jurídico e, portanto, descendo na escala de abstração, elementos de existência do contrato como gênero – negócio jurídico por excelência.[537]

A identificação *in concreto* dos elementos categoriais de todos os tipos contratuais seria impossível de ser realizada em um único trabalho sobre o tema – há inclusive, monografias dedicadas ao estudo exclusivo de um tipo contratual apenas, com a identificação de seus elementos categorias inderrogáveis e naturais (tarefa muitas vezes imbuída de polêmicas), além do levantamento de elementos particulares normalmente inseridos em tais contratos. Não é esse, claro, o objeto dessa obra.

O que importa para esse trabalho é, outrossim, destacar que sempre haverá elementos necessários à existência de um contrato *in concreto*, não bastando o mero *acordo* entre as partes. Ora, *acordo* sobre o quê? É claro que a identificação precisa das declarações de vontade é a tarefa normalmente mais penosa ao analisarmos no caso concreto a existência de um contrato, vez que poderá depender do exame e interpretação de diversos aspectos das circunstâncias negociais e atitudes não tão claras das partes em negociação (caminhando para uma análise eventualmente subjetiva desse ponto). Entretanto, não se deve perder de vista que há sempre elementos mínimos para que um contrato exista como tanto. Há elementos gerais indispensáveis a todo e qualquer negócio jurídico (elementos gerais); há elementos categoriais inderrogáveis em todas as *categorias abstratas* de contratos (e.g.,

---

[537] Ao falarmos de níveis de abstração do negócio jurídico, importante destacar a posição de Azevedo, para quem o conceito de negócio não decorre da progressiva abstração de diversos negócios em espécie em direção ao gênero "negócio jurídico", pois seria o negócio jurídico "uma criação do povo", "um fato social", e não uma "construção teórica, doutrinária, realizada através de progressiva abstração". O negócio jurídico como conceito já existiria desde a pré-história, pois é um fato social e anterior aos vários tipos de negócio jurídico. Em qualquer época da história identificam-se modelos de comportamento que eram reconhecidos pelos membros do grupo como aptos a produzir determinados efeitos – que, hoje chamamos de efeitos jurídicos. E é isso que caracteriza um negócio jurídico, um ato humano que determinada sociedade vê como destinado a produzir efeitos jurídicos. (AZEVEDO, Antônio Junqueira de. **Negócio jurídico e declaração negocial...** op. cit., p. 3-9.) Em posição contrária, Biondi, para quem o negócio jurídico seria uma abstração progressiva dos diversos negócios em concreto. (BIONDI, Biondo. **Instituizione di diritto romano**. 4. ed. Ampliada. Milão. Dott. A. Giuffré Ed., 1965) Tal polêmica, entretanto, não impacta a análise realizada por esse trabalho, de maneira que optamos por caminhar nos diversos níveis de abstração do negócio jurídico independentemente de reconhecer qual a posição prevalecente.

o acordo sobre o sinalagma genético nos contratos onerosos, ou seja, a prestação e contraprestação uma como causa da outra na formação do contrato; o acordo sobre o sinalagma funcional nos contratos bilaterais, ou seja, prestação e contraprestação uma como causa da outra não apenas na formação, mas também na execução do contrato; a forma negocial nos contratos abstratos etc.); há elementos categoriais inderrogáveis em todas as *espécies* e *subespécies* de contratos; e há, ainda, elementos particulares que, se desejados (ou melhor, se assim manifestados), passam sempre a fazer parte da estrutura do contrato e, portanto, são também elementos de existência desse contrato.

Em suma, a identificação exata de quais os elementos de existência de um contrato – inclusive, claro, de um contrato em formação – dependerá da análise tanto do tipo contratual[538] em exame, a fim de que sejam identificados os elementos categoriais inderrogáveis daquele tipo contratual, quanto dos elementos particulares que as partes incluíram (ou manifestaram querer incluir) em um contrato.

Na análise do momento da formação do contrato é claro que todos os elementos de existência do contrato são de fundamental importância – na falta de um elemento necessário a um contrato, contrato não há[539]. Entretanto, a verificação no caso concreto dos elementos categoriais e dos elementos particulares é questão bastante objetiva – e.g., a determinação se há ou não um preço determinado ou determinável em uma compra e venda. Da mesma maneira, é objetiva a análise dos elementos gerais extrínsecos do negócio jurídico (tempo, lugar e agente). A verificação da forma e conteúdo (elementos gerais intrínsecos) de uma manifestação de

---

[538] Ainda que seja um contrato atípico, deverá ao menos observar, como já mencionado nesse trabalho, os elementos categoriais aplicáveis a níveis mais abstratos daquele contrato – ou, até mesmo, em caso de contratos atípicos mistos, dos elementos inderrogáveis daquelas categoriais que fizerem parte da estrutura de tal contrato atípico misto. Sobre o tema, ver: VASCONCELOS, Pedro Pais. **Contratos atípicos...** op. cit.

[539] Há exceções que fogem ao escopo desse trabalho, como os contratos incompletos, em que as partes, normalmente por questões de ordem econômica e de eficiência, *deliberadamente* deixam lacunas para futura e eventual integração, como resumidamente tratamos em nota no Capítulo 2.2.1 acima. Para estudo dedicado ao assunto, ver: PENTEADO, Luciano de Camargo. **Integração de contratos incompletos...** op. cit. e BANDEIRA, Paulo Greco. **Contrato incompleto...** op.cit.

vontade *in concreto* também não deveria trazer preocupações para fins do objeto desse estudo.[540]

Como visto, a declaração de vontade é principalmente caracterizada pelas circunstâncias negociais, elemento geral intrínseco do negócio jurídico que qualifica a manifestação de vontade para que essa possa ser apta a criar um *vinculum juris*. Sem circunstâncias negociais aptas a qualificarem uma manifestação de vontade, negócio jurídico (e, portanto, contrato) não há. E as circunstâncias negociais – como a própria semântica demonstra – representam um conjunto de diversos aspectos, os quais devem ser analisadas como um todo a fim de se estabelecer se uma manifestação inserida nesse contexto representa uma declaração negocial.

Justamente por esse caráter complexo, o espectro para análise interpretativa das circunstâncias negociais pode ser muito maior do que aquele de análise dos demais elementos do negócio jurídico – que, como dito, são elementos bastante objetivos. Ainda mais em uma dita formação progressiva do contrato, na qual as partes estão sucessivamente realizando manifestações de vontade objetivando a conclusão de um contrato, quando tal manifestação deixa de ser meramente parte das negociações e passa a ser uma declaração de vontade? São as circunstâncias negociais que farão tal qualificação, separando um negócio jurídico existente de um negócio jurídico inexistente.[541]

---

[540] Note-se que estamos falando da forma e do conteúdo de uma manifestação em um caso concreto. Não se nega a vasta discussão a respeito do tema *in abstrato* e as consequências práticas disso à própria formação do contrato, como por exemplo a questão do silêncio como manifestação de vontade. O que estamos apontando aqui é que a identificação da forma de uma manifestação de vontade ou de seu conteúdo em um caso concreto não deve ser uma questão polêmica, vez que fática e objetiva (diferentemente das circunstâncias negociais). Assim, pode-se dizer que a forma de uma dada manifestação de vontade foi silente, mas o que poderá determinar que aquele silêncio significava a aceitação de um dado contrato serão as circunstâncias negociais (que qualificarão a manifestação de vontade, tornando-a uma declaração de vontade).

[541] Não há dúvidas de que se não há declaração negocial, não há negócio jurídico. Claro que, via de regra, isso será óbvio e não seria necessário tratar dessa situação. As hipóteses em que isso pode, de fato, ser relevante, são aquelas em que há a *aparência* de ser, a *aparência* de um negócio jurídico. Nas palavras de Azevedo: "(...) o negócio inexistente é, na verdade, um negócio aparente, a aparência é a sua essência. Se chamássemos, ao negócio jurídico inexistente 'negócio jurídico aparente', evitaríamos inúteis discussões terminológicas" (AZEVEDO, Antônio Junqueira de. **Negócio jurídico e declaração negocial...** op. cit., p. 96). Na mesma

Por essa razão, é a identificação da declaração de vontade por meio da análise das circunstâncias negociais o objeto central na análise do momento de formação do contrato: ora, se há manifestação de vontade qualificada pelas circunstâncias negociais, mas ausente um elemento necessário à formação do contrato (seja ele um elemento categorial inderrogável como o preço em um contrato de compra e venda; ou a ausência de consentimento sobre um elemento particular, como um determinado índice de correção monetária em um contrato de longo prazo), não há dúvidas de que contrato não há. Entretanto, presentes todos os elementos *essenciais* à formação de um contrato – aí incluindo os elementos gerais, categoriais e particulares que uma ou ambas as partes manifestaram como queridos e que, portanto, passaram a fazer parte da estrutura do negócio –, é a verificação desse aspecto complexo e que qualifica a manifestação de vontade que possibilitará reconhecer se e quando há uma declaração comum de vontade e, portanto, um contrato.[542-543-544]

linha, De Los Mozos (DE LOS MOZOS, José Luis. **La inexistencia del negocio jurídico**. Madri, Instituto Editorial Reis, 1960, p. 38).
Por todo o exposto até aqui, havendo uma *aparência* de negócio, podemos resumir as hipóteses de negócio jurídico inexistente em (a) falta absoluta de qualquer declaração; (b) falta de declaração *negocial* (e.g., declaração teatralizada em uma peça); (c) impossibilidade de se enquadrar uma declaração negocial em qualquer tipo de negócio jurídico ou na própria figura genérica do negócio jurídico (e.g. falta de um elemento categorial inderrogável); e d) impossibilidade de se atribuir uma declaração negocial a alguém (e.g., *falsus procurator*). (AZEVEDO, Antônio Junqueira de. **Negócio jurídico e declaração negocial**... op. cit., p. 99-100). A hipótese (a) não deveria trazer maiores questões, vez que dificilmente chegará a ser sequer uma *aparência* de negócio. A hipótese (d) gera interessantes discussões, como aquelas relativas à teoria da aparência, mas que não interessam a esse trabalho. Já as hipóteses (b) e (c) são justamente aquelas que o intérprete do direito normalmente enfrentará na análise de uma formação progressiva do contrato – se há declaração negocial, mas essa não se enquadra em qualquer tipo de negócio jurídico pela falta de um elemento *essencial*, negócio não há; se presentes todos os elementos tidos como *essenciais*, mas ausente uma *declaração negocial*, contrato não há.
[542] Como se pode notar por todo o exposto até aqui, não entraremos nas questões de validade ou eficácia do contrato, vez que acabaria por expandir injustificadamente o escopo desse trabalho. A dúvida que se coloca nessa dissertação é quando houve ou não a conclusão de um contrato em um processo de formação progressiva. A falta de um requisito de validade do contrato (ou, muito menos, de um fator de eficácia) não guarda um papel de importância nessa análise, vez que a polêmica sempre girará em tono da existência ou não de uma declaração negocial, como exaustivamente exposto até aqui. Em qualquer negócio jurídico, os requisitos de validade e os fatores de eficácia serão analisados sempre e apenas quando existir um

contrato – e, portanto, apenas após a verificação de existência de uma declaração negocial. Nesse mesmo sentido, Mello: "Os elementos completantes, junto ao elemento cerne, constituem o próprio suporte fáctico do fato, de modo que sua integral (completa) concreção no mundo é pressuposto necessário à incidência da norma jurídica: são elementos de suficiência do suporte fáctico. Como consequência, a falta de qualquer deles importa não haver fato jurídico. Os elementos complementares e os integrativos, diferentemente, não se referem à suficiência do suporte fáctico, mas à eficiência de seus elementos. São sempre pressupostos de validade ou eficácia do ato jurídico a que dizem respeito, nunca de existência." (MELLO, Marcos Bernardes de. **Teoria do fato jurídico**... op. cit., p. 59.)
Não se nega, é claro, a importância dos requisitos de validade, estabelecidos pelo ordenamento na defesa dos interesses da sociedade e, principalmente, do próprio declarante. Entretanto, esse apenas não deve ser o foco de análise do momento de formação de um contrato (no nosso caso, um contrato de formação dita progressiva) como proposto por esse trabalho.

[543] Não obstante a observação da nota anterior, e apenas para fins de referência do leitor e completude desse trabalho, Azevedo resume os requisitos de validade do negócio jurídico da seguinte maneira: "O ordenamento, na defesa dos interesses da sociedade e dos próprios declarantes, estabelece (...) requisitos para a regularidade da declaração, que, didaticamente, podem ser agrupados em requisitos relativos à formação, requisitos relativos à estrutura e requisitos relativos ao fim. A falta de qualquer desses requisitos leva à irregularidade da declaração negocial. Os requisitos relativos à formação dizem respeito aos chamados pressupostos de proteção à integridade da vontade (capacidade, erro, dolo, coação etc.). Na verdade, trata-se menos de uma proteção mítica à vontade, e mais, da tendência igualitária do negócio jurídico (...) evitando que uma delas seja lesada, pelo negócio jurídico, por causa da situação de inferioridade. Tomada em si mesma – estrutura – a declaração exige requisitos de forma e de objeto e, às vezes, também de tempo e lugar. Que a forma seja a prescrita, que o conteúdo seja lícito, possível, determinado ou determinável são regras fixadas pelo ordenamento, atendendo mais às razões de ordem social que de proteção ao declarante. (...) Finalmente, há os requisitos relacionados com o fim da declaração (...), ou "fim do negócio jurídico", o resultado que, hipoteticamente, o negócio jurídico atingiria, se todos os efeitos, dele decorrentes, se concretizassem; não é fim do negócio jurídico, pois, o que as partes pretenderam (motivos psicológicos), nem mesmo os efeitos que resultam diretamente do negócio, eis que estes ficam aquém do fim propriamente. O fim deve ser lícito; isto significa, na verdade, como é próprio do direito não hierárquico, que a lei não se preocupa em fixar *a priori* um conteúdo; qualquer fim a atingir é admissível, desde que não ilícito. (AZEVEDO, Antônio Junqueira de. **Negócio jurídico e declaração negocial**... op. cit., p. 104-107).

[544] Nesse mesmo sentido, decisão recente da Suprema Corte di Cassazione italiana mencionada por Benedetto: *"Come la Suprema Corte di Cassazione ha, del resto, recentemente confermato (Cass. civ., sent. n. 2561 del 2 febbraio 2009), affinché un contratto possa dirsi sorto, è necessario che le parti abbiano, anzitutto, chiaramente manifestato il proprio intento di vincolarsi ed abbiano, altresì, raggiunto un accordo sugli elementi essenziali della fattispecie contrattuale che intendono generare."* (BENEDETTO, Alessandra. **Pre-contractual agreements in international commercial

Por fim, impossível falarmos em elementos de existência do contrato sem mencionarmos o *consentimento*. Como ensina Gomes[545], a palavra consentimento pode ser empregada com duas acepções: a primeira, mais abrangente, como um *acordo de vontades*, significando a integração de manifestações de vontades distintas e opostas, porém coincidentes e concordantes para exprimir a formação bilateral (ou plurilateral) do negócio jurídico contratual; a segunda, mais restrita, como sinônimo da declaração de vontade concordante de cada parte. Não se nega os efeitos que cada declaração de vontade individual – declaração que oferta e declaração que aceita o contrato – produzem por si só; mas é apenas o consentimento, entendido como a conjunção das vontades individuais – ou melhor, a conjunção das *declarações de vontade* ou, ainda, a *declaração comum de vontade* – emanadas por centros de interesse distintos que interessa ao exame da formação do contrato. Como vimos, todo negócio jurídico é uma declaração de vontade. No caso do contrato, negócio jurídico bilateral ou plurilateral, formado, portanto, por dois ou mais centros de interesse distintos, são necessárias duas ou mais declarações negociais emitidas *em harmonia*; é preciso que *se encontrem, se ajustem*, integrando-se uma na outra[546]; as declarações negociais devem ser expressadas em congruência pelos centros de interesse distintos.[547] A essa congruência das declarações de vontade emanadas por cada contratante denominamos *consentimento*, sem o qual o contrato não existe. E, como já vimos, é necessária a "coincidência *plena e total* entre as manifestações ou declarações negociais provindas das partes"[548] – e, portanto, um *consentimento* sobre todos os aspectos do contrato.[549]

---

contracts... op. cit., p. 106-107) Em tradução livre: "Como a *Suprema Corte di Cassazione* italiana, de resto, confirmou recentemente (Tribunal de Cassação, julgamento n° 2561 de 2 de fevereiro de 2009), para que um contrato possa surgir é necessário que as partes tenham, primeiramente, manifestado claramente a intenção de se vincular e tenham, também, chegado a um acordo sobre os elementos essenciais da *fattispecie* contratual que queriam celebrar."
[545] GOMES, Orlando. **Contratos...**, op. cit., p. 56.
[546] Ibid., p. 56-57.
[547] TOMASETTI JR., Alcides. A parte contratual. In: VON ADAMEK, Marcelo Vieira (coord.). **Temas de direito societário e empresarial contemporâneos:** liber amicorum Prof. Dr. Erasmo Valladão Azevedo e Novaes França. São Paulo: Malheiros, 2011, p. 760-761.
[548] Ibid.
[549] MOTA PINTO, Carlos Alberto da. **Teoria geral do direito civil...** op. cit., p. 647.

3.2. A Ausência da *Vontade* dentre os Elementos de Existência do Contrato

Realizado o exame dos elementos de existência do negócio jurídico e do contrato, resta uma questão: a vontade das partes contratantes é elemento de existência do negócio jurídico?

Ora, uma primeira reação fácil e desprovida de uma análise profunda seria dizer que sim, afinal o contrato parece justamente representar a conjugação de duas ou mais vontades distintas, além de ser expressão máxima da autonomia privada.

Apesar disso, uma análise estrutural do negócio jurídico, como a realizada no capítulo anterior, demonstra que, na verdade, a vontade, em si, não é elemento de existência do contrato – atuando, eventualmente, apenas no plano da validade (de forma destacada, por meio dos vícios do consentimento).

A *declaração de vontade*, como vimos, é elemento central do conceito de negócio jurídico. Como será examinado, contudo, não deve ser essa dividida em *declaração + vontade*, mas compreendida como um conceito unitário – e, por isso, a fim de evitar essa confusão, certa preferência pela expressão sinônima *declaração negocial*.

De forma introdutória, a fim de devidamente compreender como deve ser entendida a vontade no âmbito do negócio jurídico – que, adianta-se, é diferente da vontade natural –é importante tecermos alguns comentários a respeito da autonomia privada, própria essência do negócio jurídico.[550] Em seguida, discorreremos sobre a declaração de vontade, demonstrando, ao final, que a vontade não representa um elemento específico dentro da estrutura existencial do negócio jurídico, sendo possível, inclusive, falarmos em declaração de vontade sem que haja qualquer consciência de uma vontade natural, interna e subjetiva do agente.

---

[550] Nas palavras de Carlos Alberto da Mota Pinto: "A importância do negócio jurídico manifesta-se na circunstância de esta figura ser um meio de auto ordenação das relações jurídicas de cada sujeito de direito. Estamos perante o instrumento principal de realização do princípio da autonomia da vontade ou autonomia privada. Já atrás focamos (...) a função do negócio jurídico como meio de autogoverno pelos particulares da sua esfera jurídica própria." (MOTA PINTO, Carlos Alberto da. **Teoria geral do direito civil...** op. cit., p. 380).

3.2.1. Observações Introdutórias sobre a Autonomia Privada

Como ensina Roppo[551], o acordo entre duas ou mais partes exprime basicamente dois valores primários: (i) em primeiro lugar, a existência de uma esfera de liberdade dos sujeitos frente ao poder estatal e à lei. Um âmbito no qual as posições jurídicas patrimoniais de cada sujeito dependem das suas escolhas voluntárias e livres, não de fatores externos que se sobreponham a elas. E a autonomia representaria justamente o poder de estabelecer e de se submeter às suas próprias regras, sem que essas tenham sido impostas por fatores externos. (ii) O segundo valor seria a proteção da autonomia e liberdade de cada sujeito contra a intromissão de terceiros em sua esfera jurídica, garantindo que as posições legais de cada particular não sejam prejudicadas ou alteradas pela decisão unilateral de um outro sujeito sem que haja um acordo nesse sentido.[552]

A liberdade garantida pela autonomia privada não é plena – e nunca foi[553]. Como explica Spínola Gomes, "todas as evidências demonstram que a liberdade contratual sempre teve limites, cuja intensidade varia por questões históricas e econômicas".[554]

A opção pela denominação *autonomia privada* em contraposição à antiga *autonomia da vontade* não é feita por acaso. Nas últimas décadas fez-se necessário recompreender a autonomia de vontade e o campo de liberdade quase irrestrito de auto regramento dos particulares, característica do contexto histórico da sociedade liberal oitocentista.

É claro que mesmo nesse contexto liberal existia um limite para a esfera de atuação dos particulares – a liberdade contratual deveria ser exercida dentro da moldura legal permitida (e.g., não se concebia um contrato com

---

[551] ROPPO, Vincenzo. Il contratto... op. cit., p. 23 e ss.
[552] Como exemplifica Roppo: *"Fuori dei caso on cui la legge fa nascere obbligazioni di A verso B o dispone trasferimenti di proprietà della A a B in forza di fatti esterni alla libera scelta volontaria di A, l'obbligazione e la perdita della proprietà a carico di A in favore di B non possono derivare dalla volontà unilaterale di B, ma richiedono anche la volontà di A, cioè l'accordo fra A e B."* (Ibid.) Em tradução livre: "Com exceção da hipótese em que a lei dá origem a uma obrigação entre A e B ou dispõe sobre a transferência de propriedade de bens de A para B devido a fatos externos à liberdade de escolha de A, a obrigação e a perda de propriedade de A em favor de B não pode derivar da vontade unilateral de B, mas requerer também a concordância de A, ou seja, o acordo entre A e B."
[553] GOMES, Orlando. **Contratos**... op. cit., p. 27.
[554] SPÍNOLA GOMES, Técio. **O processo de formação do contrato**... op. cit., p. 68.

objeto ilícito). Entretanto, a compreensão era de que a vontade seria a única causa de produção de efeitos do negócio jurídico.

A partir do século XX, como já mencionado no capítulo 2.3 desse trabalho, as relações privadas começam a se pautar, cada vez mais, no interesse da coletividade em detrimento do apenas e exclusivo interesse particular. Novos princípios surgem e tornam-se caros ao ordenamento, como os princípios da solidariedade, da boa-fé e da função social do contrato – tão importantes ao ordenamento quanto o próprio poder de auto regramento das partes. Passa-se a admitir um maior dirigismo contratual, que ocorre por meio dos novos elementos axiológicos que passam a reger o ordenamento jurídico. E, como já mencionado, altera-se o "eixo central da teoria das obrigações da tutela da vontade à tutela da confiança".[555] Nesse contexto, o contrato deixa de ser apenas o acordo livre de vontades entre particulares para representar um valor de utilidade social.[556]

A vontade é, claro, continua tendo um papel de destaque como força motriz do negócio jurídico; entretanto, o ordenamento apenas imputa aqueles efeitos que o declarante manifesta como queridos se a vontade externada estiver revestida dos elementos valorativos que o ordenamento impõe. Para que um contrato atinja os efeitos a que serve – i.e., a criação do vínculo jurídico – devem ser observadas não apenas as vontades declaradas das partes, mas também os postulados e limites impostos pelo ordenamento nesse novo contexto.[557]

A moldura dentro da qual os particulares são livres para exercer seu poder de auto regramento fica, assim, mais estreita. A autonomia privada de hoje não deixa de representar o mesmo conceito que a autonomia da vontade representava outrora – entretanto, é a autonomia privada evolução

---

[555] MARTINS-COSTA, Judith. As cartas de intenção no processo formativo da contratação internacional... op. cit., p. 48-49.

[556] FIUZA, César.; SÁ, Maria de Fátima Freide de; NAVES, Bruno Torquato de Olivera. **Direito Civil.** Da autonomia privada nas situações jurídicas patrimoniais e existenciais. Belo Horizonte/MG: Editora DelRey. 2007, p. 57.

[557] Nesse sentido, Godoy: "Enfim, o que se procura, em um novo modelo de autonomia privada, compatível com o sistema jurídico implantado pelo paradigma do Estado Social, é garantir às partes um poder normativo, um poder de criar certa normativa, no dizer de Ferri, mas, sempre, nos moldes dos valores que a Constituição e, na sua esteira, as normas infraconstitucionais impõem para êxito do programa axiológico do ordenamento." GODOY, Claudio Luiz Bueno de. **Função social do contrato...** op. cit., p. 32-45.

desse conceito em um novo contexto do direito privado e da ordem legal.

Como explica Canaris[558], "os princípios não valem sem exceção e podem entrar em oposição ou em contradição entre si". E frente a outros princípios cada vez mais valorizados pela sociedade, como a confiança, a solidariedade e a segurança do tráfego jurídico, deve a autonomia privada ser sopesada e combinada.

Ao realizar essa análise sucinta acerca da autonomia da vontade e da autonomia privada[559] é importante destacar: a liberdade de contratar das partes é ainda – e deverá sempre ser em um sistema de direito privado – princípio fundamental e inafastável do direito contratual. Houve apenas

---

[558] CANARIS, ClausWilhelm. Systemdenken und Systembegriff in der rechtswissenschaft, cit. na trad. Port. De A. Menezes Cordeiro, *Pensamento sistemático e conceito de sistema na ciência do direito*, Lisboa, 1989, p. 88 apud MOTA PINTO, Paulo Cardoso Correia da. **Declaração tácita...** op. cit., P. 424

[559] Além da diferenciação entre autonomia da vontade e autonomia privada, interessante se faz também a distinção entre *autonomia privada* e *autodeterminação*. Sobre o assunto, Godoy resume de forma didática, comentando a posição de Joaquim de Souza Ribeiro: "Na sua visão, a identificação, a par de favorecer uma anacrônica visualização da autonomia como ligada substancial ou exclusivamente à vontade do sujeito, parte do equivocado pressuposto de que autonomia privada e autodeterminação sejam um mesmo conceito. Mas a verdade é que esta última, mais ampla, confere ao indivíduo a liberdade de agir ou, frise-se, de não agir e, na primeira hipótese, de externar declarações com ou sem efeito negocial, propriamente, sejam de índole unilateral ou bilateral. Já a outra, de que é veículo qualquer negócio jurídico (não só o bilateral), conota um poder ativo com eficácia reguladora, posto que revelando uma faceta de autodeterminação, da liberdade individual juridicamente tutelada. (...). Realmente, não se entende haja mesmo de se identificar a autonomia privada como a autodeterminação, ainda que esta lhe componha o conteúdo, mas consubstanciar uma liberdade ampla, juridicamente tutelada, de fazer ou não fazer algo de acordo com a lei, com ou sem efeito negocial. Na autonomia privada, como observa Ana Prata, está-se diante de um aspecto específico da liberdade de ação humana, que é, na sua concepção, a liberdade negocial, de resto nem só deferida à pessoa natural, mas, igualmente, às pessoas jurídicas. Ou, por outra, ainda que ambas – autodeterminação e autonomia privada – se revelem como expressão dessa liberdade jurídica, salienta Francisco Amaral que a autonomia privada está marcada por uma conotação objetiva, real e concreta de normatização das próprias relações, o que, vale acrescentar, necessariamente não se dá sempre que se exercite (ou não) determinada prerrogativa pelo ordenamento deferida. (...). Uma coisa, todavia, é sempre certa. Qualquer que seja o conteúdo do ato de autonomia privada, deve ele atentar aos valores promocionais do ordenamento, o que, em verdade, e como exaustivamente defendido, integra sua própria estrutura." (GODOY, Claudio Luiz Bueno de. **Função social do contrato...** op. cit., p. 32-45).

a alteração de contextos e paradigmas: passa-se de um exagerado papel absolutista da vontade individual despreocupado com o coletivo, para um contexto no qual a vontade e o poder de auto regramento devem ser exercidos em consonância com a solidariedade e outros valores, respeitando os efeitos gerados pelos atos próprios nas esferas alheias.

Com efeito, parece-nos claro que a vontade de que se trata no exame do negócio jurídico é uma vontade *jurídica*, sendo essa compreendida (e limitada) pela autonomia privada – e diferente, portanto, de uma vontade natural e absoluta.

Ainda sobre a autonomia privada, importante destacar que não deve ser ela – seja em sua concepção como esfera de autodeterminação baseada na vontade individual ou em sua concepção de poder jurídico de autodeterminação concedido pelo ordenamento – entendida como fundamento ideológico do negócio jurídico. É, outrossim, princípio indissociável do negócio jurídico, mas não o que o fundamenta. Esse é uma criação social, sendo o reconhecimento de determinados atos pela sociedade como juridicamente vinculantes aquilo que fundamenta o negócio jurídico. Como bem resumido por Azevedo em sua crítica à autonomia privada como fundamento do negócio jurídico:

> Em síntese, a autonomia de vontade concebida como liberdade de agir é ideia excessivamente individualista, para fundamentar ideologicamente o negócio jurídico. Explica, somente um de seus aspectos; pode ser útil para discutir do maior ou menor âmbito a ser dado à iniciativa privada, ou para expor a possibilidade de se criarem contratos atípicos, mas, certamente, não fundamenta a vertente "social" do negócio jurídico[560]. Como poder de auto-regular seus próprios interesses, por outro lado, a autonomia privada, ou é algo indefinido, talvez um mero "duplo" da idéia de pessoa, ou é vista como poder concedido pelo Estado às pessoas, o que falseia profundamente a essência social do negócio jurídico.[561]

---

[560] E, por essa razão, a terceira denominação utilizada para esse conceito por Azevedo: "autonomia social" AZEVEDO, Antônio Junqueira de. **Estudos e Pareceres de Direito Privado.** São Paulo: Saraiva, 2004, p. 47-52.

[561] AZEVEDO, Antônio Junqueira de. **Negócio jurídico e declaração negocial**... op. cit., p. 80.

3.2.2. A Vontade e a Declaração Negocial

Como vimos anteriormente, o negócio jurídico é caracterizado pela declaração de vontade, tida por alguns como elemento nuclear do negócio e por outras como sua gênese.[562] Entretanto, em um conflito entre a vontade verdadeira, interna e psicológica, e a vontade declarada, externada e conhecida, qual deve prevalecer? A "vontade" ou a "declaração"? Carlos Alberto da Mota Pinto[563] é categórico sobre a prevalência da segunda: "Na disciplina dos negócios patrimoniais (...), por exigência da tutela da confiança do declaratário e dos interesses do tráfico, a vontade manifestada (...) triunfa sobre a vontade real, assim se reconhecendo o 'valor social da aparência' (na expressão de Emilio Betti)".[564]

As clássicas teorias da vontade e da declaração[565] discutem essa questão e opõe dois sistemas diversos. A primeira, colocada em relevo por Savigny,

---

[562] Nas palavras de Martins-Costa: "Não se discute que, nos negócios jurídicos há, sempre, manifestação ou declaração de vontade, por vezes· considerada 'elemento' do negócio, por vezes tida como sua 'gênese', sendo habitualmente sublinhado o seu papel no que concerne à distinção entre os negócios jurídicos em geral e os demais atos jurídicos do tipo principal de negócio – o contrato – cujo conteúdo se tem como fixado precisamente por ela." (MARTINS-COSTA, Judith. As cartas de intenção no processo formativo da contratação internacional... op. cit., p. 41).

[563] MOTA PINTO, Carlos Alberto da. **Teoria geral do direito civil**... op. cit., p. 399.

[564] Apesar de – como veremos a seguir – fiarmo-nos na corrente que descarta a necessidade dessa dicotomia, vez que não seria a vontade elemento do negócio jurídico, as conclusões de Carlos Alberto da Mota Pinto podem ser aproveitadas: a declaração negocial deve ser interpretada do ponto de vista do declaratário, no interesse da tutela da confiança e do tráfego jurídico. Sobre o assunto, Carlos Alberto da Mota Pinto continua: "Os problemas decisivos para o efeito de determinar o conceito de declaração negocial – correspondente aos dados do sistema – são o da divergência entre a vontade e a declaração, o dos vícios da vontade, o da interpretação da declaração negocial, etc. Tais problemas têm subjacente um conflito entre os interesses do declarante, por um lado, e os do declaratário e do comércio jurídico, por outro. Ora o direito civil conhece hoje um estádio de evolução que põe na primeira linha a protecção das expectativas dos declaratários e da segurança do comércio jurídico, dando assim relevância à 'aparência' e a uma 'exigência de cognoscibilidade', a expensas de uma vontade real e psicológica." (MOTA PINTO, Carlos Alberto da. **Teoria geral do direito civil**... op. cit., p. 414).

[565] Para um estudo mais detalhado de tais teorias, ver: FERRARA, Luigi Cariota. Il negozio giuridico nel diritto privato italiano. Napoli, Morano, s.d.; RODRIGUES, Silvio. **Direito Civil:** parte geral. 34. ed. São Paulo: Saraiva, 2003. v. I.; PEREIRA, Caio Mário da Silva. **Instituições de direito civil**... op. cit.

faz prevalecer a vontade verdadeira do declarante, sendo somente essa vontade aquela capaz de produzir efeitos jurídicos, havendo, assim, a predominância da vontade como dogma absoluto[566]. Na configuração do negócio jurídico importaria, portanto, a vontade em si, aquilo que psicologicamente se quis. Segundo essa teoria, a intenção de negócio e o querer os seus efeitos seriam condições *sine qua non* do negócio jurídico, prevalecendo sempre a vontade psicológica em caso de discordância entre essa e a sua declaração.[567]

Já a teoria da declaração defende a prevalência da vontade declarada sobre a vontade verdadeira, "seja porque o sentido normal da vontade somente existe, do ponto de vista do direito, por sua expressão externa", "seja porque quem emite uma declaração jurídica aceita se prender em face de quem ele se dirige"[568]. Os defensores dessa teoria argumentam que a declaração é o único dado objetivo capaz de ser conhecido por outras pessoas, trazendo maior segurança às relações privadas[569] e sendo, portanto, uma teoria que privilegiaria o *social* em detrimento do *individual*. Se o comportamento da pessoa configura, tipicamente, a conduta prevista pelas normas jurídicas, esse seria o elemento suficiente para se considerar concretizado o negócio jurídico, independentemente da vontade interna do sujeito.[570] A verificação da coincidência da declaração externada com a vontade interna seria de difícil – ou impossível – verificação, prevalecendo, portanto, a primeira.

Apesar de a teoria da vontade ser comumente ligada ao direito francês e ao *Code Civil*, em contraposição ao *BGB* e ao direito alemão, que seriam adeptos da teoria da declaração, em nenhum momento, seja no direito francês ou no alemão houve a prevalência absoluta e irrestrita de alguma dessas teorias.[571] Pelo contrário, verifica-se que doutrina e, principalmente, jurisprudência alemã e francesa, ainda que baseadas em legislações com inspirações opostas, demonstraram uma tendência de harmonização.[572]

---

[566] AZEVEDO, Antônio Junqueira de. **Negócio jurídico:** existência... op. cit., p. 74.
[567] MELLO, Marcos Bernardes de. **Teoria do fato jurídico...** op. cit., p. 163.
[568] AZEVEDO, Antônio Junqueira de. **Negócio jurídico:** existência... op. cit., p. 74-75.
[569] MELLO, Marcos Bernardes de. **Teoria do fato jurídico...** loc. cit.
[570] MELLO, Marcos Bernardes de. **Teoria do fato jurídico...** op. cit.
[571] AZEVEDO, Antônio Junqueira de. **Negócio jurídico:** existência... op. cit., p. 80.
[572] RIEG, Alfred. **Le rôle de la volonté dans l'acte juridique en droit civil français et allemand.** Paris, LGDJ, 1961, p. 10 *apud* AZEVEDO, Antônio Junqueira de. **Negócio jurídico:**

Da mesma maneira, não seria uma verdade simplesmente dizer que a teoria da vontade é uma teoria *individualista* e a teoria da declaração é uma teoria *social*. Exemplo disso seria levar a cabo os preceitos da teoria da declaração em um caso de erro substancial, como vender um carro que sabe-se valer R$100.000,00 por R$10.000,00. A solução adotada pelo nosso sistema hoje é de anulabilidade de um negócio cuja vontade encontra-se viciada por erro – sendo uma solução adequada do ponto de vista social, vez que evita danos àqule cuja vontade foi manifestada por erro sem, ao mesmo tempo, trazer prejuízos ao co-contratante do negócio anulável. A manutenção desse negócio – que seria o resultado lógico da teoria da declaração – representaria o benefício do co-contratante em total prejuízo daquele cuja vontade estava viciada por erro substancial (o que não nos parece de acordo com a *moral social* que estaria por trás da teoria da declaração).[573]

Tanto uma teoria quanto a outra centra-se na vontade – a primeira, na vontade interna do agente; a segunda, na vontade declarada do agente. Em ambas, no entanto, não se dispensa, nem se poderia dispensar, a exteriorização da vontade como elemento material do negócio jurídico.[574] São, portanto teorias voluntaristas.[575]

---

existência... op. cit., p. 79.
[573] AZEVEDO, Antônio Junqueira de. **Negócio jurídico:** existência... op. cit., p.. 80-81.
[574] MELLO, Marcos Bernardes de. **Teoria do fato jurídico...** op. cit., p. 163. Logicamente, do ponto de vista do direito, a única vontade que importa é aquela vontade exteriorizada. É isso que resume Mello: "Do ponto de vista do direito, somente vontade que se exterioriza é considerada suficiente para compor suporte fáctico de ato jurídico. A necessidade de que o elemento volitivo da conduta seja conhecido das pessoas constitui imperativo de ordem prática, vivencial, que o direito incorpora. A vontade que permanece interna, como acontece com a reserva mental, não serve à composição de suporte fáctico do ato jurídico, pois que de difícil, senão impossível, apuração." (Ibid., p. 139).
[575] Além dessas teorias, houve o surgimento de diversas outras teorias intermediárias entre a teoria da vontade e a teoria da declaração, como por exemplo a teoria da responsabilidade e a teoria da confiança. São teorias que discutem o grau de influência que a vontade deve ter sobre a declaração, justificando por que esta ou aquela legislação às vezes permite tal influência e, às vezes, a elimina. (AZEVEDO, Antônio Junqueira de. **Negócio jurídico:** existência... op. cit., p. 86.) Azevedo tem uma posição bastante crítica sobre tais teorias intermediárias. Além de também partirem do pressuposto da dualidade de elementos "declaração" e "vontade", teriam elas incongruências lógicas insanáveis e não considerariam o aspecto social da declaração negocial, mas tão somente seu aspecto individualista. Em suas palavras: "A concentração das

Não obstante a importância dessas teorias clássicas, Azevedo[576] entende que ambas possuem um erro em sua formulação inicial, ao segregarem a vontade da declaração, como se a declaração de vontade (ou, como prefere, declaração negocial) fosse formada por dois elementos distintos – divergem, apenas, em qual desses elementos distintos prevalece em caso de conflito. Não deveria haver, contudo, em sua opinião, essa divisão.

Ao analisarmos o negócio jurídico, como feito no capítulo anterior, vimos que a declaração de vontade é um conceito único, constituída por objeto, forma e circunstâncias negociais – e não por uma "manifestação" somada a um "elemento volitivo". Ou seja, "a vontade não é elemento do negócio jurídico; o negócio é somente a declaração de vontade".[577]

Ao ser proferida, a declaração de vontade incorpora tudo o que foi objeto do processo volitivo interno do agente, incluindo, claro, sua vontade. E é em relação à declaração de vontade que o ordenamento jurídico atribuirá os efeitos *manifestados* como queridos, de acordo com os limites predeterminados pelo ordenamento.[578] Nas palavras de Azevedo:

explicações, no processo volitivo, ainda que limitada somente aos vícios de consentimento, peca, porém, por não tomar em conta, mesmo na fase de formação, a dimensão social do negócio jurídico. É verdade que, para evitar os excessos do voluntarismo, são muitos os autores que fazem apelo à responsabilidade do declarante e à confiança despertada no declaratário (Teorias da Declaração, da Responsabilidade e da Confiança) mas essas invocações são, na verdade, contrapesos ao que se estabelece como princípio: a perfeição do querer. O ponto de partida das explicações tradicionais, nesse momento da formação da declaração, é individualista (...). Todas as teorias tradicionais dirão: 'o negócio jurídico é um ato de vontade' e acrescentarão: 'por isso a vontade deve prevalecer (Teoria da Vontade)'; ou, 'mas o declarante é responsável pelo que diz' (Teoria da Responsabilidade); ou 'e o declarante deve arcar com as consequências da confiança que despertou no declaratário' (Teoria da Confiança); ou, 'mas os elementos são dois: vontade e declaração, devendo, em caso de divergência, predominar a declaração para garantia das relações negociais'. Como se vê, partem da vontade interna, individual" (AZEVEDO, Antônio Junqueira de. **Negócio jurídico e declaração negocial**... op. cit., p. 137). Sobre tais teorias intermediárias ver RÁO, Vicente. **Ato Jurídico**: noção, pressupostos, elementos essenciais e acidentais: o problema do conflito entre os elementos volitivos e a declaração. 3. Ed. anotada e atual. Por Ovídio Rocha Barros Sandoval. São Paulo: Ed. Revista dos Tribunais, 1994, p. 196.

[576] AZEVEDO, Antônio Junqueira de. **Negócio jurídico:** existência... op. cit., p. 82.
[577] Ibid.
[578] PANUCCI FILHO, Roberto. **Lease-back**... op. cit., p. 93.

Não há que discutir qual dos dois elementos [vontade ou declaração] há de, em princípio, prevalecer; somente a declaração de vontade é elemento do negócio jurídico (plano da existência). Mesmo sem vontade, o negócio existe, e apenas poderá acontecer de ser nulo ou anulável (plano da validade), ou de não produzir efeitos (plano da eficácia – em que a vontade age principalmente através da interpretação). Assim, por exemplo, num negócio existente, se a declaração não tiver o requisito de provir de um processo volitivo, ou se esse processo volitivo não for regular, então, o negócio existente será nulo, ou anulável, ou até mesmo válido (dependendo das circunstâncias e dos diversos ordenamentos jurídicos), exatamente como ocorre, por exemplo, com a ilicitude de objeto ou com a preterição de formalidades.[579]

Betti e Kohler também não admitem a dualidade dos elementos declaração e vontade. Betti[580] argumenta que o negócio jurídico é um fato social e, como tanto, há a exigência de que seja socialmente reconhecível. E a vontade, como fato psicológico interno, pertence unicamente ao foro individual do agente. Somente quando reconhecível no ambiente social – seja por meio de manifestações declaradas ou comportamentais – é que ela passa a ser passível de interpretação e, portanto, reconhecimento social.

Não se quer dizer que a interpretação das declarações seja centrada apenas na literalidade dessas; deve-se, outrossim, buscar o sentido nela objetivado – como, aliás, prescreve o nosso atual Código Civil, em seu artigo 112.[581] Kohler[582], por sua vez, sustenta que um só fenômeno existe: a declaração considerada como própria vontade em ação.

---

[579] AZEVEDO, Antônio Junqueira de. **Negócio jurídico:** existência... op. cit., p. 83.
[580] BETTI, Emilio. Teoria generale del negozio giuridico. In: VASSALLI, Filippo. (dir). **Tratatto di diritto civile italiano.** 3. ed.Torino, UTET, 1960, p. 51.
[581] "Art. 112. Nas declarações de vontade se atenderá mais à intenção nelas consubstanciada do que ao sentido literal da linguagem" (grifamos). Interessante notar que a redação atual deixa claro que o que se busca é a intenção *consubstanciada* nas declarações de vontade, de forma que o que se busca "é extrair dos elementos contidos na declaração a intenção das partes" (ROSENVALD, Nelson. **Código Civil comentado...** op. cit., p. 101). No artigo correspondente do antigo Código Civil de 1916, artigo 85, o legislador, em uma posição claramente mais voluntarista, fazia menção apenas à prevalência da "intenção" sobre o sentido literal da linguagem, sem que houvesse a redação "nelas consubstanciada" em referência à declaração de vontade, como previsto no atual artigo 112.
[582] KOHLER in Iharb. F. Dogm. XVI, 91 e ss., *apud* RÁO, Vicente. **Ato Jurídico...** op. cit., p. 195.

A declaração de vontade, que, como vimos, é elemento central do negócio jurídico, não é caracterizada pela intenção de efeitos que cada parte do negócio busca obter em um dado negócio *in concreto*. Essa intenção de obter efeitos jurídicos pode até ser fundamento íntimo do agente que o leva a realizar a declaração de vontade; entretanto, os efeitos jurídicos, para serem obtidos, exigem um *molde* que a sociedade reconhece como destinado à produção de tais efeitos jurídicos. É especificamente esse caráter de recogniscibilidade social dentro de determinados moldes o que caracteriza a declaração de vontade.[583] Como resume Azevedo, "a declaração de vontade, no negócio jurídico, é um fato objetivo, de relacionamento humano, uma declaração socialmente qualificada".[584-585] A essência do negócio – e, portanto, da declaração – está em um comportamento objetivo, exterior, social, e não em uma intenção psicológica (vontade) ou no seu meio (declaração, manifestação etc.).[586]

Em posição similar, Massimo Bianca também sustenta que a relevância jurídica do contrato independe da vontade interna e destaca que "o contrato não é valorado como um fenômeno psíquisco, mas sim social"[587].

Ao admitirmos que os efeitos jurídicos obtidos com a declaração negocial decorrem da atuação do agente dentro de moldes socialmente

---

[583] AZEVEDO, Antônio Junqueira de. **Negócio jurídico e declaração negocial**... op. cit., p. 21.
[584] Ibid., p. 22.
[585] Nesse mesmo sentido, Carvalho e Andrade afirmam: "Dessa maneira, uma declaração negocial é assim qualificada quando socialmente compreendida como destinada à produção de efeitos jurídicos. O foco, como se vê, é a qualificação dada socialmente àquela declaração – e não os efeitos desejados pelo agente ou qualquer outro elemento volitivo. Por consequência, admite-se a existência de negócios jurídicos completamente desprovidos de vontade, sendo necessário apenas que a manifestação de determinado agente seja vista como socialmente qualificada à produção de efeitos jurídicos. O elemento externo da declaração é, pois, *condição de existência* do negócio jurídico. O elemento interno pode ser, quando muito, condição de validade. Se existe o elemento externo (o tal comportamento declarativo) já poderemos falar de negócio jurídico. Resta depois saber qual o seu conteúdo (problema da interpretação), se é válido ou nulo e, neste último caso, se a nulidade é absoluta ou relativa (problema entre a vontade e a declaração)." (CARVALHO, Orlando de; ANDRADE, Manuel A. Domingues de. **A teoria geral da relação jurídica**: seu sentido e limites. 2a ed. Coimbra, Centelha, 1981, p. 128).
[586] MOTA PINTO, Carlos Alberto da. **Teoria geral do direito civil**... op. cit., p. 415.
[587] BIANCA, C. Massimo. Diritto civile – Vol. 3 – Il contratto. 2 ed. Milão: Giuffrè, 2000. P. 20 *apud* SPÍNOLA GOMES, Técio. **O processo de formação do contrato**... op. cit., p. 131 (tradução de Spínola Gomes).

reconhecíveis como aptos a produzir tais efeitos (e não da vontade do agente em obtê-los), conclui-se que é a sociedade – ao determinar esses moldes – que determina os efeitos das declarações negociais (e não a vontade particular do agente). A declaração negocial diferencia-se das demais declarações justamente "pelo modelo social de atitude em que está vertida".[588]

Com isso, se a declaração negocial se caracteriza por ser *socialmente* reconhecível como jurídica, e, para tanto, basta se encaixar em um molde que a sociedade reconhece como apto a produzir efeitos jurídicos, admite-se declaração de vontade sem vontade, já que essa última não é fundamento nem elemento da declaração negocial – é, no máximo, *iter* para sua formação.

Importante destacar que essa posição adotada por Azevedo não é unânime. Aliás, trata-se de uma questão que suscita muito debate na doutrina.

Além de Azevedo, também Betti e Kohler, como vimos, admitem negócios jurídicos desprovidos de vontade[589], vez que sequer entendem

---

[588] AZEVEDO, Antônio Junqueira de. **Negócio jurídico e declaração negocial**... op. cit., p. 20.

[589] Apenas para que não haja confusão, importante observar que alguns autores costumam dividir a vontade da qual decorre a declaração de vontade em duas: (i) vontade de conduta externa; e (ii) consciência da juridicidade da declaração. Como explica Azevedo: "A análise voluntarista distingue, no processo psíquico da formação da declaração, pelo menos, duas vontades: a vontade de conteúdo e a vontade de declarar. A primeira, também dita 'vontade negocial' (*Geschaftswille*), tem por objeto os efeitos do negócio; quem compra, quer a compra. A segunda (*Erklarungswille*) também chamada 'vontade de manifestação', tem por objeto o próprio ato de declarar a vontade; quem compra, quer declarar que compra (...) A vontade de declarar, para existir, exige dois subelementos: *vontade de conduta externa* (dita também 'vontade de ação', *Handlungswille*), por exemplo, a deliberação de pronunciar as palavras da declaração; e *consciência da juridicidade* da declaração (*Erklarungsbewusstsein*). Procurando ilustrar: se A acena para um amigo, ao entrar na sala de leilões, e o leiloeiro e todos os demais entendem o gesto como oferta, um lance, há vontade de conduta externa, mas sem consciência da juridicidade do ato. Se B (...) combina (...) com C, que, se à noite, deixar a luz da porta da entrada de sua casa acesa, é porque aceita o contrato que lhe foi proposto, e, à noite, embora queira apagar a luz, não pode, porque ficou trancado à chave no quarto, há consciência da juridicidade da conduta, mas falta a vontade dessa mesma conduta. Tanto num caso como noutro, há falta absoluta da vontade de declarar." (AZEVEDO, Antônio Junqueira de. **Negócio jurídico e declaração negocial**... op. cit., p. 160-161). Apesar dessa divisão suscitar interessantes discussões, entendemos que a diferenciação entre "vontade de conduta externa" e consciência da "juridicidade da declaração" não é relevante para a análise proposta por esse trabalho, de

haver a distinção entre vontade e declaração. Wieling[590] e Bydlinski, no direito alemão, são dois dos principais expoentes da corrente que defende a possibilidade de um negócio jurídico totalmente desprovido de vontade.[591] Para Bydlinski, a falta de consciência da declaração deve ser tratada da mesma maneira que os casos de erro. Em suas palavras: "entre aquele que, negocialmente, nada quer e o que, negocialmente, quer algo diferente, não existe, no ponto decisivo, qualquer diferença: as consequências às quais se deve manter adstrito não foram queridas, então e aí, pelo interessado; ele não estava, então e aí, consciente de sua ocorrência".[592] Com isso, a inexistência de vontade ou a não consciência da declaração negocial seria tratada da mesma maneira que o erro na declaração – i.e. como um requisito de validade –, sendo a regularidade dessa declaração verificada de acordo com parâmetros objetivos previstos em lei; o erro, em si, não significa necessariamente a invalidade do negócio, mas apenas a sua imputação, de acordo com critérios objetivos legais, é que permite fazê-lo.[593-594]

---

maneira que optamos por utilizar o vocábulo "vontade" ou "consciência da declaração" como expressões sinônimas.

[590] WIELING, Josef. **Venire contra factum proprium und Verschulden gegen sich selbst**, AcP 176 (1976), 334-355 *apud* MENEZES CORDEIRO, António Manuel da Rocha. **Da boa-fé no direito civil**... op. cit., p. 769.

[591] E nesse mesmo sentido, como expõe Sonnenberger, já se manifestou a Corte Federal alemã, negando que seja indispensável a consciência de declaração pelo declarante. (BGH 7.6.1984, BGHZ 91, 327 *apud* SONNENBERGER, Han Jürgen. **La conclusione del...**, op. cit., p. 67.)

[592] BYDLINSKI, Franz. **Privatautonomie und objektive Grundlagen des verpflichtenden Rechtsgeschaftes**. Wien, 1967, p. 163 *apud* MENEZES CORDEIRO, António Manuel da Rocha. **Da boa-fé no direito civil**... op. cit., p. 643-644.

[593] MENEZES CORDEIRO, António Manuel da Rocha. **Da boa-fé no direito civil**... op. cit., p. 643-644.

[594] Menezes Cordeiro entende que aqueles que defendem a possibilidade de existência de declaração negocial desprovida de vontade, especialmente quando manifestada por meio de comportamentos concludentes de uma das partes, estão, na verdade, atribuindo efeitos à tutela da confiança de terceiros e não à autonomia efetiva das partes. Em suas palavras: "O problema analisa-se em dois pontos: na univocidade do próprio comportamento em si, capaz de motivar, por isso, a confiança da contraparte e na consciência da declaração que dê, ao comportamento, o sentido de uma autonomia efectiva. Na falta de tal consciência, quaisquer efeitos que se atribuam às atitudes das pessoas não exprimem já a autonomia privada do próprio, mas, tão só, a tutela da confiança de terceiros". (MENEZES CORDEIRO, António Manuel da Rocha. **Da boa-fé no direito civil**... op. cit., p. 769). Com respeito à posição de Menezes Cordeiro, não nos parece, contudo, que ao admitirmos negócios jurídicos desprovidos de vontade há

Nesse ponto importante tomarmos um cuidado: independetemente da posição que se adote – e esse trabalho, como visto, seguirá a posição de Azevedo –, não se quer dizer que a vontade interna não tenha relevância jurídica. A vontade, externada por meio da declaração, determina em grande parte os efeitos do negócio jurídico, além de justificá-los do ponto de vista moral. Entretanto, o que fundamenta a existência do negócio jurídico é a declaração negocial – e essa não depende necessariamente da vontade individual.[595] Azevedo exemplifica essa situação com a troca de correspondências na qual, frente a uma proposta, o sujeito declara "aceito" o que, na verdade, queria escrever "não aceito". Não há dúvidas de que, nesse caso, o envio de uma carta com os dizeres "aceito" em resposta a uma proposta é socialmente interpretada como destinada à produção de efeitos jurídicos – sendo, portanto, uma declaração negocial – independentemente da evidente falta absoluta de vontade.

Nesse mesmo sentido, Ferri[596] reconhece o papel criador que a vontade subjetiva exerce no negócio jurídico. Entretanto, para ele, apenas a isso se resumiria a vontade, desprendendo-se do agente quando objetivizada e fazendo parte da "fórmula jurídica" necessária para que se caracterize uma declaração negocial.[597]

Em realidade, apesar de não ser um elemento necessário à existência de um contrato, a vontade é particularmente relevante na análise dos requisitos de validade. A validade é a qualidade que o negócio deve ter ao entrar no mundo jurídico, ou seja, o negócio jurídico deve estar de

---

'tão só' a tutela da confiança de terceiros, afastando a autonomia privada. Essa, como vimos, não deve ser apenas entendida como um simples poder de auto-regramento das partes; deve, outrossim, ser exercida de acordo com os demais princípios do ordenamento, dentre eles a confiança. Portanto, consideradas as posições mais modernas a respeito da autonomia privada já expostas nesse capítulo, não entendemos que há um afastamento da autonomia privada ao considerarmos a possibilidade de existência de uma declaração negocial desprovida de vontade – pelo contrário, tal entendimento se coaduna com as limitações admitidas à autonomia privada.

[595] AZEVEDO, Antônio Junqueira de. **Negócio jurídico e declaração negocial...** op. cit., p. 22.

[596] FERRI, Luigi. **La autonomia privada.** Tradução de Luis Sancho Mendizabal. Madrid: Revista de Derecho Privado, 1969, p. 135-137 *apud* GODOY, Claudio Luiz Bueno de. **Função social do contrato...** op. cit., p. 44.

[597] GODOY, Claudio Luiz Bueno de. **Função social do contrato...** op. cit., p. 44.

acordo com as regras jurídicas a fim de que possa ser válido e, como tanto, apto à produção de efeitos (observados, claro, os já apontados fatores de eficácia).

Como mencionado, o ordenamento estabelece requisitos para a regularidade da declaração (*qualidades* que a declaração deve ter), em defesa dos interesses sociais (de terceiros e de toda a ordem jurídica) e individuais dos próprios declarantes. Especificamente com relação à vontade, há os chamados requisitos relativos à formação do negócio jurídico ou pressupostos de proteção à integridade da vontade[598], tutelados pelos vícios do consentimento (erro, dolo, coação, estado de perigo etc.) – os quais, se presentes, maculam a validade da declaração negocial. Via de regra, a declaração de vontade deverá ser resultante de um processo volitivo; querida com plena consciência da realidade; escolhida com liberdade; e deliberada sem má-fé.[599] Os vícios do consentimento, positivados no Código Civil dentre os defeitos do negócio jurídico (art. 138 e seguintes), constituem a maneira com que o direito protege a declaração negocial e lhe assegura tais qualidades. Como explica Azevedo, "trata-se menos de uma proteção mítica à vontade, e mais, da tendência igualitária do negócio jurídico".[600] Evita-se, com tais requisitos, que uma parte seja lesada pelo negócio jurídico por causa de sua situação momentânea de inferioridade.[601] E, na hipótese de incidência de um ou mais vícios do consentimento, o contrato será inválido ou defeituoso e, como tanto, normalmente, ineficaz. Por essa razão, apesar de o elemento "vontade" não ser considerado dentre os elementos de existência de um dado negócio jurídico, sua importância

---

[598] AZEVEDO, Antônio Junqueira de. **Negócio jurídico e declaração negocial**... op. cit., p. 104-105.

[599] AZEVEDO, Antônio Junqueira de. **Negócio jurídico:** existência... op. cit., p. 43.

[600] AZEVEDO, Antônio Junqueira de. **Negócio jurídico e declaração negocial**... op. cit., p. 104-105.

[601] Azevedo destaca que o negócio jurídico não se destina somente a produzir efeitos entre pessoas formalmente em pé de igualdade (i.e., excluindo-se por exemplo as declarações do chefe para o subordinado; ou aquelas que emanam de uma autoridade ao cidadão), "mas também, como instrumento jurídico por excelência do relacionamento humano, postula igualdade *real* entre declarante e declaratário". Essa a razão da proteção da formação da vontade, colocar ambos os contratantes em condições reais de igualdade para concluir um negócio jurídico. (Ibid.).

para a validade do contrato (e do negócio jurídico em geral) é evidente[602], atuando fortemente em tal plano.

Feitas essas observações acerca dos requisitos de validade do negócio jurídico (e da importância da vontade em tal plano), volta-se a examinar e concluir a intersecção entre a vontade e a declaração negocial.

Como visto, temos que a declaração, uma vez feita, desprende-se de seu *iter* volitivo e adquire autonomia. Torna-se ela, declaração de vontade, externa ao seu agente, transportando consigo a totalidade do processo que levou à sua emissão. A vontade, nesse caso, pode até cumprir um (importante) papel de "pontapé inicial" do processo interno e psíquico do agente que culmina em sua declaração de vontade; entretanto, tal papel se encerra, justamente, no âmbito interno do agente, não cabendo a análise de tal vontade para determinação da existência de uma declaração negocial. Como explica Betti[603], a vontade psicológica interna – seja qual for essa vontade – se exaure com a declaração e nela permanece observada.

A autonomia privada, como ensina Betti, surge exatamente nesse momento em que há a declaração, vivendo como entidade externa do seu agente, independentemente do processo volitivo. E conclui o jurista italiano:

> Segue-se, daí, que, se a vontade, como fato psíquico, é alguma coisa que se confunde com a pessoa e não é concebível separada dela, o preceito do negócio é, por sua natureza normativa e não psicológica, alguma coisa de separado da pessoa, a ponto de se contrapor a ela (...) e de a vincular.[604]

---

[602] A influência da vontade interna pode ser maior ou menor em cada um desses vícios do consentimento, a depender de diferentes fatores próprios a cada uma dessas figuras, inclusive considerando diversos aspectos do caso concreto. Em vista de tal complexidade, apenas um estudo dedicado a cada uma dessas figuras seria capaz de abordar essas particularidades de forma completa, incluindo a maneira como a vontade interna influencia e deve ser analisada – exemplo de estudo nesse sentido é a já citada obra de Ana Alvarenga sobre o erro (MOREIRA, Ana Alvarenga. **Por uma concepção objetiva do erro...**, op. cit.). O que é importante destacar, por ora, é que, não obstante o papel de menor relevância da vontade na existência do negócio jurídico e, portanto, na identificação da formação de um contrato (objeto e foco desse estudo), a vontade é (ou melhor, pode ser) significativamente relevante no plano da validade, de maneira que não deverá ser desconsiderada na análise do caso concreto (após, é claro, conforme a Escada Ponteana e a técnica de eliminação progressiva, a verificação da *existência* daquele contrato).

[603] BETTI, Emilio. Teoria generale del negozio giuridico... op. cit., p. 58-59.

[604] BETTI, Emilio. Teoria generale del negozio giuridico... op. cit., p. 59.

O que chamamos, portanto, de *acordo de vontades* e que seria a essência do contrato é, em realidade, um *acordo de declarações de vontade*, vez que essa (a declaração de vontade) incorpora a totalidade daquela (a vontade). Nas palavras de Azevedo: "o acordo de vontades é uma mera suposição diante do que, de fato, importa, o encontro das declarações".[605]

3.3. Declaração Negocial como Manifestação de Vontade Qualificada

O contrato consiste no encontro de duas ou mais declarações negociais – ao menos, uma que oferta e uma que aceita.[606] E é o conteúdo da somatória dessas declarações que determina o conteúdo do contrato.[607] Ou, se se admitir a possibilidade de procedimentos diferentes de formação do contrato, que dispensem uma declaração que oferta e uma declaração que aceita – conforme defendido por Spínola Gomes[608] –, o contrato consistiria simplesmente na declaração negocial representando o consenso das partes.[609]

---

[605] Azevedo, inclusive, menciona que com base nesse preceito a teoria do erro obstativo seria inaceitável: "Às vezes, divide-se o erro em erro-vício e erro-obstativo, ou erro-obstáculo, ou erro obstante, mas essa divisão não deve ser confundida com a que apresentamos, de erro na formação e erro na expressão da vontade. A teoria do erro obstativo nos parece, tal como é habitualmente exposta, inaceitável. Ela é explicada como abrangendo os casos em que o erro exclui o 'consentimento'; a formação do contrato não se dá, porque o erro impede o 'acordo de vontades'. Assim, se um quiser vender x e outro quis comprar y, as vontades não se encontram, não há contrato. (...) O contrato não surge do acordo 'de vontades', e sim, do acordo das declarações. São as declarações que se encontram, e não, as vontades. (...) Segue-se daí que, se uma parte pensou em comprar e a outra, alugar, ou ambas declararam o que pensaram e não houve o encontro das declarações – e, portanto, de fato, não há contrato, mas também não houve erro; ou ambas declararam a mesma coisa (comprar ou alugar) e houve o encontro das declarações – e há contrato. Nesse caso, houve erro de uma das partes mas, vê-se logo, o erro não impediu o contrato; é erro na expressão da vontade, mas não, erro obstativo." (AZEVEDO, Antônio Junqueira de. **Negócio jurídico e declaração negocial...** op. cit., p. 170.)

[606] PONTES DE MIRANDA, Francisco Cavalcanti. **Tratado de direito privado**. 3. ed. Rio de Janeiro: Borsoi, 1972., t. II, p. 435.

[607] ZANETTI, Cristiano de Sousa. **Responsabilidade pela ruptura das negociações...** op. cit, p. 54.

[608] SPÍNOLA GOMES, Técio. **O processo de formação do contrato...** op. cit.

[609] Nesse sentido, Thomas Pfeifer: não é necessariamente a dualidade de oferta e aceitação que forma um contrato, mas sim o consenso: *consensus facit contratum*". PFEIFFER, Thomas. Formation of contracts and offer and acceptance in european private law. In: SCHULZE, Reiner; VISCASILLAS, Pilar Perales (eds.). The formation of contract. Baden-Baden: Nomos, 2016. P. 145 *apud* SPÍNOLA GOMES, Técio. **O processo de formação do contrato...** op. cit., p. 115-116.

Como vimos, é a declaração negocial uma manifestação de vontade a que o ordenamento imputa efeitos apontados como queridos.[610] E para que o ordenamento reconheça uma manifestação como uma declaração negocial, tal manifestação deve ser qualificada pelas circunstâncias negociais.

Sendo o negócio jurídico um fato social, cada povo, de acordo com suas circunstâncias históricas e geográficas, determina modos de comportamento que os membros daquele grupo social consideram como aptos à produção de efeitos jurídicos. No passado, o cerimonial do *mancipatio* ou a entrega de um fio de barba eram manifestações que determinados grupos sociais consideravam como dotadas de caráter jurídico. O aperto de mão ou a declaração da expressão "negócio fechado", são formas de manifestação às quais nossa cultura atual atribui efeitos negociais, ou seja, entende como sendo declarações negociais – desde que, claro, inseridas em um contexto que assim permitam ser interpretadas (i.e., as circunstâncias negociais).[611]

Por outro lado, por essas mesmas razões, os chamados *gentleman's agreements* não se tratam de negócios jurídicos, assim como as manifestações de vontade externadas nesse caso não configuram declarações negociais. Apesar de obviamente haver manifestação de vontade, essa não é destinada à produção de efeitos jurídicos, vez que não se encaixa no "molde" socialmente reconhecido como jurídico. Aliás, é justamente esse o caráter socialmente dado aos *gentleman's agreements*, de um modelo não-jurídico.[612]

---

[610] Nas palavras de Carlos Alberto da Mota Pinto: "Pode definir-se a declaração de vontade negocial como o comportamento que, exteriormente observado, cria a aparência de exteriorização de um certo conteúdo de vontade negocial, caracterizando, depois, a vontade negocial como a intenção de realizar certos efeitos práticos, com ânimo de que sejam juridicamente tutelados e vinculantes." (MOTA PINTO, Carlos Alberto da. **Teoria geral do direito civil**... op. cit., p. 413-414).

[611] AZEVEDO, Antônio Junqueira de. **Negócio jurídico e declaração negocial**... op. cit., p. 5.

[612] AZEVEDO, Antônio Junqueira de. **Negócio jurídico e declaração negocial**... op. cit., p. 41-43 Ainda sobre os *gentleman's agréments* e sobre outros acordos que não seriam negócios jurídicos, Azevedo explica: "Parece claro que não se trata de negócio jurídico. Há, porém, declaração de vontade; há vontade de obter efeitos; mas esse tipo de acordo não é destinado a produzir diretamente efeitos jurídicos. O 'molde', em que o acordo é versado, é, por escolha das partes, justamente, um molde não-jurídico. Não há declaração negocial. (...). Os *gentlemen's agreements* são interessantes do ponto de vista teórico, porque põem graves dificuldades às definições do negócio jurídico baseadas na vontade. Se a vontade exigida é como dizem alguns, a de obter efeitos práticos, as partes querem esses efeitos e assim declaram querer; logo, haveria negócio jurídico. Se a vontade é de obter efeitos jurídicos, tem-se que sustentar

Em resumo, o que importa para a caracterização do negócio jurídico e, portanto, da declaração negocial, é o reconhecimento social de determinadas manifestações conforme as circunstâncias em que se inserem.[613] E quais seriam essas *manifestações* e *circunstâncias*?

No direito brasileiro atual, não há mais dúvidas de que a manifestação de vontade pode ser exteriorizada tanto por meio de declarações expressas, como por meio de atitudes, condutas ou *fatos concludentes*. O que se exige é uma "vontade claramente exteriorizada, perceptível, inequívoca".[614]

Como já mencionado no capítulo anterior, em todos os negócios há *facta concludentia*. A diferença é que há negócios concluídos de forma expressa e outros de forma tácita, nos quais a declaração é simplesmente inferida das circunstâncias.[615] Trata-se, portanto, de um problema de *interpretação* da declaração negocial.

Nos negócios formados de forma tácita, importante destacar que não são as condutas, atitudes ou quaisquer outros fatos concludentes que constituem o negócio jurídico. O suporte fático do negócio continua sendo uma declaração negocial – a qual é inferida pela interpretação dada àqueles fatos concludentes. "Os atos são, apenas, *meio* para o intérprete, mas não, a declaração; a forma tácita é forma da *declaração*."[616]

Exemplo de declaração negocial tácita bastante ilustrativo é o dos contratos ditos *automáticos*, típicos de relações massificadas de consumo. É evidente que há contrato quando alguém se utiliza do transporte público ou quando adquire uma lata de refrigerante em uma *vending machine*. O ordenamento em nenhum momento requer que seja manifestada pelo

---

que o caso é de negócio jurídico em que as partes escolhem, como efeito jurídico, que o negócio não tenha efeito jurídico (e, então, fica sem explicação por que o fizeram). Um acordo de cavalheiros pode ter efeitos jurídicos indiretos; por exemplo, para interpretação de um negócio jurídico ou, mesmo, como ato ilícito de prática de concorrência desleal. É, pois, um ato jurídico em sentido estrito, do tipo declaração de intenção. Semelhantemente aos acordos de cavalheiros, têm sido feitos, em negociações muito difíceis de divisão, ou partilha, e em tratativas de contratos complexos, 'protocolos de intenção' ou 'minutas', que também não têm caráter jurídico. Identificam-se com os protocolos, das reuniões diplomáticas, que também não têm a natureza jurídica de tratado."

[613] AZEVEDO, Antônio Junqueira de. **Negócio jurídico e declaração negocial...** op. cit., p. 6.
[614] COUTO E SILVA, Clóvis Veríssimo do. **A obrigação como processo...** op. cit., p. 73.
[615] AZEVEDO, Antônio Junqueira de. **Negócio jurídico e declaração negocial...** op. cit., p. 18.
[616] Ibid.

vendedor e pelo comprador a vontade de vender ou de comprar, ou seja, aceita que haja uma manifestação tácita e concludente nesse sentido.[617]

Tanto as declarações expressas quanto as declarações tácitas são qualificadas pelas circunstâncias negociais – nas declarações tácitas, contudo, além de se analisar as circunstâncias negociais, mister se faz interpretar as atitudes das partes a fim de se identificar a manifestação ou comportamento concludente. Dito isso, passemos a explorar em mais detalhes as circunstâncias negociais e, em seguida, a interpretação das declarações negociais.

3.3.1. As Circunstâncias Negociais

O que dá o caráter negocial a uma declaração de vontade são as circunstâncias negociais – fator externo ao agente. Como mencionado, não basta que haja uma exteriorização da vontade, é preciso que sua manifestação seja rodeada de circunstâncias que façam com que ela seja socialmente reconhecida como jurídica.[618]

As circunstâncias negociais nada mais são do que o "conjunto de circunstâncias que formam uma espécie de esquema, ou padrão cultural"[619] (ou, ainda, *modelo cultural de atitude*[620]), que qualifica a manifestação de vontade para que essa seja vista socialmente como apta à produção de efeitos jurídicos.

Aqueles que desejarem a celebração de um dado negócio saberão, via de regra, qual atitude realizar para tanto, uma vez que inseridos em seu próprio meio social. Logicamente, poderão não saber quais os requisitos de validade para aquele negócio ou, ainda, todas as consequências jurídicas de sua declaração, mas, em hipóteses normais, saberão quais os atos na sociedade em que vivem são vistos como dirigidos à produção de efeitos jurídicos e compreendidos como *vinculantes*.

Sobre o assunto, pense-se, por exemplo, no tratamento legal da população indígena, nos termos do Estatuto do Índio. Ora, é evidente que a população indígena "não integrada" possui, ao menos em tese, pouca familiaridade com o padrão cultural de uma sociedade que não é a sua. Por essa razão, o ordenamento jurídico considera nulos os atos praticados

---

[617] MELLO, Marcos Bernardes de. **Teoria do fato jurídico...** op. cit., p. 192.
[618] AZEVEDO, Antônio Junqueira de. **Negócio jurídico:** existência... op. cit., p. 121.
[619] Ibid., 122.
[620] Ibid.

de acordo com os padrões da sociedade "comum", mas válidos os atos praticados de acordo com os padrões de seu ambiente social[621] – deixando claro que o que importa para o negócio jurídico é o seu reconhecimento social.

Como já mencionado nesse trabalho, a representação de uma compra e venda em sala de aula obviamente não pode ser considerada negócio jurídico, vez que desprovida das circunstâncias negociais para tanto – a sociedade não reconhece caráter jurídico em uma encenação para exemplo de aula. Por outro lado, pensando de maneira oposta, é claro que a sociedade reconhece efeitos jurídicos nas declarações de compra e venda de um automóvel realizadas em uma concessionária de carros, por exemplo, ainda que uma das partes esteja, em seu âmago, realizando sua declaração sem qualquer seriedade ou sob coação. Não há dúvidas de que, nesse último caso, estamos diante de negócio jurídico. Ainda que eventualmente se reconheça a falta de requisitos de validade (como no caso da coação, por exemplo), não se pode negar a existência daquele negócio jurídico.[622]

Percebe-se, aí, que as circunstâncias negociais, elemento caracterizador da declaração negocial – e, portanto, do negócio jurídico – compõem um elemento *social* e não *jurídico*.[623] Apenas após uma declaração ser *socialmente* reconhecível como apta à produção de efeitos jurídicos é que o direito passa a exercer plenos poderes sobre aquele negócio, dando ou negando validade e eficácia.

Por ser elemento social, as circunstâncias negociais são impossíveis de delimitação ou de elenco taxativo. São reflexo da própria sociedade, e, portanto, acompanham – ou melhor, refletem – as mudanças da própria sociedade e as características de cada grupo social. Tentar delimitar as circunstâncias negociais seria mais um exercício de sociologia do que propriamente do direito.

Como já mencionado, as declarações expressas deveriam, ao menos em tese, gerar dúvidas mais simples acerca de sua interpretação. Entretanto, uma análise detalhada das circunstâncias negociais pode demonstrar que até mesmo manifestações expressas de vontade podem não constituir uma declaração negocial.

---

[621] AZEVEDO, Antônio Junqueira de. **Negócio jurídico:** existência... op. cit., p. 123.
[622] Ibid.
[623] Ibid.

Naturalmente, a aposição de assinaturas em uma minuta dita completa poderia (e, via de regra, deveria) ser interpretada como declaração de vontade. A aposição de assinaturas é justamente a maneira mais corriqueira de declaração negocial nos usos e costumes do trato comercial. Não se nega, contudo, que as circunstâncias negociais podem evidenciar o contrário. Por exemplo, podem as partes ter acordado apenas registrar o *status* da negociação, assinando o documento como forma de declarar o mútuo entendimento e acordo a respeito do conteúdo do regramento contratual até então discutido – não especificamente celebrando o contrato naquele momento. Isso poderia ser evidenciado por notas ao documento, trocas de e-mails, registros das reuniões, entre outros, nos quais estaria demonstrado que as partes acordaram organizar a negociação dessa maneira, o que seria plenamente legítimo. Essa análise passa, sempre, pelo exame dos elementos factuais – as circunstâncias negociais são, aliás, como dissemos, o conjunto desses elementos. E devem as circunstâncias negociais ser analisadas considerando a totalidade dos elementos e especificidades do contexto em que aquela negociação se insere[624], evitando que "uma análise fria afaste-se do verdadeiro intuito das partes"[625] – intuito esse que, como se sabe, no direito brasileiro, deve ser aquele *consubstanciado* na declaração

---

[624] Chaves também discorre sobre o assunto, explicando que a assinatura de um documento pode significar diversos fatos, como a celebração de um contrato, o simples registro de minutas ou a celebração de um contrato preliminar – a análise conclusiva só poderá ser realizada com o exame das circunstâncias negociais: "Se as partes assinam a minuta, o projeto ou o apontamento, lembra Ignazio Moschella, deve-se considerar terem-no aceito como vinculador para a sua vontade no seu contexto: encontram vigor as regras para as escrituras particulares com relação à existência e prova dos contratos. A assinatura será então considerada como um passo adiante na caracterização da vontade: implica de certo modo na concordância e na responsabilidade de quem por essa forma dá maior solenidade reforça o conteúdo da minuta. Será, no entanto, uma questão de fato, como assinala Alberto Trabucchi, decidir quando a vontade tenha posto o seu timbre definitivo num ato; nem sempre a própria assinatura constitui elemento decisivo. Frequente neste estágio é a formação de um verdadeiro contrato obrigatório que não visa modificar diretamente a efetiva situação das partes, tendo ao contrário por objeto a obrigação de um futuro *contrahere*: é o assim chamado contrato preliminar." (CHAVES, Antônio. **Responsabilidade pré-contratual**... op. cit., 1997, p. 86-87 e TRABUCCHI, Alberto. **Instituciones de derecho civil**. Trad. de Luiz Martínez-Calcerrada. Madrid: Revista de Derecho Privado, 1967. v. 2.)

[625] GARCIA, Enéas Costa. **Responsabilidade**... op. cit., p. 24-28.

de vontade.[626] Entretanto, parece-nos natural que, ao menos, o *ônus* de demonstrar que a assinatura *não é o que parece ser* é, nesse caso, daquele que alega a não formação desse contrato – mas estaríamos aí entrando em uma matéria de prova, logicamente fora do escopo dessa obra.

Sobre o assunto, interessante o disposto no artigo 223º do Código Civil português.[627] De acordo com esse dispositivo, as partes em negociação podem estipular uma forma especial para a *declaração*[628], ficando presumido que as partes não querem se vincular senão pela forma convencionada. Entretanto, o mesmo artigo admite que tal convenção poderá ser afastada se as circunstâncias negociais demonstrarem que, em verdade, as partes quiseram se vincular desde logo. Ou seja, cria-se uma presunção de não formação de um contrato capaz, contudo, de ser ilidida se as circunstâncias negociais assim demonstrarem. Dessa maneira, caso as circunstâncias negociais demonstrem haver elementos para admitir a intenção das partes de se vincularem de imediato, ainda que sem a observância da forma estipulada, a presunção a que acima se referiu fica afastada e admite-se a existência de uma declaração negocial.[629]

Esse entendimento pode ser estendido aos documentos pré-contratuais. Assim como no caso de uma convenção de se vincular somente por meio de uma forma especial pré-determinada, como previsto no artigo 223° do

---

[626] Código Civil, art. 112: Nas declarações de vontade se atenderá mais à intenção nelas consubstanciada do que ao sentido literal da linguagem. (BRASIL. Código Civil de 10 de janeiro de 2002. Disponível em: http://www.planalto.gov.br/ccivil_03/leis/2002/L10406.htm> Última consulta em 8 dez. 2017)

[627] Código Civil português, artigo 223º (Forma convencional): 1. Podem as partes estipular uma forma especial para a declaração; presume-se, neste caso, que as partes se não querem vincular senão pela forma convencionada. 2. Se, porém, a forma só for convencionada depois de o negócio estar concluído ou no momento da sua conclusão, e houver fundamento para admitir que as partes se quiseram vincular desde logo, presume-se que a convenção teve em vista a consolidação do negócio, ou qualquer outro efeito, mas não a sua substituição. (PORTUGAL. DL n.º 47344/66 da República Portuguesa, de 25 de novembro de 1966. Disponível em: <http://www.pgdlisboa.pt/leis/lei_mostra_articulado.php?nid=775&tabela=leis&so_miolo>. Acesso em 20 nov. 2017.)

[628] Nesse caso, frise-se, estamos falando de forma da declaração – e não de estipulação de forma do negócio jurídico, como é possível, por exemplo, nos termos do artigo 109 do Código Civil Brasileiro (e que afeta o plano da validade do negócio, não da sua existência).

[629] Nesse sentido, MORAES, Mariana Assunção de. **Acordos pré-contratuais**... op. cit., p. 80-82.

Código Civil português, a celebração de cartas de intenção, memorandos de entendimento, minutas e diversos outros documentos comumente celebrados na fase pré-contratual demonstram, *prima facie*, justamente a pretensão de manter a liberdade de celebrar ou não o contrato futuro. Ora, via de regra, quisessem as partes o vínculo imediato poderiam celebrar um contrato propriamente dito ou deixar essa intenção de vinculação mais clara. A opção pelos documentos pré-contratuais demonstra, via de regra, o desejo de manter sua esfera de liberdade. Entretanto, essa presunção jamais poderá ser absoluta. Pelo contrário, a análise das circunstâncias negociais é que deverá determinar se há ou não no caso concreto um contrato (seja ele definitivo ou preliminar).[630]

3.3.2. Interpretação das Declarações Negociais

Afastada a vontade como elemento de existência do contrato, tem-se que a análise da declaração negocial não passa por uma análise da vontade interna do seu agente. Interpreta-se, outrossim, as manifestações e comportamentos das partes de acordo com o contexto em que se inserem a fim de se identificar um papel decisório dessas, principalmente no campo das declarações tácitas. Não se exige a consciência subjetiva por parte do declarante do significado implícito em suas condutas e manifestações; basta que, objetivamente, de fora, em uma consideração coerente, possa ser deduzido um sentido negocial daquelas condutas.[631-632]

---

[630] Nesse mesmo sentido, Leitão: "(...) o elemento definidor principal das cartas de intenção reside na consideração pelas partes de que conservam a sua liberdade de celebração do contrato. (...) Sempre que as partes demonstrem considerar concluídas as negociações ou excluam a sua liberdade de celebração do contrato, vinculando-se a essa celebração, estaremos perante a efectiva celebração do contrato ou perante um contrato-promessa, não perante uma carta de intenção". (LEITÃO, Luís Manuel Teles de Menezes. Negociações e responsabilidade pré-contratual nos contratos comerciais internacionais... op. cit., p. 61).

[631] MOTA PINTO, Carlos Alberto da. **Teoria geral do direito civil...** op. cit., p. 423.

[632] Pontes de Miranda explica as manifestações tácitas: "(...) pode ser por atos ou omissões que se hajam de interpretar, conforme as circunstâncias, como manifestações de vontade do oferente ou do aceitante. O comerciante que entrega o objeto, que não foi pedido, mas que lhe parece agradaria o freguês, manifesta, tacitamente, a vontade. Se o freguês tem conta na casa, ou goza de crédito, a saída com o objeto é aceitação." (PONTES DE MIRANDA, Francisco Cavalcanti. **Tratado de direito privado...** op. cit., t. XXXVIII, p. 88)

Quando diferenciamos declarações expressas de declarações tácitas estamos, logicamente, no campo da forma da declaração. A declaração pode ser oral, escrita, mímica, consistir no próprio silêncio ou em atos dos quais se deduz a declaração de vontade.[633] Toda declaração tem uma forma pela qual adentra o plano fático. Ao dividirmos as declarações em expressa ou tácita, colocamos, de um lado, as manifestações de vontade realizadas de forma direta (palavras, escritos, gestos inequívocos etc.) e, de outro, declarações que são deduzidas de fatos e atos conforme o contexto em que se inserem.[634]

As declarações negociais demandam interpretação para que sejam identificadas, principalmente quando falamos das declarações tácitas. A interpretação, nesse caso, nada mais é do que o apuramento do sentido negocial dos comportamentos representados pelas manifestações – o caminho a percorrer entre o comportamento e seu sentido negocial.[635] A interpretação da declaração negocial é, portanto, a atividade pela qual se determina a existência da declaração negocial.[636]

E ao tratarmos da interpretação da declaração negocial importante termos em mente que essa interpretação deve investigar não somente o conteúdo da declaração de vontade, mas a própria *existência* dessa

---

[633] AZEVEDO, Antônio Junqueira de. **Negócio jurídico:** existência... op. cit., p. 126.

[634] Sobre o assunto, interessante analisar a distinção entre expresso/tácito realizada por Paulo Mota Pinto: "A distinção expresso/tácito, cuja importância não deve ser sobrevalorizada, parece apenas relevante para certos preceitos especiais onde se requer uma declaração 'expressa' (...). Contudo, se, em geral, se puder apresentar um fundamento para essa exigência, esse deverá consistir – pareceu-nos – sobretudo na facilitação da *interpretação* e na propiciação da *segurança* (embora uma 'função de aviso' ao agente não seja também de excluir). Tendo em conta esta justificação geral, e apoiados nas considerações críticas que fizéramos, propusemos como critério distintivo o adoptado maioritariamente na doutrina italiana, e que parece ter correspondências em distinções efectuadas noutros campos, como, designadamente, nas ciências da linguagem. Assim, distinguiu-se entre declaração por *símbolos*, na qual existe uma relação semântica relativamente constante (se bem que possa variar com a constituição do significado no caso concreto) e uma linguagem, e declaração por *sinais*, onde o elemento manifestado pelo comportamento, o significado, só pode ser constituído totalmente no caso concreto, apenas através de uma inferência a partir das circunstâncias – e, portanto, não existe qualquer linguagem." (MOTA PINTO, Paulo Cardoso Correia da. **Declaração tácita** ... op. cit., p. 728-729.)

[635] REI, Maria Raquel Aleixo Antunes. **Da interpretação da declaração**... op. cit., p. 4-5.

[636] MOTA PINTO, Paulo Cardoso Correia da. **Declaração tácita**... op. cit., p. 412.

declaração.[637] A interpretação da declaração negocial não decide apenas o *como* do negócio, mas também o *se*.[638]

As declarações expressas e diretas não demandam, via de regra, um apurado exercício de interpretação, justamente por seu caráter expresso. Por isso mesmo, as declarações expressas, quando comparadas às tácitas, têm um grau mais alto de certeza e precisão.[639] Entretanto, até as declarações expressas são submetidas a um exercício de interpretação – a máxima *in claris non fit interpretatio*, utilizada para rejeitar a interpretação das declarações expressas, já é resultado de uma interpretação dessa declaração[640] (que, obviamente, considerou-a clara). Em outras palavras: "a pretensa clareza só pode resultar da consideração concreta do contexto em que declarante e declaratário se encontravam, e isto pressupõe já uma interpretação".[641]

Os comportamentos concludentes que constituem as declarações tácitas demandam, por sua natureza, um exercício mais detalhado de interpretação, sendo menos frequente o emprego da máxima *in claris non fit interpretatio*. Os *facta concludentia* decorrentes das declarações tácitas são todos aqueles nos quais se possa apoiar uma ilação para constituir o significado do comportamento, sendo esse o resultado da ilação.[642] Realiza-se uma inferência da declaração negocial a partir de fatos concludentes. "À conduta a partir da qual se pode efectuar uma ilação poderemos chamar 'comportamento concludente'".[643] Trata-se, assim, de determinar

---

[637] BINDER, Julius. Wille und Willenserklärung im Tatbestand des Rechtsgeschäft, in ArchRWPhil. Bd. V (1911/12), p. 458 *apud* MOTA PINTO, Paulo Cardoso Correia da. **Declaração tácita...** op. cit., p. 188-189.

[638] Ibid., p. 189.

[639] AZEVEDO, Antônio Junqueira de. **Negócio jurídico:** existência... op. cit., p. 126.

[640] Sobre o assunto ver NEVES, António Castanheira. O actual problema metodológico da interpretação jurídica, in **Revista de Legislação e Jurisprudência**, n. 3722 *apud* MOTA PINTO, Paulo Cardoso Correia da. **Declaração tácita...** op. cit., p. 190-191.

[641] Ibid., p. 191. No mesmo sentido, isto é, a favor da necessidade de interpretação da declaração negocial em todas as hipóteses: MENEZES CORDEIRO, António Manuel da Rocha. **Da boa-fé no direito civil...** op. cit.; e ABREU, José de. **O negócio jurídico e sua teoria geral**. São Paulo, 1984.

[642] MOTA PINTO, Paulo Cardoso Correia da. **Declaração tácita...** op. cit., p. 191.

[643] Ibid., p. 746-747.

o significado de um comportamento, a partir da conduta concreta, no contexto das respectivas circunstâncias.[644-645]

Independentemente das diferenças entre declarações expressas e declarações tácitas, ou do maior trabalho do intérprete do direito em uma ou em outra situação, os critérios para apuração da existência de uma declaração expressa ou de um comportamento concludente são os mesmos – há, como dito, uma maior ou menor complexidade na interpretação. De toda forma, uma declaração negocial, seja ela expressa ou tácita, seja ela decorrente de um comportamento concludente ou de expressões claras cujo significado é inequívoco, será sempre compreendida de acordo com critérios gerais de interpretação das declarações negociais.

Ao referir-se à interpretação das declarações negociais, é importante lembrar que o significado dado pelo intérprete sobre o sentido jurídico de um determinado comportamento é único – ou seja, não poderá o mesmo intérprete dar dois sentidos jurídicos para um mesmo comportamento, pois, nesse caso, estaríamos admitindo que o ordenamento previu efeitos jurídicos distintos para uma mesma conduta, o que seria ao menos contraditório. Ainda que haja redações ou comportamentos vagos, isso não afasta a possibilidade de estarmos diante de declarações negociais, apenas demonstra falta de técnica jurídico-negocial dos agentes. A declaração vale de acordo com o que é apurado conforme as regras de interpretação aplicáveis. Diante de um comportamento vago, haverá apenas mais trabalho interpretativo a fim de se apurar o sentido da declaração negocial ou, se

---

[644] MOTA PINTO, Paulo Cardoso Correia da. **Declaração tácita...** op. cit., p; 748.

[645] Nesse mesmo sentido, comentado sobre a interpretação da declaração tácita no direito alemão, Sonnenberger explica: "*Il problema è, pertanto, stabilire quando ci si trovi di fronte ad una dichiarazione tacita di volontà sotto forma di un comportamento concludente. Al riguardo difficilmente si può dare una formula sicura e in questa sede ci si deve limitare a dare una indicazione di massima: esiste una dichiarazione tacita sotto forma di un comportamento concludente quando attraverso l'interpretazione del comportamento stesso emerge che è implícito un determinato contenuto negoziale.*" (SONNENBERGER, Han Jürgen. **La conclusione del...**, op. cit., p. 67.) Em tradução livre: "O problema é, portanto, estabelecer quando nos deparamos com uma declaração tácita de vontade sob a forma de comportamento concludente. A este respeito, é difícil dar uma fórmula segura e aqui devemos limitar-nos a dar uma indicação geral: há uma declaração tácita sob a forma de um comportamento concludente quando, por meio da interpretação do comportamento em si, surge que é implícito um determinado conteúdo negocial."

for o caso, reconhecer que a declaração não vale juridicamente, pois é impossível extrair dela um sentido.[646]

A interpretação de declarações negociais na formação de um contrato reside na identificação do consenso, ou seja, da existência de declarações negociais opostas e distintas, porém coincidentes, recíprocas e concordantes[647] (ou ao menos uma declaração negocial que represente tal concordância).

Via de regra, o consenso poderá ser verificado pela identificação da declaração de aceitação do contrato – afinal, o efeito jurídico da declaração de aceitação é justamente originar o contrato que se aceita. Se não há aceitação – ou se essa declaração de aceitação não condiz com a proposta – não há contrato. Entretanto, como dissemos, nem sempre a sequência proposta-aceitação é nítida, o que dificulta a interpretação de uma declaração de aceitação. Mesmo deixando de lado a sequência proposta-aceitação como mencionado anteriormente[648], uma declaração negocial conjunta ou que de qualquer outra forma expresse o necessário consenso também pode não ser tão nítida – e, normalmente, justamente por sair da usual sequência proposta-aceitação, não será.

O direito posto traz poucas regras atinentes à interpretação das declarações negociais. Destacam-se os artigos 111[649], 112[650], 113[651] e 114[652] do

---

[646] REI, Maria Raquel Aleixo Antunes. **Da interpretação da declaração**... op. cit., p. 16-18.

[647] MELLO, Marcos Bernardes de. **Teoria do fato jurídico**... op. cit., 205.

[648] Logicamente, fazemos referência aqui à já mencionada tese de Spínola Gomes. Sobre o assunto, interessante a crítica de Lord Wilberforce. O julgador inglês afirmou "as dificuldades encontradas por quem tenta enquadrar a formação de todos os contratos no modelo clássico, muitas vezes ao 'custo de forçar os fatos para caberem de forma inadequada nos espaços demarcados da oferta, aceitação e *consideration*'." ([1974] UKPC 1, [1975] AC 154 *apud* SPÍNOLA GOMES, Técio. **O processo de formação do contrato**... op. cit., p. 121).

[649] Código Civil, art. 111: "O silêncio importa anuência, quando as circunstâncias ou os usos o autorizarem, e não for necessária a declaração de vontade expressa."

[650] Código Civil, art. 112: "Nas declarações de vontade se atenderá mais à intenção nelas consubstanciada do que ao sentido literal da linguagem."

[651] Código Civil, art. 113: "Os negócios jurídicos devem ser interpretados conforme a boa-fé e os usos do lugar de sua celebração."

[652] Código Civil, art. 114: "Os negócios jurídicos benéficos e a renúncia interpretam-se estritamente."

Código Civil⁶⁵³, como regras gerais. Há, ainda, outros artigos relacionados à interpretação das declarações negociais espalhados pelo Código Civil, relativos, contudo, a situações bem específicas, como cláusulas em contratos de adesão (art. 423); o contrato de fiança (art. 819); e cláusulas testamentárias (art. 1.899).

A título de comparação, o direito positivo português traz mais detalhes sobre o assunto, dedicando uma subseção própria à interpretação das declarações negociais. Dentre as regras de interpretação do Código Civil português, destacamos aquela do artigo 236º, nº 1, que diz o seguinte (grifos nossos): "A declaração negocial vale com o *sentido que um declaratário normal*, colocado na posição do real declaratário, *possa deduzir do comportamento* do declarante, salvo se este não puder razoavelmente contar com ele." Nota-se, com isso, que o ordenamento português destaca a *doutrina da impressão do destinatário*.⁶⁵⁴

Nesse sentido, de acordo com o código português, a interpretação da declaração negocial deve ser realizada com enfoque na maneira como as condutas de um agente são entendidas pelo *declaratário* em uma situação de normalidade (ou melhor, por um *declaratário normal*, "médio", no lugar do declaratório real⁶⁵⁵). Importa mais o que aquelas condutas *parecem significar para o declaratário*, do que propriamente o que o declarante quis em seu

---

[653] BRASIL. Código Civil de 10 de janeiro de 2002. Disponível em: <http://www.planalto.gov.br/ccivil_03/leis/2002/L10406.htm> Acesso em: 12 dez. 2017.

[654] MOTA PINTO, Paulo Cardoso Correia da. **Declaração tácita**... op. cit., p. 205. Tal perspectiva é defendida, entre outros, por Carvalho e Andrade para quem "ao menos no plano interpretativo parece claramente aconselhada uma certa preferência à posição do declaratário" (CARVALHO, Orlando de; ANDRADE, Manuel A. Domingues de. **A teoria geral da relação jurídica**... op.cit. p. 311). Carlos Alberto da Mota Pinto defende essa doutrina: "É a posição mais razoável. É a mais justa por ser a que dá tutela plena à legítima confiança da pessoa em face de quem é emitida a declaração. Acresce – e por isso se justifica a sua aplicação mesmo quando o declarante não teve culpa de exteriorizar um sentido diverso da sua vontade real – ser a posição mais conveniente, por ser largamente mais favorável à facilidade, à rapidez e à segurança da vida jurídico negocial." (MOTA PINTO, Carlos Alberto da. **Teoria geral do direito civil**... op. cit., p. 444).

[655] Como explica Paulo Mota Pinto: "Há que se imaginar uma pessoa com razoabilidade, sagacidade, conhecimento e diligência medianos, considerando as circunstâncias que ela teria conhecido e o modo como teria raciocinado a partir delas, mas figurando-a na posição do real declaratário." (MOTA PINTO, Paulo Cardoso Correia da. **Declaração tácita**... op. cit., p. 208.)

âmago com aquelas condutas. Analisando o tratamento despendido ao assunto pelo Código Civil português, Paulo Mota Pinto[656] resume o assunto:

> Em homenagem aos interesses do declaratário (protecção da confiança) e do comércio jurídico e partindo da ideia, manifestamente razoável, de imposição ao declarante de um ónus de clareza na manifestação do seu pensamento, concede-se, pelo menos em tese geral, primazia ao ponto de vista do destinatário, a partir do qual a declaração deve ser focada (orientação esta também largamente dominante na doutrina estrangeira, em particular germânica). Nota-se, portanto, que, de acordo com a lei, a interpretação não visa determinar a vontade do declarante ou um sentido que este tenha querido declarar, estando antes em causa o sentido *objectivo* que se pode depreender do seu *comportamento*[657].

A interpretação da declaração negocial, pelo que prescreve o direito português, busca, portanto, o sentido que objetivamente se pode depreender do comportamento do declarante – e não a determinação da vontade deste.[658]

---

[656] Ibid., p. 205-207.

[657] Não se trata tal perspectiva de uma novidade a respeito do assunto. Como destaca Paulo Mota Pinto, a valorização da perspectiva do destinatário já era verificada em Ihering, para quem "(...) o juiz não pode considerar aqueles factos e circunstâncias que de facto tornam indubitável a vontade real do locutor, mas não eram nem deviam ser conhecidas da contraparte. Ele não tem, por outras palavras, de decidir a questão: qual foi o verdadeiro sentido da declaração do locutor? Mas antes: como tinham a contraparte de a conceber segundo as circunstâncias que se lhe deparavam?" (IHERING, Rudolf Von. Culpa in contrahendo oder Schadensesatz bei nichtiger oder nicht zur Perfection gelangten Verträgen, JJb, 4. Bd. (1861), p. 72, n. 78 *apud* MOTA PINTO, Paulo Cardoso Correia da. **Declaração tácita...** op. cit., p. 206).. Rudolf Leonhard é outro que também defendeu a teoria da impressão do destinatário ("Eindruckstheorie"): "(...) todas as declarações que necessitam de uma direcção a outrem são de interpretar, no interesse da segurança do tráfico, do ponto de vista do seu receptor" (LEONHARD, Rudolf. Der Irrtum als Ursache Verträge, 2ª ed., Breslau, 1907, p. 180 *apud* MOTA PINTO, Paulo Cardoso Correia da. **Declaração tácita...** op. cit., p. 206).

[658] Exceto, como prescreve o nº 2 do artigo 236º, se o declaratário conhecer a vontade real do declarante – em conformidade com a máxima *falsa demonstratio non nocet*, sendo lógico e natural desconsiderar a interpretação dos caracteres objetivos da conduta em determinado sentido se o declaratário propriamente conhece o sentido correto daquelas atitudes. (Art. 236º – "Sentido normal da declaração: (...) 2. Sempre que o declaratário conheça a vontade real do declarante, é de acordo com ela que vale a declaração emitida." – PORTUGAL.

Isso, sem dúvida, é justificado pelas ideias de proteção da confiança e de segurança do tráfego jurídico.[659]

As declarações tácitas poderão consistir em atos comissivos dos quais se deduz a declaração de vontade (e.g., aceitação tácita do mandato pelo início de sua execução, conforme artigo 659 do Código Civil) ou de atos omissivos, consubstanciados pela inércia do agente (e.g., votação de acionista em assembleia na qual o presidente determina que todos que concordarem com determinada deliberação permaneçam como estão; ou a aceitação de uma doação pelo silêncio do donatário dentro do prazo determinado, conforme artigo 539).

Nosso ordenamento, como já visto, não só permite a existência de declarações tácitas, como admite-a tanto em sua forma comissiva quanto em sua forma omissiva. Em sua forma omissiva, o silêncio (ou a inércia) como manifestação de vontade pressupõe a existência de circunstâncias (legais, convencionais ou resultantes dos usos e costumes[660]) que criem para alguém o ônus de se manifestar a fim de evitar a conclusão de um negócio, assim como, obviamente, a efetiva (e tempestiva) manifestação de tal agente.

O silêncio é expressamente tratado no Código Civil em seu artigo 111, pelo qual "o silêncio importa anuência, quando as circunstâncias ou os usos o autorizarem, e não for necessária a declaração de vontade expressa."

Como explica Ráo[661], com base nos ensinamentos de Serpa Lopes, o silêncio como manifestação de vontade pressupõe os seguintes elementos: a existência de manifestação de vontade por meio de um comportamento negativo, que seja deduzida de circunstâncias concludentes, caracterizada pelo dever e possibilidade de falar por parte do silente, e pela convicção da outra parte de haver, nesse comportamento negativo e nessas circuns-

---

DL n.º 47344/66 da República Portuguesa, de 25 de novembro de 1966. Disponível em: <http://www.pgdlisboa.pt/leis/lei_mostra_articulado.php?nid=775&tabela=leis&so_miolo>)
[659] MOTA PINTO, Paulo Cardoso Correia da. **Declaração tácita...** op. cit., p. 412.
[660] Logicamente, o ônus de se manifestar não pode ser criado unilateralmente por um sujeito em detrimento do outro. Como explica Azevedo: "O que não é possível entender é que haja ônus de se manifestar, quando a própria parte interessada, através de carta, ou notificação, sem outra causa (por exemplo, permissão contratual anterior), dá prazo, à parte contrária, para se manifestar, 'sob pena de' vir a interpretar o silêncio no sentido que lhe é mais interessante." (AZEVEDO, Antônio Junqueira de. **Negócio jurídico:** existência... op. cit., p. 131.)
[661] RÁO, Vicente. **Ato Jurídico...** op. cit., p. 120.

tâncias, a expressão inequívoca de vontade, conforme seria induzida por qualquer outra pessoa agindo com boa-fé.

Interessante notar a importância que é sublinhada à interpretação realizada pela contraparte de um negócio que admite o silêncio como manifestação de vontade. Como destacado por Ráo, a atitude omissiva e voluntária de quem silencia deve induzir a outra parte a uma crença legítima de haver naquela conduta uma declaração de vontade, assim como induziria a qualquer outra pessoa agindo em atendimento à boa-fé.[662] Esse destaque demonstra ao menos duas coisas de relevante importância: em primeiro lugar, reforça o entendimento de que são as circunstâncias negociais que caracterizam as declarações negociais, não a vontade interna do agente; e, em segundo lugar, ao reconhecer que é o negócio jurídico um fato social qualificado pelas circunstâncias negociais, aponta que o *molde cultural* necessário a qualificar determinadas condutas deve ser assim entendido pela sociedade, e não apenas pelo agente envolvido e interessado. E é claro que, nesse caso, a única interpretação legítima será aquela realizada com atendimento à boa-fé. Protege-se, com isso, a *confiança* de quem acreditou legitimamente no significado daquela *manifestação omissiva*.

Em sentido similar, Varela[663] destaca que as *formas de comportamento social típico* – denominação utilizada por Larenz[664] – devem ser interpretadas (e qualificadas) em harmonia com o sentido que têm aos olhos do grande público (e, portanto, em regra, da contraparte). E continua, defendendo que quem pratica tais atos e depois nega tal interpretação estaria realizando verdadeiro *protestatio facto contraria*[665] (ou um *venire contra factim proprium*), vedados pela boa-fé objetiva.

---

[662] Ibid.
[663] ANTUNES VARELA, João de Matos. **Das obrigações em geral...** op. cit., p. 224.
[664] LARENZ, Karl. **Allgemeiner teil**. 7. ed. Munchen, 1989, p. 534 e ss. Larenz considera que os "comportamentos sociais típicos" não seriam declarações de vontade, mas uma fonte diversa de relação contratual. Sobre o assunto ver LARENZ, Karl. **O estabelecimento de relações obrigacionais por meio de comportamento social típico**. Tradução de Alessandro Hirata e revisão de Flavia Portella P. Revista DireitoGV, v. 2, n. 1, p. 55-64, jan-jun, 2006. Publicado originalmente como: Die Begründung von Schuldverhältnissen durch sozialtypisches Verhalten. Neue Juristische Wochenschrift, n. 51-52, p. 1897-1900, 1956.
[665] Sobre o assunto, importante deixarmos claro que o protesto contra a formação de um contrato, ainda que em desarmonia com outras condutas, é ato abarcado pela autonomia privada e, em tese, suficiente para afastar a formação de um contrato. Assim, ainda que os

Nesse ponto, já não há mais dúvidas de que a declaração não precisa ser expressa, podendo acontecer por meio de "comportamentos concludentes" – que seriam, nas palavras de Larenz, "comportamentos que, segundo o entendimento geral ou do 'destinatário da declaração'[666], permitem concluir a respectiva vontade do agente com relação aos efeitos jurídicos ou a sua vontade negocial".[667]

comportamentos de determinado sujeito demonstrem-se incongruentes ou em desacordo com a boa-fé, uma clara manifestação contrária à formação de um contrato é relevante na análise do contexto que se examina. Assim, se no caso *in concreto* há uma expressa manifestação que negue a formação de um contrato, parece-nos que seria um tanto danoso à autonomia privada admitir a conclusão deste contrato com base nos demais elementos desse mesmo contexto. Diferente será se o protesto é *posterior* a atos concludentes de um contrato que, portanto, já se mostraram suficientes para concluir um dado negócio jurídico em momento anterior a sua negação; ou, ainda, sendo o protesto *anterior* à formação do contrato, novas atitudes posteriores desse mesmo sujeito sejam capazes de superar sua conduta e manifestação anteriores. Nesse mesmo sentido, Paulo Mota Pinto fala: "Para a declaração negocial tácita, pode-se, pois, concluir que o protesto deve relevar *sempre*, excluindo a concludência do comportamento desde que seja contextual e claro – isto é, que devesse ser atendido por um declaratário norma colocado na posição do real declaratário, para tornar a conduta equívoca ou para lhe dar um sentido não negocial, mesmo que seja o da prática de um acto ilícito. Assim tornamos a não deparar no problema da *protestatio facto contraria* com verdadeiras peculiaridades para a declaração 'tácita', sendo o seu regime semelhante ao da declaração 'expressa'. Trata-se de um problema de interpretação, comum a ambas, e os efeitos do comportamento não podem estar ao abrigo da eficácia 'contra-operante' da declaração protestatória. Esta poderá, aliás, traduzir uma verdadeira recusa de realização do negócio jurídico, sejam quais forem as consequências e o valor da conduta em virtude dessa recusa. E o princípio da autonomia privada, sob a forma da liberdade contratual negativa, impõe obviamente o respeito por uma tal declaração protestatória, não autorizando que se afirme a existência de uma actuação em autonomia privada – de um negócio jurídico – fazendo dessa declaração verdadeiramente tábula rasa." (MOTA PINTO, Paulo Cardoso Correia da. **Declaração tácita...** op. cit., p. 815-816.)

[666] LARENZ, Karl. **Allgemeiner teil...** op. cit., p. 360 e ss. Larenz destaca que as declarações por comportamento concludente "são de interpretar com consideração da possibilidade de compreensão do destinatário, isto é, daquele a quem elas se dirigem ("Angesprochener")".

[667] LARENZ, Karl. **O estabelecimento de relações obrigacionais por meio de comportamento social típico...** op. cit.

Sobre o assunto, mencionamos ainda os artigos 157[668] e 242[669] do BGB[670]. Apesar de possuírem redação muito similar àquela do nosso artigo 113[671], os dispositivos alemães destacam, ao lado da boa-fé, os *usos e costumes do tráfego contratual* como regras interpretativas do contrato e das declarações negociais.[672] Considerando o já mencionado caráter social da declaração negocial, bem como as características das circunstâncias negociais, parece-nos que a indicação do BGB aos usos e costumes do tráfego contratual é louvável. Não vemos óbice, inclusive, para que essa mesma posição seja inferida da redação do nosso artigo 113 (que apenas faz menção aos usos do lugar de celebração do negócio), dando-lhe maior robustez. Tal posição sem dúvida contribuiria em um desejado "afastamento do voluntarismo e do individualismo jurídico em prol de uma concepções mais abrangentes envolvendo a contextualização do homem no mercado e o reconhecimento que a sociedade apresenta de determinadas práticas negociais"[673] – o que, mais do que possível, parece-nos necessário.

---

[668] "§157 Auslegung von Verträgen: Verträge sind so auszulegen, wie Treu und Glauben mit Rücksicht auf die Verkehrssitte es erfordern." Em português: "os contratos devem ser interpretados conforme as imposições da boa-fé, levando em conta os costumes do tráfego contratual." (Tradução de: MARTINS-COSTA, Judith. MARTINS-COSTA, Judith. **A boa-fé no direito privado**... op. cit., p. 287.)

[669] "§242 Leistung nach Treu und Glauben: Der Schuldner ist verpflichtet, die Leistung so zu erbringen, wie Treu und Glauben mit Rücksicht auf die Verkehrssitte es erfordern." Em português: "o devedor deve [está adstrito a] cumprir a prestação tal como o exija a boa-fé, com consideração pelos costumes do tráfego jurídico." (Tradução de: MARTINS-COSTA, Judith. **A boa-fé no direito privado**... op. cit., p. 287.)

[670] ALEMANHA. Bürgerliches Gesetzbuch (BGB). Disponível em < https://www.gesetze-im-internet.de/bgb/index.html> Acesso em: 15 dez. 2017.

[671] Art. 113. Os negócios jurídicos devem ser interpretados conforme a boa-fé e os usos do lugar de sua celebração. (BRASIL. Código Civil de 10 de janeiro de 2002. Disponível em: <http://www.planalto.gov.br/ccivil_03/leis/2002/L10406.htm> Acesso em: 12 dez. 2017.)

[672] Sonnenberger destaca a utilização dos usos e costumes contratuais e comerciais na interpretação das declarações negociais tácitas no direito alemão: "Stabilire ciò costituisce un'impresa non facile, cosicchè molto spesso si deve ricorrere agli usi contrattuali e commerciali, laddove naturalmente ciò è consentito." (SONNENBERGER, Han Jürgen. **La conclusione del**..., op. cit., p. 67.) Em tradução livre: "Estabelecer isso não é uma tarefa fácil, de modo que muitas vezes é necessário recorrer a usos contratuais e comerciais, onde é claro que isso é permitido."

[673] SPÍNOLA GOMES, Técio. **O processo de formação do contrato**... op. cit., p. 117.

É claro que não apenas os usos e costumes de uma determinada localidade ou do tráfego contratual em geral são importantes, mas também os usos e costumes adotados por determinados *tipos* de negócios ou setores, que podem possuir suas próprias práticas, reconhecidas por todos aqueles que atuam em tais negócios ou setores. Tal interpretação deve ser compreendida como decorrência direta do princípio da segurança do tráfego jurídico – o qual protege o "interesse geral na certeza das transacções, de suma importância para a realidade económica".[674]

O valor da segurança do tráfego jurídico, apesar de similar ao valor da confiança, não deve ser com esse confundido. Trata-se de proteger não a confiança de um declaratário individual, mas uma consideração global do conjunto de relações daquele domínio negocial.[675] Ambos os princípios, é claro, refletem a importante função do direito de estabilizar e assegurar expectativas.

A confiança do declaratário e a proteção do tráfego jurídico são valores que se destacam no exame das declarações negociais. Com base na teoria da confiança aplicada à declaração negocial, deve essa ser interpretada de acordo com aquilo que o declaratário poderia legitimamente retirar da declaração – à semelhança do que prescreve o Código Civil português, como anteriormente mencionado. Busca-se o significado declarativo das manifestações e comportamentos – e não a inferência de um elemento volitivo do declarante.[676] Protege-se, com isso, a confiança legítima do declaratário – e, consequentemente, o tráfego contratual.[677] Tutela-se a confiança e não a simples vontade.

---

[674] MOTA PINTO, Paulo Cardoso Correia da. **Declaração tácita...** op. cit., p. 430.
[675] Ibid.
[676] Ibid., p. 753.
[677] Interessante notar que a teoria da confiança aplicada às declarações negociais traz importantes consequências para a doutrina do erro no negócio jurídico. Nesse sentido, comentários de Ana Alvarenga: "Mas como separar o joio do trigo? Como distinguir a confiança legítima daquela desprovida de fundamento? A solução do impasse se resolve com o critério de cognoscibilidade, pelo qual o erro passa a relevar se o declaratário, a partir da declaração efetuada, poderia ter-se apercebido do equívoco que maculava a vontade do declarante – ou seja, se o erro fosse reconhecível pelo declaratário. Caso contrário, se o destinatário não pudesse perceber, pela diligência normal, em face dos usos e costumes do negócio, que o declarante se encontrava em erro, o negócio é plenamente válido, nos termos da declaração. (...) A cognoscibilidade do erro em que caiu o declarante no momento da formação volitiva ensejadora do negócio jurídico é fator decisivo para sua anulação: se o erro não era cognoscível pelo declaratário, não

Como ensina Machado[678], o direito teria duas funções primordiais: direcionar condutas por meio de sanções e assegurar as expectativas e a confiança nas condutas das "pessoas responsáveis", fundadas na própria credibilidade que estas condutas reivindicam. Frada[679] vai além e considera que a tutela da confiança é inerente a qualquer convivência pacífica em sociedade. Com base em Larenz[680], Frada explica: "na verdade, cabe a qualquer ordem jurídica a missão indeclinável de garantir a confiança dos sujeitos, porque ela constitui um pressuposto fundamental de qualquer coexistência ou cooperação pacífica, isto é, da paz jurídica."[681]

Não há dúvidas de que a declaração negocial deve ser interpretada de acordo com a cláusula geral de boa-fé. É – por imposição do ordenamento – isso que se infere não apenas da letra dos artigos 113 e 422, mas dos princípios gerais da teoria contratual já mencionados em capítulos anteriores. E o princípio da boa-fé aplicado à interpretação das declarações negociais deve ser entendido como princípio tutelador da confiança. É isso que explica Rei, comentando o artigo 239º do Código Civil português, o qual prescreve que a declaração negocial deve (à semelhança do direito brasileiro) ser integrada de acordo com os ditames da boa-fé:

há previsão legal para a anulação negocial. Coloca-se em segundo plano o aspecto subjetivo do comportamento declarativo e as suas consequências para o declarante. No confronto de dois interesses colidentes, a saber, o daquele que errou e que pretende desfazer o ato jurídico gerado no erro, e o de terceiro que, de boa-fé, contratou com a vítima do erro e deseja que prevaleça o negócio jurídico, tendo de escolher a quem atribuir o prejuízo, o legislador italiano (e agora também o brasileiro) prefere atribuí-lo à vítima do erro, em vez de sacrificar a pessoa que, de boa-fé, acreditou na declaração (RODRIGUES. Direito Civil, p. 190/191.)" (MOREIRA, Ana Alvarenga. **Por uma concepção objetiva do erro...**, op. cit., p. 143). Sobre o assunto, destaca-se que o Código Civil adotou a teoria da confiança em relação ao tratamento do erro como defeito do negócio jurídico, como depreende-se do Enunciado n. 12 da I Jornada de Direito Civil do Centro de Estudos Judiciários do Conselho da Justiça Federal: "Na sistemática do art. 138, é irrelevante ser ou não escusável o erro, porque o dispositivo adota o princípio da confiança." (BRASIL. Conselho da Justiça Federal. I Jornada de Direito Civil: enunciado nº 12. Coordenador científico Ministro Ruy Rosado de Aguiar Júnior. Brasília: Conselho da Justiça Federal, Centro de Estudos Judiciários, 2012.)

[678] MACHADO, João Baptista. Tutela da confiança... op. cit., p. 346-347.
[679] FRADA, Manuel Carneiro da, **Teoria da Confiança e Responsabilidade Civil...** op. cit., p. 19.
[680] LARENZ, Karl. Richtiges Recht/Grundzüge einer Rechtsethik, München, 1979, p. 80 *apud* FRADA, Manuel Carneiro da, **Teoria da Confiança e Responsabilidade Civil...** op. cit., p. 19.
[681] Ibid.

Atento o núcleo central do conceito de boa-fé objectiva, a consagração da boa fé como critério de integração da declaração negocial aponta para o preenchimento do conceito **de modo a que "boa fé" veicule regras expectáveis para as partes no negócio (princípio da tutela da confiança)**, regras que se ajustem ao equilíbrio negocial estabelecido pelas partes, e que permitam, efectivamente, obter os efeitos económico-jurídicos que previsivelmente decorreriam do negócio (...).[682] (grifos nossos).

Importante destacar que a confiança tutelada pela boa-fé não é aquela relacionada às características pessoais do co-contratante, mas dos próprios usos socialmente estabelecidos.[683] Como explica Schreiber, o que impõe que se tutele o confiar é "a consideração pelo *outro* (...), o ater-se ao que está fora de si, o aderir ao sentido objetivo dos comportamentos alheios."[684]. Nesse sentido, com relação à conclusão do contrato, confia-se que o co-contratante, nos momentos que precedem a formação do contrato – incluindo os momentos imediatamente anteriores a esse, como ao emitir as declarações negociais para sua conclusão –, estará a agir conforme legítima e socialmente esperado, isto é, de acordo com os padrões que a sociedade enxerga como adequados e que se tem como paradigmáticos.[685]

Em suma, a confiança que se tutela deve ser balizada por limites objetivos – descolados, portanto, do âmbito meramente psicológico e interno daquele que eventualmente confia nos atos de seu co-contratante (e que interessa não ao direito, mas à psicologia), sob pena de, nesse caso, trazermos indesejada insegurança jurídica ao se proteger a confiança fundada em expectativas ilegítimas.

Como explica Moreira[686], a tutela da confiança pode se dar de forma positiva, negativa ou pela "materialização de um negócio jurídico" – essa

---

[682] REI, Maria Raquel Aleixo Antunes. **Da interpretação da declaração...** op. cit., p. 143.
[683] MOREIRA, Ana Alvarenga. **Por uma concepção objetiva do erro...**, op. cit., p. 135. Moreira complementa esse entendimento: "Tal se dá especialmente porque, diante da complexidade das relações vividas e da crescente impessoalidade das obrigações assumidas – uma vez que normalmente não se conhece a fundo a pessoa do co-contratante a ponto de se ver nascer a confiança psicológica, o critério jurídico de fidúcia assenta-se em um dever geral de conduta conforme aos usos e costumes." (Ibid.)
[684] SCHREIBER, Anderson. **A proibição de comportamento contraditório...** op. cit., p. 196.
[685] MOREIRA, Ana Alvarenga. **Por uma concepção objetiva do erro...**, op. cit., p. 138.
[686] Ibid., p. 140.

última, sem dúvida, a que interessa ao presente trabalho. Mais do que de fato tutelar a confiança, estar-se-ia protegendo o próprio Direito, pois a figura do negócio jurídico já traz os remédios necessários para sua própria tutela, como a execução forçada das obrigações avençadas. Nas palavras de Moreira:

> Tal objetivação da confiança pode dar-se também por via da materialização de um negócio jurídico. Mas ao estabelecer-se um vínculo jurídico de tal natureza, desnatura-se a confiança como objeto de tutela, e passa-se a proteger o próprio Direito, uma vez que o negócio jurídico entra no ordenamento como "lei entre as partes" e como tal é tutelado, passível que é de execução forçada, se necessário. Isto porque a conclusão do negócio jurídico transforma a confiança, de "fato", em verdadeira "norma", que é tutelada não só em virtude daquela, mas por tornar-se ela *direito*. Ao formar-se o vínculo negocial, deixa de interessar a suposta confiança creditada pelo promissário à promessa do promitente, ou à conduta que socialmente por ele seria devida; importa é que, pela realização do negócio, o negociante passa a ter *direito a confiar*. A confiança destarte desvincula-se da pessoa e do comportamento do co-negociante para fixar-se no próprio direito – na proteção da norma individual criada pelo negócio jurídico.[687-688]

Em outras palavras, não se nega que a formação de um negócio jurídico por si só já traz remédios próprios a tutelar aquele que "confiou" naquele negócio[689] – esse, aliás, um dos principais efeitos da criação do *vinculum juris*,

---

[687] MOREIRA, Ana Alvarenga. **Por uma concepção objetiva do erro...**, op. cit., p. 140
[688] Em sentido similar, MACHADO, João Baptista. Tutela da confiança... op. cit., p. 357-358.
[689] Nessa mesma linha, Schreiber afasta a configuração de um *venire contra factum proprium* em relação ao descumprimento de uma estipulação contratual. Ora, se há uma estipulação contratual e essa é desrespeitada, desnecessária a utilização de construções teóricas a fim de justificar a tutela daquela prejudicada por tal violação – o sistema já traz remédios adequados para tanto. Em suas palavras: "(...) a violação a uma estipulação contratual, por exemplo, não configura em nosso sistema jurídico um *venire contra factum proprium*, mas inadimplemento contratual em sentido estrito. A invocação do *nemo potest venire contra factum proprium* nestas situações é desnecessária." (SCHREIBER, Anderson. **A proibição de comportamento contraditório...** op. cit., p. 65). E continua Schreiber com outros exemplos, inclusive mencionando que não deve ser considerado um *factum proprium* a celebração de um contrato: "São exemplos de um *factum proprium* o comportamento concreto de uma das partes à margem das disposições contratuais, a sustentação de um certo sentido na interpretação de uma norma

que, como vimos, após existente é autônomo às partes e suas declarações negociais. Entretanto, é possível admitirmos – como demonstra o excerto acima de Moreira – que a própria criação do negócio jurídico decorre, ainda que não diretamente, de uma situação *extremada* de confiança, que tranforma a confiança "de fato" em "norma"[690].

qualquer, as negociações preliminares a um contrato e qualquer outra conduta que não seja em si declarada vinculante pelo ordenamento jurídico positivo. Por outro lado, a celebração de um contrato ou a emissão de uma promessa de recompensa não configuram tecnicamente um *factum proprium*, porque são já considerados vinculantes pelo direito positivo. Se alguém se obriga, por meio de um contrato de compra e venda, a transferir certo bem ao comprador, e posteriormente contraria este comportamento (isto é, contraria o 'acordo de vontades' formalmente vinculante), deixando de entregar o bem na data devida, não se faz necessário falar em violação à confiança ou em *nemo potest venire contra factum proprium*. A hipótese será aí de simples inadimplemento e consequente responsabilidade obrigacional, por meio da qual o direito positivo já assegura a necessária proteção à contraparte. O rompimento de um vínculo jurídico (*rectius*: juridicamente estabelecido) já atrai a sanção do direito, pelo que perde sentido qualquer invocação de proteção à confiança em um comportamento coerente." (Ibid., p. 88-89). E essa diferenciação entre condutas que já recebem por si proteção jurídica de atos que não são, em um primeiro momento, jurídicos, é importante para o campo de atuação das figuras parcelares da boa-fé objetiva, como destaca Schreiber: "A importância do caráter inicialmente não vinculante do *factum proprium* não deve ser desprezada. De fato, ao atuar sobre condutas que a princípio não recebem qualquer proteção jurídica, o *nemo potest venire contra factum proprium* tem o condão de convertê-las em condutas juridicamente vinculantes, no sentido de que passam a não ser mais passíveis de contradição. Tais condutas, inicialmente irrelevantes ao direito, tornam-se, desta forma, relevantes, porque o direito passa a exigir a sua conservação. Sob o ponto de vista da tradicional teoria das fontes, o *nemo potest venire contra factum proprium* relativiza a consagrada distinção entre atos jurídicos e atos não jurídicos, já que todas as condutas humanas passam a ser, ao menos potencialmente, ensejadoras de efeitos jurídicos na medida em que sejam, diante das circunstâncias concretas, objetivamente capazes de despertar a confiança de outrem. Os temores aqui de uma 'supervinculação jurídica' e de uma crise de segurança (já que não se saberia mais quando e como se estaria ingressando no campo do direito) não se justificam diante do reconhecimento de que o direito deve exercer, na sociedade contemporânea, um papel menos voltado à regulação de situações típicas específicas, e mais comprometido com a realização dos valores sociais consagrados pela Constituição. (...) Por fim, é de se notar que (...) a melhor doutrina já reconhecia a relevância jurídica de todos os comportamentos, os quais, independentemente de sua categorização técnico-formal, podem produzir efeitos jurídicos na medida em que representam a concretização de valores constitucionalmente (e, portanto, normativamente) tutelados. Não parece haver nesta qualquer ameaça à segurança, mas justamente o oposto." (SCHREIBER, Anderson. **A proibição de comportamento contraditório**... op. cit., p. 91.)

[690] Nesse mesmo sentido, MACHADO, João Baptista. Tutela da confiança... op. cit., p. 357-358.

Com isso, os fundamentos da tutela da confiança podem trazer importante instrumento de interpretação às declarações negociais.[691] Na linha defendida por Paulo Mota Pinto[692], a proteção da confiança pode desempenhar um importante papel como fundamento extra-negocial de vinculação – não se deve tentar banir a ideia de confiança do domínio do negócio jurídico para que a tutela da confiança apareça no campo da "responsabilidade pela confiança". A tutela da confiança admite gradação, indo desde uma proteção indenizatória limitada ao interesse negativo, passando pelo caráter repressivo de posições jurídicas tidas como abusivas e indo até a eficácia do próprio negócio – funcionando a tutela da confiança, nesse último caso, ao menos como instrumento interpretativo da declaração negocial.

Nesse sentido, a incompatibilidade ou a contradição de comportamentos possuem significados que podem dar um norte à interpretação das declarações negociais, em especial aquelas inferidas de comportamentos concludentes. A não contradição com a própria conduta, por si só, pode significar importante critério de interpretação apto a identificar um significado declarativo (e concludente) desse comportamento.[693] É isso que explica Paulo Mota Pinto:

---

[691] Nesse ponto, importante deixar claro que a tutela da confiança por meio de figuras parcelares da boa-fé objetiva (como o *nemo potest venire contra factum proprium*), não devem ser confundidas com as declarações negociais, ainda que tácitas e/ou de renúncia. Isso porque tais figuras atuam justamente para tutelar a confiança "naquelas situações marginais que não chegam a constituir, na técnica jurídica, uma declaração de vontade, um ato juridicamente vinculante" (SCHREIBER, Anderson. **A proibição de comportamento contraditório...** op. cit., p. 113). Autores como Wieling sugeriram associar figuras como a proibição de comportamentos contraditórios com as declarações tácitas de renúncia, retirando por completo a utilidade daquelas, vez que as declarações negociais já possuem tratamento específico dentro do âmbito do negócio jurídico. Entretanto, tais figuras parcelares da boa-fé objetiva atuam de maneira objetiva e não negocial – não dependem da vontade (ainda que declarada, apenas) das partes como a declaração negocial, mas decorrem das cláusulas gerais e princípios do ordenamento. (WIELING, Hans Josef. **Venire contra factum proprium e colpa verso se stesso.** Trad. Rocco Favale. Rassegna di diritto civile, 1994, II, p. 410-412 *apud* MENEZES CORDEIRO, António Manuel da Rocha. **Da boa-fé no direito civil...** op. cit., p. 769).

[692] MOTA PINTO, Paulo Cardoso Correia da. **Declaração tácita...** op. cit., p. 428-429.

[693] Nesse sentido, Diego, F. De. El silencio en el derecho, Madrid, 1925, p. 63: "Presume-se o consentimento, porque o dissenso estaria em contradição com os factos". (mencionado por MOTA PINTO, Paulo Cardoso Correia da. **Declaração tácita...** op. cit., p. 767)

ELEMENTOS DO CONTRATO E DECLARAÇÕES NEGOCIAIS

Supomos que a concludência pode basear-se no facto de uma conduta excluir – designadamente, perante uma simples alternativa aceitação/rejeição – um dado significado. A incompatibilidade é, pois, um elemento importante a atender na determinação da ilação, desde que, obviamente, se possa afirmar que essa incompatibilidade é suficiente para construir uma impressão no sentido da existência de uma *declaração negocial* (pois não basta o simples comportamento contraditório, se for patente a inexistência de uma declaração negocial, podendo aquele quando muito levar a uma tutela *extra-negocial* da confiança, pela proibição do *venire contra factum proprium*). **A declaração tácita poderá resultar, portanto, não apenas da análise das implicações que se seguem a um determinado comportamento, que nele estão *contidas*, como e sobretudo, do valor específico atribuído à não contradição com a própria conduta ou à exclusão de um significado contrário, desde que estes critérios sejam suficientes para, no caso concreto e de acordo com o critério de interpretação, constituir um *significado declarativo*.** Por outro lado, a coerência liga-se igualmente ao critério dos *efeitos pressupostos*, o qual poderia também ser útil: isto é, poder-se-á partir do princípio de que a declaração inclui igualmente o significado dirigido a certos efeitos imediatamente necessários para que ela se possa compreender ou desempenhar a sua função (...)".[694]

De acordo com Moreira[695] – com base em Cordeiro[696] e Machado[697] –, os requisitos[698] para proteção da confiança em geral[699] seriam os seguintes:

---

[694] MOTA PINTO, Paulo Cardoso Correia da. **Declaração tácita**... op. cit., p. 766-767 – grifos nossos.
[695] MOREIRA, Ana Alvarenga. **Por uma concepção objetiva do erro...**, op. cit., p. 139.
[696] MENEZES CORDEIRO, António Manuel da Rocha. **Tratado de Direito Civil**... op. cit., p. 235.
[697] MACHADO, João Baptista. Tutela da confiança... op. cit., p. 416 e ss.
[698] Destaca-se que "os requisitos para a proteção da confiança articulam-se entre si como um sistema móvel. Isto é, não há, entre eles, uma hierarquia e não são, em absoluto, indispensáveis: a falta de algum deles pode ser compensada pela intensidade especial que assumam alguns – ou algum – dos restantes" (MENEZES CORDEIRO, António Manuel da Rocha. **Tratado de Direito Civil**... op. cit., p. 237).
[699] No direito português, o entendimento acerca de tais requisitos é também refletido na jurisprudência. Nesse sentido, PORTUGAL. Tribunal da Relação de Guimarães. Apelação nº 902/04-2, Rel. Vieira e Cunha, j. 26/05/04. Disponível em: < http://www.trg.pt/index.php >.

i. a verificação de uma situação de confiança calcada em elementos objetivos, que seja capaz de, em abstrato, causar uma crença plausível[700];
ii. um investimento de confiança representado por condutas juridicamente relevantes pautadas na crença consubstanciada; e
iii. a possibilidade de imputação da situação de confiança àquele em quem se confiou.

Presentes tais requisitos, Frada[701] ensina que a proteção à confiança pode se manifestar de duas formas distintas: pela tutela *positiva* da confiança, a qual preocupa-se em assegurar ao sujeito a obtenção positiva de sua expectativa[702], preservando ou realizando a posição daquele que confia e mantendo as vantagens que a ele assistiriam caso sua posição fosse real[703]; ou pela tutela *negativa* da confiança, que nega ao confiante o direito a ser colocado na situação esperada[704], "reconhecendo-lhe ao invés disso um direito indenizatório contra aquele que gerou a expectativa frustrada, medida em função da intensidade da frustração e da possibilidade de remoção dos danos"[705].

No direito pátrio, Schreiber[706] destaca alguns indícios gerais para verificação da ocorrência de uma "adesão ao comportamento inicial", a fim de justificar uma confiança legítima para fins da aplicação da regra *nemo potest*

---

[700] Alguns autores preferem dividir esse primeiro requisito em dois fatores: "(i) uma situação de confiança traduzida na boa fé própria da pessoa que acredita numa conduta alheia; (ii) uma justificação para essa confiança, sem desacerto dos deveres de indagação razoáveis." Nesse sentido, DIAMVUTU, Lino. **A tutela da confiança nas negociações pré-contratuais**. Dissertação apresentada ao Curso de Pós-graduação em Direito dos Contratos do Instituto de Cooperação Jurídica da Faculdade de Direito da Universidade de Lisboa (2010/11), p. 3-4.

[701] FRADA, Manuel Carneiro da. **Teoria da Confiança e Responsabilidade Civil**... op. cit., p. 42.

[702] Ibid.

[703] MOREIRA, Ana Alvarenga. **Por uma concepção objetiva do erro**..., op. cit., p. 139.

[704] FRADA, Manuel Carneiro da. **Teoria da Confiança e Responsabilidade Civil**... op. cit., p. 42.

[705] MOREIRA, Ana Alvarenga. **Por uma concepção objetiva do erro**..., op. cit., p. 139.

[706] SCHREIBER, Anderson. **A proibição de comportamento contraditório**... op. cit., p. 92-93.

venire contra factum proprium.[707-708] Dentre eles, indica atos que traduzem a confiança em condutas externas por parte daquele sobre quem repercute o *factum proprium*[709], como a existência de eventuais investimentos motivados pelo *factum proprium*; a divulgação pública das expectativa e confiança; ou a adoção ou abstenção de condutas em razão do *factum proprium*. Aponta como condutas capazes de gerar uma confiança legítima aqueles comportamentos com elevado grau de repercussão exterior[710] ou, ainda, a

---

[707] Não se quer aqui dizer que a formação de um contrato poderia ser decorrência direta da aplicação da regra *nemo potest venire contra factum proprium*. Quer-se, apenas, como já mencionado, trazer subsídios a auxiliar na identificação de uma confiança legítima e tutelável, ajudando o intérprete na identificação das declarações negociais.

[708] Uma das principais consequências do *nemo potest venire contra factum proprium* é impedir o exercício de uma conduta contraditória, tornando inadmissível o comportamento posterior. É isso que explica Schreiber: "(...) a doutrina estrangeira é unânime em indicar como sua consequência ou efeito principal, não a reparação de danos eventualmente derivados da conduta incoerente, mas o próprio impedimento de tal conduta. É significativo neste sentido que autores alemães e portugueses costumem inserir o *venire contra factum proprium* no âmbito daquele gênero mais amplo referido como *modalidades de exercício inadmissível de um direito*. Mesmo a inserção do *venire contra factum proprium* no âmbito do abuso do direito a isto se vincula, já que, ao contrário do que ocorre com a figura do ato ilícito em sentido estrito, o ato abusivo serve não apenas de título à reparação, mas também como fonte de uma tutela impeditiva, capaz de prevenir e evitar o dano. E, de fato, é mais eficiente, sob o ponto de vista da composição dos conflitos de interesses e da tutela da confiança, impedir, com anterioridade, o *venire contra factum proprium*, que impor o posterior ressarcimento dos prejuízos da conduta incoerente. A norma da proibição do comportamento contraditório tem assim um caráter primordialmente preventivo, que se confraterniza com as mais festejadas teorias do direito contemporâneo. (...) Pode-se dizer, portanto, que a sanção primordial à conduta contraditória é a inadmissão ou impedimento do exercício da situação jurídica subjetiva em violação à boa-fé e à legítima confiança (...)". (SCHREIBER, Anderson. **A proibição de comportamento contraditório...** op. cit., p. 107-108).

[709] Em suas palavras: "Assim, aquele que comunica em evento público a conclusão de um negócio, ou que efetua gastos por conta da sua realização, está manifestando externamente a sua adesão ao sentido objetivo de um comportamento alheio. Tal manifestação externa não é requisito para a incidência do *nemo potest venire contra factum proprium*, mas serve de indício de que houve efetiva confiança na não contradição." (Ibid., p. 93, nota 15.)

[710] Sobre esse aspecto, Schreiber explica: "Se o *factum proprium* é ampla e seriamente difundido é mais provável que terceiros venham a aderir ao seu sentido objetivo. Assim, palavras timidamente pronunciadas no corredor de uma repartição não têm, em regra, o mesmo efeito que pronunciamentos solenes e oficiais. Embora ambos possam repercutir sobre a esfera alheia, o elevado grau de repercussão sugere, no segundo caso, uma mais provável adesão." (Ibid.)

ausência de indícios de uma futura alteração de comportamento[711], entre outros.

Examinando os requisitos acima, percebe-se, mais uma vez, que o que se busca proteger por meio da tutela da confiança não é o indivíduo, mas as expectativas que determinadas atitudes possam razoavelmente gerar na esfera alheia[712], à semelhança do conceito de *"reasonable expectation of an honest man"*[713] do direito anglo-saxônico.

Refletindo esse entendimento à interpretação das declarações negociais – na tentativa de trazer ao processo de formação do contrato uma abordagem "que se afaste do voluntarismo jurídico e leve em consideração as expectativas e o contexto social das partes"[714] –, nos aproximamos daquele tratamento despendido ao assunto pelo Código Civil português, que justamente aponta a perspectiva do "declaratário *normal*" para interpretação do "comportamento do declarante".

Com isso, a tutela da confiança – que decorre, como já vimos em capítulos anteriores, da cláusula geral de boa-fé objetiva – pode trazer importantes instrumentos interpretativos às declarações negociais, em especial às declarações tácitas. Nesse caso, a boa-fé objetiva atua primordialmente em sua função interpretativa[715] – ainda que, em realidade, a

---

[711] Com relação a esse ponto, detalha Schreiber: "A imprevisibilidade da mudança de comportamento liga-se mais à questão da legitimidade da confiança do que à configuração da confiança em si. Não se pode considerar legítima a confiança despertada em um comportamento que tenha sido declarado contrariável, pela lei ou por quem o pratica. Todavia, a ausência de qualquer sugestão de futura contrariedade pode também ser apontada como indício da própria confiança, pela simples razão de que é razoável crer na adesão a um comportamento inteiramente desacompanhado de cautelas ou circunstâncias que sugiram a sua posterior contradição." (Ibid.)

[712] MOREIRA, Ana Alvarenga. **Por uma concepção objetiva do erro...**, op. cit., p. 139.

[713] MACHADO, João Baptista. Tutela da confiança... op. cit., p. 361.

[714] Como sustenta Herrera Osorio no direito espanhol, conforme posição resumida por Spínola Gomes. (OSORIO, Fredy Andrei Herrera. New approach to the process of contract formation. In:SCHULZE, Reiner; VISCASILLAS, Pilar Perales (eds.). The formation of contract. Baden-Baden: Nomos, 2016. P. 158 *apud* SPÍNOLA GOMES, Técio. **O processo de formação do contrato...** op. cit., p. 116).

[715] Conforme Orlando Gomes: "A função interpretativa da boa-fé está prevista no art. 113 do Código Civil. A interpretação dos contratos pode se desenrolar em duas fases. A primeira tem por objetivo a determinação da intenção ou sentido comum atribuído pelas partes à declaração contratual. Contudo, a declaração contratual frequentemente apresenta deficiências (lacunas,

tutela da confiança seja mais comumente utilizada para impedir o exercício de um direito ou, ainda, justificar uma tutela indenizatória.

Assim como Schreiber[716], destacamos que a presença de uma legítima confiança não deve ser confundida com uma crença absoluta e incontestável (e até mesmo romântica) na atuação coerente da contraparte. Isso deve ser destacado com especial relevo quando tratamos de relações de caráter patrimonial, vez que, nesses casos, "há sempre um natural resguardo quanto à efetiva correção no comportamento da contraparte."Entretanto, ainda que em relações de caráter patrimonial – como aquelas que tratamos nessa obra –, admite-se a possibilidade de haver uma situação de legítima confiança tão intensa que leve o declaratário a interpretar as declarações negociais como *facta concludentia*. O que se altera entre relações patrimoniais e não patrimoniais – ou, ainda, entre relações existenciais e de lucro; ou entre relações paritárias e não paritárias – é a modulação da incidência de princípios[717] tais quais a confiança, que importam a todas as relações, mas devem ser modulados de forma mais cuidadosa quando aplicados a relações patrimoniais, de lucro e/ou paritárias. Em qualquer caso, como ensina Schreiber[718], "isto não impede a objetiva adesão a este

---

ambiguidades ou obscuridades) insanáveis mediante a busca da intenção dos contratantes. Entra em jogo, então a segunda fase da interpretação, cujo fim é eliminar as falhas da declaração negocial. Tendo em vista que todo contrato implica conflito de interesses, essa segunda etapa interpretativa segue critérios objetivos, notadamente a boa-fé e os usos em função interpretativa. Interpretar conforme a boa-fé é substituir o ponto de vista relevante, posicionando no contexto do contrato um modelo de pessoa normal, razoável, a fim de averiguar o sentido que essa pessoa atribuiria à declaração negocial caso houvesse percebido a deficiência." (GOMES, Orlando. **Contratos**... op. cit., p. 44).

[716] "Não se deve, entretanto, confundir a presença da legítima confiança com um estado romântico de crença absoluta e incontestável na atuação coerente de outrem. Sobretudo em relações de caráter patrimonial, há sempre um natural resguardo quanto à efetiva correção no comportamento da contraparte, mas isto não impede a objetiva adesão a este comportamento e a formação, diante das circunstâncias concretas, de uma legitima expectativa de não contradição." (SCHREIBER, Anderson. **A proibição de comportamento contraditório**... op. cit., p. 94-95).

[717] Sobre a modulação de princípios, ver: GODOY, Claudio Luiz Bueno de. CC e CDC... op. cit., p. 112; e, ainda, NEGREIROS, Teresa. **Teoria do contrato**... op. cit.

[718] SCHREIBER, Anderson. **A proibição de comportamento contraditório**... op. cit., p. 94-95.

comportamento e a formação, diante das circunstâncias concretas, de uma legítima expectativa de não contradição."

Não se quer aqui sugerir que a formação de um contrato deva ser encarada como uma "sanção" à quebra de confiança legítima gerada por um declarante, ainda que em correspondência aos requisitos acima elencados. Como já mencionado, aceitar a conclusão forçada de um contrato seria atentar contra todo o sistema do direito privado e as bases do direito contratual, sendo a violação à liberdade decorrente de uma contratação forçada muito mais gravosa para a paz social do que a ruptura da confiança.

Entretanto, ao admitirmos (i) que o negócio jurídico é um fato social e, como tanto, desprendido do elemento volitivo; (ii) que a declaração de vontade é qualificada pelas circunstâncias negociais; (iii) que as circunstâncias negociais representam um modelo cultural de atitude que faz com que a manifestação de vontade seja vista *socialmente* como apta à produção de efeitos jurídicos; (iv) que há, em tempos recentes, um deslocamento do "eixo central da teoria das obrigações da tutela da vontade à tutela da confiança"[719], de forma que a tutela à boa-fé objetiva e, mais especificamente, a tutela da confiança e da segurança do tráfego jurídico impõem sobre as partes um dever de "não se comportar de forma lesiva aos interesses e expectativas legítimas despertados *no outro*"[720], só podemos concluir que:

a. as declarações negociais devem ser interpretadas com enfoque no que o declaratário pode (ou melhor, no que um declaratário médio deveria) entender daquelas manifestações e condutas (à semelhança do que ocorre no direito português); e
b. o modelo cultural de atitude cada vez mais valorizado pela sociedade pressupõe uma relação de confiança, sendo essa portanto elemento a ser considerado na interpretação das circunstâncias negociais e, com isso, das declarações negociais – não de uma perspectiva psicológica e interna daquele que eventualmente confia, mas sim calcada em elementos objetivos que possibilitem que a sociedade encare aquelas condutas como dignas de confiança e, se for o caso, como social e juridicamente vinculantes.

---

[719] MARTINS-COSTA, Judith. As cartas de intenção no processo formativo da contratação internacional... op. cit, p. 49.

[720] SCHREIBER, Anderson. **A proibição de comportamento contraditório...** op. cit., p. 62.

Ainda que a atuação mais evidente da tutela da confiança seja no campo da responsabilidade pré-contratual, bem como no campo das figuras parcelares da boa-fé objetiva – que, como mencionado, não dependem da vontade das partes, mas decorrem das cláusulas gerais e princípios do ordenamento –, seus fundamentos podem servir à interpretação das declarações negociais. É claro que após a formação de um contrato, não há que se falar em proteção da confiança[721], mas sim em um reconhecimento daquele negócio jurídico existente e seus efeitos, decorrentes do *vinculum juris* criado.[722] Entretanto, sendo a confiança um princípio inerente ao sistema (e não apenas às condutas pré-contratuais das partes em negociação) deve se aplicar a todos os períodos do contrato, incluindo sua fase decisória. As declarações negociais, aliás, representam justamente os limites do período pré-contratual e do período contratual, de forma que a influência daquela tutela da confiança aplicada ao período pré-contratual é mais do que natural.

Em resumo, os critérios interpretativos das declarações negociais devem ser inspirados pela ideia de proteção à confiança, valor inerente ao direito contratual. Da mesma maneira, à semelhança do direito português e alemão, a proteção ao tráfego jurídico – princípio também reconhecido pelo direito civil brasileiro – deve ser considerado nesse exercício. Com esses valores – e tendo em vista as características da declaração negocial e do negócio jurídico –, parece-nos natural adotar as mesmas conclusões positivamente adotadas pelo direito português, de forma a interpretar as declarações negociais da perspectiva de um declaratário comum na posição do real declaratário. Aliás, não apenas tal interpretação estaria em consonância com os valores do nosso direito civil e com o próprio conceito

---

[721] Para fins, claro e apenas, da formação de um contrato, já que não há dúvidas de que a cláusula geral de boa-fé objetiva atua em todo período contratual, incluindo o período anterior e posterior ao contrato.

[722] É isso que explica Schreiber, comparando o *factum proprium* com condutas vinculantes: "Quanto ao *factum proprium*, é de se observar sua caracterização como um comportamento a princípio não vinculante, uma vez que a contradição de um comportamento a que o próprio ordenamento positivo já atribui força vinculante (por exemplo, um contrato ou um negócio jurídico unilateral) atrai por si só uma sanção legalmente prevista, como a responsabilidade obrigacional. Em tais casos, afigura-se desnecessária a invocação da confiança, senão excepcionalmente como meio de temperar os rigores da repressão aplicável." (SCHREIBER, Anderson. **A proibição de comportamento contraditório...** op. cit., p. 197).

de negócio jurídico, mas também, diante da redação bastante ampla dos artigos 112 e 113 do Código Civil[723], não nos parece haver qualquer impedimento para que se conclua nesse sentido.

Com isso, a interpretação das condutas de um sujeito em negociações (declarante) poderia demonstrar, com base em atitudes objetivas deste e no elevado grau de confiança que tais atitudes poderiam gerar em seu declaratário (e que gerariam em qualquer outro declaratário comum), uma *facta concludentia* (e não simples *expectativas* posteriormente frustradas). Tal situação de confiança – com especial relevância à incompatibilidade do comportamento com os significados contrários àquela declaração[724] – deve ser considerada mais um elemento das circunstâncias negociais no caso concreto. Isso tudo, claro, se, *in concreto*, a situação de confiança gerada for tão intensa que *socialmente* seja compreendida como vinculante e apta à produção de efeitos jurídicos – vez que, como vimos, é exatamente esse caráter social que caracteriza as circunstâncias negociais, as declarações negociais e, portanto e principalmente, o negócio jurídico.

Isso significa que a inferência das declarações, apesar de sempre e necessariamente seguir um padrão lógico (assim como todo sistema que se pretenda razoável e coeso), segue um padrão *prático*, de acordo com o "homem médio" e com a "vida dos negócios"[725] (resultado direto da influência da tutela da confiança e da segurança do tráfego jurídico) – afinal, o direito é, antes de tudo, uma ciência prática, que não deve se descolar da realidade, principalmente no âmbito do direito privado e dos negócios jurídicos. Interpreta-se as declarações negociais "por aquilo que é o comum modo de pensar e de agir segundo as concepções dominantes no ambiente social".[726]

---

[723] "Art. 112. Nas declarações de vontade se atenderá mais à intenção nelas consubstanciada do que ao sentido literal da linguagem.
Art. 113. Os negócios jurídicos devem ser interpretados conforme a boa-fé e os usos do lugar de sua celebração."
(BRASIL. Código Civil de 10 de janeiro de 2002. Disponível em: <http://www.planalto.gov.br/ccivil_03
/leis/2002/L10406.htm> Acesso em: 2 jan. 2018.)
[724] MOTA PINTO, Paulo Cardoso Correia da. **Declaração tácita...** op. cit., p. 776.
[725] MOTA PINTO, Paulo Cardoso Correia da. **Declaração tácita...** op. cit., p. 892.
[726] GIAMPICCOLO, Giorgio. Note sul comportamento concludente, in RTDPC, Anno XV, 1961, p. 786 *apud* MOTA PINTO, Paulo Cardoso Correia da. **Declaração tácita...** op. cit., p. 768.

E é claro que esse exercício interpretativo, ainda que seja lógico e pragmático, nem sempre resultará em um grau de segurança absoluta de que aquela declaração negocial inferida era, de fato, uma declaração negocial. Estamos no campo da interpretação; interpretação essa, aliás, da perspectiva do declaratário, não do declarante. Toda linguagem é fonte de equívocos e toda interpretação é uma escolha.[727] O que se busca é um elevado grau de probabilidade[728], verificado a partir de uma dedução de determinados fatos por critérios lógicos e práticos, sempre, obviamente, guiada pela boa-fé objetiva e, portanto, dotada de razoabilidade. Busca-se, outrossim, uma convicção jurídica (e, portanto, lógica e razoável) baseada nas circunstâncias concretas, e não uma prova cabal de concludência de uma conduta. Nas palavras de Carvalho e Andrade: "aquele grau de probabilidade que basta na prática para as pessoas sensatas tomarem suas decisões".[729-730]

---

[727] ALMEIDA, Carlos Ferreira de. Texto e enunciado na teoria do negócio jurídico. 2 vols, Coimbra, 1992, p. 721-725 *apud* MOTA PINTO, Paulo Cardoso Correia da. **Declaração tácita...** op. cit., p. 768.

[728] O ordenamento português, que tanto mencionamos nesse capítulo, endereça esse assunto de forma expressa, em seu artigo 217º, nº 1 (grifos nossos): "1. A declaração negocial pode ser expressa ou tácita: é expressa, quando feita por palavras, escrito ou qualquer outro meio directo de manifestação da vontade, e tácita, quando se deduz de factos que, **com toda a probabilidade**, a revelam." (PORTUGAL. DL n.º 47344/66 da República Portuguesa, de 25 de novembro de 1966. Disponível em: <http://www.pgdlisboa.pt/leis/lei_mostra_articulado.php?nid=775&tabela=leis&so_miolo>) Apesar de o ordenamento brasileiro não endereçar essa questão de forma expressa, a lógica do sistema não demanda uma segurança absoluta das interpretações ou a existência de provas inequívocas (e, na maioria das vezes, impossíveis). Paulo Mota Pinto, aliás, destaca que, mesmo na ausência desse dispositivo do Código Civil português, as conclusões deveriam ser idênticas (com o que concordamos e igualmente entendemos do ordenamento brasileiro): "Aliás, se essa norma não existisse, parece-nos que já se poderia chegar a resultados semelhantes através de critérios gerais, pois um declaratário normal não exige uma certeza absoluta da inferência (100% de segurança), bastando-se com um elevado grau de probabilidade." (MOTA PINTO, Paulo Cardoso Correia da. **Declaração tácita...** op. cit., p. 773, nota 84).

[729] CARVALHO, Orlando de; ANDRADE, Manuel A. Domingues de. **A teoria geral da relação jurídica...** op. cit., p. 132.

[730] Nota-se que em determinadas situações, o Código Civil foi expresso em, *de forma excepcional*, requerer uma inequivocidade de certos comportamentos a fim de atribuir efeitos jurídicos a esses. Nesse sentido, por exemplo, artigo 361 (sobre a não novação – "Art. 361. Não havendo ânimo de novar, expresso ou tácito mas inequívoco, a segunda obrigação confirma

3.4. Determinação da Formação de um Contrato: uma Questão Interpretativa

Em suma, como ficou demonstrado nesse Capítulo 3, a existência de um contrato pressupõe tanto a verificação de caracteres objetivamente apuráveis – como a presença dos elementos categoriais inderrogáveis de um contrato e de todos os elementos sobre os quais as partes tenham indicado como necessários ao negócio *in concreto* –, quanto a verificação da declaração negocial apta à formação de um negócio jurídico.

Essa declaração, como vimos, é qualificada pelas circunstâncias negociais, as quais, por sua própria natureza, não são possíveis de pré-determinação, demandando um necessário exame casuístico a fim de se apurar se há ou não elementos a justificar que uma dada manifestação seja socialmente reconhecida como apta à produção de efeitos jurídicos.

A análise e identificação dessa declaração independem da análise do elemento volitivo, tornando o exame da declaração negocial mais objetivo, principalmente quando comparado à análise volitiva que outrora se defendia – o que importa, como vimos, são as condutas e manifestações objetivamente verificáveis do declarante, assim como os efeitos que essas causam em seu declaratário. Dentro desse contexto, a análise de todo o *iter* formativo é relevante para que se possa devidamente qualificar a série de atos em direção à conclusão do contrato.[731]

Fica claro que com base nos valores de confiança e proteção ao tráfego jurídico, assim como o caráter social do negócio jurídico, a interpretação da declaração negocial deve ser realizada da perspectiva do declaratário – ou, melhor dizendo, de um declaratário comum, sempre fiando-se, como mencionado, em caracteres objetivos.

---

simplesmente a primeira." – BRASIL. Código Civil de 10 de janeiro de 2002. Disponível em: <http://www.planalto.gov.br/ccivil_03/leis/2002/L10406.htm> Acesso em: 2 jan. 2018); artigo 202, VI (interrupção da prescrição por reconhecimento do direito pelo devedor – Art. 202. A interrupção da prescrição, que somente poderá ocorrer uma vez, dar-se-á: VI – por qualquer ato inequívoco, ainda que extrajudicial, que importe reconhecimento do direito pelo devedor." – Ibid.); e artigo 662, parágrafo único (ratificação dos atos do mandatário sem poderes – "Art. 662. Os atos praticados por quem não tenha mandato, ou o tenha sem poderes suficientes, são ineficazes em relação àquele em cujo nome foram praticados, salvo se este os ratificar. Parágrafo único. A ratificação há de ser expressa, ou resultar de ato inequívoco, e retroagirá à data do ato." – Ibid.).

[731] SPÍNOLA GOMES, Técio. **O processo de formação do contrato**... op. cit., p. 123.

Carvalho e Andrade[732], por exemplo, mencionam como elementos a serem analisados na interpretação das declarações: os termos do negócio; os interesses em jogo (e a consideração de qual seja o seu mais razoável tratamento); a finalidade perseguida pelo declarante; as precedentes relações negociais entre as partes; os hábitos do declarante; os usos da prática ou de outra natureza que possam interessar ao caso concreto (próprios, eventualmente, de certos meios ou negócios) etc. São, como visto, questões bastante abertas, que basicamente exprimem o contexto em que as declarações se inserem – as circunstâncias negociais.

Apesar de mais objetiva, a interpretação da declaração negocial e de tudo que a cerca – as circunstâncias negociais, as próprias manifestações, a situação crescente de confiança gerada em sua contraparte, dentre outros – dependerá sempre de uma análise casuística, vez que a especificação de seus elementos e características é impossível de ser realizada em abstrato. Um, contrato, afinal, assim como as declarações negociais que o formam, "não é um elemento da realidade física, cuja existência se possa propriamente constatar, tal como é possível constatá-la quanto aos objetos do mundo natural".[733]

Nesse ponto, interessantes as observações de Sonnenberger, que menciona que "os não juristas às vezes pensam que a tarefa principal dos juristas é conhecer a lei, até mesmo de memória"; entretanto, como ele destaca, os juristas sabem que, ao invés disso, "a tarefa mais nobre a eles confiada consiste, acima de tudo, em compreender os fatos e o contexto social no qual tais fatos se inserem, e, então, na interpretação das normas que os regulam, sejam normas de direito posto ou normas decorrentes da autonomia privada."[734]

A existência de um negócio, como visto, só é possível de ser afirmada por meio de resultados de interpretação. Por essa razão, podemos afirmar

---

[732] CARVALHO, Orlando de; ANDRADE, Manuel A. Domingues de. **A teoria geral da relação jurídica**... op. cit., p. 446-447
[733] ROPPO, Enzo. **O contrato**... op. cit., p. 84.
[734] SONNENBERGER, Han Jürgen. **La conclusione del**..., op. cit., p. 131. No original: "*I non-giuristi qualche volta pensano che il compito principale dei giuristi sia conoscere la legge, se non addirittura imparlarla a memoria. I giuristi sanno invece che il compitu più nobile loro affidato consiste innanzitutto nel comprendere i fatti e il contesto sociale in cui essi si inseriscono, e poi nell'interpretare le norme che li regolano, siano esse norme di diritto obiettivo o norme poste dell' autonomia privata.*"

que, tomando por empréstimo as palavras de Paulo Mota Pinto, "não existe declaração negocial fora da interpretação".[735]

E é essa declaração negocial, reconhecível apenas pela interpretação, que deverá delimitar o fim das negociações e a efetiva formação de um contrato. Essa, também, a conclusão alcançada por Francesco Messineo, para quem: "Estabelecer se as partes ficaram na fase das negociações ou chegaram ao consentimento como elemento conclusivo da formação do contrato *é uma questão de fato*: não se podem dar a esse respeito critérios técnicos seguros, e é necessário se ater à vontade dos pactuantes"[736]. E, com a devida vênia, completamos: vontade *declarada* (expressa ou tacitamente) pelos pactuantes.

Por fim, importante lembrar que, verificada a formação de um contrato, as declarações negociais desaparecem para dar vida a uma nova entidade, que é o negócio jurídico, autônomo às partes e não sujeito às "veleidades de uma só das partes, daí decorrendo sua irrevogabilidade".[737]

---

[735] MOTA PINTO, Paulo Cardoso Correia da. **Declaração tácita...** op. cit., p. 188.

[736] MESSINEO, Francesco. **Doctrina general del contrato**. Buenos Aires: Ediciones Jurídicas Europa-América, 1986, t. I, p. 309 (grifos nossos). Tradução de BIANCHINI, Luiza Lourenço. **Contrato preliminar...** op. cit, p. 88. Bianchini, aliás, também conclui nesse sentido, destacando a identificação do acordo em torno de um regramento que ainda possua pontos em discussão: "Caberá, assim, ao intérprete se valer dos meios exegéticos admitidos pelo direito para constatar se as partes já pretendiam, em concreto, se obrigar aos acordos sobre determinados pontos do contrato, sem que ainda fossem definidos todos os aspectos em negociação, ou deixar para formar o vínculo contratual em um momento posterior, quando todos os pontos tratados venham a ser determinados por elas." (Ibid, p. 88-89)

[737] RUGGIERO, Roberto de; MAROI, Fulvio. **Istituizioni di diritto privato**. 8. Ed. Milão, 1954 *apud* CHAVES, Antônio. **Responsabilidade pré-contratual...** op. cit., 1997, p. 55.

4.
Necessidade de Critérios para Identificação da Formação do Contrato

4.1. Importância da Definição de Critérios na Análise da Formação do Contrato

Como demonstrado, a determinação do momento de formação do contrato é tarefa impossível de ser realizada no plano teórico, sendo imperativa uma análise do caso concreto para que se estabeleça a existência ou não da totalidade dos elementos necessários à formação do contrato – notadamente a fim de se determinar a existência das declarações negociais, questão em torno da qual, como vimos, gira toda a problemática da identificação da conclusão do contrato.

Logicamente, espera-se que situações idênticas sejam analisadas também de forma idêntica. Em outras palavras, não deveria haver interpretação diferente para fatos que guardam total similitude, sob pena de causarmos indesejada insegurança jurídica ao sistema. Entretanto, a inexistência de critérios objetivos claros para interpretação da conduta das partes nos momentos próximos à conclusão do contrato torna essa tarefa um tanto quanto subjetiva – o que não deveria ocorrer no século XXI. Ora, se restou demonstrado que a vontade em si não é um elemento de existência do contrato, mas sim a declaração de vontade, a análise dessa questão deveria sair de um plano subjetivo (de análise da vontade interna de cada contratante) e ser trazida para um plano objetivo, no qual o exame atem-se às manifestações de vontade e seus efeitos perante a contraparte em negociação, analisados de acordo com o contexto e circunstâncias em que se inserem.

Tal análise – descolada do plano subjetivo da vontade interna de cada contratante – permite que a interpretação das declarações negociais fie-se em critérios objetivamente verificáveis, como os atos e condutas das partes, permitindo o estabelecimento de padrões de comportamento.

A ausência de uma posição clara do ordenamento quanto a quais padrões de comportamento devem ser compreendidos como concludentes de um contrato faz com que tal análise seja realizada de forma não criteriosa, conforme o entendimento particular de cada operador do direito, o que muitas vezes resultará em interpretações diferentes para fatos idênticos, gerando indesejada insegurança jurídica (que, longe de ser um problema apenas do direito, gera também indesejadas incertezas econômicas).

Nesse contexto, é importante o estabelecimento de alguns critérios para auxiliar o operador do direito – sempre com base nas premissas do direito contratual e das normas já existentes – a interpretar o caso concreto, fazendo com que situações similares recebam um tratamento também similar, permitindo a todos (partes e operadores do direito) corretamente planejar e executar seus atos, sabendo das consequências e efeitos de suas condutas e afastando, tanto quanto possível, a insegurança a elas relacionada.

Importante lembrar que essa situação não é exclusividade do direito brasileiro. A identificação da "intenção de vincular-se" nas manifestações das partes em negociação é tema que suscita questões em muitas outras jurisdições, como no direito italiano.[738] Assim como aqui, não possui

---

[738] Vide, por exemplo, comentários de Bendedetto sobre aspectos da *letter of intent* no direito italiano: "(...) *Ecco, allora, che dinanzi a schematizzazioni di questo tipo, peraltro frequentemente ricorrenti nella prassi del commercio internazionale e prevalentemente soggette a regimi di Common Law, le corti hanno negato la natura meramente preparatoria e non vincolante dei documenti scambiati dalle parti e hanno ritenuto più opportuno attribuire alle dichiarazioni che vi si ritrovavano contenute il crisma della piena contrattualità, adottando un approccio interpretativo teso a cogliere e a valorizzare il reale intento delle parti, sì come esso si oggettivizza e prende forma attraverso le condotte concretamente assunte dalle stesse; il tutto, non senza aver valutato il coerente inserimento di tale elemento nel contesto di tutte le circostanze che caratterizzano una determinata vicenda. In altre parole, l'ago della bilancia che, almeno secondo l'impostazione più tradizionalmente accolta nell'esperienza di civil law e segnatamente in quella italiana, oscillerebbe tra i due distinti ambiti del contratto e del 'quasi-contratto',*

aquele ordenamento uma sistemática definida de critérios que possibilitem identificar as situações em que uma manifestação possa ser considerada uma declaração de vontade, de forma que a análise do caso concreto fia-se nos mais diferentes aspectos do contexto das negociações.

Nesse cenário, discorreremos sobre alguns balizamentos a facilitar a identificação de uma declaração de vontade apta a formar um contrato. Não só tais critérios deverão auxiliar o operador do direito, mas também guiar a conduta das partes em negociação, de forma a evitar comportamentos contraditórios àqueles internamente desejados por cada uma delas, e que poderiam gerar interpretações equivocadas de suas verdadeiras intenções (e, portanto, efeitos jurídicos indesejados).

Antes disso, interessante se faz a análise de critérios já desenvolvidos sobre o assunto nos Estados Unidos da América, em especial aqueles adotados pelas cortes de Nova Iorque.

4.2. Experiência Estadunidense: Contornos do Contrato na *Common Law* e Possíveis Conflitos na Fase Pré-Contratual

O direito dos países da *common law*, em especial dos Estados Unidos da América (EUA), é caracterizado por um pragmatismo acentuado, próprio de um sistema jurídico baseado em precedentes.

No campo do direito contratual (e, em particular, dos contratos interempresariais), nota-se grande similitude entre os problemas enfrentados

---

è rappresentato dalla intention to be bound delle parti, nonché dagli indici rivelatori presenti in tutte le circostanze oggettive che caratterizzano una fattispecie concreta. (...)" (BENEDETTO, Alessandra. **Pre-contractual agreements in international commercial contracts**... op. cit., p. 175). Em tradução livre: "diante de documentos desse tipo, embora frequentemente recorrentes na prática do comércio internacional e predominantemente sujeitos aos regimes da *common law*, os tribunais negaram a natureza meramente preparatória e não vinculativa dos documentos trocados entre as partes, julgando mais apropriado atribuir às declarações dele constantes o viés da total contratualidade, adotando uma abordagem interpretativa destinada a compreender e realçar a intenção real das partes, tal como é objetivada e toma forma através da conduta concretamente assumida pelas partes; tudo isso, não sem antes avaliar a inserção coerente desses elementos no contexto das circunstâncias envolvidas em um determinado caso concreto. Em outras palavras, o equilíbrio entre o contrato e o 'quase-contrato', pelo menos de acordo com a abordagem mais tradicionalmente aceita na experiência do *civil law* e especialmente na italiana, é representado pela intenção das partes de serem vinculadas, bem como pelos sinais reveladores presentes em todas as circunstâncias objetivas que caracterizam um caso específico em análise".

pelos juristas do sistema da *common law* e da *civil* law. Por essa razão, as soluções produzidas em países da *common law* para algumas questões podem ser de importante utilidade em outras jurisdições. Ainda que o processo jurídico-racional pelo qual tais soluções foram construídas (ou a *maneira* com que tais soluções foram propostas naqueles países) não guarde sempre similitude, tendo em vista a diferença estrutural entre esses dois sistemas, muitas vezes as soluções propostas mostram-se (além de adequadas aos casos concretos) plenamente justificáveis com base no ordenamento posto de países da *civil law*.[739]

Como veremos, há semelhança entre diversos aspectos do conceito de contrato[740], em especial no que concerne à formação do contrato

O contrato na *common law* é essencialmente visto como uma promessa reconhecida (e, em caso de incumprimento, sancionada) pelo direito, como disposto no *American Restatement of Contracts*.[741] Não há, nos países

---

[739] Ao adentrar no exame de questões de direito comparado, é forçosa uma análise dos aspectos básicos do direito contratual e especificamente da formação do contrato no sistema da *common law*, sob pena de compararmos como similar o que, na verdade, pode ser distinto e, com isso, perdermos o rigor necessário a qualquer trabalho científico. Por essa razão, procuraremos explicar, sempre que pertinente, alguns aspectos importantes do direito contratual naquele sistema, de forma a melhor compreender o assunto e possibilitar um paralelo com o direito brasileiro.

[740] Sobre o assunto, muito interessante o exame da já citada tese de doutorado defendida recentemente por Técio Spínola Gomes na USP. Nesse trabalho, o autor examina concepções sobre o contrato em diversas jurisdições do sistema da *civil law* e da *common law* e, sobre o assunto, conclui (em posição que segue Tadas Klimas, quem propõe um *common core* dos elementos existenciais do contrato no direito comparado), que o instituto "contrato" apresenta "três características essenciais em qualquer tradição jurídica: (i) a natureza vinculativa; (ii) a geração de uma expectativa de adimplemento; e (iii) um mecanismo razoavelmente objetivo de definição da existência e do conteúdo do contrato. De resto, todos os outros elementos podem variar a depender do sistema analisado." (SPÍNOLA GOMES, Técio. **O processo de formação do contrato...** op. cit., p. 34.)

[741] *"A contract is a promise or set of promises for the breach of which the law in some way recognizes a duty"*. (Restatement (Second) of Contracts § 1 (1981)). Em tradução livre: "Um contrato é uma promessa ou conjunto de promessas frente aos quais a lei atribui responsabilidade em caso de violação." Como explicam Lake e Draetta, essa definição foi fortemente criticada por alguns por ignorar o elemento do "bargain", tradicional na teoria contratual da *common law*. (LAKE, Ralph B.; DRAETTA, Ugo. **Letters of intent and other precontractual documents...** op. cit., p. 27).

da *common law*, a concepção de contrato como "acordo de vontade" ou negócio jurídico abstrato.[742]

Apesar de a *promise*[743] ser elemento nuclear do conceito de contrato, outros elementos são necessários para que uma *promise* ou *set of promises* caracterizem um contrato, tais como[744] o *consideration*[745], o

---

[742] Inclusive, interessante notar que o contratualismo anglo-americano não exige o requisito de formação bilateral para que algo seja definido como contrato (daí a sua definição centrar-se no elemento *promise*). (SPÍNOLA GOMES, Técio. **O processo de formação do contrato...** op. cit., p. 36-38).

[743] A fim de evitar a descaracterização do real significado dos termos e expressões estrangeiros, pecando eventualmente por uma maior ou menor abrangência em sua tradução, será utilizada nessa dissertação a terminologia adotada pelo próprio sistema estrangeiro. Não obstante, buscar-se-á sempre explicar os termos expressões e, se necessário, traduzi-los de forma livre, a fim de esclarecer as questões colocadas pelos ordenamentos jurídicos estrangeiros. Os problemas quanto à tradução de termos jurídicos estrangeiros são explicados pelo jurista italiano Rodolfo Sacco (SACCO, Rodolfo. **Introdução ao Direito Comparado**. Tradução: Véra Jacob de Fradera. São Paulo: Editora Revista dos Tribunais, 2011, p. 51-67).

[744] Além disso, na análise da formação dos contratos, considera-se a existência de eventual limitação definida em dispositivos gerais do *Statute of Frauds*, como, por exemplo, requisitos para a identificação das partes, especificação concreta dos termos e dos bens trocados e eventual necessidade de formalização por escrito de alguns tipos contratuais. (AARON, Stewart D.; CATERINA, Jessica. Contract formation under New York Law: by choice or through inadvertence. **Syracuse Law Review**, v. 66, p. 855-868, 2016. p. 856-857).

[745] Em linhas gerais, o *consideration* pode ser definido como "*something (such as an act, a forbearance, or a return promise) bargained for and received by a promisor from a promise; that which motivates a person to do something, esp. to engage in a legal act. Consideration (...) is necessary for an agreement to be enforceable.*" (GARNER, Brian A. **Black's Law Dictionary**. 8. Ed. West Group, 2011, p. 324.) Em tradução livre: "algo (como um ato, uma condescendência ou uma promessa de retorno) negociado e recebido pelo promitente, que o motiva a fazer algo, especialmente a se envolver em um ato legal. O *consideration* (...) é necessário para que um contrato seja exequível." Para se constatar a presença da *consideration*, costumava-se exigir a prestação de algum bem, por menor que fosse; precedentes mais recentes, contudo, substituíram o requisito da *consideration* por qualquer evidência de que tenha ocorrido uma negociação significativa sobre uma troca de valor. (GALLIGAN, Michael W. Choosing New York Law as governing law for international commercial transactions. New York State Bar Association. **Meeting of the Morocco Chapter**, Casablanca, Morocco, October 8, 2012, p. 2-3.) Como explica Spínola Gomes, "de forma reducionista, podia ser entendido como "preço", mas se aproxima melhor da ideia de que é necessária uma contraprestação". (SPÍNOLA GOMES, Técio. **O processo de formação do contrato...** op. cit., p. 55).

mutual assent/mutual agreement[746] e o *intent to be bound/intent to make a*

[746] Restament (Second) of Contracts, al §22: "*Manifestation of mutual assent may be made even though neither offer nor acceptance can be identified and even though the moment of formation cannot be determined*". Em tradução livre: "A manifestação do consentimento mútuo pode ser realizada mesmo que nem a oferta nem a aceitação possam ser identificadas e mesmo que o momento da formação não possa ser determinado". (AMERICAN LAW INSTITUTE. **Restatement of the law**: Contracts 2d. Vol I. Saint Paul: American Law Institute, 1981.)
Em linhas gerais, o *mutual assent* pode ser definido como "[the] *Agreement by both parties to a contract, usu. in the form of offer and acceptance. In modern contract law, mutual assent is determined by an objective standard – that is, by the apparent intention of the parties as manifested by theis actions*". (GARNER, Brian A. **Black's Law Dictionary**... op. cit., p. 124.) Em tradução livre: "[a] concordância entre as partes quanto a um contrato, usualmente na forma de oferta e aceitação. No âmbito do direito contractual moderno, o *mutual assent* é determinado por um critério objetivo, qual seja, a aparente intenção das partes, conforme manifestado por suas ações."
Analisando o *mutual assent*, Benedetto comenta que esse não deve ser confundido com o *meeting of the minds*, o último de caráter subjetivo e incompatível com as necessidades do comércio. "*È appena il caso di precisare, in questa sede, che il mutual assent non va confuso con il meeting of the minds sul quale, soprattutto durante il diciannovesimo secolo, in Inghilterra, si è ampiamente teorizzato a proposito delle componenti che concorrono a caratterizzare la vicenda genetica di un contratto. Ben presto alcune considerazioni di ordine squisitamente pragmatico hanno indotto al superamento definitivo di tale teoria, ritenuta assolutamente incompatibile con l'esigenza di conseguire risultati che potessero risultare convenienti dal punto di vista strettamente commerciale. Per la verità, nelle dissertazioni dottrinali più recenti non vi è traccia di tale concetto che, pertanto, potrebbe considerarsi quasi caduto nell'oblio se non fosse per la circostanza, pur frequentemente riscontrata nella prassi, che vede le corti di common law farvi frequentemente richiamo nelle ipotesi in cui si discuta di lettere di intenti, al precipuo scopo di individuare un 'sintomo' dell'intento di vincolarsi giuridicamente, presente in capo alle parti. Il meeting of the minds non ha perso dunque, completamente, il proprio diritto di cittadinanza ma risulta decontestualizzato dall'originario ambito di applicazione, rappresentato dalla formazione del contratto.*" (BENEDETTO, Alessandra. **Pre-contractual agreements in international commercial contracts**... op. cit., p. 58) Em tradução livre: "Não é o caso de esclarecer nessa oportunidade que o *mutual assent* não deve ser confundido com o *meeting of the minds*, em que, especialmente durante o século XIX, na Inglaterra, foi amplamente estudado sob o ponto de vista dos componentes que contribuem para caracterizar a história genética de um contrato. Em seguida, algumas considerações de natureza puramente pragmáticas levaram à superação definitiva dessa teoria, considerada absolutamente incompatível com a necessidade de obter resultados úteis sob um ponto de vista estritamente comercial. Na verdade, na doutrina mais recente, não há vestígios de tal conceito que, portanto, poderia ser considerado particamente caído no esquecimento, se não fosse pela circunstância de os tribunais de *common law* frequentemente a ele recorrer em hipóteses em que se discute as cartas de intenções, com o objetivo principal de identificar 'sintomas' relativos à intenção de se tornar legalmente vinculado. Portanto, o *meeting of the minds* não perdeu completamente sua relevância jurídica, mas se tornou descontextualizado de seu escopo originário de aplicação relativo à formação do contrato."

contract[747] – esse último de maior interesse para esse trabalho como será examinado mais à frente. As noções de oferta e aceitação na formação de um contrato também são reconhecidas na *common law*[748] e – em linhas gerais – guardam grande similitude com as noções utilizadas na *civil law*.[749]

O consentimento – ou *mutual agreement* – é também reconhecido no direito contratual norte-americano[750], embora não com a mesma

---

[747] Em português algo similar a "intenção em se vincular" ou "intenção em celebrar um contrato". Entre aqueles que destacam a importância *do intent to be bound*, CHITTY, Joseph.,**Chitty on contracts**, vol. I, §§ 129-139, 30rd ed., London: Sweet and Maxwell, 2010. Importante observar que, como destaca Benedetto, nem todos os juristas entendem que o *intent to be bound* mereceria uma posição de destaque junto aos demais elementos acima listados, merecendo apenas uma posição secundária, a indicar a seriedade das negociações. Por escapar ao escopo deste trabalho – que, longe de ser um estudo comparado, apenas realiza nesse capítulo um panorama geral do contrato na *common law* e no direito americano, a fim de contextualizar alguns dos critérios propostos naquele país para a identificação da formação de um contrato – não adentraremos nessa discussão. (BENEDETTO, Alessandra. **Pre-contractual agreements in international commercial contracts**... op. cit., p. 51).

[748] Restatement (Second) of Contracts § 24: *"An offer is the manifestation of willingness to enter into a bargain, so made as to justify another person in understanding that his assent to that bargain is invited and will conclude it"*. (AMERICAN LAW INSTITUTE. **Restatement of the law**: Contracts 2d. Vol I. Saint Paul: American Law Institute, 1981.) Em tradução livre: "Uma oferta é uma manifestação de vontade de entrar em uma negociação, realizada de modo a comunicar a outra pessoa que está sendo convidada a consentir frente a tal proposta e que eventual concordância irá levar à conclusão do negócio."

[749] Sobre as noções de oferta e aceitação na *common law*, e sobre a formação do contrato em geral naquele sistema, ver: CHEN-WISHART, Mindy. **Contract Law**, Oxford, 2010, p. 65 ss.; DUXBURY, Robert. **Contract Law**, London, 2008, p.43 ss.; BURROWS, A. **A casebook on contract**, Oxford, 2011, pp. 79 ss.; BEATSON, Jack; BURROWS, Andrew; CARTWRIGHT, John. **Anson's Law of contract**, Oxford, 2010, p. 61-73.

[750] *"All of these rules derive from the fundamental principle that contractual obligations are based on consent. For centuries, courts applied a subjective test to determine whether each of the parties truly intended to form a binding contract. They spoke of "a meeting of the minds" between the parties. (...) more modern decisions focus instead on the parties' outward manifestations to determine their contractual intent. Older cases used various legal fictions and other devices to protect promisees who reasonably believed that a promisor had made a binding commitment. Thus, the Restatement (Second) of Contracts (1981) § 17 requires only "a manifestation of mutual assent" to an exchange. This so-called "objective theory" of contract finds expression in the Restatement (Second) and in the cases that follow."* (VERKERKE, J. H. **Contracts doctrine, theory & practice**. CALI eLangdell Press, 2012. p. 133). Em tradução livre: "Todas essas regras derivam do princípio fundamental de que as obrigações contratuais se baseiam no consentimento. Durante séculos, os tribunais aplicaram um teste subjetivo para determinar se as partes efetivamente tinham por intenção celebrar um contrato vinculativo.

importância com que é adotado nos países da *civil law*. Tal princípio é compreendido, mais modernamente, por meio de manifestações objetivamente verificáveis. Se antes os tribunais norte-americanos tentavam realizar uma análise subjetiva para determinar se as partes verdadeiramente pretendiam celebrar um contrato vinculativo, as decisões a partir da metade do século passado passaram a dar maior enfoque às manifestações externadas pelas partes para determinar a sua vontade contratual[751]. Com isso, deixa-se de lado o *meeting of the minds*, que pesquisava as intenções subjetivas dos contratantes, e passa-se a valorizar a interpretação objetiva das condutas e manifestações dos sujeitos.[752]

O conceito de boa-fé também existe no direito norte-americano, mas não é visto como um princípio jurídico geral no sistema da *common law*.[753]

Sobre o assunto, Jeffries[754] explica que o ordenamento norte-americano reconhece o dever de boa-fé e *fair dealing* na execução do contrato; contudo,

---

Eles falavam de um encontro de mentes – *meeting of the minds* – entre as partes. (...) as decisões mais modernas observam as manifestações externas das partes para determinar sua intenção contratual. Em casos mais antigos eram empregadas diversas ficções legais e outros instrumentos para proteger a parte que razoavelmente acreditava que a contra-parte havia assumido um compromisso vinculativo. Dessa forma, o Restatement (Second) of Contracts (1981) § 17 exige apenas uma manifestação de consentimento mútuo para a constatação da existência de um negócio. Essa é a chamada teoria objetiva do contrato e encontra expressão no Restatement (Second) e nos casos que se seguem."

[751] Nesse sentido, o importante precedente Lucy v. Zehmer, 196 Va. 493; 84 S.E.2d 516 (1954).

[752] Note-se, contudo, que há muito tempo é criticada a pesquisa de intenções subjetivas das partes na *common law* pelas mais diferentes razões, como se pode depreender da palavras do Judge Bryan CJ em 1477, para quem uma abordagem puramente subjetiva seria arbitrária pois "nem o próprio diabo conhece a intenção dos homens" (CARTWRIGHT, John. Contract law: **An Introduction to the English Law of Contract for the Civil Lawyer**. 2. ed. Oxford: Hart Publishing, 2011. P. 93-94 e 228-229 *apud* SPÍNOLA GOMES, Técio. **O processo de formação do contrato**... op. cit., p. 44.)

[753] SPÍNOLA GOMES, Técio. **O processo de formação do contrato**... op. cit., p. 39.

[754] Jeffries: "*Every contract imposes upon the parties a duty of good faith and fair dealing in the performance and enforcement of the contract. However, that duty typically only extends to issues of contract performance, not contract formation – in other words, it applies only after the parties are bound. Generally, there is no requirement that the parties negotiate in good faith unless the parties agree to such an obligation.*" (JEFFRIES, Browning. Preliminary negotiations or binding obligations? A framework for determining the intent of the parties. **Gonzaga Law Review**, v. 48, n. 1, 2012-2013. p. 13) Em tradução livre: "Todo contrato impõe às partes um dever de boa-fé e de lealdade contratual no desempenho e execução do contrato. No entanto, esse dever só se estende às questões de

não estende tais deveres à fase pré-contratual como uma regra geral. Ou seja, a imposição desses deveres, como regra geral, só ocorreria na fase contratual depois de as partes já estarem contratualmente vinculadas, não havendo, em regra, exigência de que as partes negociem de boa-fé[755]; permite o ordenamento americano, contudo, a celebração de acordos em tal sentido pelas partes em negociação, o que geralmente ocorre por meio de acordos preliminares contendo tal previsão.

Apesar de negar a existência de uma cláusula geral de boa-fé durante a fase pré-contratual, importante mencionar que o direito norte-americano (assim como o inglês) consagra aspectos da boa fé subjetiva e objetiva na regulamentação de situações específicas, como o dever de não enganar a contraparte, sancionado pela *misrepresentation*[756]; o *promissory estoppel*[757] e as

---

desempenho do contrato, não à sua formação – em outras palavras, aplica-se somente depois que as partes estão vinculadas. Geralmente, não há exigência de que as partes negociem de boa-fé, a menos que as partes estabeleçam tal obrigação."

[755] Essa também a posição do direito inglês. Nesse sentido, o caso *Walford v. Miles*, no qual a Câmara dos Lordes rejeitou de modo expresso a existência de um dever de negociar de boa fé, afirmando a liberdade que as partes teriam de romper as negociações a todo o tempo e por qualquer motivo, sem que isso as sujeitasse a qualquer dever de indenizar. Em tal decisão, sustentou-se: *"the concept of duty to carry on negotiations in good faith is inherently repugnant to the adversarial position of the parties when involved in negotiations. Each party to the negotiations is entitled to pursue his (or her) own interest, so long as he avoids making misrepresentations."* ((1992) 2 WLR 174 apud VICENTE, Dário Moura, **Da responsabilidade pré-contratual em direito internacional privado**, Colecção Teses, Almedina, 2001, p. 290 e ss). Em tradução livre: "O conceito de dever de prosseguir as negociações de boa-fé é intrinsecamente antagónico à posição contrária das partes envolvidas em negociação. Cada parte envolvida nas negociações tem o direito de perseguir o seu próprio interesse, desde que ele evite fazer falsas declarações."

[756] "(...) entende-se por *misrepresentation* uma declaração inexacta, por desconforme à verdade dos factos, proferida antes ou quando da celebração de um contrato, que induza o declaratário à celebração do mesmo. Distingue-se do erro comum (*mistake*), na medida em que este não é causado por outrem." (VICENTE, Dário Moura, **Da responsabilidade pré-contratual...** op. cit p. 276).

[757] "O *promissory estoppel* é, na verdade, antes de tudo o mais, um expediente gizado pela jurisprudência norte-americana e inglesa a fim de colmatar as insuficiências do conceito de contrato próprio dos Direitos anglo-saxónicos, com a sua rígida exigência de uma contrapartida negociada como condição de eficácia de toda a promessa contratual. É a recusa de eficácia à promessa informal desprovida de 'consideration', que decorre daquele conceito, revela-se susceptível de conduzir a resultados iníquos sempre que o promissário haja alterado a sua posição jurídica confiando nela e o promitente devesse prever essa reacção do promissário." (Ibid., p. 284).

ideias de equidade; os deveres de prestação de informação nos contratos caracterizados pelo *uberrima bona fides*; e a doutrina da *breach of confidence*[758].

Em linhas gerais, o instituto do *estoppel* pode ser definido como *"an affirmative defense alleging good-faith reliance on a misleading representation and an injury or detrimental change in position resulting from that reliance"*. (Em tradução livre: "uma defesa afirmativa que alega a confiança de boa fé em uma representação enganosa e uma lesão ou alteração prejudicial na posição resultante dessa confiança.") A *promissory estoppel*, que deriva do *estoppel*, se refere ao princípio *"that a promise made without consideration may nonetheless be enforced to prevent injustice if the promisor should have reasonably expected the promisee to rely on the promise and if the promisee did actually rely on the promise to his or her detriment."* (Em tradução livre: "a promessa feita sem *consideration* pode, entretanto, ser exigida para evitar injustiças, se houver motivo razoável para que o promissário confie em tal promessa e se o promissário realmente confiou na promessa em prejuízo próprio.") (GARNER, Brian A. **Black's Law dictionary**. 8. Ed. West Group, 2011, p. 589-591.)

Como explica Borda, detalhando o conceito de *estoppel*: *"El estoppel responde a la idea de la inadmisibilidad de alegar y probar hechos contradictorios con la apariencia que la misma parte (que pretende tales alegaciones y pruebas) ha creado; impide actuar de esa manera. Como puede observarse, el núcleo de la figura del estoppel es la "apariencia", o mejor aún, es la confianza depositada en esa apariencia jurídica y la buena fe derivada de la confianza suscitada. (...) La figura del estoppel busca proteger a quien confió en la apariencia jurídica de un acto, en la representación, e impedir que el autor de la conducta contradictoria se beneficie. Si por el contrario, el autor de la conducta contradictoria se perjudicare con ella y el beneficiado fuere la persona a quien se dirigían ambas conductas, no hay razón para aplicar el estoppel."* (BORDA, Alejandro. **La teoria de los actos propios**. 3. ed. Ed. Abeledo-Perrot, 2000. p. 29.)

De acordo com, Judith Martins-Costa, o conceito de *estoppel* se aproximaria no direito da *civil law* ao conceito de *tu quoque*. (MARTINS-COSTA, Judith. **A Boa-Fé no Direito Privado**... op. cit., p. 462-465.) Para Borda, por sua vez, a regra *venire contra factum proprium non valet* serviria de fundamento ao *estoppel*. (BORDA, Alejandro. **La teoria de los actos propios**... op. cit., p. 28.)

Para a doutrina do *promissory estoppel*, o comportamento das partes contraentes deve ser sempre levado em consideração, não sendo admitida a adoção de posições contraditórias das partes em negociação. Como ensinam Shears e Stephenson: *"One should add, for clarity, that 'estoppel' (which is primarily a rule of evidence) means refusing (stopping) to permit a person who has made a promise, or acquiesced in a state of affairs, to go back on his promise and withdraw his acquiescence."* (SHEARS, Peter; STEPHENSON, Graham. **James' introduction to English law**. 13. Ed. Londres/Dublin/Edimburgo: Butterworths, 1996, p. 234.) Em tradução livre: "Deve-se acrescentar, para maior clareza, que o *estoppel* (o qual é principalmente uma regra relacionada a prova) significa uma recusa (*stopping*) em permitir que uma pessoa que tenha feito uma promessa ou tenha concordado com determinados negócios volte atrás em sua promessa e retire sua concordância."

[758] De acordo com o *Cambridge Business English Dictionary* a *breach of confidence* consiste em *"a situation in which someone makes information known that they should keep secret. To establish breach of confidence, you must show that the information was not public property or knowledge."* (**Cambridge Business English Dictionary**. Cambridge University Press, 2018. Disponível em < https://

Não se pode, contudo, em vista da ausência de uma regra geral de boa-fé, sustentar que a entrada em negociações naquele país constitua uma relação jurídica pela qual as partes se encontram "adstritas a um dever de consideração pelos interesses e expectativas legítimos da contraparte"[759], diferentemente do que ocorre por aqui e em outros ordenamentos do sistema da *civil law*[760].

A discussão sobre a vinculatividade de contratos e acordos aparentemente preliminares é mais comum no contexto de negociações comerciais – a exemplo do que ocorre aqui. Em artigo no *Journal of the New York State Bar Association*, Brodsky[761] explora as razões políticas para o estabelecimento de um regime legal claro relativo ao cumprimento de acordos pré-contratuais. Partindo da premissa de que a finalidade dos contratos é satisfazer e não quebrar expectativas, Brodsky explica como a vinculatividade relativa dos "agreements to agree" torna mais fácil para os contratantes empresariais investirem com maior confiança seu tempo e esforço em grandes e complexas negociações, uma vez que eles passam a

---

dictionary.cambridge.org/dictionary/english/breach-of-confidence >. Acesso em 9 mai. 2018.) Em tradução livre: "uma situação em que alguém informa algo sobre o qual deveria manter confidencialidade. Para estabelecer a quebra de confidencialidade, deve ser demonstrado que a informação não era de conhecimento ou propriedade pública."

[759] DIAMVUTU, Lino. **A tutela da confiança nas negociações pré-contratuais**... op. cit., p. 12.

[760] Sobre o assunto, Vicente destaca trecho de uma decisão do *Court of Appeal* inglês no caso *Interfoto Picture Library Ltd. v. Stilleto Visual Programmes Ltd.*, na qual o tribunal explica que no sistema da *common law* não há essa regra geral de boa-fé e sim soluções pontuais em resposta a problemas concretos de injustiça: "*In many civil law systems, and perhaps in most legal systems outside the common law world, the law of obligations recognises and enforces na overriding principle that in making and carrying out contracts parties should act in good faith. [...] English law has, characteristically, committed itself to no such overriding principle, but has developed piecemeal solutions in response to demonstrated problems of unfairness.*" ((1989) 1 Q.B. 433 (p. 439) apud VICENTE, Dário Moura, **Da responsabilidade pré-contratual**... op. cit, p. 294). Em tradução livre: "Em muitos sistemas da *civil law* e talvez na maioria dos sistemas legais excetuados os de *common law*, o direito das obrigações reconhece e aplica o princípio primordial segundo o qual as partes na elaboração e execução dos contratos devem agir com boa-fé. (...) A lei inglesa, caracteristicamente, não se comprometeu a impor a observância de tal princípio primordial, mas desenvolveu algumas soluções para eventuais problemas de injustiça observados."

[761] BRODSKY, Stephen L. Federal Courts in New York provide framework for enforcing preliminary agreements, **Journal of the New York State Bar Association**, Albany, p. 16-25, Mar./Apr. 2001. p. 17.

ter mais confiança de que a outra parte não irá arbitrariamente abandonar as negociações – sem olvidar, claro, dos instrumentos legais disponíveis para manter a liberdade contratual.[762]

Comentando o *agreement to negotiate in good faith* e acordos pré-contratuais que possuem tal cláusula, Jeffries[763] explica que há, nesse caso, uma obrigação que vincula as partes a uma negociação de boa-fé, o que, para o direito norte-americano, impede as partes de imotivadamente deixarem as tratativas ou apenas realizar propostas sem razoabilidade. Assim, a celebração desses acordos demonstraria alguma indicação de que o negócio viria a ser fechado a menos que houvesse um substancial desacordo entre os contratantes – aumentando-se, portanto, a confiança e expectativa na celebração do contrato. Nesse sentido, explica Jeffries:

> a tendência moderna parece ser voltada a uma maior disposição a exigir o cumprimento de acordos [voltados a negociação de boa-fé] que, apesar de possuírem alguns pontos em aberto, são desde logo vinculativos. Por meio da imposição da obrigação de negociar de boa-fé, as partes passam a ter uma garantia de que o contrato final será celebrado, a menos que haja um ponto de desacordo genuíno.[764]

Jeffries[765] continua explicando que uma vez que as partes se vinculam à obrigação de negociar de boa-fé, essas podem ser compelidas a negociar

---

[762] Ibid., p. 16-17.
[763] JEFFRIES, Browning. Preliminary negotiations or binding obligations?... op. cit., p. 16-17.
[764] Tradução nossa. No original: "(...) *the modern trend appears to be an increased willingness to enforce agreements [by the parties to negotiate in good faith] that are intended to be binding, even if some terms are left open. By enforcing these agreements to negotiate in good faith, parties are provided with some assurance that the deal will get done unless there is a genuine disagreement.* (...)" (Ibid.)
[765] "*Specifically, once a court determines the parties intended to bind themselves to a duty to negotiate in good faith, the parties are typically required to negotiate the open issues in good faith in an attempt to reach the ultimate objective. However, neither party has the ability to demand actual consummation of the transaction. In other words, the parties may ultimately reach an impasse in their negotiations due to good faith differences in the open issues, resulting in the transaction not being consummated. Parties losing interest in the deal and mutually abandoning negotiations will not violate this duty of good faith. But, the obligation does bar a party from renouncing the deal, abandoning the negotiations, or insisting on conditions that do not conform to the preliminary agreement.*" (JEFFRIES, Browning. Preliminary negotiations or binding obligations?... op. cit., p. 17 citando, nesse último trecho, decisão no caso Teachers Ins. & Annuity Ass'n of Am. v. Tribune Co., 670 F. Supp.at 498.) Em tradução

as questões em aberto, na tentativa de alcançar o objetivo final, que é a celebração do contrato. No entanto – à semelhança do que ocorre no direito brasileiro –, nenhuma das partes tem o poder de exigir a consumação do contrato almejado. Caso, por exemplo, haja um impasse na negociação, o contrato não será celebrado – não cabendo nenhuma tutela no sentido de forçar a conclusão de tal contrato. Da mesma forma, se as partes justificadamente perderem o interesse no negócio e abandonarem as negociações, não haverá qualquer violação à boa-fé. A observância ao dever de negociar de boa-fé, entretanto, impedirá que as partes desistam do negócio de forma unilateral e injustificada, abandonando as negociações ou insistindo em condições que não estejam em conformidade com o acordo preliminar – à semelhança, de certa maneira, ao direito brasileiro.

Para definir as etapas do processo de negociação contratual, Farnsworth[766] divide o processo de formação do contrato em três fases: negociação, acordo preliminar e acordo final.

A etapa do "acordo final" é relativamente mais simples, não costumando apresentar problemas relevantes para esse estudo, vez que, tendo sido criado um acordo escrito e formal, esse apenas deverá ser tratado como qualquer outro contrato.[767]

Já a fase mais distante da formação do contrato, ou etapa de "negociação", deveria ser, na opinião de Farnsworth, deixada longe dos tribunais e das discussões sobre a vinculatividade contratual, com a menor intervenção possível no tocante à interpretação das vontades das partes, tendo em vista que tal interferência poderia criar desnecessária insegurança para as partes

---

livre: "Especificamente, uma vez que o tribunal entende que as partes desejaram se vincular a um dever de negociar de boa-fé, elas são, via de regra, obrigadas a negociar as questões em aberto com boa-fé a fim de atingir o objetivo final. No entanto, a nenhuma das partes é possível exigir a efetiva celebração da transação. Em outras palavras, as partes podem chegar a um impasse em suas negociações quanto a questões em aberto, levando à não consumação do acordo final. A eventual perda do interesse das partes na celebração do acordo, abandonando ambas as partes mutuamente as negociações, não implica violação ao já mencionado dever de boa-fé, tal dever, no entanto, impossibilita as partes de renunciarem ao acordo, abandonarem as negociações ou insistirem em condições que não são compatíveis com o acordo preliminar."

[766] FARNSWORTH, E. Allan. **Contracts**. Aspen Treatise Series: 4. Ed., 2005, Chapter 3..
[767] KLEIN, John; BACHECHI, Carla. Precontractual liability and the duty of good faith negotiation in international transactions... op. cit., p. 6.

contratantes.[768] Nesse cenário, as pessoas poderiam hesitar em entrar em negociações caso não pudessem controlar se e quando as negociações tornar-se-iam vinculantes[769]. Nessa fase inicial, aplicam-se as regras "aleatórias" da *common law* – i.e., assume-se que as empresas exploram rotineiramente oportunidades de contratação e investem recursos no processo de negociação, como parte de seu próprio negócio, sem criar expectativas sobre o resultado das tratativas, assumindo, assim, o risco de eventual insucesso do negócio.[770]

Mais relevantes para a discussão atual são os casos em que as partes investiram seu tempo na elaboração de algum tipo de acordo preliminar, embora não tenham chegado a celebrar um contrato final, completo e formal.

Klein[771] explica que há dois tipos de documentos tidos como "preliminares" no direito norte-americano.

---

[768] Ibid.

[769] "People may hesitate to enter into negotiations if they cannot control whether and when tentative proposals become binding." (Ciaramella v Readers' Digest Association, United States Court of Appeals for the Second Circuit. 131 F.3^d 320 (2^d Cir. 1997)). Em tradução livre: "As pessoas podem hesitar em entrar em negociações caso não possam controlar se e quando as trativas se tornam vinculativas."

[770] KLEIN, John; BACHECHI, Carla. Precontractual liability and the duty of good faith negotiation in international transactions... op. cit., p. 6.

[771] *"Recognizing the special role of preliminary agreements in complex negotiations, the court in Teachers Insurance & Annuity Ass'n v. Tribune Co. suggested that binding preliminary contracts may be used in two distinct scenarios. First, the contracts may be used when the parties have reached complete agreement on all issues perceived to require negotiation. The court treats the parties as if a completed contract exists, and a breach of contract may result in remedies such as specific performance or expectation damages. The second scenario arises where the parties have expressed their mutual commitment to the major terms of the agreement, while recogizing that open terms remain for future negotiation. This type of binding preliminary agreement does not commit the parties to an ultimate contractual objective, but rather to an obligation to continue their negotiations in good faith. Although the agreement is unenforceable on its own terms, the court imposes on each party a duty to continue negotiations in good faith. The obligation to continue negotiating provides no guarantee that the parties will reach a final agreement, 'as good faith differences in the negotiations of the open issues may prevent a reaching of a final contract.' The good faith duty does, however, prevent the parties from refusing to negotiate or offering only unreasonable proposals."* (Ibid., p. 9-10) Em tradução livre: "Reconhecendo o papel especial dos acordos preliminares em negociações complexas, o tribunal no caso *Teachers Insurance & Annuity Ass'n v. Tribune Co.* apontou que os contratos preliminares vinculativos poderiam ser utilizados em dois cenários distintos. Primeiro, os contratos poderiam ser utilizados quando as partes já tivessem chegado em total consenso sobre todos os pontos que exigiam negociação; hipótese em que seria considerado como celebrado um contrato completo, de modo que o seu eventual

No primeiro, as partes já teriam chegado a um consenso acerca de todas as questões que, a princípio, exigiriam negociação. Nessa hipótese, o contrato celebrado pelas partes seria entendido como um acordo formal e final, de modo que eventual violação às suas previsões poderia ensejar a imposição de remédios legais contratuais específicos – ou seja, tratar-se-ia de verdadeiro contrato, ainda que celebrado de maneira informal.

No segundo cenário, os contratantes teriam manifestado entendimento quanto aos principais termos do acordo, reconhecendo, entretanto, que os pontos em aberto seriam objeto de futura negociação. Esse tipo de acordo prévio, embora vinculativo por seus termos, não comprometeria as partes à contratação final, mas apenas obrigaria a continuidade das negociações de boa-fé. Isso, no entanto, não implicaria nenhuma garantia de que as partes chegariam a um acordo final, uma vez que a ausência de concordância quanto aos assuntos em aberto poderia impedir a celebração de tal contrato. Desse modo, a obrigação de negociar de boa-fé limita-se a impedir que as partes se recusem a negociar (ou apenas ofereçam propostas irrazoáveis e descabidas).

Assim como na *civil law*, alguns conflitos podem surgir na fase pré-contratual, notadamente com relação à formação ou não de um contrato – e, como dito acima, a existência de acordos pré-contratuais traz elementos que intensificam tais conflitos. À semelhança do direito brasileiro, essa é uma questão que requer a análise do caso concreto.

Spínola Gomes explica, com base em pesquisas de Furmston e Tolhurst[772], que o método tradicional para identificar um *agreement* entre

---

descumprimento poderia resultar em imposição de execução específica ou pagamento de indenização. O segundo cenário surgiria quando as partes já tivessem expressado sua mútua concordância em relação aos principais termos do contrato, relegando a definição de questões em aberto para negociações futuras; esse tipo de contrato preliminar não imporia às partes o objetivo final do contrato, mas somente a obrigação de continuar negociando com boa-fé. Nesse aspecto, embora o acordo não fosse executável por seus próprios termos, o tribunal imporia às partes o dever de continuar a negociação com boa-fé. O dever de continuar as negociações, no entanto, não implicaria qualquer garantia que as partes chegariam a um acordo final, já que divergências no tocante às questões em aberto poderiam evitar a celebração de um contrato final. A boa-fé, por outro lado, impediria as partes de se recusarem a negociar ou de oferecerem apenas propostas não razoáveis."
[772] FURMSTON, Michael; TOLHURST, GJ. Contract Formation: Law and Practice. Oxford: Oxford University Press, 2010. P. 6-7 *apud* SPÍNOLA GOMES, Técio. **O processo de formação do contrato**... op. cit., p. 90.

as partes é a verificação da oferta e da aceitação. Entretanto, "os tribunais costumam apontar que se tratam de meras ferramentas para auxiliar no exame da formação dos contratos, 'não sendo exaustivas e, em muitos casos sendo impraticáveis ou inapropriadas'."[773]

No direito estadunidense, a análise (ou ao menos o elemento que mais suscita polêmica nessa análise) reside principalmente na verificação do *intent to be bound* (a intenção em se vincular).

As diferenças entre as hipóteses nas quais há um contrato formado e em que, portanto, se aplica o regime contratual, das hipóteses em que há apenas um acordo prévio com obrigação ou não de continuar negociações (um *"agreement to agree"*[774] ou *"agreement to negotiate"*) podem não ser evidentes no direito norte-americano, da mesma forma como aqui ocorre. Exemplos hipotéticos não faltam: as cláusulas do acordo prévio são ambíguas com relação à intenção das partes em se vincular; uma ou ambas as partes agem como se o contrato estivesse formado, apesar de a redação do acordo prévio expressamente dizer que o acordo não é vinculante; uma das partes já inicia a execução de um suposto contrato oral com anuência da parte contrária; entre muitos outros exemplos, idênticos àqueles aplicáveis ao direito brasileiro. Os exemplos ultrapassam a barreira hipotética e, diferentemente daqui, são abundantes na jurisprudência norte-americana.[775]

Como questiona Klein, as partes podem ter chegado a celebrar formalmente uma *letter of intent* e ter comprometido ou investido recursos significativos na análise das condições para a celebração do contrato; se tal processo de negociação for eventualmente abandonado, quando poderá

---

[773] SPÍNOLA GOMES, Técio. **O processo de formação do contrato...** op. cit., p. 90.

[774] Segundo Farnsworth, essa é a maneira que algumas jurisdições pejorativamente denominam os acordos prévios com obrigações de negociação de boa-fé; para tal o autor, a expressão mais adequada para definir tais tipos de acordo seria *"agreement to negotiate"*. (FARNSWORTH, E. Allan. Precontractual liability and preliminary agreements... op. cit., p. 267).

[775] Nesse sentido, ver os seguintes precedentes: Turner Broadcasting System, Inc. v. McDavid, et al. 693 S.E.2d (Ga. Ct. App.2010); Hoffman v. Red Owl Stores, Inc., (26 Wis 2d 683, 133 N.W.2d 267 (1965); Bear Stearns Inv. Products, Inc., v. Hitachi Automotive Products, 401 B.R. 598, 618 (S.D.N.Y. 2009); Teachers Ins. & Annuity Ass'n of Am. v. Tribune Co., 670 F. Supp.491 (S.D.N.Y. 1987); Adjustrite Sys., Inc. v. GAB Bus. Services, Inc., 145 F.3d 543, 548 (2d Cir. 1998); e Trowbridge v. McCaigue, 992 A.2d 199 (Pa. Super. Ct. 2010).

uma parte ser responsável pelos custos da outra? Ou, ainda, quando poderá uma parte obter o resultado de um "acordo" não formalizado?[776]

A regra do direito norte-americano, assim como ocorre no direito brasileiro, é de que as partes em negociações podem encerrá-las e desistir da celebração do contrato a qualquer tempo, não importando o motivo que levou a parte desistente a tomar tal decisão.Ou seja, o insucesso das tratativas, *per se*, não gera qualquer responsabilidade de parte a parte. Isso é o que explica Farnsworth:

> Os tribunais, tradicionalmente, entendem que as partes possuem liberdade de negociar sem risco de responsabilidade pré-contratual. Sob as regras clássicas da proposta e aceitação, não há responsabilidade contratual até que um contrato seja celebrado pela aceitação de uma proposta; antes da aceitação, o ofertante está livre para voltar atrás, revogando a proposta. (...) Como regra geral, a parte, em uma negociação pré-contratual, pode desistir do negócio sem responsabilidade a qualquer momento e por qualquer motivo – uma mudança de ideia/de circunstâncias, um melhor negócio – ou até sem qualquer razão. O único prejuízo de assim fazê-lo é a perda de seus próprios investimentos nas negociações em termos de tempo, esforço e dinheiro. Por trás desse ponto de vista acerca do período pré-contratual está o que eu chamo de *common law's aleatory view* das negociações: a parte que inicia uma negociação visando o ganho que virá ao final com a conclusão do negócio, assume o risco de eventuais prejuízos resultantes do rompimento das negociações pela outra parte.[777]

Contudo, não obstante o entendimento pacífico de que a frustração das tratativas *per se* não deve ser sancionada, alguns conflitos na fase pré-contratual relacionados à frustração das negociações são observados – sendo o mais interessante para esse trabalho, naturalmente, a discussão quanto à formação ou não de um contrato.

A primeira espécie de conflito que merece ser mencionada é relativa à situação de confiança gerada por *promises* da parte desistente à contraparte

---

[776] KLEIN, John; BACHECHI, Carla. Precontractual liability and the duty of good faith negotiation in international transactions... op. cit., p. 8.
[777] FARNSWORTH, E. Allan. Precontractual liability and preliminary agreements... op. cit., p. 221 (tradução nossa).

contraente, a qual, confiando nas *promises* (e na conclusão do contrato), incorre em prejuízos.

Nesse caso, o direito norte-americano prevê a responsabilização da parte desistente pela frustração da confiança gerada à outra parte – o que ocorre com base na teoria de *promissory estoppel*. Não obstante a existência de decisões reconhecendo a vinculação das *promises* e, assim, seu *enforcement*[778] com base no *Restatement (Second) of Contracts* § 90[779], a maioria das cortes – principalmente em relações comerciais – limita a tutela da parte prejudicada a uma indenização[780] por *restitution*[781] ou *reliance damages*.[782] A indenização devida à parte prejudicada tem por objetivo, nesse caso, levar a parte cuja expectativa foi frustrada ao seu *status quo ante* – ou seja, é uma indenização pelo interesse negativo, utilizando-se do conceito desenvolvido na *civil law*.[783] Para tanto, deve ser demonstrada (i)

---

[778] *"The act or process of compelling compliance with a law, mandate, command, decree, or agreement."* (GARNER, Brian A. **Black's Law dictionary**... op. cit., p. 569). Em tradução livre: "O ato ou processo de impor o cumprimento de uma lei, mandato, comando, decreto ou acordo."

[779] O Restatement (Second) of Contracts § 90 (1981) prevê: *"A promise which the promisor reasonably expected to induce action or forbearance on the part of the promisee or a third person and which does induce such action or forbearance is binding if injustice can be avoided only by enforcement of the promise"*. (AMERICAN LAW INSTITUTE. **Restatement of the law**... op. cit.) Em tradução livre: "Uma promessa que o promitente razoavelmente espera que induza a uma ação ou omissão por parte do promissário ou por parte de terceiro, e que de fato induza a tal ação ou omissão, é vinculante se a injustiça só puder ser evitada pela execução da promessa."

[780] JEFFRIES, Browning. Preliminary negotiations or binding obligations?... op. cit., p. 18-20.

[781] A indenização por *restitution* é entendida como *"a body of substantive law in which liability is based not on tort or contract but on defendant's unjust enrichment."* (GARNER, Brian A. **Black's Law dictionary**... op. cit., p. 1.339.) Em tradução livre: "uma questão de direito material em que a responsabilidade não é baseada em delito civil ou no contrato, mas no enriquecimento ilícito do réu." Tal espécie de indenização baseia-se, portanto, no instituto do enriquecimento ilícito do sujeito desistente.

[782] A indenização por *reliance damages* refere-se à compensação por *"damages awarded for losses incurred by the plaintiff in reliance on the contract."* (Ibid., p. 419.) Em tradução livre: "perdas sofridas pelo demandante em razão da confiança no contrato." Nesse caso, a indenização não é baseada em ganhos do desistente e sim em prejuízos do sujeito cujas expectativas foram frustradas.

[783] Aliás, sobre os paralelos nesse tema com a *civil law*, interessante a análise de Martins-Costa, citando o trabalho de Kessler e Fine (KESSLER, Friedrich; FINE, Edith, culpa in contrahendo, bargaining in good faith, and freedom of contract: a comparative study, **Havard Law Review**, v. 77, n. 3, 1964): "Mesmo na tradição da *common law*, onde vige com acentuada força (...) a fórmula do *selfgovernment* em matéria contratual, certas regras, fundadas no dever

a clara e não ambígua *promise* da parte desistente em celebrar o negócio; (ii) motivos razoáveis para ter a parte prejudicada confiado nessa *promise*; e (iii) existência de prejuízos decorrentes da confiança nessa *promise* não verificada.[784]

---

de negociar in good faith conduzem a resultados semelhantes aos alcançados nos sistemas civilísticos pela doutrina da *culpa in contrahendo*. Em trabalho famoso, Friederich Kessler e Edith Fine demonstraram como as noções de boa-fé e os usos do tráfico leal (*"good faith and fair dealing"*) afetam as negociações preliminares através das doutrinas da *negligence, estoppel* e da *implied contract*. Estudos mais recentes têm se ocupado especificamente da questão *da pre-contractual liability* no direito norte-americano e discutido as suas bases, seja nas teorias do injustificado enriquecimento (*unjust enrichment*), erro na representação (*misrepresentation*), promessa específica (*specific promise*) seja na existência de um dever ou de uma obrigação geral de conduta (*general obligation*) fundada na boa-fé, como consta especificamente de regras postas no American Uniform Commercial Code e do Restatement (Second) of Contracts". (MARTINS-COSTA, Judith. As cartas de intenção no processo formativo da contratação internacional... op. cit., p. 47)

[784] Sobre esses requisitos, Jeffries explica: *"With respect to the first element, a 'clear and unambiguous' promise is one where the assertion is explicit and without any doubt or tentativeness. A statement of opinion or future intent not involving a specific undertaking on the part of the promisor will not satisfy the first element. Per the second element, the reliance must have been 'reasonable.' For instance, the defendant's repeated expressions that he does not intend to be bound to an agreement until a final definitive written agreement is executed serve as evidence of the unreasonableness of the plaintiff's subjective reliance. Similarly, when the terms of the agreement are vague and uncertain, the plaintiff's reliance is more likely to be viewed as unreasonable than if the terms of the agreement are more definite. Finally, with respect to the third element, some courts suggest that where the loss induced is negligible, no injustice results from a refusal to enforce the promise, and as such, a promissory estoppel claim is not established. The loss suffered must be substantial in an economic sense and related to the promise to satisfy the third element."* Por fim, Jeffries destaca também que algumas jurisdições têm pequenas variações sobre esses elementos. (JEFFRIES, Browning. Preliminary negotiations or binding obligations?... op. cit., p. 18-19.) Em tradução livre: "Com relação ao primeiro elemento, uma promessa clara e inequívoca é aquela em que a afirmação é explícita e sem qualquer receio ou especulação. Uma declaração de opinião ou intenção futura que não envolva um compromisso específico por parte do promitente não satisfará o primeiro elemento. Pelo segundo elemento, a confiança deve ser razoável. Por exemplo, a reiterada manifestação de uma parte em não pretender se vincular a um acordo até que um contrato definitivo e por escrito seja celebrado serve como prova da falta de razoabilidade da confiança depositada pela outra parte. Da mesma forma, quando os termos do acordo são vagos e incertos, é mais provável que a confiança da parte seja vista como não razoável do que se os termos do acordo fossem mais concretos. Finalmente, em relação ao terceiro elemento, alguns tribunais sugerem que, quando a perda sofrida é insignificante, nenhuma injustiça resulta da recusa em cumprir a promessa e, como tal, não é estabelecida

Importante notar que o *promissory estoppel* não é baseado em um dever geral de agir com atendimento à boa-fé aplicável à fase pré-contratual, pelo qual as partes em negociação entrariam em uma relação jurídica de confiança e estariam adstritas a um dever de consideração pelas expectativas legítimas da sua contraparte. Como já mencionado, não há uma cláusula geral de boa-fé objetiva aplicável à fase pré-contratual no direito norte-americano. O *promissory estoppel* é, outrossim, baseado em *promises* frustradas e que, como tanto, tornam-se contraditórias. Apesar disso, impossível negar uma aproximação do *estoppel* com os conceitos de confiança, *tu quoque* e *nemo potest venire contra factum proprium*.[785]

Outra possibilidade de conflito nessa fase pré-contratual é relacionada às negociações em que há um acordo prévio, com questões contratuais propositalmente deixadas em aberto para futura negociação, comprometendo-se as partes contraentes a acordar tais questões com atendimento à boa-fé e com vistas à celebração de um contrato final.

Como vimos, a observância da boa-fé na fase pré-contratual não é regra na *common law*, devendo ser objeto de acordo entre as partes – o que ocorre, usualmente, por meio de um acordo pré-contratual, geralmente por disposição inserida em uma *letter of intent*. Nesse caso a obrigação em negociar de boa-fé os termos restantes do contrato pode, a depender do estágio das tratativas, afastar a possibilidade de desistência injustificada das negociações.[786]

A exequibilidade da obrigação de negociar de boa-fé, apesar de nem sempre ter sido a posição dos tribunais norte-americanos[787], passou a ser

---

a possibilidade de um pleito indenizatório. A perda sofrida deve ser substancial sob o ponto de vista econômico e relacionada com a promessa para que satisfaça o terceiro elemento"

[785] Como já destacado e detalhado em nota de rodapé anterior.

[786] Jeffries cita, nesse sentido, o caso Burbach Broad Co. of Del. v. Elkins Radio Corp, 278 F.3d at 409 n.6. (JEFFRIES, Browning. Preliminary negotiations or binding obligations?... op. cit., p. 16).

[787] Jeffries explica que, até pouco tempo, alguns tribunais se recusavam a aceitar a existência dessa obrigação e dos próprios acordos para negociar de boa-fé. Contudo, a tendência atual parece ser a aceitação desses acordos e da vinculação das partes aos seus termos (nesse caso, vinculação das partes à obrigação de negociar de boa-fé): "*Though some jurisdictions have historically refused to enforce an agreement by the parties to negotiate in good faith, and even in the face of explicit language spelling out such an agreement, the modern trend appears to be an increased willingness to enforce agreements that are intended to be binding, even if some terms are still left open.*" (Ibid., p. 16). Em tradução livre: "Embora algumas jurisdições historicamente tenham se recusado

uma tendência no fim dos anos 80, como aponta Farnsworth.[788] O jurista

a impor o cumprimento de acordos prevendio a obrigação de negociar de boa-fé, até mesmo diante de expressa manifestação em tal sentido, a tendência moderna parece ser no sentido da imposição do cumprimento dos acordos celebrados com o objetivo de serem vinculativos, mesmo que alguns termos tenham sido deixados em aberto."

[788] "*Courts have often balked at enforcing agreements to negotiate even if the parties have made it clear that they want to subject themselves to this regime. English courts have been adamant. In 1857, a member of the House of Lords impatiently explained: 'An agreement to enter into an agreement upon terms to be afterwards settled between the parties is a contradiction in terms. It is absurd to say that a man enters into an agreement till the terms of that agreement are settled.' In 1974, Lord Denning reaffirmed this in a case involving an agreement 'to negotiate fair and reasonable contract sums' with the nonsequitur: 'If the law does not recognise a contract to enter into a contract (when there is a fundamental term yet to be agreed) it seems to me it cannot recognise a contract to negotiate.' In the United States, where many of the leading cases involve mergers and acquisitions, courts have been of two minds. Some have, like English courts, refused to accord parties the freedom to impose this regime on themselves. Federal courts applying New York law have been the most prominent in refusing on the ground of indefiniteness to enforce explicit agreements to negotiate, whether expressed in terms of 'good faith' or 'best efforts.' Other courts have been willing to give effect to the parties' expressed intention. This view has gained a substantial following. A few courts have gone to considerable lengths in spelling out an obligation to negotiate from unclear language and suggestive circumstances. There have even been intimations that such an obligation might be implied in law in the absence of any actual assent by the parties. One may doubt the wisdom of those courts that have strained to find an agreement to negotiate in the absence of a clear indication of assent, for if carried to an extreme this would enable courts to impose a general obligation of fair dealing. But there is no compelling justification for those decisions that, in line with the English precedents, have refused to give effect to the intention of the parties when they have made an explicit agreement to negotiate. Courts have generally been willing to enforce private agreements that do not contravene public policy. The burden lies on the party that would have the court refuse enforcement to show why enforcement should be denied. Courts have advanced two reasons for refusing to enforce explicit agreements to negotiate. One is that a court cannot fashion an appropriate remedy for the breach of such a duty because there is no way to know what ultimate agreement, if any, would have resulted. This specious argument is sometimes enhanced by characterizing the agreement pejoratively as an 'agreement to agree.' But the appropriate remedy is not damages for the injured party's lost expectation under the prospective ultimate agreement, but damages caused by the injured party's reliance on the agreement to negotiate. If one party breaks off the negotiations before the other has relied on the agreement to negotiate, there is no need to fashion a remedy because no relief is called for. Once the other party has relied, it must prove the loss caused by its reliance, including any lost opportunities. A more substantial reason for refusing to enforce explicit agreements to negotiate is that a court cannot determine the scope of the obligation of fair dealing under such an agreement. The indefiniteness of the concept of fair dealing is, however, a weak ground for denying relief that involves only the award of reliance damages, for courts generally demand less definiteness when damages are measured by reliance than when they are measured by expectation.*" (FARNSWORTH, E. Allan. Precontractual liability and preliminary agreements... op. cit., p. 264-267.) Em tradução livre: "Os tribunais muitas vezes hesitaram em impor o cumprimento de acordos para negociar, mesmo que as

partes tivessem deixado claro que desejavam se submeter a essa obrigação; os tribunais ingleses vinham sendo inflexíveis. Em 1857, um membro da Câmara dos Lordes explicou com impaciência: 'Um acordo para celebrar um acordo sobre os termos a serem posteriormente estabelecidos entre as partes é uma contradição em si. É absurdo dizer que um homem conclui um acordo até que os termos desse acordo sejam estabelecidos'. Em 1974, Lord Denning reafirmou isso em um caso envolvendo um acordo 'de negociar de forma justa e razoável os valores do contrato' com o *non sequitur*: 'Se a lei não reconhece um contrato para celebrar um contrato (quando há um termo fundamental ainda por acordar), parece-me que não se pode reconhecer um contrato para negociar.' Nos Estados Unidos, onde muitos dos principais casos envolvem fusões e aquisições, os tribunais têm decidido de duas formas diversas. Alguns, assim como os tribunais ingleses, se recusam a conceder às partes a liberdade de impor a observância dos acordos para negociar; os tribunais federais que aplicam a lei de Nova Iorque são os que mais se destacaram na recusa em impor o cumprimento de tais acordos, seja os expressos em termos de 'boa fé' ou 'melhores esforços', em virtude de sua indefinição. Outros tribunais vêm se dispondo a dar efeito à intenção expressa das partes; essa visão ganhou significativa aceitação. Nesse sentido, alguns tribunais passaram a deduzir uma obrigação de negociar até mesmo de acordos com linguagem pouco clara e, ainda, de circunstâncias sugestivas quanto a tal aspecto. Houve insinuações inclusive de que tal obrigação poderia estar implícita na lei na ausência de qualquer manifestação em tal sentido pelas partes. Quanto a tal ponto, alguns podem duvidar da sabedoria desses tribunais que se esforçaram para encontrar um acordo para negociar na ausência de uma clara indicação de concordância das partes em tal sentido, pois, se levado ao extremo, isso permitiria aos tribunais impor uma obrigação geral de negociação justa. Mas, de todo modo, não há uma justificativa convincente para as decisões que, na mesma linha dos precedentes ingleses, se recusaram a dar cumprimento à intenção das partes quando fizeram essas um acordo explícito para negociar. Os tribunais geralmente se mostram dispostos a aplicar acordos privados que não violem as políticas públicas. O fardo recai sobre a parte a que o tribunal poderia ter negado a possibilidade de imposição do acordo, cabendo a ela demonstrar porque a execução deveria ser negada. Os tribunais desenvolveram dois motivos para se recusar a impor o cumprimento de acordos explícitos para negociar. O primeiro é no sentido de que o tribunal não poderia prever uma reparação apropriada para a violação de tal dever, já que não haveria como saber o que o acordo final, caso houvesse, teria previsto; esse argumento ilusório é algumas vezes reforçado pela denominação de forma pejorativa de tal acordo como um 'acordo de acordar'. No entanto, a reparação adequada não é voltada a compensar a parte prejudicada no tocante à frustração quanto à expectativa de conclusão do contrato final, mas sim em relação aos danos a ela causados em virtude da confiança depositada no acordo de negociar; assim se uma das partes romper as negociações antes que a outra passe a contar com a existência de um acordo para negociar, não haverá necessidade de reparação. Por outro lado, uma vez que uma das partes passe a contar com a existência de dito acordo, deverá provar os danos a ela causados pela frustração de tal expectativa, incluindo eventuais perdas de oportunidades. Um motivo mais relevante para a recusa em impor o cumprimento dos acordos explícitos para negociar é o de

estadunidense, explicando a evolução da matéria, ensina que os tribunais por diversas vezes recusaram-se a impor o cumprimento de acordos para negociar de boa-fé, ainda que as partes tivessem deixado clara tal previsão.

Historicamente, os tribunais ingleses entendiam que um acordo para celebrar um contrato com questões a serem posteriormente resolvidas entre as partes seria uma contradição em termos.[789] A partir do final dos anos 80, nos Estados Unidos, alguns *leading cases* relacionados a operações societárias de fusões e aquisições começaram a apresentar duas posições. A primeira delas, bastante similar à posição dos tribunais ingleses, no sentido de recusar o reconhecimento de tais acordos para negociar de boa-fé. A segunda delas, em contrapartida aceita e dá efeitos a essa intenção expressa das partes. Alguns tribunais, inclusive, como explica Farnsworth[790], teriam ido além, deduzindo a existência de uma obrigação de negociar em acordos nos quais tal obrigação sequer era explícita, tendo por base as circunstâncias do negócio. Sugeriu-se, até mesmo, que tal obrigação pudesse estar implícita na lei, o que, para Farnsworth[791] e maioria da doutrina daquele país, não é verdade.

Nesse cenário, as cortes norte-americanas tutelam o interesse da parte prejudicada de duas maneiras: (i) impondo às partes a obrigação de continuar as negociações[792]; ou (ii) impondo à parte desistente o dever de indenizar a contraparte pelos prejuízos verificados em razão da não

---

que um tribunal não poderia determinar o alcance da obrigação prevista em tais acordos de negociar de forma justa. A indefinição do conceito de negociação justa é, no entanto, uma justificativa precária para negar a reparação que envolve apenas a concessão de indenização pelos danos decorrentes da frustração da confiança, pois os tribunais geralmente exigem menos definição quando os danos são mensurados pela confiança do que quando são medidos pela expectativa."

[789] Exemplo clássico desse entendimento é o caso Von Hatzfeldt-Wildenburg v. Alexander [1912] 1 Ch 284, julgado na Inglaterra. Nesse caso, a corte inglesa declarou: "*If the execution of a further contract is a condition of term of the bargain (...), there is no enforceable contract (...) because the law does not recognize a contract to enter into a contract*". Em tradução livre: "Se a celebração de um contrato adicional for uma condição da negociação (...), não existirá contrato executável (...) porque a lei não reconhece um contrato tendo por objeto a celebração de um contrato."

[790] FARNSWORTH, E. Allan. Precontractual liability and preliminary agreements... op. cit., p. 264-267.

[791] Ibid.

[792] Como explicado anteriormente, ainda que seja possível determinar às partes que continuem as negociações, não é possível impor uma obrigação de celebração do contrato definitivo.

celebração do contrato.[793]Novamente, os tribunais norte-americanos entendem que essa indenização deve ser limitada às perdas efetivamente verificadas até aquele momento em razão da confiança na celebração do contrato (*reliance damages*), não havendo, portanto, o dever de indenização pelo interesse positivo. A justificativa para tanto é que a celebração de um acordo para negociar de boa-fé não é garantia de celebração do contrato final e, portanto, a atribuição do interesse positivo à parte prejudicada seria uma decisão especulativa.[794]

A terceira hipótese – e essa é a que mais nos interessa – é a situação em que houve a celebração de um acordo dito *preliminar,* mas tal acordo consiste, na verdade, em um efetivo contrato (ou, ainda, por alterações posteriores à sua celebração, ele vem assim a se tornar).

As partes, nesse caso, "celebraram um contrato completo (incluindo a previsão de a ele se vincularem) contendo todas as questões materiais que exigiam negociação."[795] Ou seja, houve acordo entre as partes com relação a todos os elementos necessários do contrato[796] e, ainda, as partes desejaram

---

[793] SCHWARTZ, Alan; SCOTT, Robert E., Precontractual liability and preliminary agreements. **Harvard Law Review**, v. 120, n. 3, p. 662-705, 2007, P.664-665.

[794] Como explica Jeffries, apesar de essa ser a regra, os tribunais norte-americanos reconhecem algumas exceções: "Attributing lost profits to the other party's bad faith abandonment of negotiations is usually considered too speculative. (...) additional damages might be available in some circumstances where the plaintiff can prove that the parties would have made a final contract had it not been for the defendant's bad faith, provided the loss of benefit was a foreseeable consequence." (JEFFRIES, Browning. Preliminary negotiations or binding obligations?... op. cit., p. 17.) Em tradução livre: "Atribuir lucros cessantes decorrentes do abandono de má-fé pela outra parte das negociações é normalmente considerado muito especulativo. (...) a imposição de indenizações adicionais pode ocorrer em algumas circunstâncias em que o requerente provar que as partes teriam celebrado um contrato final se não fosse a conduta de má-fé do requerido, desde que a perda da verba objeto do pedido indenizatório fosse uma consequência previsível."

[795] JEFFRIES, Browning. Preliminary negotiations or binding obligations?... op. cit., p. 12.

[796] Assim como ocorre em nosso direito, as jurisdições da *common law* também pressupõem a existência de elementos essenciais ao contrato, sem os quais impossível a existência deste. Nesse sentido, no caso May and Butcher Limited v. the King (2 KB 17, [1929] UKHL 2, [1929] All ER Rep 679) reconheceu-se que um contrato de fornecimento de produtos sem a definição do elemento preço não poderia ser considerado um contrato: *"(...) well recognized principle of contract law that an agreement between two parties to enter into an agreement in which some critical part of the contract matter is left undetermined is no contract at all."* (Em tradução livre: "um princípio consagrado do direito dos contratos é o de que um acordo entre duas partes para

se vincular àqueles termos, não obstante, por qualquer motivo, tenham também manifestado o desejo de celebrar um posterior contrato definitivo.

celebrar um contrato em que alguma parte essencial desse não está determinada é de que não há qualquer contrato.") Entretanto, não há um rol sistematizado como no sistema da *civil law*; pelo contrário, nota-se nessas jurisdições, em tempos mais recentes, um discreto esforço jurisprudencial a fim de superar certas lacunas contratuais com base em critérios de *fairness* (justiça) e *reasonableness* (razoabilidade) para estabelecer elementos (inclusive essenciais) não determinados de antemão pelas partes, como explica Benedetto: *"Se ciò è vero e vale almeno in linea di principio, è pur vero che in entrambe le esperienze prese in esame, si registra un discreto sforzo del formante giurisprudenziale nel senso di superare sul piano interpretativo le lacunosità ostative insite in una fattispecie sprovvista di non-essential terms, provando a ricercare l'effettiva sussistenza di una 'intention to be bound' e, laddove ne si ravvisi l'esistenza, valorizzandone il più possibile la capacità di imprimere il crisma della contrattualità. Nelle ipotesi di compravendita, spesso finanche il prezzo è stato considerato alla stregua di elemento non essenziale, alla cui mancata determinazione ad opera delle parti le corti hanno potuto ovviare in via ermeneutica, ovvero attraverso l'applicazione dei criteri di fairness e reasonableness (Didymi Corp. V. Atalantic Lines and Navigation Co., [1987] 2 Lloyd's Rep. 167; Foley v. Classique Coaches Ltd., [1934] 2 K.B. 1). Questa tendenza, peraltro, rivela una perfetta coerenza con le previsioni contenute nei testi normativi, così inglesi (Section 8-2- dell'English Sale of Goods Act: 'Where the price is not determined as mentioned in sub-section (1) above the buyer must pay a reasonable price') come americani (Restatement Second of Contracts § 204 – 1981: 'When the parties to a bargain sufficiently defined to be a contract have not agreed with respect to a term which is essential to a determination of their rights and duties, a term which is reasonable in the circumstances is supplied by the court.).*" (BENEDETTO, Alessandra. **Pre-contractual agreements in international commercial contracts**... op. cit., p. 85) Em tradução livre: "Se isso é verdade e se aplica ao menos em princípio, é também verdade que, em ambas as experiências ora examinadas há um esforço jurisprudencial no sentido de superar sob o prisma interpretativo lacunas inerentes a situações em que desprovido o negócio de termos não-essenciais, buscando, assim, identificar uma efetiva intenção das partes de se vincularem e o reconhecimento da existência do negócio, aprimorando tanto quanto possível a capacidade de conferir aprovação ao contrato. No caso da compra e venda, frequentemente até mesmo o preço foi considerado como um elemento não essencial, cuja falha das partes em determiná-lo os tribunais foram capazes de remediar pela via hermenêutica ou através da aplicação de critérios de justiça e razoabilidade *(Didymi Corp. V. Atalantic Lines and Navigation Co., [1987] 2 Lloyd's Rep. 167; Foley v. Classique Coaches Ltd., [1934] 2 K.B. 1)*. Esta tendência, além disso, revela uma perfeita coerência com as disposições contidas nos textos normativos, como no dos ingleses (Seção 8-2- do 'English Sale of Goods Act: 'Where the price is not determined as mentioned in sub-section (1) above the buyer must pay a reasonable price" – 'Quando o preço não for determinado como mencionado na sub-seção (1) acima, o comprador deverá pagar um preço razoável') e dos americanos (Restatement Second of Contracts § 204 – 1981: 'Quando as partes em uma negociação suficientemente definida para a contratação não acordam uma questão essencial para a determinação de seus direitos e deveres, será essa definida pelo tribunal de modo razoável conforme as circunstâncias')."

Como explica Jeffries[797], ainda que as partes desejassem um contrato escrito definitivo, isso deve ser visto apenas como desejado e não realmente necessário, ficando as partes vinculadas aos termos do acordo preliminar caso essa intenção fique demonstrada. Nesse mesmo sentido, Corbin[798] explica que há ocasiões em que *letters of intent* são assinadas com a crença de serem *letters of commitment* (ou, em tradução livre, cartas de compromisso). Nessa hipótese, se esse entendimento é compartilhado, ou se uma das partes conhece a intenção da outra parte, essa carta é, na verdade, a representação de um próprio contrato.

Nesse caso, considerada a existência de um contrato, todo o regime contratual e os remédios contratuais disponíveis no ordenamento estadunidense, incluindo a *specific performance*[799] do acordo antes dito preliminar,

---

[797] Embasando essa opinião, Jeffries cita alguns importantes precedentes: *"Teachers Ins. & Annuity Ass'n of Am. v. Tribune Co., 670 F. Supp.at 498 ('When the parties have reached complete agreement (including the agreement to be bound)... such an agreement is preliminary only in form – only in the sense that the parties desire a more elaborate formalization of the agreement.'); Adjustrite Sys., Inc. v. GAB Bus. Services, Inc., 145 F.3d 543, 548 (2d Cir. 1998) ('A binding preliminary agreement binds both sides to their ultimate contractual objective in recognition that, 'despite the anticipation of further formalities,' a contract has been reached. Accordingly, a party may demand performance of the transaction even though the parties fail to produce the 'more elaborate formalization of the agreement'')."* (JEFFRIES, Browning. Preliminary negotiations or binding obligations?... op. cit., p. 12.) Em tradução livre: "Teachers Ins. & Annuity Ass'n of Am. v. Tribune Co., 670 F. Supp.at 498 ('Quando as partes já chegaram a um acordo completo (incluindo a concordância acerca da vinculatividade) ... tal acordo é preliminar apenas em sua forma – apenas no sentido de que as partes desejam uma formalização mais elaborada do contrato.'); Adjustrite Sys., Inc. v. GAB Bus. Services, Inc., 145 F.3d 543, 548 (2d Cir. 1998) ('Um acordo preliminar vinculante obriga ambas as partes ao seu objetivo contratual final, o que significa que, 'apesar da antecipação de outras formalidades', um contrato foi alcançado. Consequentemente, as partes podem exigir o cumprimento do contrato ainda que não chegam realizar a 'formalização mais elaborada do acordo')."

[798] CORBIN, Arthur Linton; MURRAY, Timothy; PERILLO, Joseph M; MIRRAY JR., John E.. Corbin on contracts §§ 1.1-4.14: formation of contracts. Matthew Bender (rev. ed. 1993), § 1.16

[799] *"The rendering, as nearly as practicable, of a promised performance through a judgment or decree; specif., a court-ordered remedy that requires precise fulfillment of a legal or contractual obligation when monetary damages are inappropriate or inadequate, as when the sale of real estate or a rare article is involved. Specific performance is an equitable remedy that lies within the court's discretion to award whenever the common-law remedy is insufficient, either because damages would be inadequate or because the damages could not possibly be established."* (GARNER, Brian A. **Black's Law dictionary**... op. cit., p. 1435.) Em tradução livre: "A imposição, por meio de uma ordem judicial ou decreto, dentro do possível, do cumprimento de uma promessa; especificamente, um meio de reparação

são aplicáveis àquela relação – e, nessa hipótese, em caso de uma demanda indenizatória, as cortes norte-americanas reconhecem a possibilidade de reparação pelo interesse positivo (como, por exemplo pelo *benefit-of-the--bargain damages*[800]).

Como destacamos, a identificação do *intent to be bound* pode não ser evidente e, assim, a formação de um contrato ou a existência de um simples *agreement to agree* torna-se uma questão tormentosa – para Williamson[801], a questão mais tormentosa acerca das *letters of intent*.

A discussão que é levada às cortes nesses casos é, assim, relacionada à intenção ou não das partes em se vincular àquele acordo preliminar – ou seja, identificar se aquele acordo prévio poderia ser considerado um *binding agreement*. E, como demonstrado no início deste capítulo, identificar o *intent to be bound* é uma questão de interpretação dos fatos – à semelhança da declaração de vontade no direito brasileiro.

Mais do que isso, como vimos, o direito norte-americano reconhece que o *intent to be bound* não deve ser analisado sob uma perspectiva psicológica ou interna dos sujeitos em negociação.[802] Deve, outrossim, ser analisado

---

determinado pelo tribunal que exige o cumprimento preciso de uma obrigação legal ou contratual quando o pagamento de perdas e danos se mostra inapropriado ou inadequado, como, por exemplo, quando a venda de imóveis ou artigos raros está envolvida. A tutela específica da obrigação é um remédio pautado na equidade que depende da interpretação do juiz no sentido de que os remédios da *common law* são insuficientes, quer porque a indenização se mostra inadequada ou porque os danos não podem ser estabelecidos".

[800] "*Damages that a breaching party to a contract must pay to the aggrieved party, equal to the amounts that the aggrieved party would have received, including profits, if the contract had been fully performed. Also termed loss-of-bargain damages*". (Ibid., p. 416.) Em tradução livre: "Indenização que a parte que viola o contrato deve pagar à parte prejudicada, equivalente ao montante que essa última teria recebido, incluindo eventuais lucros, caso o contrato tivesse sido totalmente cumprido. Também denominado *loss-of-bargain damages*."

[801] WILLIAMSON, Mark D., **Letters of Intent:** their use in Minnesota business transactions, BENCH & B. MINN., Nov. 2007, p. 24 *apud* JEFFRIES, Browning. Preliminary negotiations or binding obligations?... op. cit., p. 10, nota 54.

[802] No caso *Feeley v. Michigan Ave. Nat'l Bank*, 141 *Ill. App.* 3rd 187, 49 *N.E.2d* 15 (1986), por exemplo, os tribunais americanos valeram-se de diversas manifestações objetivas e condutas das partes para reconhecer a existência de um contrato de locação celebrado de maneira informal – recusando os argumentos do locador de que tratar-se-ia, na verdade, de mera negociação para celebração de um contrato futuro ou de "um contrato a contratar": "*As indicated previously, in ascertaining the intent of the parties, we examine the relevant circumstances surrounding the execution of the agreement, the conduct of the parties, the custom and usage of the real estate business, and*

sob uma perspectiva objetiva[803], sem levar em consideração intenções e entendimentos subjetivos não manifestados, mas sim as palavras e atitudes das partes, bem como a maneira como um *reasonable man*[804] (equivalente ao "homem médio") entenderia as manifestações da outra parte contraente *vis-à-vis* a totalidade das circunstâncias negociais[805]. Como explica

the language and terms of the agreement itself. A review of the record with these factors in mind indicates that the parties intended to enter into a present lease.". Em tradução livre: "Conforme indicado anteriormente, ao verificar a intenção das partes, examinamos as circunstâncias relevantes envolvendo a celebração do contrato, o comportamento das partes, os usos e costumes relativos aos negócios imobiliários e a linguagem e previsões do próprio contrato. A análise do fatos com base nesses fatores levou à constatação de que as partes pretenderam celebrar desde logo um contrato de locação."

[803] Isso também é o que ensina Benedetto em seu estudo sobre os documentos pré-contratuais na *common law*: "*Rispetto alle fattispecie che possono venire ad esistenza in fase precontrattuale, l'intenzione delle parti, sì come espressamente manifestata o come oggettivata nella condotta da esse concretamente assunta, costituisce il principale elemento rivelatore, di cui le corti americane sono solite tener conto, al fine di attribuire o meno, ad un accordo eventualmente intervenuto, natura vincolante.*" (BENEDETTO, Alessandra. **Pre-contractual agreements in international commercial contracts...** op. cit., p. 85) Em tradução livre: "No que diz respeito às figuras que podem surgir na fase pré-contratual, a intenção das partes, expressamente manifestada ou objetivamente dedutível de suas condutas, constitui o principal elemento, geralmente levado em consideração pelos tribunais norte-americanos, a fim de determinar se um acordo possui ou não natureza vinculativa."

[804] Sobre esse conceito, explica Willinston: "*Under this reasonable person standard, the law accords to individuals an intention that corresponds with the reasonable meaning of their words and conduct, and if their words and conduct manifest an intention to enter into a contract, their real but unexpressed intention is irrelevant. The courts' inquiry, therefore is not into the parties' actual, subjective intention, but rather into how the parties manifested their intention; not on whether there has been a subjective meeting of the minds but rather on whether the parties' outward expression of assent is sufficient to show an apparent intention to enter into a contract.*" (WILLISTON, Samuel; LORD, Richard A. **A treatise on the law of contracts**, 4. ed., West Group, 2007, §3:5 apud JEFFRIES, Browning. Preliminary negotiations or binding obligations?... op. cit., p. 23, nota 122.) Em tradução livre: "Sob a perspectiva do homem médio, a lei confere aos indivíduos uma intenção que corresponde ao significado razoável de suas palavras e conduta, e se suas palavras e conduta manifestam uma intenção de celebrar um contrato, sua intenção real, mas não expressada, é irrelevante. A análise dos tribunais, portanto, não é da intenção real e subjetiva das partes, mas sim da forma como elas manifestam a sua intenção; não sobre se houve uma reunião subjetiva das mentes (*meeting of minds*), mas sim sobre se o consentimento exernado pelas partes é suficiente para mostrar uma aparente intenção de celebrar um contrato."

[805] Ibid., p. 22-23.

Willinston[806], "todas as palavras, frases, expressões e atos das partes devem ser vistos à luz das circunstâncias que existiam à época, incluindo a sua situação – em caráter individual e em relação à outra parte, e os objetivos que pretendiam obter."

Feita essa breve contextualização, passemos a examinar os critérios propostos pelos tribunais de Nova Iorque para identificação do *intent to be bound* e determinação da formação de um contrato.

4.3. Experiência Estadunidense: o *Four-Factor Test* dos Tribunais de Nova Iorque

A lei do Estado de Nova Iorque e a submissão de conflitos a esse ordenamento é cada vez mais frequente em relações comerciais internacionais, razão pela qual o próprio Estado de Nova Iorque tomou medidas para tornar suas leis e tribunais mais acessíveis para as partes internacionais que busquem a sua jurisdição[807].

Em geral, sob a aplicação das leis de Nova Iorque, um contrato é tido como vinculativo se presentes seis elementos: oferta, aceitação, *consideration*, *mutual assent*, *intent to be bound* e concordância das partes quanto a todos os termos essenciais.[808] Em geral, como explicado no caso *Ciaramella*[809], as partes são livres para se vincular oralmente ou por outras maneiras informais, e o fato de elas considerarem celebrar mais tarde um acordo formal não impede que elas já sejam vinculadas pelo acordo verbal.

Na tentativa de estabelecer critérios objetivos aptos a auxiliar na determinação da formação ou não de um contrato, interessante mostra-se a solução proposta e adotada pelos tribunais deste estado, com base no *Restatement (Second) of Contracts §27*, para identificação da intenção das partes em se vincular por meio de um contrato (*intent to be bound*).

---

[806] WILLISTON, Samuel; LORD, Richard A. **A treatise on the law of contracts**, 4. ed. 2007, *apud* JEFFRIES, Browning. Preliminary negotiations or binding obligations?... p. 23, nota 125 (tradução nossa).

[807] GALLIGAN, Michael W. Choosing New York Law as governing law for international commercial transactions... op. cit.

[808] Aaron and Caterina, citando *Kowalchuk v. Stroup*, 61 A.D.3d 118, 121, 873 N.Y.S.2d 43, 46 (1st Dep't 2009 (AARON, Stewart D.; CATERINA, Jessica. Contract formation under New York Law... op. cit., p. 856).

[809] Ciaramella v Readers' Digest Association, United States Court of Appeals for the Second Circuit. 131 F.3d 320 (2d Cir. 1997)

O Capítulo 27 do *Restatement (Second) of Contracts*[810] contém algumas disposições gerais para a identificação de hipóteses em que as manifestações de vontade (*manifestations of intent*) são consideradas suficientes para a formação de um contrato.

De acordo com tal regramento[811], a intenção de preparar e adotar um contrato formal e escrito não deverá obstar a conclusão de um contrato caso haja manifestações de assentimento nesse sentido. De toda forma, como expresso no próprio *Restatement (Second) of Contracts*, as circunstâncias concretas é que deverão demonstrar se um contrato havia efetivamente sido formado, mas ainda não reduzido totalmente a escrito, ou se, por outro lado, as partes ainda se encontravam em negociações.

Em determinadas situações, os acordos preliminares, conforme tal regramento, podem já representar o contrato final ou determinar a obrigação de celebrar um posterior acordo final cujo conteúdo já estaria pré-determinado[812]. Como o próprio parágrafo 27 prevê, contudo, as

---

[810] Restatement (Second) of Contracts, Chapter 27. (AMERICAN LAW INSTITUTE. **Restatement of the law...** op. cit.)

[811] Trecho do Parágrafo 27 do *Restatement (Second) of Contracts*: "Manifestations of assent that are in themselves sufficient to conclude a contract will not be prevented from so operating by the fact that the parties also manifest an intention to prepare and adopt a written memorial thereof; but the circumstances may show that the agreements are preliminary negotiations." (Restatement (Second) of Contracts, Chapter 27. (AMERICAN LAW INSTITUTE. **Restatement of the law...** op. cit.) Em tradução livre: "Manifestações de assentimento que são por si só suficientes para concluir um contrato não serão impedidas de produzir seus efeitos pelo fato de terem as partes também manifestado a intenção de preparar e adotar um contrato escrito; mas as circunstâncias podem mostrar que os acordos são apenas negociações preliminares."

[812] Trecho do Parágrafo 27 do *Restatement (Second) of Contracts*: "a. Parties who plan to make a final written instrument as the expression of their contract necessarily discuss the proposed terms of the contract before they enter into it and often, before the final writing is made, agree upon all the terms which they plan to incorporate therein. This they may do orally or by exchange of several writings. It is possible thus to make a contract the terms of which include an obligation to execute subsequently a final writing which shall contain certain provisions. If parties have definitely agreed that they will do so, and that the final writing shall contain these provisions and no others, they have then concluded the contract." (Ibid.) Em tradução livre: "a. Partes que pretendem fazer um instrumento final escrito do contrato necessariamente discutem os termos propostos quanto a ele antes de o celebrarem e, muitas vezes, antes a versão final escrita seja elaborada, acordam todos as questões que pretendem em tal documento incorporar. Isso pode ser realizado oralmente ou mediante a troca de vários documentos

circunstâncias podem demonstrar que tais acordos eram apenas pré-contratuais, sem caráter vinculativo, como por exemplo – e o *Restatement (Second) of Contracts* é expresso nesse sentido – o fato de que um dos contratantes tinha conhecimento ou motivos para saber que a outra parte considerava o acordo incompleto, de modo que nenhuma obrigação deveria ser criada nesse contexto.[813]

O *Restatement (Second) of Contracts* §27, em seu comentário "c", traz os seguintes apontamentos acerca das circunstâncias que podem auxiliar na identificação da formação de um contrato:

> c. Entre as circunstâncias que podem ser úteis para determinar se um contrato já foi celebrado estão as seguintes: se o acordo já expressamente abarcou todos os aspectos que deveriam estar contidos no contrato; se esse é de um tipo que geralmente é reduzido por escrito e se precisa de uma escrita formal para a sua plena expressão; se ele possui muitos ou poucos detalhes; se o valor envolvido é grande ou pequeno; se é um contrato comum ou incomum; se um modelo padrão de contrato é amplamente utilizado em operações similares; e se qualquer uma das partes tomou alguma providência em preparação para o desempenho específico do contrato durante a sua negociação. Essas circunstâncias podem ser mostradas mediante prova oral, correspondência ou outros escritos preliminares.[814]

escritos. É possível, assim, fazer um contrato cujos termos incluam a obrigação de celebrar subsequentemente um instrumento final por escrito contendo determinadas disposições. Se as partes de fato concordaram com tal obrigação, e que o instrumento final deve conter tais disposições e nenhuma outra, elas concluíram então o contrato."

[813] Trecho do Parágrafo 27 do *Restatement (Second) of Contracts*: "*b. On the other hand, if either party knows or has reason to know that the other party regards the agreement as incomplete and intends that no obligation shall exist until other terms are assented to or until the whole has been reduced to another written form, the preliminary negotiations and agreements do not constitute a contract.*" (Ibid.) Em tradução livre: "b. Por outro lado, se uma das partes sabe ou tem motivos para saber que a outra parte considera o acordo incompleto, de modo que entende inexistir qualquer obrigação até que outros termos sejam estabelecidos ou até que o até então definido seja reduzido a outro documento escrito, as negociações preliminares e os acordos não constituem um contrato."

[814] Tradução nossa. No original: "*c. Among the circumstances which may be helpful in determining whether a contract has been concluded are the following: the extent to which express agreement has been reached on all the terms to be included, whether the contract is of a type usually put in writing, whether it needs a formal writing for its full expression, whether it has few or many details, whether the amount involved is large or small, whether it is a common or unusual contract, whether a standard form of contract*

Algumas jurisdições norte-americanas[815], a fim de determinar a existência de um *binding agreement*, aplicam em sua análise todos os fatores elencados pelo comentário "c" do *Restatement (Second) of Contracts §27*, os quais podem ser resumidos nos seguintes tópicos: (i) a existência ou não de questões em aberto nas negociações; (ii) se aquele tipo de contrato é normalmente celebrado por escrito; (iii) se há exigência de contrato escrito, por imposição legal; (iv) se o contrato possui muitos ou poucos detalhes, de modo que demandaria uma forma escrita; (v) o tamanho da operação, do ponto de vista econômico-financeiro; (vi) se aquele é um contrato usual ou atípico; (vii) se um padrão de contrato é usualmente utilizado em transações similares; e (viii) se já houve sua execução parcial ou alguma parte realizou atos preparatórios para tanto.

Tendo em vista que os *Restatements of Law* não possuem caráter normativo, cada jurisdição pode optar por aplicar ou não a totalidade dos fatores apontados pelo *Restatement (Second) of Contracts §27*, bem como modificá-los e adaptá-los conforme seu próprio entendimento.

Com base nos comentários do *Restatement (Second) of Contracts §27*, o direito de Nova Iorque, cujo corpo normativo e decisões judiciais são reconhecidas por darem uma interpretação mais previsível aos contratos comerciais[816], criou critérios próprios para a determinação da existência do *intent to be bound* e da formação do contrato, ficando tais critérios

---

is widely used in similar transactions, and whether either party takes any action in preparation for performance during the negotiations. Such circumstances may be shown by oral testimony or by correspondence or other preliminary or partially complete writings." (Restatement (Second) of Contracts, Chapter 27. (AMERICAN LAW INSTITUTE. **Restatement of the law...** op. cit.)

[815] Nesse sentido, os seguintes julgados: Cont'l Laboratories, Inc. v. Scott Paper Co., 759 F. Supp.538, 541 (S.D. Iowa 1990); Cochran v. Norkunas, 919 A.2d 700, 709 (Md. 2007); Andersen Inv., LLC v. Factory Card Outlet of Am., Ltd., 630 F. Supp.2d 1030, 1038 (S.D. Iowa 2009) In: JEFFRIES, Browning. Preliminary negotiations or binding obligations?... op. cit., p. 24, nota 128.

[816] Nesse sentido: *"New York has a well-developed body of corporate law, making an agreement's interpretation far more predictable than would be true under the law of most other jurisdictions."* (STARK, Tina L., **Negotiating and drafting contract boilerplate**. ALM Publishing, 2003, p. 113 *apud* JEFFRIES, Browning. Preliminary negotiations or binding obligations?... op cit., p. 23-24, nota 126). Em tradução livre: "O estado de Nova Iorque possui uma legislação empresarial bem desenvolvida, o que torna a interpretação de acordos muito mais previsível do que aquela sob a lei da maior parte das outras jurisdições."

conhecidos como *"four-factor test"*, e sendo utilizados em outros tribunais daquele país.[817]

Os critérios adotados por Nova Iorque[818], que serão a seguir examinados individualmente, são os seguintes: (i) se as partes expressamente determinaram que apenas estariam vinculadas quando da celebração de um contrato final escrito; (ii) se houve a execução parcial do contrato final, sendo tal execução aceita pela parte que nega a existência do contrato; (iii) se todas as questões essenciais do contrato final já foram definidas; e (iv) se a magnitude e complexidade da transação pretendida normalmente exigiria a celebração de um contrato escrito. Importante notar que cada fator elencado não é decisivo *per se*; são, na verdade, critérios indicativos a serem utilizados no exame do caso concreto.[819]

O *four-factor test* já foi aplicado em algumas oportunidades, merecendo destaque o caso *Ciaramella v Readers' Digest Association*, decidido no

---

[817] Alguns precedentes que utilizaram o *four-factor test* de Nova Iorque, ainda que de forma indireta ou parcial: Winston v. Mediafare Entm't Corp., 777 F.2d 78, 80-81 (2d Cir. 1985); Texaco, Inc. v. Pennzoil, Co., 729 S.W.2d at 788-89 (Tex. App.1987); R.G. Group, Inc. v. Horn & Hardart Co., 751 F.2d 69, 75-76 (2d Cir. 1984); Blanton Enterprises, Inc. v. Burger King Corp., 680 F. Supp.at 772 (D.S.C. 1988).

[818] Como explica Verkerke: *"This court has articulated four factors to guide the inquiry regarding whether parties intended to be bound by a settlement agreement in the absence of a document executed by both sides. Winston, 777 F.2d at 80. We must consider (1) whether there has been an express reservation of the right not to be bound in the absence of a signed writing; (2) whether there has been partial performance of the contract; (3) whether all of the terms of the alleged contract have been agreed upon; and (4) whether the agreement at issue is the type of contract that is usually committed to writing. Winston, 777 F.2d at 80. No single factor is decisive, but each provides significant guidance."* (VERKERKE, J. H. **Contracts...** op. cit., p. 176). Em tradução livre: "Este tribunal desenvolveu quatro fatores para orientar a averiguação sobre se as partes pretendiam se vincular a um acordo na ausência de um documento entre elas assinado. *Winston, 777 F.2d em 80*. Devemos considerar (1) se houve uma manifestação expressa no sentido de que as partes se reservavam o direito de não se vincularem enquanto não celebrado um contrato por escrito; (2) se houve cumprimento parcial do contrato; (3) se todos os termos do suposto contrato foram acordados; e (4) se o acordo em questão é de um tipo que é geralmente celebrado por escrito. *Winston, 777 F.2d às 80*. Nenhum dos fatores é por si só decisivo, mas cada um fornece orientação significativa."

[819] Nesse sentido, Verkerke: *"No single factor is decisive, but each provides significant guidance."* (VERKERKE, J. H. **Contracts...** op. cit., p. 177). Em tradução livre: "Nenhum dos fatores é por si só decisivo, mas cada um fornece orientação significativa."

2nd *Circuit Court of Appeals* em 1997.[820] Em tal oportunidade, estabeleceu-se que nenhum dos critérios deveria ser tido como isoladamente decisivo, cabendo aos tribunais considerar e sopesar todos os quatro fatores para determinar se as partes, de fato, pretendiam se ver vinculadas na ausência de um acordo formal.

O primeiro critério apontado, qual seja, se as partes expressamente determinaram a necessidade de um contrato final escrito, é considerado o mais importante para diferenciar um acordo não vinculante de um *binding agreement* – notadamente em relações nas quais houve a celebração de uma *letter of intent* (ou outro acordo prévio escrito).

A eventual manifestação explícita da intenção de não se vincular na ausência de um acordo escrito pode se dar de várias maneiras, como em declarações simples contidas nos documentos trocados nas negociações – em disposições como "esse acordo não entrará em vigor até que seja assinado", ou *"subject to contract"* – ou, ainda, com expressa referência à intenção de se vincular ao negócio apenas após a efetiva celebração de um contrato escrito.[821]

Na realidade, caso tal determinação seja realizada de forma expressa, clara e não ambígua, ela será suficiente para afastar dúvidas com relação ao caráter não vinculante do acordo preliminar.

No entanto, decisões dos tribunais norte-americanos, reconhecem que algumas situações podem alterar a interpretação acima, como por exemplo a existência de um contrato oral que preceda o acordo em que há expressa observação de não vinculação até a celebração de um contrato final escrito.[822]

---

[820] Ciaramella v Readers' Digest Association, United States Court of Appeals for the Second Circuit. 131 F.3^d 320 (2^d Cir. 1997)

[821] Ibid.

[822] Nesse sentido, Jeffries cita o precedente *United International Holdings, Inc. v. Wharf (Holdings) Ltd.* 649 F. Supp.861, 867 (D. Colo. 1996). (P.18/19) "(...) in *United International Holdings, Inc. v. Wharf (Holdings) Ltd.*, the court held that, even in the face of a preliminary agreément requiring a formal writing, the evidence presented supported an inference that an oral contract existed and was binding. But in that case, the alleged oral contract (formed in October 1992) came before the draft Memorandum of Understanding (exchanged by the parties in 1993) and before the later circulation of the definitive agreement, which contained the writing requirement." (JEFFRIES, Browning. Preliminary negotiations or binding obligations?... op. cit., p. 26). Em tradução livre: " (...) no caso *United International Holdings, Inc. v. Wharf (Holdings) Ltd.*, o tribunal entendeu que, mesmo diante de um acordo

Da mesma maneira, alguns tribunais mostram-se receptivos a desconsiderar essa linguagem expressa de não vinculação caso as circunstâncias posteriores demonstrem que as partes modificaram essa intenção – o que pode ocorrer, por exemplo, por comunicações orais e escritas ou por condutas posteriores das partes nesse sentido. Com relação a essa última possibilidade, alguns tribunais requerem evidências mais ou menos contundentes, chegando até mesmo a ser requerida a expressa dispensa acerca da necessidade de um contrato final escrito[823-824] – o que, logicamente, é difícil de ser verificado na prática.

preliminar contendo exigência de sua formalização por escrito, as provas apresentadas levavam à conclusão de que um contrato oral existia e era vinculante. Mas, nesse caso, o alegado contrato oral (celebrado em outubro de 1992) era anterior ao memorando de entendimentos (trocado pelas partes em 1993) e à divulgação do acordo definitivo, o qual continha a exigência de formalização por escrito."

[823] Nesse sentido, o caso *Ciaramella v. Association Readers Digest*. Nesse caso, as partes estavam em negociação e uma das partes autorizou seu advogado a celebrar o contrato. O advogado fez várias sugestões de revisões, as quais foram incorporadas à minuta. Depois de rever a nova minuta, esse pediu alterações adicionais e, então, disse: "temos um acordo." Antes que o contrato fosse celebrado, no entanto, a parte consultou um outro advogado, o qual opinou no sentido de que o acordo proposto não era aceitável, o que fez com que a parte se recusasse a assiná-lo. A linguagem do contrato indicava que ele não seria eficaz até que assinado, de modo que o tribunal considerou que a comunicação "temos um acordo" não representava uma renúncia explícita ao requisito da assinatura e que, portanto, não havia contrato celebrado entre as partes. (JEFFRIES, Browning. Preliminary negotiations or binding obligations?... op. cit., p. 27).
No caso *R. G. Group, Inc. v. Horn & Hardart Company, 751 F.2d 69 (2d Cir. 1984)*, durante meses de negociações, as partes trocaram uma série de minutas do contrato que pretendiam celebrar. Nas minutas estava previsto que o contrato seria vinculativo "quando devidamente assinado" (*when duly executed*). O contrato, no entanto, jamais foi assinado. Nesse cenário, uma das partes apontou uma declaração realizada pela outra em uma conferência telefônica, de que as partes teriam um acordo – *"a handshake agreement"* –, a qual comprovaria que o acordo seria vinculativo. O tribunal, no entanto, considerou que essa afirmação não era uma renúncia explícita da exigência de que o contrato fosse feito por escrito, especialmente tendo em vista o fato de que, ao longo dos meses de negociação, nenhuma das partes jamais teria sugerido a supressão de tal requisito. (Ibid., p. 27, nota 154.)
[824] Sobre esse aspecto, Martins-Costa destaca a diferente rigidez entre os tribunais ingleses e norte-americanos, comentando o *leading case* clássico Rose and Frank Co. *versus* Crompton and Bros Ltd., de 1923 (*Rose and Frank Co. v J.R. Crompton and Bros. Ltd., [1923] 2 KB 261*): "Alguns sistemas jurídicos, como o inglês, contêm regra no sentido de que prevalece, sempre, a vontade das partes, de maneira que, consignado no acordo que o mesmo não tem efeito

O MOMENTO DA FORMAÇÃO DO CONTRATO

Em algumas hipóteses a redação dos documentos trocados entres as partes em negociação não é clara a respeito da necessidade de celebração de um documento final escrito. Apesar disso, os tribunais norte-americanos tendem a aceitar linguagem menos direta nesse sentido, mas indicativa da intenção das partes de não se verem, desde já, vinculadas ao negócio, afastando o caráter vinculante daqueles documentos até que haja a celebração de um contrato final escrito (ou, como mencionado anteriormente, até que claramente essa intenção das partes se altere).[825]

obrigacional, os Tribunais hesitam em reconhecer um poder de obrigar que as próprias partes não reconheceram. Todavia, embora a intenção de criar vinculação jurídica dependa da vontade das partes em admitir ou excluir o caráter obrigacional das afirmações trocadas, pode a mesma restar deduzida da 'suficiência objetiva' do acordo concluído, desde que o mesmo seja completo (ou 'suficientemente' completo), digno de ser protegido e suficientemente inteligível. Assim ocorreu num caso judicial considerado verdadeiro leading case, o já clássico acórdão proferido no caso Rose and Frank *versus* Crompton Bros, de 1923: os demandantes, ingleses, haviam firmado com os demandados, norte-americanos, um acordo, por carta, pelo qual os ingleses enviariam à América estoques de papel pintado. No acordo, denominado intent letter, estatuía-se que as partes não pretendiam, de forma alguma, vincular-se juridicamente. Todavia, em decorrência da carta, foram enviadas três remessas de papel, que os norte-americanos retiraram do porto e venderam aos seus clientes. Instados a pagar, refugiaram-se na cláusula do acordo que o declarava não-obrigatório. Decidiu o Tribunal que, na espécie, uma ordem executada constituía um perfeito contrato de venda, reconhecendo efeitos contratuais. No direito norte-americano, diferentemente, os Tribunais controlam a intenção das partes se estas excluem a intenção de criar vínculos contratuais, os juízes respeitam essa intenção. É que é incisiva, naquele país, a fórmula de que o contrato é uma operação de *self-government*, fórmula esta indicativa da consideração da iniciativa contratual como um instrumento de tráfico de riqueza em função do livre jogo da autonomia privada – *freedom of contract* –, ao qual corresponde uma carga de riscos em princípio infensa aos mecanismos de redistribuição dos riscos. Como conseqüência, as partes podem romper as tratativas sem restarem submetidas a um juízo de responsabilidade pelos danos eventualmente causados pelo rompimento. Inadmite-se contudo, pelas regras da *equity*, um comportamento contrário aos próprios atos. Neste particular as regras da *estoppel*, embora constituam regras de prova, alcançam a proteção da confiança na declaração de vontade: o declarante resta *estopped* por uma presunção absoluta, para impugnar as declarações inequívocas que decidiram a outra parte a concluir o contrato." (MARTINS-COSTA, Judith. As cartas de intenção no processo formativo da contratação internacional... op. cit., p. 43)

[825] É isso o que explica o mesmo precedente citado anteriormente (Winston v. Mediafare Entm't Corp., 777 F.2d 78, 80 (2d Cir. 1985): *"On the other hand, if either party communicates an intent not to be bound until he achieves a fully executed document, no amount of negotiation or oral agreement to specific terms will result in the formation of a binding contract. (...)Because of this freedom to*

Por outro lado, os tribunais norte-americanos também reconhecem que a mera intenção de *reproduzir* um contrato por escrito não obstará a formação de tal contrato[826]. Assim, o que se busca com esse critério é, na verdade, identificar a efetiva intenção de se ver vinculado apenas quando da celebração de um contrato escrito, e não o simples desejo de ver um contrato já formado oralmente ou por meio de comunicações mais ou menos formais reduzido a escrito.

O próximo critério do *four-factor test* elencado é relacionado ao cumprimento parcial do contrato por uma ou ambas as partes. Entende-se que atos de execução parcial de um contrato demonstram que uma das partes acredita na existência desse contrato. À medida que a outra parte, por sua vez, aceita tais atos, demonstra, também, por sua vez, anuência àquele acordo. Com isso, requer-se que os atos de execução parcial do contrato sejam aceitos pela contraparte, demonstrando seu assentimento àquela conduta.

A constatação da execução parcial pode decorrer do pagamento de valores (aceitos e não questionados pela contraparte) ou do desempenho de atividades específicas (benéficas para a contraparte, que não as questiona) que tenham sido objeto da negociação ou do acordo preliminar.[827]

---

determine the exact point at which an agreement becomes binding, a party can negotiate candidly, secure in the knowledge that he will not be bound until execution of what both parties consider to be final document." Em tradução livre: "Por outro lado, se qualquer uma das partes comunica a intenção de não se vincular até que alcançado um documento completamente assinado, nenhuma forma de negociação ou acordo verbal com termos específicos resultará na formação de um contrato vinculativo. (...) Em virtude dessa liberdade de determinar o exato momento em que um acordo se torna vinculativo, a parte pode negociar de forma transparente, segura de que não será vinculada até que celebrado o acordo que as duas partes considerem ser o documento final."

[826] Nesse sentido, o precedente Winston v. Mediafare Entm't Corp., 777 F.2d 78, 80 (2d Cir. 1985): "This freedom to contract orally remains even if the parties contemplate a writing to evidence their agreement. In such a case, the mere intention to commit the agreement to writing will not prevent contract formation prior to execution." Tradução livre: "Essa liberdade de contratar oralmente permanece ainda que partes planejem reproduzir o acordo por escrito para evidenciá-lo. Nesse caso, a mera intenção de reduzir o acordo por escrito não impedirá a formação do contrato antes de sua assinatura."

[827] Nesse sentido, R.G. Group, Inc. v. Horn & Hardart Co., 751 F.2d (JEFFRIES, Browning. Preliminary negotiations or binding obligations?... op. cit., p.27, nota 154).

O problema com relação a esse critério é distinguir quais atos devem ser interpretados como execução parcial de um contrato e quais devem ser considerados tão somente preparatórios de um contrato. Klein[828] aponta que para se beneficiar desse critério "uma parte pode realizar atos de execução parcial [de um acordo preliminar] meramente para aumentar a probabilidade de consumação de uma transação".

Com base nessa dificuldade de distinção entre atos de execução parcial e atos preparatórios, há precedentes em que as cortes norte-americanas desconsideraram esse fator ainda que demonstrada a execução substancial do contrato, privilegiando os demais critérios que indicariam a não intenção de se vincular.[829]

Jeffries, contudo, indica a existência de precedentes em sentido diverso, os quais justamente dão maior carga valorativa à questão da execução parcial do contrato – admitindo que, quando a demonstração de execução parcial é evidente, pode sim esse fator ser determinante.[830]

Com o terceiro critério, as cortes norte-americanas adotando o *four-factor test* analisam se as questões essenciais do contrato final já foram definidas ou se ainda há pontos materiais não acordados. Ainda que haja a intenção de constituir um *binding agreement*, caso os termos essenciais do contrato não estejam bem definidos não é reconhecida a sua exequibilidade.

Para ser adequadamente realizada, a análise da completa abrangência do acordo deve envolver uma investigação sobre a compreensão das partes quanto aos termos do contrato, uma vez que a existência de divergências pode se mostrar suficiente para afastar a conclusão do acordo. Por exemplo, no já mencionado caso *Ciaramella*, uma das questões-chave era a existência de uma divergência sobre disposições contidas em uma carta de referência a ser fornecida a um antigo funcionário, tendo o tribunal entendido que a existência de pontos de discordância em minutas de documentos, ainda que de menor relevância ou puramente técnicos, era suficiente para afastar

---

[828] KLEIN, John; BACHECHI, Carla. Precontractual liability and the duty of good faith negotiation in international transactions... op. cit., p. 13. Tradução nossa. No original: "A party may make some partial performance [of a preliminary agreement] merely to further the likelihood of consummation of a transaction"

[829] Balta v. Ayco Co., LP, 626 F. Supp. 2d 347, 364 (W.D.N.Y. 2009), como indicado em JEFFRIES, Browning. Preliminary negotiations or binding obligations?... op. cit., p. 29).

[830] Nesse sentido, R.G. Group, Inc. v. Horn & Hardart Co., 751 F.2d (Ibid.)

o entendimento de que um acordo final sobre todos os termos havia sido alcançado.[831]

As cortes norte-americanas reconhecem, por outro lado, que não há necessidade de acordo com relação a *todos* os pontos possíveis do contrato – caso as partes tenham acordado os termos essenciais do contrato e manifestado interesse quanto ao seu caráter vinculante, os tribunais poderiam determinar o conteúdo das cláusulas restantes com base em qualquer critério determinado pelo acordo existente, pelas práticas comerciais ou, ainda, com base nas negociações mantidas pelas partes.[832] É isso que explica Kessler, que reforça que essa tendência é ainda mais forte quando a parte que nega a existência do contrato provocou ações da contraparte que lhe trariam prejuízos em caso de não reconhecimento do vínculo contratual:

> Uma vez constatado que a celebração do contrato era pretendida pelas partes, ou que uma das partes razoavelmente acreditava na conclusão do contrato, tendo a outra parte motivos para constatar que a primeira poderia assim entender, o tribunal poderá definir os termos não determinados do acordo, ou dar um significado concreto para aqueles termos indefinidos, desde que critérios objetivos para tais definições estejam estabelecidos no próprio acordo, nas negociações entabuladas pelas partes, ou nas práticas comerciais. Essa tendência é particularmente importante em cenários em que a parte que alega a falta de vinculatividade do acordo influenciou ou encorajou atitudes da outra, de modo que a não vinculatividade poderia colocar essa última em posição de desvantagem.[833]

---

[831] Conforme Winston, 777 F. 2d at 82-83 *apud* JEFFRIES, Browning. Preliminary negotiations or binding obligations?... op. cit., p. 29.

[832] Nesse sentido, o precedente V'Soske v. Barwick, 404 F.2d 495 (2d Cir. 1968). (JEFFRIES, Browning. Preliminary negotiations or binding obligations?... op. cit., p. 30, nota 170).

[833] KESSLER, Friedrich; FINE, Edith, Culpa in contrahendo... op. cit., p. 413 (tradução nossa). Tradução nossa. No original: *"Upon being satisfied that an agreement was intended or that one party justifiably relied on the deal and the other party ought to have known that he would so rely, a court may be ready to supply missing terms or give concrete meaning to indefinite terms, provided, as judges are fond of saying, objective criteria for establishing the terms are available in the agreement itself, a prior or subsequent course of dealing, or accepted business practices. This tendency is particularly important where the party claiming lack of agreement has invited or encouraged action so that nonenforcement would leave the relying party in a disadvantageous position."*

A insuficiência, contudo, da definição de aspectos materiais do contrato é vista pelos tribunais como critério claro a apontar a não intenção em se vincular por aqueles termos.

Normalmente, as partes discordarão da natureza e importância de aspectos não definidos, ou seja, se eram aspectos materiais ou se aspectos acessórios e de menor importância, o que somente será possível determinar no caso concreto. Como explica Jeffries[834], isso fica claro em litígios nos quais há diversas trocas de minutas sem que haja a assinatura de um contrato definitivo; nesses casos, uma das partes alega que os aspectos ainda em discussão não eram materiais, tendo a contraparte claramente manifestado intenção de se vincular com relação ao restante do contrato. Apesar de haver cortes que reconhecem um *binding agreement* com base em minutas finais não assinadas, algumas outras cortes reconhecem que a negativa em celebrar um contrato por discordância de aspectos "não materiais" demonstraria a importância desses pontos para uma das partes, não devendo os tribunais determinar a importância daqueles aspectos em aberto e a vinculabilidade de um contrato inacabado, sob pena de privar as partes do seu direito de *"enter only the exact contract they desired"*.[835]

O quarto critério é relacionado à necessidade ou prática comum de celebrar determinados contratos por escrito. Naturalmente, o entendimento de que um contrato é usualmente celebrado por escrito pesa em favor da não vinculação das partes por meio de documentos pré-contratuais ou de maneira informal.

A apreciação acerca das práticas comuns relativas a um determinado tipo de contrato pode se relacionar tanto às práticas comerciais em um

---

[834] JEFFRIES, Browning. Preliminary negotiations or binding obligations?... op. cit., p. 30-31. Em tradução livre: "Com certeza, o simples fato de as partes acreditarem que tinham um contrato não é suficiente para transformar um acordo totalmente desprovido de precisão em um contrato. Mas, antes que os tribunais estejam prontos para encerrar a negociação, a mencionada imprecisão deve ser de tal grau que torne o acordo inútil. O grau de certeza exigido varia de acordo com a transação envolvida; de particular importância, mas não um pré-requisito, é a averiguação se o contrato ao menos possui termos básicos. Nesse país, o *Uniform Commercial Code* busca consolidar as vantagens oriundas da flexibilidade e justiça obtidas pela progressão da jurisprudência."

[835] Bear Sterns Inv. Products, Inc., v. Hitachi Auto. Products (USA), Inc., 401 B.R. 598, 621 (S.D.N.Y. 2009). Em tradução livre: "celebrar apenas contratos cujo exato conteúdo seja desejado".

setor específico de negócios, como a atributos mais gerais, incluindo o tamanho e a complexidade do contrato em discussão. Por exemplo, na maioria das localidades dos EUA, os contratos de emprego para serem válidos e eficazes, devem ser celebrados por escrito[836]. Do mesmo modo, mas por razão diversa, isto é, não o tipo contratual, mas sim seus atributos, alguns contratos comerciais tidos como complexos, envolvendo inúmeras partes, alto valor econômico e regulação legal sofisticada, são, via de regra, formalizados por escrito.[837]

Para análise desse aspecto, as cortes norte-americanas consideram o valor da transação; a complexidade da operação e das cláusulas contratuais; o período do contrato, se de trato continuado ou sucessivo; o objeto do contrato (*e.g.*, se o objeto for uma transação relacionada a disputas e discordâncias anteriores, normalmente será realizado por escrito, já que se tratam de partes adversárias em litígio) etc. Ainda, se as normas do estado ao qual o contrato é submetido previrem a necessidade de determinado tipo de contrato ser celebrado por escrito, um contrato oral não será considerado exequível.[838]

Jeffries[839] menciona que algumas jurisdições incluem um quinto fator ao *four-factor test*, qual seja, o contexto das negociações. Contudo, aponta que esse não deveria ser entendido como um critério distinto, vez que: (i) o contexto das negociações seria objeto de análise por meio dos próprios critérios anteriores, os quais buscam examinar de forma organizada esse contexto; e (ii) ainda que tal quinto fator não seja expressamente adotado por muitas cortes, elas acabam naturalmente realizando a análise do contexto das negociações, o que é sempre necessário no exame do caso concreto.

Após resumidamente explicar os critérios do *four-factor test*, passaremos a analisar alguns precedentes recentes do Estado de Nova Iorque a respeito de temas de interesse sobre a formação dos contratos.

---

[836] JEFFRIES, Browning. Preliminary negotiations or binding obligations?... op. cit., p. 30-31.
[837] Nesse sentido, o precedente R.G. Group, 751 F.2d at 77.
[838] À semelhança dos requisitos de forma dos negócios jurídicos que, como vimos, em nosso ordenamento, se manifestam no plano da validade.
[839] JEFFRIES, Browning. Preliminary negotiations or binding obligations?... op. cit., p. 32.

No caso *Eastern European Trading Corp. v. Knaust*[840], no qual, não obstante a inexistência de um contrato formalizado por escrito, uma das partes alegava ter prestado serviços à outra sem que tivesse recebido o pagamento acordado, o tribunal encontrou evidências em e-mails que levaram à constatação positiva de dois dos critérios do *four-factor test*, a saber: (i) que as partes se comportaram de forma inequívoca como se quisessem celebrar um contrato específico com termos já determinados, e que (ii) um pagamento parcial ocorrido durante a prestação dos serviços significaria a execução parcial daquele contrato[841]; de modo que, nesse contexto, o tribunal concluiu pela existência de um contrato vinculativo entre as partes.

No precedente *Kolchins v. Evolution Markets*[842], o tribunal entendeu que uma série de e-mails evidenciava de forma clara a existência de uma oferta definitiva realizada e aceita.[843] Apesar de esse precente não ter aplicado expressamente o *four-factor test*, o tribunal examinou de forma detalhada a conduta das partes em negociação e todo o contexto que envolvia as trocas de e-mail, concluindo que pela conduta das partes a contratação era clara, não obstante a inexistência de um contrato formal escrito.

Sem mencionar de forma expressa o *four-factor test*, o julgamento do caso *Art & Fashion v. Cyclops Prod.*[844] utilizou-se dos seus critérios a fim de justificar a formação de um contrato de *joint venture*. Nesse caso, apesar de o tribunal ter reconhecido pontos em aberto sobre o funcionamento da *joint venture*, entendeu que comunicações trocadas por e-mail indicavam total concordância com os termos do empreendimento e seu imediato funcionamento, inexistindo qualquer manifestação de que tal relação devesse ser formalizada por escrito. Ainda, o tribunal encontrou evidências de que a parte que negava a existência do contrato teria por diversas vezes sido informada do andamento da operação da *joint venture* e das projeções de seus resultados – ou seja, da execução parcial daquele contrato –, no

---

[840] Eastern European Trading, Corp. V. Knaust,128 A.D.3d 589, 589, 11 N.Y.S.3d 112, 112–13 (1st Dep't 2015).
[841] AARON, Stewart D.; CATERINA, Jessica. Contract formation under New York Law... op. cit., p. 862.
[842] Kolchins v. Evolution Markets, Inc., 128 A.D.3d 47, 49–50, 8 N.Y.S.3d 1, 3 (1st Dep't 2015).
[843] AARON, Stewart D.; CATERINA, Jessica. Contract formation under New York Law... op. cit., p. 862-3.
[844] Art & Fashion Grp. Corp. v. Cyclops Prod., Inc., 120 A.D.3d 436, 438, 992 N.Y.S.2d 7, 10 (1st Dep't 2014).

que teria respondido com questões operacionais e relativas à administração do empreendimento, inclusive referindo-se à contraparte como "sócia".

Já no caso *Northern Stamping Company v. Monomoy Capital Partners*, o tribunal utilizou-se de critérios do *four-factor test* para constatar que cartas, correspondências e documentos preparatórios (acordo de confidencialidade) celebrados e trocados no âmbito de uma negociação para formação de uma *joint venture* não constituíam um contrato ou acordo.[845] Isso porque diversos termos essenciais a um contrato de *joint venture* não estariam ajustados entre as partes, como por exemplo a participação de cada qual no empreendimento; a maneira como seriam realizados os investimentos e distribuídos os resultados ou repartidos os prejuízos; e a própria intenção efetiva de serem parceiros no negócio. Ademais, os documentos celebrados expressamente declaravam seu caráter não vinculante em relação à *joint venture* em negociação[846], além de expressarem que qualquer decisão de celebrar o negócio dependeria ainda dos resultados de uma *due diligence*. Em suma, constatou-se haver no caso concreto diversos elementos claros da vontade das partes em não se verem vinculadas naquele momento. Além dos elementos necessários a um contrato de *joint venture* não estarem bem negociados ou definidos, nada na conduta das partes demonstrava uma aceitação ou execução parcial daquele contrato. Por essa razão, os tribunais não reconheceram a existência desse contrato.

Os critérios do *four-factor test*, como visto, não são estanques. Tampouco a aplicação do *four-factor test* pelas cortes norte-americanas é realizada de maneira rígida, com privilégio de determinados critérios em detrimento de outros ou sem a devida observância do contexto geral das negociações. Contudo, esses critérios demonstram-se úteis para a identificação do *intent to be bound* das partes contraentes nas jurisdições que adotam o *four-factor test* – e, mais do que isso, auxiliam as partes a compreender quais fatos e atos poderão ser interpretados como expressão de um *intent to be bound*, o

---

[845] AARON, Stewart D.; CATERINA, Jessica. Contract formation under New York Law... op. cit., p. 866.
[846] "(...) *terms of this Letter constitute statements of present intention adopted to facilitate the negotiation of definitive agreements, do not constitute a contract or agreement and are not to be enforceable against Monomoy*". (*Northern Stamping, Inc. v. Monomoy Capital Partners, L.P.*, 2015 NY Slip Op. 04742) Em tradução livre: (...) Os termos desta Carta constituem declarações voltadas a facilitar a negociação dos acordos definitivos, não constituindo um contrato ou acordo e não sendo exequíveis em face da Monomoy".

que não fica claro em outras jurisdições, em prejuízo à segurança jurídica das partes em negociação. É isso que explica Jefffries:

> Para aumentar a segurança nessa área do direito e melhor honrar as expectativas das partes contratantes, as jurisdições deveriam adotar um teste de vários fatores, semelhante ao utilizado pelos tribunais de Nova Iorque. Esse teste pode fornecer um roteiro mais útil para a definição da intenção das partes. Embora tal teste não seja uma regra que esgote a questão e a análise ainda possa se revelar um pouco maleável, as partes em tais jurisdições [que adotam referido teste] pelo menos terão um guia a orientar seus comportamentos. Uma análise *ad hoc* dos fatos e circunstâncias de cada caso, sem se utilizar do teste, deixa as partes no escuro, sem conhecer o peso que será dado às manifestações de intenção de cada uma delas. Sem essa orientação, as partes não têm como assegurar se estavam vinculadas a um acordo ou se se encontravam simplesmente em negociação, o que pode ter um efeito negativo no mercado.[847]

---

[847] JEFFRIES, Browning. Preliminary negotiations or binding obligations?... op. cit., p. 59.

5.
Conclusão

5.1. É Possível Estabelecermos Critérios Objetivos para Identificação da Formação do Contrato, ainda que de Forma Não Taxativa?

Após analisarmos a abordagem pragmática adotada pelos tribunais de Nova Iorque por meio do *four-factor test* é natural questionarmos: é possível estabelecermos critérios similares no direito brasileiro? Em primeiro lugar, é importante destacar que seria impossível e inadequada uma mera transposição dos critérios adotados pelos tribunais de Nova Iorque ao direito brasileiro. A uma, por termos dois sistemas completamente distintos; a duas, por não serem todos os critérios úteis ao direito brasileiro, vez que alguns pontos são superados pela própria lei.

Antes de propor eventuais critérios novos – e aproveitando-nos da sistemática já desenvolvida alhures – vale a pena analisarmos quais critérios do *four factor test* norte-americano (se algum) podem ser aproveitados no direito pátrio.

5.1.1. Critérios do *Four-Factor* Test Analisados da Perspectiva do Direito Brasileiro

O primeiro deles – se as partes expressamente determinaram que apenas estariam vinculadas por meio de um contrato final escrito – possui utilidade para o direito brasileiro. Isso porque a determinação expressa nesse sentido é verdadeira manifestação de vontade de uma ou de ambas as partes que condiciona a própria declaração negocial; uma manifestação objetivamente verificável e de simples compreensão para todos os envolvidos em uma negociação.

Ora, se uma ou ambas as partes declaram que não haverá contrato até que haja a celebração de um instrumento final escrito (ou até o cumprimento de outra formalidade qualquer), parece difícil justificar uma alegação de confiança legítima na celebração desse contrato antes da existência do referido instrumento final escrito, aceito por ambas as partes (ou do cumprimento de qualquer outra formalidade declarada).

Note-se que, uma vez mais, é importante distinguir entre, de um lado, o desejo manifestado de *redução a escrito de um contrato já formado* e, de outro lado, a celebração do contrato *condicionada à aceitação posterior* de um regramento contratual escrito e completo. Estamos, logicamente, falando da segunda opção, na qual não houve ainda uma declaração negocial necessária à formação do contrato – pelo contrário, ao condicionar a celebração do contrato, a parte deixou claro que não queria desde logo se vincular àquela contratação; ou, em outras palavras, estabeleceu que suas manifestações de vontade não deverão ser compreendidas como uma declaração negocial, a qual apenas ocorrerá após aceitação e celebração de um instrumento contratual escrito e completo. Havendo, por outro lado, declaração negocial de aceitação de um contrato seguida de (ou acompanhada de) manifestação da vontade de reduzir aquele regramento contratual a escrito, estaremos diante de verdadeiro contrato, seja ele definitivo ou preliminar.

É claro que o movimento de aproximação das partes e progressão das negociações é capaz de gerar uma situação crescente de confiança na celebração de um contrato – e, como já visto, a frustração dessa confiança pode, em determinadas hipóteses, ser tutelada pela responsabilidade civil pré-contratual. Entretanto, não nos parece que haverá bases, em qualquer hipótese, para se alegar a efetiva celebração de um contrato caso uma ou ambas as partes claramente condicionem a celebração daquele contrato (ou, mais precisamente, a própria declaração negocial) à aceitação e celebração de um instrumento final escrito. A menos, é claro, que haja um ato concludente posterior, capaz de afastar essa manifestação.

Quanto mais clara, direta e expressa for a manifestação de vontade de não se vincular até que haja um contrato escrito, mais peso deverá ser atribuído a esse critério (e, consequentemente, mais difícil será afastá-lo por atos posteriores, a não ser que sejam também claros o suficiente para tanto).

CONCLUSÃO

Aliás, essa deve ser uma regra geral para todos os atos e condutas das partes em negociação. Como visto, – em oposição ao já ultrapassado entendimento que valorizava sobremaneira a vontade interna e subjetiva das partes – todo o direito contratual é baseado em manifestações de vontade objetivamente verificáveis, assim como nos efeitos que tais manifestações são capazes de gerar em suas contrapartes. Parece-nos natural que quanto mais claras e objetivas forem tais manifestações de vontade, menos necessário será recorrer a outros elementos do contexto das negociações para caracterizar os atos e condutas das partes. E, como consequência disso, as partes em negociação mais segura e claramente saberão dosar suas expectativas e atitudes, bem como compreender as expectativas e atitudes alheias, criando um ambiente negocial mais simples e previsível.

De toda forma, ainda que as manifestações não sejam claras e precisas, devem ser analisadas em conjunto com o contexto das negociações, o qual poderá indicar uma vontade declarada (e conhecida) de não se vincular, exceto se mediante a celebração de um contrato final escrito ou outra forma especial – ou, em outras palavras, exceto se a declaração comum de vontades for exteriorizada de tal maneira.

Por fim, importante destacar que mais do que auxiliar na identificação da conclusão de um contrato, esse critério auxilia o operador do direito a identificar a *não* formação de um contrato. Ora, a *inexistência* de manifestação no sentido de requerer uma forma especial ao contrato em negociação significa apenas e tão somente isso: que declaração negocial seguirá uma forma livre e que, portanto, esse contrato poderá ser concluído de forma livre, conforme autorizado pelo ordenamento – mas jamais, logicamente, tal critério levará à conclusão de que *por essa razão* o contrato está formado. Por outro lado, sendo desejado e manifestado por uma das partes essa forma especial da declaração negocial, servirá tal critério para afastar dúvidas quanto à formação desse contrato (no sentido, claro, de que contrato não há, até o cumprimento da formalidade).[848]

---

[848] Destacamos, uma vez mais, que nos referimos aqui à forma da declaração negocial – e, portanto, ao plano de existência do negócio jurídico. É claro que o próprio negócio jurídico entabulado poderá ter uma forma especial prescrita em lei ou avençada pelas partes (nos termos, por exemplo, do artigo 109 do Código Civil), a qual poderá eventualmente afetar a *validade* de um negócio jurídico existente.

O segundo critério do *four-factor test* diz respeito à execução parcial do contrato final. Mais uma vez, parece-nos que esse critério tem importância para o direito brasileiro.

É claro que para a execução parcial ser considerada relevante na análise da formação de um contrato, essa execução deve ser conhecida e aceita pela contraparte. A mera execução de um contrato que não chega ao conhecimento da outra parte, ou, ainda, que não é aceita pela contraparte em negociação, jamais poderá ser relevante na análise da formação do contrato, sob pena de indevidamente incentivarmos atitudes daquele que quer ver o contrato concluído a mercê da vontade da contraparte em negociação – e, com isso, afastarmos a importância do consenso, necessário a qualquer contrato.

É importante destacar que existem condutas preparatórias à execução de um contrato e condutas que fazem parte das prestações avençadas de um contrato. As primeiras jamais poderão ser consideradas como determinantes na análise da efetiva formação de um contrato, vez que meramente preparatórias para as prestações contratadas ou em negociação.

Pense-se, por exemplo, na obtenção de financiamento para aquisição de materiais a serem utilizados em uma construção cujo contrato ainda está sendo negociado entre construtora e cliente; ou, ainda, na sub-contratação de terceiros para um projeto cujo contrato ainda não foi celebrado. Nesses dois casos, cabe primordialmente às partes que estão realizando as condutas preparatórias precaverem-se de uma possível não formação do contrato – e o direito traz diversos instrumentos para isso, como a celebração dos contratos prévios com condições suspensivas (de forma que tais contratos só teriam eficácia quando e se o contrato principal viesse a ser celebrado); celebração dos contratos prévios com condições resolutivas (de forma que tais contratos perderiam a eficácia com a frustração das negociações do contrato principal); além da possibilidade da celebração de contratos preparatórios entre as próprias partes em negociação que previssem e regulassem consequências relacionadas a tais acordos acessórios (e.g., responsabilidade pelos custos já incorridos; responsabilidade pelos valores de rescisão desses acordos acessórios etc.). Além de tais possibilidades, a simples comunicação à contraparte em negociação de tais atitudes preparatórias pode ser de fundamental importância caso a parte que esteja realizando tais investimentos e condutas preparatórias deseje, um dia, em caso de insucesso das negociações, reaver os valores despendidos. Isso, contudo, faz parte do tema da responsabilidade pré-contratual, como já delineado em capítulos anteriores.

Mesmo tratamento das condutas preparatórias devem ter os gestos de gratuidade de parte a parte, como por exemplo o envio de amostras para análise ou para conhecimento dos produtos.

As condutas que interessam à análise da formação de um contrato são justamente aquelas que diretamente se relacionam ao objeto do contrato e às prestações avençadas desse contrato formado (ou em formação). Tomando o exemplo anterior, o início dos trabalhos de terraplanagem ou fundação por parte da construtora podem representar a execução parcial de um contrato. Para que tais condutas sejam relevantes à análise da formação de um contrato, devem necessariamente ser de conhecimento da contraparte em negociação sem que haja qualquer oposição desta à continuação dos trabalhos.

Logicamente, a oposição à execução parcial de um contrato em formação – seja por meio da comunicação de que não concorda com o início dos trabalhos; que entende que tais trabalhos não fazem parte do escopo do contrato e são meramente preparatórios a esse; que o início da execução ocorre por conta e risco da parte que o faz, vez que ainda não houve a celebração do contrato; entre outras diversas manifestações possíveis – é suficiente para afastar a alegação de formação do contrato (desde que, claro, as manifestações sejam condizentes com as condutas daquele que rejeita o contrato).

Ora, qualquer manifestação nesse sentido demonstraria que ainda não há o necessário consentimento em torno daquele regramento contratual, e, por essa razão, não existe contrato.

A oposição, nesses casos, deve ocorrer de forma imediata ou em tempo razoável e compatível com a situação, sempre com observância à boa-fé. Isso porque a inércia e o silêncio deliberados de uma parte não podem beneficiá-la em prejuízo de sua contraparte, que confiando na celebração de um contrato inicia as suas prestações em favor da parte inerte ou silente – e que, mais ainda, confiando na aceitação das primeiras prestações, continua executando suas obrigações contratuais (e confia na realização das respectivas contraprestações). Se entende uma parte que contrato não há ou que a execução parcial desse contrato não deva representar sua conclusão (mas apenas, por exemplo, um ato preparatório ou um ato gratuito e por conta e risco da parte exequente), deve imediatamente (ou em tempo razoável) expressar esse entendimento e manifestar sua vontade.

Até mesmo, de forma *aparentemente* contraditória, poderíamos cogitar a aceitação de atos de execução parcial, desde que acompanhada de declarações claras e inequívocas no sentido de que aquela aceitação não significa a conclusão de um contrato. Nesse caso, se as declarações forem claras e não deixarem dúvida quanto à *não* intenção de celebrar um contrato, parece-nos que poderia ser suficiente para afastar uma alegação de formação de referido contrato. Ora, ainda que nesse caso a aceitação da execução parcial não pareça condizente com a declaração, a parte que aceita a execução parcial age com total transparência e boa-fé, devidamente informando sua contraparte sobre seu entendimento e expectativas em relação àquele contrato em negociação – e, nesse caso, a parte que deliberadamente inicia a execução de um contrato terá sempre e a qualquer momento (até, claro, o momento em que o contrato seja formado) a opção de suspender a deliberada execução parcial já iniciada. Nesse contexto, qualquer alegação de conclusão do contrato[849] pela parte que inicia sua execução deverá ser rechaçada, pois desprovido tal "contrato" de qualquer manifestação de assentimento da contraparte, que, pelo contrário, agiu com transparência informando sua posição acerca da contratação e buscou não gerar expectativas ou confiança quanto à aceitação do contrato negociado – ou seja, qualquer confiança alegada na celebração desse contrato não nos parece legítima.[850]

Mais intensos do que o silêncio ou a inércia no sentido de demonstrar uma aceitação dos atos de execução parcial de um contrato são os atos de contraprestação. Ora, se as prestações de um contrato são iniciadas por uma parte e as contraprestações desse mesmo contrato são também realizadas, não parece haver dúvida de que ambas entendem (ou melhor, ambas *demonstram*) estar vinculadas a um regramento contratual antes em negociação, mas agora já definitivo (e em cumprimento). Realizar uma contraprestação e, em seguida, negar a existência de um contrato parece ilógico e contrário à boa-fé.

---

[849] E, até mesmo, de danos pré-contratuais caso o contrato não venha a se formar.
[850] Apesar disso, não se nega que a aceitação dos atos de execução parcial, nesse caso, pareceria incongruente com as próprias condutas, abrindo a possibilidade de alegação de comportamento contraditório. A linha entre esse comportamento contraditório e uma atuação sincera e leal à contraparte seria, nesse caso, bastante tênue.

Uma vez mais, qualquer dúvida acerca da atitude das partes pode ser resolvida com expressas e claras manifestações de vontade. Assim, se uma parte por mera liberalidade resolve iniciar a execução de um contrato (seja para demonstrar seu interesse real naquela contratação, seja porque movida por interesse legítimo), mas uma das partes deixa claro que isso não deverá significar a conclusão ou aceitação do contrato em negociação, qualquer dúvida sobre o assunto deverá ficar afastada, prevalecendo a clara manifestação de uma ou ambas as partes em não se vincular – o que evidenciará a ausência do consentimento necessário à formação do contrato.

Ainda sobre esse critério, importante destacar que o direito não deve servir e tutelar atitudes desprovidas de boa-fé. Assim, caso fique demonstrado que a execução parcial de um contrato foi realizada meramente com interesses escusos, apenas para que restasse caracterizada a possível formação de um contrato, a análise desse critério fica prejudicada (ou, ao menos, os holofotes sobre esse critério devem ser afastados).

De forma a facilitar a compreensão desse critério e distingui-lo de hipóteses em que a execução parcial não é legítima (seja porque eivada de má-fé ou porque não aceita pela contraparte), faremos referência ao termo execução parcial *legítima*.

É claro que a mera inexistência de uma execução parcial legítima nada deve significar – como se sabe, é perfeitamente possível termos um contrato concluído sem que a execução das prestações avençadas tenha sido iniciada. Entretanto, a execução parcial legítima de um contrato parece-nos elemento bastante contundente da formação de um contrato. Assim, a ausência de execução parcial nada deve significar – à semelhança do primeiro critério –, mas sua ocorrência é importante indicativo da formação de um contrato.

O terceiro critério do *four-factor test*, mais do que propriamente um critério, parece-nos um pressuposto da análise da formação de um contrato. Como já explorado nesse trabalho, não há contrato se não houver definição das partes sobre todos os elementos essenciais (porque inderrogáveis àquele tipo contratual ou porque assim tido pelas partes).

Assim, antes de analisar qualquer outro critério, é mister verificar se todos os elementos essenciais foram acordados[851] pelas partes e estão

---

[851] Ou, ao menos *aparentemente acordados*, já que a identificação da declaração negocial é que demonstrará se há de fato tal consentimento em torno do regramento contratual. A análise

presentes no caso concreto. A ausência de qualquer elemento inderrogável de um contrato (e, claro, a impossibilidade de sua recondução a outro tipo contratual) é suficiente para afastar qualquer alegação quanto à conclusão. Ora, como já repetido nesse trabalho, não há que se falar nunca em um contrato de compra e venda sem definição do preço[852], de forma que a inexistência de acordo em volta desse ou de outro elemento categorial significará a inexistência do contrato.

Da mesma forma, caso haja a ausência de acordo com relação a algum outro ponto do contrato que, apesar de não ser objetivamente essencial àquele tipo contratual, é subjetivamente relevante para uma das partes, também inexiste contrato.

Como já destacado nessa obra, é possível que as partes deixem pontos tidos como secundários (naturais ou particulares) para discussão em momento posterior às negociações, de forma a avançar o acordo em relação a outros pontos do contrato. Ou, ainda, é possível que uma ou ambas as partes levantem questões que não são imediatamente acordadas, mas deixem claro a importância de sê-lo antes da conclusão das tratativas. Nesses casos, não cabe a qualquer terceiro (incluindo a contraparte em negociação) determinar se aquele ponto possui mais ou menos relevância, sendo tal questão absolutamente subjetiva. O consentimento necessário à formação de qualquer contrato diz respeito à totalidade daquele regramento contratual, não englobando apenas os elementos tidos como objetivamente essenciais para aquele tipo contratual.

Considerar o assentimento a um regramento contratual completo quando isso apenas ocorreu, na verdade, com relação a parcela do contrato seria atentar contra a liberdade contratual e a autonomia privada. Ninguém deve ser obrigado a contratar caso não o queira ou de forma diversa da que concorda.

Portanto, após verificar a presença de todos os elementos *objetivamente* essenciais àquele contrato, faz-se necessário confirmar que todos os pontos

---

que ora se propõe deve, antes de verificar a existência da declaração negocial, assegurar que os elementos essenciais do contrato estão presentes, vez que pressupostos de qualquer contrato.

[852] Excetuados, como já mencionado, aqueles contratos que por sua natureza possam se sujeitar ao disposto no art. 488 do Código Civil – o que, nos parece, será de improvável ocorrência nos contratos com as características analisadas neste trabalho.

subjetivamente tidos como essenciais (pois assim declarados por qualquer das partes) foram também acordados.

De forma congruente com todas as questões que envolvem a formação de um contrato, a análise sobre tal questão deve se dar de forma objetiva, conforme as manifestações das partes e o contexto das negociações. Ora, declarar em momento posterior que haveria uma questão pendente, que sequer fora mencionada durante o processo negocial, não nos parece razoável ou tampouco condizente com os deveres de lealdade e confiança. Além disso, seria valorizar a vontade interna em prejuízo das declarações exteriorizadas e nas quais a contraparte em negociação confiou.

A análise desse requisito deve recair necessariamente sobre as manifestações das partes durante o processo negocial. Assim, para que se demonstre uma pendência quanto à definição de algum elemento não essencial (do ponto de vista objetivo), é necessário que, em algum momento da negociação, tenha havido a manifestação de uma das partes nesse sentido – e, claro, que tal declaração tenha chegado ao conhecimento da contraparte sem que houvesse seu assentimento.

Da mesma forma, tal questão não pode ter sido expressa ou tacitamente afastada em momento posterior das negociações. É claro que a verificação do afastamento tácito dessa questão (ou seja, identificar que a parte que manifestou desejo em ver aquela questão acordada não dá mais importância a tal ponto, o qual, portanto, não precisaria ser acordado, sendo integrado pelas regras de integração aplicáveis) é tarefa muito mais delicada do que identificar seu afastamento expresso. Para tanto, será necessário analisar detidamente o contexto das negociações. Ora, se as negociações se arrastaram por meses, com diversas trocas de minutas entre as partes, e houve apenas menção a determinado tópico no início das negociações, sem qualquer reiteração posterior a esse tópico ou inclusão de cláusulas sobre o assunto nas minutas trocadas, parece claro que essa questão foi afastada. Por outro lado, uma minuta que é trocada de lado a lado, com notas fazendo referência expressa à questão pendente, deixa claro que esse é um ponto considerado importante ao menos para uma das partes e que, portanto, deverá ser acordado antes de que se chegue a um regramento contratual completo (pois contendo a totalidade dos pontos objetiva e subjetivamente essenciais).

Assim, em resumo, ao transportar esse terceiro critério do *four-factor test* para o direito brasileiro, entendemos que – com base no exposto até aqui nesse trabalho – devemos, na verdade, considerá-lo um pressuposto da análise da formação do contrato, dividindo-o em dois critérios.

Em primeiro lugar, analisa-se a existência dos elementos *objetivamente* imprescindíveis para existência daquele negócio jurídico, com as particularidades descritas no Capítulo 3 desse trabalho. Em seguida, verifica-se a pendência ou não de cláusulas ou questões ainda não acordadas e cujas partes (ou ao menos uma delas) manifestaram interesse ao longo do processo de negociação, sem posteriormente afastá-las (tácita ou expressamente). Em caso de (i) presença de todos os elementos tidos como objetivamente essenciais e (ii) ausência de qualquer manifestação a respeito de elementos naturais ou acidentais pendentes de negociação e acordo – e que, portanto, podem ser complementados pelas regras gerais de integração – presentes os pressupostos para a formação do contrato, de modo que possível iniciar, com base nos demais critérios propostos, a análise do elemento necessário para transmutar aquele regramento contratual completo em um contrato, qual seja: a existência da declaração negocial apta a criar o *vinculum juris*.

Com isso, a análise efetiva quanto à formação do contrato fica dividida em duas etapas distintas e necessariamente sucessivas, relativas à constatação: (i) da presença dos pressupostos de existência do contrato, ou seja, seus elementos objetiva e subjetivamente essenciais e, em seguida, (ii) da existência de declaração negocial representativa do consenso em torno daquela contratação.

Tendo em vista que o exame da declaração comum de vontades ocorrerá *após* a verificação dos pressupostos de existência mencionados, parece-nos natural que o que se procura em um primeiro momento (i.e., *antes* da análise da existência das declarações negociais), a fim de se determinar a verificação desses pressupostos, é uma *aparência* de acordo – ou seja, uma aparente definição das partes em torno dos elementos essenciais daquele contrato, vez que sem eles não haveria acordo, ainda que as partes assim se manifestassem.[853]

Ora, apesar de, como já vimos, ser possível distinguir, de um lado, o acordo em torno dos elementos e cláusulas de um regramento contratual hipoteticamente considerado e, de outro lado, o consentimento necessário

---

[853] Sendo, por isso, um *pressuposto*, sem o qual contrato não existe e o qual antecede a verificação da necessária declaração negocial, essa sim apta a determinar a efetiva formação de um contrato, como já vimos.

para efetivamente se vincular àquele regramento (esse último sendo propriamente a declaração negocial), fato é que tais assentimentos também podem ser concomitantes – e a prática mostra que é isso que ocorre na maioria das vezes. Entretanto, negar que há acordo sobre determinados pontos do contrato em razão de uma ou ambas as partes ainda não ter emitido sua declaração negocial apta e necessária à formação de um contrato significa, na verdade, negar apenas e tão somente a *vinculação* àquele regramento, *e não a concordância com aqueles termos em um plano negocial* (o que, como vimos, faz parte de um processo dirigido a formar o consentimento e, com esse, o contrato). A análise sobre esse aspecto (a existência ou inexistência de declarações negociais) deverá ocorrer em seguida, sendo o exame dos pressupostos apenas um primeiro filtro a separar aquelas relações que podem ou não formar um contrato.

O quarto critério do *four factor test* – qual seja, se a magnitude e complexidade da transação pretendida normalmente exigiria a celebração de um contrato escrito –, apesar de logicamente fazer parte da análise das circunstâncias negociais, não nos parece, por si só, ser de relevância para o direito brasileiro.

Isso porque, como vimos, impera no direito brasileiro – e em diversas outras jurisdições da *civil law* – a total liberdade de forma do negócio jurídico[854]. É claro que alguma forma todo negócio jurídico terá, sob pena de não existir. Entretanto, a observância de uma forma prescrita em lei é exceção no direito brasileiro, de maneira que – salvo tais exceções – qualquer contrato, independentemente de sua complexidade ou valor envolvido, pode ser celebrado de maneira oral ou escrita, por meio de instrumento particular ou público, instrumentalizado em complexos documentos escritos e redigidos durante meses por advogados ou simplesmente formalizado em uma carta de duas páginas trocada entre as partes.

E mesmo a observância da forma prescrita não interessa para esse estudo e a análise da formação ou não de um contrato, por duas razões: em primeiro lugar, suas consequências incidem sempre no plano da validade daquele negócio jurídico (e, portanto, deve esse requisito ser analisado posteriormente à verificação da existência daquele contrato, em respeito à técnica de eliminação progressiva[855]); em segundo lugar, tendo em vista

---

[854] E, como já vimos, liberdade de forma da própria declaração negocial.
[855] AZEVEDO, Antônio Junqueira de. **Negócio jurídico**: existência... op. cit., p. 63-64.

o princípio da conservação do negócio jurídico e o disposto no artigo 170 do Código Civil[856], poderá ser admitida a conversão substancial do negócio jurídico inválido por defeito de forma, de maneira que, via de regra, seria possível a conclusão de um outro tipo contratual.

Dito isso, contudo, é claro que, com toda probalilidade, a complexidade de um negócio dificulta a necessidade de sua celebração sem que seja formalizado por escrito, o que deverá ser analisado em cotejo com as demais circunstâncias negociais do caso concreto. Nossa visão, entretanto, é que esse critério do *four-factor test*, por si só e tomado isoladamente, não é capaz de auxiliar o operador do direito na análise pretendida.

5.1.2. Critérios Adicionais

Em resumo, com base no *four-factor test*, até agora temos que:

i. Antes de tudo, há dois pressupostos que devem ser analisados em caso de dúvida ou disputa quanto à formação de um contrato:

  a. um pressuposto positivo, qual seja, a **presença** de acordo (ou ao menos de aparente acordo) quanto a *todos* os elementos tidos como objetivamente essenciais aos negócios jurídicos em geral e àquele tipo contratual específico (ou a outro tipo contratual, se possível a recondução daquele); e

  b. um pressuposto negativo, que é a **inexistência** de manifestação acerca de elementos naturais ou acidentais pendentes de negociação e acordo (exceto, claro, que tal manifestação tenha sido superada por atos posteriores);

ii. *Caso os pressupostos sejam verificados*, dois critérios similares aos utilizados no *four-factor test* podem auxiliar o operador do direito na identificação da formação de um contrato, sendo tais critérios notadamente dirigidos à facilitação da interpretação das manifestações

---

[856] "Art. 170. Se, porém, o negócio jurídico nulo contiver os requisitos de outro, subsistirá este quando o fim a que visavam as partes permitir supor que o teriam querido, se houvessem previsto a nulidade." (BRASIL. Código Civil de 10 de janeiro de 2002. Disponível em: <http://www.planalto.gov.br/ccivil_03/leis/2002/L10406.htm> Acesso em: 3 jan. 2018. Sobre o assunto, ver comentários e notas do Capítulo 3 acima.)

das partes e à identificação das necessárias declarações de vontade (à semelhança do *intent to be bound* norte-americano):

a. um critério negativo, qual seja, a **inexistência** de manifestação (ou sua superação por manifestação contrária posterior) quanto à necessidade de forma especial para celebração do contrato, como por exemplo condicionar sua conclusão (e não seus efeitos) à formalização de um instrumento final, escrito, completo e assinado. Sua ausência nada significa, enquanto sua presença indica a *não* formação de um contrato enquanto não observada a forma estabelecida; e
b. um critério positivo, que é a **ocorrência** de atos de execução parcial legítima daquele contrato. A ausência de execução parcial nada significa, enquanto sua presença indica a *formação* de tal contrato.

Assim, temos por ora que apenas a execução parcial legítima de um contrato é apta a auxiliar o operador do direito na identificação *positiva* da formação de um contrato e na interpretação de atos e condutas tidos como concludentes de um contrato.

Todos os demais critérios propostos até o momento com base no *four-factor test*, mais do que auxiliar na identificação da conclusão de um contrato, são testes *negativos*, ou seja, aptos a identificar a *não* formação do contrato. Assim, demonstrado que falta um elemento categorial inderrogável; ou que há algum elemento acidental pendente de negociação, pois assim anteriormente manifestado; ou, ainda, que uma das partes condicionou sua aceitação do contrato à existência e concordância a um instrumento final escrito (e tal instrumento não existe), contrato não há.

Por outro lado, a verificação por si só de que no caso concreto há a totalidade dos elementos categoriais inderrogáveis; de que não há elementos naturais ou acidentais pendentes de negociação; e de que inexistente qualquer manifestação quanto a uma forma especial ao contrato, serve apenas e tão somente a garantir a *possibilidade* de formação desse contrato – mas jamais serão tais elementos indicativos da conclusão desse contrato, vez que inaptos a demonstrar e identificar uma declaração negocial.

Como já repetido, o que se busca na análise da formação de um contrato é identificar a declaração comum de vontades. Ou, de maneira mais pragmática, identificar os atos e condutas que podem ser tidos como concludentes, pois aptos a demonstrar a existência das indispensáveis declarações negociais.

A identificação da execução parcial legítima, como vimos em mais detalhes acima, se presta a tal função. Isso porque identifica-se um momento de aceitação daquele contrato por ambas as partes – justamente o momento em que uma parte demonstra aceitar (seja pelo silêncio, seja pelas contraprestações, seja de qualquer outra maneira expressa ou tácita) o cumprimento das prestações contratuais. Em um contexto marcado pela boa-fé e, principalmente, pela confiança recíproca gerada pelas condutas das partes, a única interpretação que também encontra guarida na boa-fé é de que tanto a execução parcial legítima por uma das partes quanto a aceitação dessa execução pela outra parte significam uma declaração recíproca de aceitação daquele contrato da forma como negociado até então – sendo qualquer elemento eventualmente faltante suplementado pelas regras gerais de integração do contrato.

E quais outros critérios positivos – à semelhança da execução parcial legítima – seriam aptos a demonstrar atos e condutas concludentes das partes?

Já respondendo parcialmente a essa pergunta e à questão que se propõe no título do subcapítulo 5.1: absolutamente impossível estabelecer uma lista exaustiva nesse sentido. Isso porque estamos no campo da autonomia privada – qualificada sempre pela confiança e boa-fé, como vimos, mas ainda sim um campo de liberdade de atuação das partes em negociação. E, como mencionado no Capítulo 3 desse trabalho, as declarações de vontade podem tomar as mais diferentes formas conforme o contexto em que inseridas e de acordo com aquilo que as partes estabeleçam no âmbito de suas negociações. A análise, sempre e necessariamente, deverá passar pelo contexto das tratativas e pelas manifestações, expressas e tácitas, das partes em negociação.

Apesar disso, à semelhança do critério de execução parcial legítima do contrato, é possível elencar alguns outros critérios indicativos – ou, ao menos, balizas interpretativas – quanto à formação de um contrato.

Com inspiração na redação do artigo 157 do BGB[857], que, como já visto no Capítulo 3 deste trabalho, traz ao lado da boa-fé os *usos e costumes*

---

[857] "§157 Auslegung von Verträgen: Verträge sind so auszulegen, wie Treu und Glauben mit Rücksicht auf die Verkehrssitte es erfordern." Em português: "os contratos devem ser

do tráfego contratual como valores interpretativos do contrato no direito alemão, parece-nos natural que a análise do contexto das negociações – cuja importância para interpretação das manifestações das partes dispensa comentários adicionais a essa altura – leve em consideração tais usos e costumes do tráfego contratual em geral, principalmente (tendo em vista o escopo desse trabalho) aqueles usos e costumes comerciais.

Dessa maneira, se determinadas condutas são tidas como conclusivas de acordo com os usos e costumes do tráfego contratual em que aquela negociação se insere, devem as manifestações das partes em referido sentido assim serem interpretadas. E isso estaria perfeitamente em linha com os artigos 113[858] e 432[859] do Código Civil.

Nesse ponto, interessante notar a análise comparatista de Parviz Owsia[860], que menciona que a formação do contrato na França e na Inglaterra possuem uma mecânica semelhante. Como explica Spínola Gomes, "os dois têm a oferta a oferta e aceitação como figura central, mas admitem outros mecanismos e compartilham 'uma abordagem pragmática para reconhecer os usos sociais e comerciais prevalecentes na formação do contrato'."[861]

Ora, se é admitida uma abordagem pragmática para reconhecer usos sociais e comerciais como mecanismo alternativo de formação do contrato, parece-nos lógico e natural – e em harmonia com o disposto nos artigos 113 e 432 do Código Civil – admitir tais usos e costumes como critérios interpretativos das declarações negociais.

---

interpretados conforme as imposições da boa-fé, levando em conta os costumes do tráfego contratual." (Tradução de: MARTINS-COSTA, Judith. **A boa-fé no direito privado**... op. cit., p. 287).

[858] Art. 113. Os negócios jurídicos devem ser interpretados conforme a boa-fé e os usos do lugar de sua celebração. (BRASIL. Código Civil de 10 de janeiro de 2002. Disponível em: <http://www.planalto.gov.br/ccivil_03/leis/2002/L10406.htm> Acesso em: 3 jan. 2018.)

[859] Art. 432. Se o negócio for daqueles em que não seja costume a aceitação expressa, ou o proponente a tiver dispensado, reputar-se-á concluído o contrato, não chegando a tempo a recusa. (BRASIL. Código Civil de 10 de janeiro de 2002. Disponível em: <http://www.planalto.gov.br/ccivil_03/leis/2002/L10406.htm> Acesso em: 3 jan. 2018.)

[860] OWSIA, Parviz. Notion and Function of Offer and Acceptance under French and English Law. 66 Tulane Law Review, 1992. P. 917-918 *apud* SPÍNOLA GOMES, Técio. **O processo de formação do contrato**... op. cit., p. 115.

[861] SPÍNOLA GOMES, Técio. **O processo de formação do contrato**... op. cit., p. 115.

Voltemos ao exemplo dado no início desse trabalho para uma rápida digressão e aplicação de forma tópica desse critério. Pense-se, novamente, em uma elaboração progressiva de um projeto de contrato, que se arrasta por um longo período de intensas negociações, com concessões de lado a lado e troca de diversas minutas. Meses após o início das tratativas, executivos das duas companhias em negociação reúnem-se, devidamente autorizados para celebração do negócio, e atingem consenso com relação a todos os elementos que restavam em aberto do contrato, inclusive os elementos essenciais do contrato pretendido, declarando, de forma oral, "negócio fechado", o que é simbolizado também por um aperto de mãos. Após essa reunião, advogados das duas companhias trabalham para finalizar a redação dos instrumentos contratuais pertinentes e, dias depois, informam que não conseguiram concordar com parte do regramento contratual e acordar determinados aspectos jurídicos relevantes. Os executivos das companhias, informados disso, tentam negociar esses aspectos, também sem sucesso. Houve, nesse caso, a celebração de um contrato?[862]

Qualquer comerciante, empresário e até mesmo pessoa não habituada ao tráfego comercial conhece o simbolismo de um aperto de mãos durante uma negociação. Conhecem, também, o significado da frase "negócio fechado". Essas duas condutas, de acordo com os usos e costumes do tráfego contratual, são expressões claras de uma negociação com desfecho positivo – ou seja, de formação de um contrato. Sendo, portanto, um ato concludente, de lado a lado, há uma declaração comum de vontades e o contrato está formado.

O desejo manifestado por ambos de ver o acordo reduzido a escrito nada mais é, nessa hipótese, do que o mero desejo de reprodução de um contrato já formado. Ainda que o contrato formado por esse aperto de mãos venha a ser identificado posteriormente pelo instrumento escrito que reproduz o acordo, fato é que esse acordo ocorreu previamente à

---

[862] Ainda que pareça uma situação artificial ou de difícil realidade contratual, identifica-se precedentes aqui e alhures. Vide, por exemplo, o caso já mencionado "Turner Broadcasting System, Inc. v. McDavid, et al. 693 S.E.2d (Ga. Ct. App.2010)", em que negociou-se e divulgou-se – em coletiva de imprensa – negócio milionário envolvendo a aquisição de equipes esportivas norte-americanas e no qual, posteriormente, os vendedores tentaram alegar a inexistência de negócio celebrado, tendo em vista pontos de discordância do contrato (além de uma proposta mais benéfica para a venda das equipes).

assinatura de qualquer documento ou da redução desse acordo a escrito, exatamente no momento em que ambos declararam "o negócio fechado".

E o que fazer então em relação aos aspectos não acordados após a celebração do negócio? Tais questões surgiram posteriormente à conclusão do contrato, o qual, no momento de sua celebração, continha todos os elementos necessários à sua existência. Assim como qualquer outra questão não regulada e acordada que sobrevier (questões que logicamente poderiam – mas não precisariam – ter sido previamente acordadas), tais aspectos serão resolvidos pelas regras geral de integração do contrato, não cabendo a uma das partes determiná-las (exceto, claro, se assim acordarem posteriormente) ou, muito menos, abrir mão do negócio já celebrado.

Como se sabe, exceto por requisito legal ou por vontade declarada das partes, a forma dos contratos é livre. Nesse exemplo, o contrato que está formado é aquele que foi manifestado como desejado no momento de sua celebração por meio do aperto de mãos. A discussão posterior sobre qual instrumento escrito irá representar aquele acordo (e.g., se a última minuta trocada entre as partes; se tal minuta terá pequenos ajustes para reproduzir os últimos pontos negociados antes desse aperto de mão; entre outras infinitas possibilidades) não importa à formação do contrato – e caso tal conflito seja levado a juízo, tratar-se-ia de mera discussão de prova. Discussão incômoda, é verdade, para todas as partes envolvidas, principalmente terceiros (juízes, árbitros etc.) que precisarão interpretar aquele contrato. Entretanto, não obstante a importância óbvia de se ter uma relação contratual complexa reduzida a um instrumento escrito aceito e assinado por todas as partes – e, por isso, todos os justificáveis investimentos de tempo e dinheiro que são e devem continuar sendo feitos para tanto, e que trazem uma maior segurança jurídica não só para aquelas partes, mas para todos os terceiros em que se refletem os efeitos daquele contrato –, jamais será a reprodução do acordo, nessa hipótese, um elemento de relevância para identificar a efetiva formação de tal contrato.

Assim, à semelhança do que o BGB já faz no direito alemão, ao lado da boa-fé e da proteção à confiança (cuja importância já foi demonstrada nesse trabalho), deve ser também dada toda relevância aos usos e costumes do tráfego contratual na interpretação dos contratos e das condutas das partes em negociação. Aliás, a proteção aos usos e costumes do tráfego contratual não deixa de ser uma faceta da confiança (e, como tanto, da boa-fé), vez que todos aqueles envolvidos nas negociações modularão suas condutas e atitudes de acordo com os usos e costumes do contexto contratual em que se inserem e, ao mesmo tempo, confiarão que as condutas e atitudes de sua contraparte serão interpretadas (e qualificadas) por tais costumes.

Naturalmente, pela sua própria definição, não existe um rol taxativo de usos e costumes. Tampouco, os usos e costumes são idênticos em todas as regiões do país (o que dirá então em terras estrangeiras) ou se repetem em todos os tipos de mercados e negócios. Entretanto, impossível negar que eles fazem parte do contexto das negociações, o qual, como já vimos, é o que qualifica a declaração de vontade. As atitudes das partes em negociação devem ser qualificadas e interpretadas pelo contexto em que estão inseridas, de forma que pode uma mesma conduta gerar interpretações e consequências diversas a depender do contexto em que observada.

Assim, e continuando o exemplo anterior, haveria alguma consequência diversa se uma das partes que declarou "negócio fechado", simbolizando isso por um aperto de mãos, fosse estrangeira ou de uma localidade em que tais condutas não possuíssem nenhum significado, a não ser, por exemplo, a mera continuidade das negociações (ou, se de qualquer outra maneira, tal parte desconhecesse o significado dessas condutas)? Não nos parece que o desconhecimento dos usos e costumes do tráfego contratual seja de qualquer importância, muito menos que possa desqualificar o que já fora dito acima sobre o assunto.

Ainda que não seja norma posta – cujo desconhecimento, nesse caso, não escusaria a parte de cumpri-la, nos termos do artigo 3º do Decreto-Lei nº 4.657/1942, conforme alterado[863] –, os usos e costumes fazem parte do contexto das negociações, sendo as manifestações das partes em tratativas, como vimos, qualificadas por tal contexto.

A ninguém é forçado entrar em negociações – quem o faz, faz porque assim o quer, e assume os riscos naturais e inerentes a tais negociações. E nem precisamos ir longe aqui e mencionar as diversas teorias sobre assunção de riscos, distribuição contratual dos riscos e particularidades envolvendo a matéria. Estamos falando de riscos simples e inerentes a qualquer negociação, como o risco de ver as negociações frustradas – o

---

[863] "Art. 3º Ninguém se escusa de cumprir a lei, alegando que não a conhece." (BRASIL. Lei de Introdução às normas do Direito Brasileiro de 4 de setembro de 1942. Disponível em: <http://www.planalto.gov.br/ccivil_03/decreto-lei/Del4657compilado.htm>. Acesso em: 23 mar. 2019.)

que, como já vimos, não deve gerar nenhuma consequência, vez que natural a qualquer negociação. Da mesma maneira, o conhecimento (ou desconhecimento) dos usos e costumes de uma determinada região ou de um determinado tipo de negócio é ínsito a qualquer negociação, de forma que cabe a cada uma das partes a obrigação de adequadamente se informar caso esteja entrando em um campo de negócios ou localidade em que não esteja habituado – e não aguardar que sua contraparte faça isso por si, sob pena de uma injustificada inversão de valores e deveres.

Tal situação intensifica-se ainda mais quando lembramos que estamos falando de contratos com as características já mencionadas (de formação progressiva, precedidos de longa ou intensa negociação, com relevância econômica ou estratégica para as partes, inseridos em relações positivamente paritárias e de lucro, entre outras características). Em uma contratação de tal relevância, que justifica o investimento de tempo e dinheiro em alongadas negociações, trocas de minutas e celebração de diferentes documentos, o mínimo que se espera é que estejam as partes cientes do ambiente de negócios em que atuam e negociam (ou, se não estão, que busquem se informar, inclusive com assessoramento profissional externo, comum a esse tipo de contratação e negociação).

Claro que não estamos falando aqui de tutelar condutas contrárias à boa-fé ou desprovidas de lealdade. Estamos, isso sim, falando sobre uma parte que, agindo com observância à boa-fé, confia que o ato conclusivo de sua contraparte (em vista dos usos e costumes *daquele* tráfego contratual em que a negociação se inseria) significou a celebração de um contrato. Essa parte que confiou na celebração do contrato não deve ser prejudicada pelo eventual desconhecimento dos usos e costumes de sua contraparte. Se é (e, como já vimos, é) a confiança um valor inerente às relações privadas atuais, sendo a proteção da confiança nas proposições da outra a maneira com que o direito a tutela, deve cada uma das partes em negociação (em claro – e devido – atendimento ao princípio da solidariedade) preocupar--se com as expectativas geradas pelas suas condutas, bem como aceitar as consequências que tais manifestações poderão trazer de acordo com o contexto em que se inserem (e, portanto, o contexto em que serão interpretadas por quem recebe tais manifestações). E, em um contexto como esse (e tendo em vista tudo o que já dissemos sobre a confiança e a solidariedade das relações no século XXI, assim como a forma com que o direito atual entende e valoriza a vontade, bem diferente do dogma absoluto de outrora), não pode o direito olvidar de tutelar a parte que agiu com lealdade (em relação à sua contraparte), com cuidado (em relação às suas condutas) e que confiou nas condutas (por sua vez, descuidadas) da contraparte, inclusive em total compasso com aquilo que é habitual no contexto em que as negociações se inseriram (justamente os usos e costumes do tráfego contratual).

Em suma, negociar com desconhecimento dos usos e costumes de determinado mercado é faltar com o cuidado e lealdade devidos àquela negociação e à sua contraparte[864], sendo, portanto, uma conduta desprovida de boa-fé e que não deve receber guarida do direito. Aquele que assim age, assume os riscos de seus atos, inclusive o de manifestar uma vontade que, qualificada pelo contexto em que se insere, significará a aceitação de um contrato e a criação do *vinculum juris*.

Note-se que falamos aqui de "negociar com desconhecimento" dos usos e costumes do tráfego contratual, e não do mero desconhecimento em si de tais usos e costumes. Ora, não se pode falar em deslealdade de alguém que simplesmente ignora tais usos. Entretanto, alguém que busca os benefícios econômicos que determinada localidade ou mercado podem lhe proporcionar e, movido por tal interesse, entra em negociação para a celebração de um contrato, assume tanto o risco de tirar o proveito econômico que buscava, quanto os demais riscos inerentes àquele negócio – incluindo aqueles da negociação em si. Ignorá-los (e não buscar informar-se e/ou de alguma maneira ser assessorado) e, ainda assim, entrar em negociações, é agir de forma descuidada e, como tanto, desleal à sua contraparte.

Em resumo, a possibilidade de determinadas condutas das partes serem tidas como concludentes em vista dos usos e costumes do tráfego contratual, portanto, é mais um critério que poderá facilitar a interpretação das condutas das partes e do contexto das negociações no exercício de identificação da formação de um contrato.

A própria confiança em si pode representar critério autônomo nesse exercício. Novamente, o que se busca é identificar o ato tido como concludente para a formação de um contrato.

---

[864] Uma vez mais, e a fim de evitar qualquer interpretação equivocada ou fora de contexto, importante lembrar que o escopo desse trabalho são contratos com características bem específicas, precedidos de intensa fase de negociações – jamais uma negociação de bazar ou uma relação consumerista do dia a dia.

Como já vimos, por meio da responsabilidade pré-contratual o direito tutela aquele que, com base nas condutas de sua contraparte em negociação, confia legitimamente que as negociações estão se encaminhando para um desfecho positivo, mas é surpreendido pela ruptura injustificada de tais negociações. O cerne da responsabilidade pré-contratual, nesse caso, é justamente a situação de confiança criada pelas condutas de uma parte (condutas essas que geraram expectativas legítimas na futura conclusão de um contrato) que, posteriormente e de maneira incongruente com suas condutas anteriores, resolve se retirar das negociações sem qualquer justificativa razoável.

Se determinada conduta da parte em negociação é capaz de gerar confiança legítima em sua contraparte a respeito da futura celebração de um contrato, será que outras condutas não seriam capazes também de – com base na confiança – ser interpretadas como um ato conclusivo? Parece-nos que sim.

Pensemos novamente em duas empresas negociando um contrato de fornecimento. Depois de muito negociarem, inclusive com a troca e aceitação de uma extensa minuta contratual, as partes esbarram em um único ponto de discordância, como por exemplo a forma de pagamento. Enquanto o fornecedor quer receber em D+10, a empresa cliente quer pagar em D+60, seguindo suas políticas internas de pagamentos a fornecedores. Ambos devidamente autorizados para a celebração do negócio de acordo com suas regras societárias reúnem-se e acertam todos os pontos do contrato de fornecimento, exceto a forma de pagamento, de modo que o fornecedor informa que discutirá internamente esse único ponto pendente de discussões em até três dias, o que é aceito pelo cliente. Dois dias depois, o fornecedor informa por e-mail ao cliente: "Tudo certo. Podemos receber os pagamentos em D+60". Poderia o cliente recusar a contratação após essa mensagem? Poderia o fornecedor posteriormente dizer que essa mensagem não significava a celebração de um contrato?

Do ponto de vista do cliente, e considerando todo o contexto das negociações, parece claro que a mensagem enviada, apesar de não declarar de forma expressa a aceitação do regramento contratual completo (mas apenas se referir à concordância com a forma de pagamento), representa um ato concludente de um contrato e que, portanto, o contrato está formado. Do ponto de vista do fornecedor, parece claro que o cliente já havia manifestado sua concordância com todos os termos do contrato e, inclusive, concordado em aguardar três dias para que o fornecedor pudesse discutir internamente a única demanda do cliente ainda não acordada entre as partes – em realidade, da perspectiva do fornecedor, mais do que simplesmente confiar naqueles atos, uma interpretação das manifestações do cliente mostra que havia verdadeira contraproposta com prazo, vinculando o cliente nos termos do artigo 427 do Código Civil[865]. O primeiro, de forma consistente com o contexto das negociações, confia que a mensagem enviada pelo fornecedor representa um ato conclusivo – e tem razões para tanto, já que havia uma prévia manifestação de concordância com a minuta contratual cuja aceitação dependia apenas da aceitação da forma de pagamento proposta. Por sua vez, o fornecedor também confia que a manifestação do cliente era de assentimento à minuta contratual anterior desde que ajustada a forma de pagamento em até três dias (sendo, portanto, uma contraproposta com prazo). Ora, nesse cenário, não nos parece haver dúvida de que houve a celebração de um contrato.

A não ser que houvesse algum fato adicional no caso acima – como por exemplo uma manifestação de qualquer das partes (sempre anterior ao e-mail enviado pelo fornecedor, claro) dizendo que havia outros pontos que precisariam ser renegociados; ou até mesmo comunicando a desistência do negócio – fato é que tanto um quanto o outro têm todos os indícios para confiar que aquele negócio foi celebrado no momento em que o cliente recebeu o e-mail de seu fornecedor confirmando a aceitação do único ponto pendente de negociação.

A verdade é que a confiança gerada pelas condutas das partes auxilia até mesmo a identificar atos de proposta e aceitação que, em um primeiro momento, não parecem (e na verdade não são) bem definidos – consequência direta da maneira progressiva de formação do contrato da qual tanto já falamos. No exemplo mencionado, a minuta formada progressivamente por aceitações parciais de propostas seguidas de contrapropostas (que, como vimos, são verdadeiras "novas propostas") de parte a parte chegara a um ponto no qual havia a "aceitação" (no sentido negocial, e não entendido como declaração de vontade apta à formação de um contrato) de todo o

---

[865] "Art. 427. A proposta de contrato obriga o proponente, se o contrário não resultar dos termos dela, da natureza do negócio, ou das circunstâncias do caso." (BRASIL. Código Civil de 10 de janeiro de 2002. Disponível em: <http://www.planalto.gov.br/ccivil_03/leis/2002/L10406.htm> Acesso em: 3 jan. 2018.)

regramento contratual por ambas as partes, com exceção de um único ponto adicional requerido pelo cliente. Ao fazer isso – aceitar todo o regramento contratual e solicitar a alteração de uma ou mais cláusulas – o cliente realiza uma verdadeira contraproposta (e, como tanto, nova proposta) ao fornecedor. Ao determinarem, ainda, que o fornecedor teria três dias para discutir internamente tal questão em aberto, aquela contraproposta torna-se uma contraproposta com prazo, submetendo-se tal relação a todo o arcabouço legal aplicável a qualquer outra proposta com prazo certo. Essa é a única interpretação possível que pode ser realizada das condutas das partes com base na boa-fé e na confiança e que leva, em realidade, à aplicação de soluções já previstas pelo próprio Código Civil. O fornecedor confia que aquela aceitação parcial manifestada em conjunto com pedido de alteração de uma cláusula significa uma contraproposta, assim como confia que o cliente aceitou que tal proposta fosse analisada em três dias – não deve haver dúvidas, portanto, que se aplica *in casu*, o artigo 427 do Código Civil. O cliente, por sua vez, também confia que aquela manifestação de aceitação por e-mail com relação ao prazo de pagamento significa, dentro do contexto geral das negociações, uma manifestação clara de aceitação do contrato negociado, ou seja, verdadeira declaração negocial.

Qualquer análise do comportamento das partes deve, ainda, considerar as figuras parcelares da cláusula geral de boa-fé objetiva, as quais representam exercício de concreção de tal cláusula geral em seu caráter limitador de exercício de direitos subjetivos, como reconhecido inclusive por enunciado[866] do Conselho da Justiça Federal.

Na clássica classificação de Cordeiro[867], as figuras nas quais seria dividida a cláusula geral de boa-fé objetiva em tal função seriam: *venire contra factum proprium, tu quoque, supressio, surrectio, exceptio doli*, a inalegabilidade das

---

[866] Enunciado nº 412 da V Jornada de Direito Civil do Conselho da Justiça Federal: "As diversas hipóteses de exercício inadmissível de uma situação jurídica subjetiva, tais como supressio, tu quoque, surrectio e venire contra factum proprium, são concreções da boa-fé objetiva." (BRASIL. Conselho da Justiça Federal. V Jornada de Direito Civil: enunciados 412. Coordenador científico Ministro Ruy Rosado de Aguiar Júnior. Brasília: Conselho da Justiça Federal, Centro de Estudos Judiciários, 2012.)

[867] MENEZES CORDEIRO, António Manuel da Rocha. **Da boa-fé no direito civil...** op. cit, p. 719 e ss.

nulidades formais e o desequilíbrio no exercício jurídico.[868] Ao utilizar-se de tais figuras parcelares, o operador do direito terá argumentos mais concretos a guiar e balisar a análise das condutas das partes em negociação, seja para identificar atos sancionáveis pela responsabilidade pré-contratual, seja para auxiliar na identificação de atos concludentes de um contrato.

Nesse aspecto, deve se dar destaque à chamada teoria dos atos próprios, explicada didaticamente por Penteado:

> O significado desta teoria é o de que ninguém estaria autorizado a contrariar um comportamento por si mesmo praticado anteriormente, desde que este tenha uma função orientativa, ou seja, na medida em que dirija a conduta dos sujeitos ou implique na tomada de decisão por parte deles. Na exata proporção em que é informação relevante e necessária para o agir, o ato próprio vincula, de modo que não pode ser contrariado sob pena de esta mudança de orientação quebrar a lealdade.[869]

A teoria dos atos próprios é mais comumente utilizada a fim de justificar situações de responsabilidade extracontratual pela ruptura imotivada de negociações; de vedação ao exercício inadmissível de posições jurídicas (contratuais ou legais); de vedação ao abuso de direito; dentre outras. Cria-se, com base em tal teoria, "verdadeira eficácia vinculativa de atos, ainda que não atos jurídicos em sentido estrito".[870]

Jamais se nega – é bom novamente destacar – que o contrato seja expressão máxima da autonomia privada e, como tanto, requeira uma declaração de vontade para sua formação. Dessa forma, impossível defender a criação de um *vinculum juris* com base em uma teoria que dê eficácia vinculativa a atos que não sejam atos jurídicos em sentido estrito. No caso da formação de um contrato, faltar-lhe-ia as sempre necessárias declarações negociais. E qualquer contradição de comportamento nessa fase de formação do

---

[868] O exame de cada uma dessas figuras demandaria estudo próprio e não condizente com o objeto deste trabalho. Por todos, ver MENEZES CORDEIRO, António Manuel da Rocha. **Da boa-fé no direito civil...** op. cit, p. 719 a 860.

[869] PENTEADO, Luciano de Camargo. **Figuras parcelares da boa-fé objetiva e *venire contra factum proprium*.** THESIS, São Paulo, a. IV, v. 8, p. 39-70, 2º semestre, 2007, p. 48.

[870] PENTEADO, Luciano de Camargo. **Figuras parcelares...** op. cit., p. 48.

contrato, como já visto, poderá ser tutelada por meio da responsabilidade pré-contratual.

Contudo, admite-se – e esse é um pressuposto de toda análise ora realizada – que a confiança integra o sistema de direito privado, e a teoria dos atos próprios nada mais faz do que concretizar tal valor, "na medida em que preserva a seriedade dos atos jurídicos e autoriza, no campo do voluntário, que a vinculação se dê por ato próprio."[871] Assim, o ponto de partida para aplicação da teoria dos atos próprios será sempre uma conduta efetiva e livremente realizada por determinado sujeito, que deverá responder pelos efeitos de tal conduta na esfera alheia. O exercício de análise das condutas das partes feito com base nas figuras parcelares da boa-fé objetiva pode, em alguns casos, ser útil a demonstrar que o contexto das negociações e as atitudes sucessivas das partes representaram um verdadeiro ato concludente – posteriormente negado por uma delas. De toda maneira, necessário será sempre a identificação concreta desse ato concludente, não apenas a sua pressuposição com base em atos contraditórios. Estamos, como se vê, diante da boa-fé objetiva em sua função interpretativa – ainda que originalmente a principal função da boa-fé objetiva quando se fala em teoria dos atos próprios seja relacionada ao seu caráter limitador de exercício de direitos subjetivos.

Assim, as figuras parcelares da cláusula geral da boa-fé objetiva e a teoria dos atos próprios podem servir de substrato para interpretação das condutas das partes em negociação e no exame da formação de um contrato. A diferença, claro, será identificar quando um primeiro comportamento representou um ato conclusivo, de forma que a contradição do comportamento seguinte significará a negação de um contrato já formado; da situação em que uma primeira conduta apenas indicou a *futura* formação de um contrato e, portanto, levou sua contraparte a confiar que tal contrato *viria a ser* celebrado – essa última situação, claro, o campo de maior interesse da teoria dos atos próprios em matéria de formação do contrato e tutela da confiança.

Como resume Penteado[872], comentando a aplicação jurisprudencial das figuras parcelares da boa-fé objetiva, "o fato próprio em quem outrem confia e investe, não pode ser alterado de modo abrupto e unilateral, sem

---

[871] Ibid., p. 68.
[872] PENTEADO, Luciano de Camargo. **Figuras parcelares...** op. cit., p. 68.

violação à boa-fé objetiva." E se o fato próprio representa mais do que um ato a demonstrar a aproximação da formação de um contrato, mas uma conduta que legitimamente leva sua contraparte a compreendê-la como um ato concludente de um contrato, admitir a negação posterior desse contrato seria atentar contra a boa-fé objetiva, que permeia toda a relação contratual (e, para que não haja dúvidas, pré-contratual).

Assim, apesar de não servir à criação de eficácia vinculativa aos atos das partes em negociação (principal aspecto da teoria dos atos próprios), as figuras parcelares da boa-fé objetiva e a teoria dos atos próprios podem auxiliar na interpretação das condutas das partes em negociação, notadamente na análise das circunstâncias negociais e, assim, na identificação de atos conclusivos de um contrato.

Por fim, apesar de nos referirmos ao contrato e à formação do contrato ao longo desse trabalho como um *processo* na acepção não jurídica desse termo (mas, sim, a um processo entendido como uma sequência de atos concatenados e ordenados), é importante lembrar de uma característica comum ao contrato e ao *processo jurídico* propriamente dito: a preclusão trazida por certos atos (e omissões) das partes.

Em qualquer processo judicial existem prazos próprios que devem ser cumpridos pelas partes, sob pena de preclusão do direito de realizar determinados atos processuais. Assim, se após a sentença de uma ação indenizatória a parte condenada deixa de apelar em 15 dias a contar da publicação (ou ciência inequívoca) da sentença, preclui seu direito de interpor o recurso de apelação.

Na formação do contrato, a partir do momento em que um contrato é celebrado, não há mais que se falar em vontade do proponente e vontade do aceitante como dois elementos distintos; o contrato representa nova entidade, completa em si própria e capaz de produzir seus próprios efeitos jurídicos, independentemente de qualquer vontade adicional de qualquer das partes[873]. É o contrato irrevogável por seus próprios termos.

---

[873] RUGGIERO, Roberto de; e MAROI, Fulvio. **Instituizioni di Diritto Privato**, 8ª ed., Milão, 1954 *apud* CHAVES, Antônio. **Responsabilidade pré-contratual**... op. cit., 1997, p. 55. Nas palavras de Chaves: "Verificado o consentimento, as vontades do proponente e do aceitante como que se separam deles, para transformarem-se na *vontade contratual*, que (...) é o resultado, não a soma das vontades individuais, e constitui uma entidade nova, capaz, por si só de produzir o efeito jurídico desejado, subtraindo-se às possíveis veleidades de uma só das partes, daí decorrendo sua irrevogabilidade."

CONCLUSÃO

Para que não se faça confusão: até o momento em que um contrato é formado, cada parte mantém a sua própria e plena liberdade – qualificada sim pela boa-fé e confiança, mas ainda assim liberdade, com autonomia para criar ou não o *vinculum juris*. Antes do *vinculum juris*, o proponente pode, portanto, segundo regra geral, impedir o aperfeiçoamento do vínculo contratual, enquanto o destinatário pode não aceitar a proposta.[874]

Uma vez, contudo, que o *vinculum juris* é formado – como conjugação de duas (ou mais) declarações de vontades (ou uma *declaração comum de vontades*) – a relação contratual torna-se autônoma frente à vontade das partes, resultando em uma verdadeira autolimitação da vontade de cada qual[875], vez que ambas as partes encontram-se vinculadas àquelas obrigações avençadas no contrato. É isso que ensina Chaves de forma precisa e resumida:

> Uma vez, porém, separada a vontade, tornando-se autônoma, objetivada pela relação de obrigação ou numa promessa para servir como elemento de futura relação jurídica – adita em outro escrito – é um ato real, operativo, já subtraído ao poder do seu autor, cuja separação, de um lado produz a independência da volição e de outro importa numa autolimitação da vontade, porquanto esta se vincula a não revogá-la e a deixá-la subsistir de acordo com a declaração feita.[876]

Assim, à semelhança da preclusão processual, há verdadeira preclusão lógica das negociações (e afastamento da plena autonomia privada de cada parte em relação àquelas negociações) após a formação do contrato, de maneira que havendo a formação do *vinculum juris* após um ato concludente de parte a parte, não pode uma delas recusar-se a cumprir o avençado, negar o contrato ou alterá-lo unilateralmente.

Referindo novamente à teoria dos atos próprios, não há aqui que se falar em ato posterior contraditório a atos próprios praticados anteriormente e

---

[874] FAGGELLA, Gabriele *apud* CHAVES, Antônio. **Responsabilidade pré-contratual...** op. cit., 1997, p. 55)
[875] Autolimitação que é consequência do exercício da plena autonomia privada, claro.
[876] CHAVES, Antônio. **Responsabilidade pré-contratual...** op. cit., 1997, p. 55

que, por essa razão, seriam ilegítimos[877]. Uma parte que após a consumação de um acordo nega-se a cumprir o avençado, mais do que realizar um ato contraditório, realiza verdadeiro inadimplemento contratual.

Por fim, importante lembrar que a boa-fé objetiva é uma cláusula geral e, como tanto, "dificilmente definível, diante da maleabilidade e fluidez das hipóteses de sua aplicação"[878]. Deve a boa-fé objetiva, como cláusula geral aplicável a toda relação contratual, submeter todo um domínio de casos a seu tratamento jurídico, moldando e qualificando, portanto, os casos concretos.[879]

Tivesse a boa-fé um conteúdo precisamente definido, não cumpriria sua função própria de cláusula geral, tão importante para a necessária flexibilidade (e adaptabilidade) do sistema.

Como já destacado anteriormente e corroborado por Schreiber[880], deve-se, por outro lado, evitar a *superutlização da boa-fé objetiva* e generalizações retóricas e vazias do conceito, que transformem esse importante instrumento "em noção puramente argumentativa, sujeita à invocação de todas as partes, e, portanto, ineficaz ao alcance de qualquer solução para os conflitos concretos."[881] Para tanto, cabe à doutrina realizar um esforço para oferecer parâmetros objetivos à sua utilização no caso concreto, sem reduzir a cláusula geral de boa-fé a um rol taxativo de comportamentos típicos.[882]

---

[877] A importância da teoria dos atos próprios e das figuras parcelares da boa-fé objetiva, como destacado anteriormente, reside apenas em trazer elementos a auxiliar o intérprete do direito e as partes a melhor analisar e interpretar as atitudes das partes em negociação e as circunstâncias negociais, a fim de qualificar as condutas das partes e, se for o caso, identificar um ato concludente.

[878] PENTEADO, Luciano de Camargo. **Figuras parcelares...** op. cit., p. 50.

[879] ENGISCH, Karl. **Introdução ao pensamento jurídico...** op. cit., p. 229.

[880] SCHREIBER, Anderson. **A proibição de comportamento contraditório...** op. cit., p. 80 e ss.

[881] Ibid.

[882] Como menciona Tartuce, há, para alguns, certo receio das cláusulas gerais, em vista de seu conteúdo aberto e abrangente. Por isso, a importância de – com respeito e observância a todo o sistema – concretizar os conceitos trazidos por essas cláusulas gerais. Em suas palavras: "Não conseguimos entender, aliás, o temor de parte da doutrina quanto às cláusulas gerais. Parece-nos que o legislador legou ao aplicador do Direito uma tarefa encantadora: de preencher, com maturidade e consciência, os conceitos abertos trazidos pela atual codificação. Não há o que temer, mas sim o que festejar! A jurisprudência atual (...) tem aceitado esse desafio e se tem

CONCLUSÃO

Todo o exercício realizado nesse capítulo é, portanto, um exercício de concretização do conteúdo da cláusula de boa-fé objetiva (incluindo a confiança dela decorrente), o qual é importantíssimo para, de um lado, afastar a superutilização indevida, infundada e atécnica de tal cláusula geral e, de outro lado, dar ao intérprete do direito elementos concretos para sua utilização. No cenário brasileiro esse exercício é ainda mais importante, tendo em vista que a boa-fé objetiva ingressou positivamente em nosso sistema como uma cláusula geral aplicável às relações consumeristas – e, portanto, de forma protetiva e que dispensava maiores exercícios de precisão de seu conteúdo, vez que voltada à proteção de uma determinada parte – para depois, somente com o advento do Código Civil de 2002, ser positivada para as relações paritárias (essas sim carentes de uma precisão do conteúdo da cláusula geral).[883]

A bem da verdade, todas as bases do direito contratual, os princípios contratuais (notadamente o princípio da confiança e solidariedade das relações contratuais), e, principalmente, a cláusula geral de boa-fé, devem ser suficientes para o exercício de identificação da formação de um contrato e do momento em que isso ocorre, sem a necessidade de o operador do direito se fiar em um rol – taxativo ou não – de critérios, à semelhança do proposto pelo *four-factor test* (cuja necessidade justifica-se naquele país tendo em vista as diferenças entre os sistemas, principalmente a ausência da cláusula geral de boa-fé, além da natural diferença do modelo cultural de atitude).

A dificuldade que temos, isso sim – e por isso a importância desse trabalho e desse capítulo –, é trazer para o plano fático conceitos tão abstratos como a confiança, a solidariedade e a boa-fé. Tudo isso, sempre, sem

---

dedicado a ele com afinco, o que, ademais, encanta a nova geração de civilistas e faz com que o novo Direito Civil ganhe até mais adeptos. Vale dizer que as construções quanto à boa-fé objetiva e quanto à função social dos contratos têm sido inovadoras na busca da justiça, muito mais do que da mera valorização da segurança jurídica. Acreditamos, efetiva e entusiasticamente, na concretização do Direito como instrumento de justiça e pensamos que o Direito Civil está tomando um rumo 'por mares nunca dantes navegados', da valorização da ética e da dignidade da pessoa humana." (TARTUCE, Flávio. A boa-fé objetiva e os amendoins: um ensaio sobre a vedação do comportamento contraditório. ("venire contra factum proprium non potest"). **Revista Jus Navigandi**, Teresina, a. 11, n. 1171, 15 set. 2006. Disponível em: <https://jus.com.br/artigos/8925>. Acesso em: 2 nov. 2017).

[883] SCHREIBER, Anderson. **A proibição de comportamento contraditório**... op. cit., p. 196.

olvidar dos conceitos basilares do direito contratual, que são pressupostos a qualquer análise sobre a existência de um contrato.

Em suma, não se trata de criar novas fontes luminosas ao direito contratual, as quais nos parecem desnecessárias, tendo em vista que o direito contratual tal como estruturado e sistematizado em nosso país já entrega os elementos suficientes à identificação da formação de um contrato. Trata-se, outrossim, de um exercício de concretização da boa-fé inspirado pela confiança, o qual, no caso concreto, auxilia o operador do direito na identificação da conclusão de um contrato.

5.2. Análise Crítica de Julgados

O uso dos instrumentos pré-contratuais na condução de negociações complexas, com a frequente troca de cartas, correspondências e declarações de lado a lado, é prática constante em muitos setores de negócios. Atitudes contraditórias e não tão claras das partes nos momentos que precedem a formação de um contrato também ocorrem com frequência, dificultando em certos casos a identificação da formação de um contrato.

Apesar disso, a experiência nos tribunais pátrios não parece demonstrar interesse particular no assunto da vinculatividade de documentos pré--contratuais[884] ou nas polêmicas atinentes ao momento de formação de um

---

[884] Benedetto explica que essa situação também ocorre na Itália e na França: "*Qualora si voglia descrivere l'atteggiamento di massima tradizionalmente assunto dalla dottrina e dalla giurisprudenza italiane con riferimento alle lettere di intenti (come pure alle cc.dd. minute o puntuazioni), si può dire, almeno in via di prima approssimazione, che l'esperienza nazionale non appare invero molto dissimile da quella francese che, come visto, da sempre ha preferito relegarne l'ambito di operatività nell'alveo delle relazioni commerciali internazionali, non mostrando particolare interesse al tema. Eppure, la prassi degli ultimi decenni ha fatto registrare un atteggiamento sostanzialmente opposto degli operatori nazionali i quali, in maniera più o meno consapevole e più o meno appropriata, hanno sovente fatto impiego di tale strumento. Sono diversi i settori commerciali in cui, ad esempio, lo svolgimento delle trattative è stato spesso scandito dallo scambio di lettere o dichiarazioni di intenti e la portata delle operazioni, di volta in volta condotte, quanto mai variegata. Non sempre, infatti, si è trattato di iniziative di particolare complessità o ingente valore commerciale (vendita di pacchetti azionari, costituzione di nuove società, joint ventures, etc.) ma evidentemente, le parti hanno sempre più frequentemente riscontrato una particolare utilità pratica, anche all'interno di meccanismi di scambio più immediati e di rapido svolgimento, nella predisposizione di protocolli di intesa, attraverso cui addivenire, in maniera più consapevole e partecipe, alla sottoscrizione del contratto avuto di mira*" (BENEDETTO, Alessandra. **Pre-contractual agreements in international commercial contracts**... op. cit., p. 105). Em tradução livre: "Se alguém deseja descrever o amplo entendimento tradicionalmente adotado pela doutrina e jurisprudência

contrato. Na maioria das vezes, a discussão fica limitada à responsabilidade pré-contratual e extensão dos danos indenizáveis ou, ainda, fia-se em argumentos diversos (e, algumas vezes, desnecessários) àqueles relativos às bases do contrato e efeitos de sua formação. Entretanto, como veremos em alguns casos, não obstante os resultados obtidos por decisões que optaram por caminhos determinados terem sido satisfatórios, poder-se-ia embasar a decisão na verificação ou não da conclusão de um contrato para mais fácil e (na opinião deste trabalho) adequadamente chegar a resultados similares, além de, em alguns casos, possibilitar resultados que não seriam obtidos pelos caminhos adotados.

Antes de passarmos caso a caso, importante destacar que a análise feita nesse subcapítulo é baseada nas decisões, votos e acórdãos disponíveis para consulta, fiando-se nos fatos relatados e discutidos em tais documentos. Além disso, sempre válido observar que é muito mais simples analisar uma decisão pronta do que de fato desenvolvê-la e justificá-la.

Uma análise teórica e *a posteriori* de um caso já julgado, além de perder bastante do contexto histórico e das peculiaridades que se apresentaram para o julgador que estava próximo de todas as partes, documentos e testemunhas, também é um exercício facilitado pela liberdade acadêmica e pela consciência de que qualquer posição que se adote jamais trará consequências (corretas ou não; justas ou não) às partes que buscaram a tutela do Estado. Isso sem falar no tempo que qualquer um pode ter para se debruçar sobre decisões que muitas vezes, diante da crescente

---

italiana com relação às cartas de intenção (bem como às minutas ou pontuações), pode dizer, ao menos como uma primeira constatação, que a a experiência nacional não parece muito diferente da francesa, que, como se viu, sempre deu preferência a relegar o escopo de análise ao âmbito das relações comerciais internacionais, não demonstrando interesse particular no assunto. No entanto, a prática das últimas décadas registou uma atitude substancialmente oposta das operadoras nacionais que, de forma mais ou menos consciente e mais ou menos apropriada, frequentemente usaram tal instrumento. São diversos os setores comerciais em que, por exemplo, a condução das negociações foi marcada pela troca de cartas ou declarações de intenção, mostrando-se os escopos das transações cada vez mais variados. Nem sempre, de fato, se tratou de iniciativas de particular complexidade ou valor comercial significativo (venda de participação acionária, constituição de novas sociedades, *joint ventures*, etc.), mas, evidentemente, as partes encontraram cada vez mais utilidade prática, mesmo dentro de mecanismos de desenvolvimento mais imediatos e rápidos, na elaboração de memorandos de entendimento, através dos quais poderiam alcançar, de forma mais consciente e participativa, a conclusão do contrato visado."

judicialização dos conflitos, tiveram que ser proferidas em tempo exíguo. Por essa razão, longe de ser uma crítica negativa às decisões que citaremos a seguir, fazemos tal análise com o puro intuito de fomentar o debate acadêmico sobre o tema.

Em caso julgado pelo Tribunal de Justiça de São Paulo, em 2006[885], uma sociedade do ramo alimentício sustentou a nulidade de cláusulas de um contrato de empréstimo que fora objeto de transação celebrada com instituição financeira em sede de embargos à execução, em ação executória que havia sido movida contra a sociedade devedora. Como consequência, requereu a anulação da própria sentença homologatória da transação.

A pretensão da sociedade era unicamente fundada em argumentos relacionados ao contrato de empréstimo originalmente celebrado com a instituição financeira, na linha das questões já anteriormente suscitadas nos embargos à execução objeto da transação homologada.

De forma correta, o tribunal afastou a pretensão da sociedade apelante e reconheceu que o contrato de empréstimo original não poderia ser rediscutido, tendo em vista ter sido objeto de posterior transação e homologação judicial. Nas palavras do acórdão:

> E a despeito do inconformismo da parte, certamente fruto do mero arrependimento quanto ao acordo feito, não é possível revolver as questões já superadas pela negociação feita, com reapreciação de seu mérito.
> (...)
> Não cabe, assim, o apego àquelas velhas teses de juros ou encargos abusivos, porque isso a apelante desprezou, quando resolveu transacionar (certamente porque a nova situação lhe convinha e não pelos belos olhos do outro contratante) (...).

A anulação de tal transação homologada somente poderia ocorrer em hipóteses específicas, como destacado pela sentença proferida em primeira instância, segundo a qual "cabia à suplicante provar, com dados sérios e concludentes, em parte, pré-constituidamente, a incapacidade das pessoas

---

[885] BRASIL. Tribunal de Justiça do Estado de São Paulo. Apelação nº 1131069-5, 11ª Câmara de Direito Privado, Rel. Des. Gilberto Pinto dos Santos, j. 12/04/06. Disponível em: <http://www.tjsp.jus.br/>.Acesso em 15 dez. 2017.

que celebraram os acordos referidos nos autos, ou, a ocorrência de vícios que segundo a lei civil, maculam o ato jurídico".

Por fim, o acórdão destaca:

> Contudo, isso por si só não basta, pois desde priscas eras o Direito proíbe o "venire contra factum proprium", visto que este (fato próprio) ao transcender a esfera do seu praticante repercute fática e objetivamente sobre outras pessoas, nelas infundindo uma confiança que, se legitima, precisa ser respeitada.

A importância do *venire contra factum proprium* foi, inclusive, destacada na ementa do acórdão.

Não obstante o resultado irreparável da decisão, acreditamos que a forma com que se chegou a tal resultado poderia ter sido diversa – e mais simples. Isso porque a transação é um tipo de negócio jurídico, codificado no Título VI ("Das várias espécies de contrato") do Livro I ("Do direito das obrigações") da Parte Especial do Código Civil. Trata-se de verdadeiro contrato, sujeito a determinados requisitos previstos em lei, cujo objetivo é prevenir ou terminar um litígio relativo a direitos patrimoniais, mediante concessões mútuas.

Ora, por ser um contrato, a transação cria obrigações e direitos, prestações e contraprestações, bem como a responsabilidade pelo seu descumprimento. E a principal dessas obrigações é justamente encerrar o litígio, verdadeiramente novando a relação anterior (que dera ensejo ao litígio encerrado) e criando uma nova relação contratual. Há a formação de novo contrato, livremente celebrado pelas partes no exercício de sua autonomia privada e que, após concluído, autolimita a vontade de cada qual.

A rediscussão de termos que ensejaram a transação significa verdadeira rediscussão dos termos negociais que originaram o negócio jurídico avençado. E, como já vimos, a formação do contrato encerra a fase de negociações e, com o *vinculum juris*, cria uma relação que independe da vontade das partes, pois autônoma a essa. Há verdadeira preclusão da fase negociatória, não se admitindo a renegociação unilateral de termos já estabelecidos e que culminaram na conclusão do contrato.

Como um contrato, as hipóteses de anulação da transação são bastante restritas e essencialmente dizem respeito a defeitos na vontade das partes – e, como tanto, erros na própria formação do negócio jurídico. O que, é claro, não se verificou no caso concreto.

Por fim, por mais louvável que tenha sido a menção a importante figura parcelar da boa-fé objetiva, o emprego da proibição do *venire contra factum proprium* não era necessário no caso concreto.

A principal função desse conceito, como mencionado em capítulos anteriores, é tutelar a quebra da confiança e da lealdade de uma parte prejudicada em razão de comportamentos contraditórios de um sujeito. O uso desse recurso e da teoria dos atos próprios é instrumento que pode auxiliar o operador do direito na análise das condutas das partes em negociação e, por isso, louvável verificar que a jurisprudência tem cada vez mais se utilizando desse importante conceito para justificar as decisões proferidas – o que é de fundamental importância na concretização da cláusula geral de boa-fé objetiva (mas que, sempre bom lembrar, deve ser feito com cautela para não cairmos nos problemas já descritos de sua *superutilização*).

Entretanto, no caso concreto, desnecessário o recurso à contradição de comportamentos da sociedade apelante. Isso porque a formação de um contrato encerra qualquer negociação prévia, que deve ser substituída pelo exato conteúdo avençado livremente pelas partes. Qualquer discussão posterior de questões já superadas pelo contrato aceito e celebrado é, mais do que uma contradição, uma negação à existência e eficácia do contrato que, se levada a cabo, significará um inadimplemento desse.

Assim, o acórdão poderia simplesmente ter se fiado (i) na celebração de um negócio jurídico posterior que, pelos seus próprios termos, encerrou e substituiu a relação contratual anterior, encerrando o litígio atinente a esse último; e (ii) na inexistência de defeitos na celebração da transação, de forma que não seria essa anulável e, portanto, vinculante por seus próprios termos. O recurso ao argumento da proibição do *venire contra factum proprium* poderia ter sido utilizado *ad argumentandum tantum*, mas não de maneira central a justificar a decisão proferida.

Outras decisões que merecem destaque são as conhecidas decisões proferidas nos "casos dos tomates", julgados pelo Tribunal de Justiça do Rio Grande do Sul. Apesar de conhecidos, vale a pena revisitarmos tais casos sob um ângulo diferente, o da formação do contrato (e não sob a perspectiva da responsabilidade pré-contratual ou dos deveres anexos da cláusula geral de boa-fé objetiva, como usualmente ocorre).

Destacamos a ementa abaixo (grifos nossos):

CONCLUSÃO

Contrato. Teoria da aparência. **Inadimplemento. O trato, contido na intenção, configura contrato**, porquanto os produtores, nos anos anteriores, plantaram para a CICA, e não tinham por que plantar, sem a garantia da compra. (Resumo). (Embargos Infringentes Nº 591083357, Terceiro Grupo de Câmaras Cíveis, Tribunal de Justiça do RS, Relator: Adalberto Libório Barros, Julgado em 01/11/1991).[886]

De forma resumida, durante diversas safras seguidas, a empresa produtora de extrato de tomates CICA, por meio de transportadores designados para tanto, distribuiu sementes de tomates a produtores agrícolas gaúchos que, após o plantio e colheita da safra, entregavam sua produção à CICA. A CICA pesava a produção e pagava aos produtores de acordo com a quantidade de tomates entregues. Essa situação perdurou por anos, até que, em determinado ano, a empresa CICA recusou-se a receber os tomates plantados e colhidos, e que haviam sido produzidos com sementes por ela entregues naquele ano.

Diversos produtores agrícolas ingressaram com demandas contra a CICA exigindo pagamento pela safra produzida e não comercializada – na hipótese do acórdão acima mencionado, tratava-se de verdadeira ação de cobrança pela compra e venda alegadamente contratada.

A CICA sempre negou o direito dos produtores agrícolas, argumentando que a entrega das sementes representava uma mera doação por parte da companhia aos produtores – e não uma compra e venda ou uma promessa de compra e venda. Naturalmente, as relações não estavam formalizadas em documentos escritos, mas apenas fundadas na prática anterior e na expectativa gerada pela entrega das sementes.

Após muito debate, o Tribunal de Justiça do Rio Grande do Sul condenou a CICA a indenizar os produtores agrícolas em valor equivalente ao total da safra não vendida (e não no valor total da safra produzida, como

---

[886] BRASIL. Tribunal de Justiça do Estado do Rio Grande do Sul. Embargos Infringentes nº 591083357, 3º Grupo das Câmaras Cíveis, Rel. Des. Juiz Adalberto Libório Barros, j. 01/11/91. Disponível em: < http://www.tjrs.jus.br/site/>. Acesso em 2 dez. 2017. Como destacado anteriormente nesse trabalho, há diversos casos similares julgados pelo Tribunal de Justiça do Rio Grande do Sul, todos decididos de maneira similar. Escolhemos esse acórdão específico tendo em vista se tratar de caso julgado em sede de embargos infringentes (e que, portanto, suscitou maiores discussões e divergências no tribunal).

originalmente requerido pelos produtores, vez que ficou demonstrado que parte da safra fora comercializada com terceiros após a negativa da CICA em recebê-la).

Como se depreende da ementa acima, o julgamento teria tratado a relação entre os produtores rurais e a CICA como uma relação contratual, constituindo a negativa da CICA em receber e pagar pela safra colhida verdadeiro inadimplemento contratual. Esse entendimento, aliás, reflete-se mais claramente no conteúdo do voto proferido pelo relator de tal acórdão, Desembargador Adalberto Libório Barros, como se depreende dos seguintes excertos (grifos nossos):

> (...) Mas a [testemunha] afirma que a CICA tencionava adquirir os tomates, embora sem um compromisso formal. **Ora, a intenção de comprar parece-me que caracteriza um compromisso.** (...)
>
> **O trato, contido na intenção, configura contrato**, porquanto os produtores, nos anos anteriores, plantaram para a CICA, e não tinham por que plantar, sem a garantia de compra. O dever de lealdade e de probidade que rege as relações desta estava a exigir da CICA transparência de conduta, no sentido de tornar público, de forma inequívoca aos plantadores de tomates, seus antigos produtores e fornecedores, que estava doando as sementes, que não adquiriria o produto e que os agricultores estavam plantando por sua conta e risco.

Entretanto, pela análise do acórdão, nota-se que a condenação da CICA em ressarcir os produtores agrícolas ocorreu com base na responsabilidade pré-contratual pela quebra dos deveres anexos da boa-fé objetiva, notadamente pela quebra da confiança e frustração da expectativa causados pela prática da CICA nos anos anteriores, prática essa reiterada pela nova distribuição de sementes aos produtores no início da safra.

Nenhum dos demais desembargadores que compuseram a maioria vencedora chega a afirmar a existência de um contrato, mas apenas a frustração indevida da expectativa de que a safra seria adquirida. Nesse sentido, os trechos a seguir:

> **Desembargador Osvaldo Steffanelo**: Em primeiro lugar, empresa nenhuma pratica ato de liberalidade, como a CICA estaria praticando, ou seja, manda distribuir sementes de uma forma gratuita, sem a exigência futura

da contraprestação. (...) Essa distribuição de sementes gera, no plantador, a convicção de que o seu produto será adquirido por aquela empresa.

Desembargador Leonello Pedro Paludo: Chama-me a atenção que o fornecimento das sementes, pela mesma forma como era procedida nos anos anteriores, não poderia gerar, nos agricultores, expectativa outra que não a da colocação do produto na empresa fornecedora da semente por ocasião da colheita. E, se, efetivamente, a empresa CICA não tinha o interesse de efetuar a compra, parece-me que (...) deveria ter publicizado, dando a conhecer esta intenção.

O voto do então desembargador Ruy Rosado de Aguiar Júnior é ainda mais claro com relação à tese acolhida pelo tribunal, que em realidade se afastou da efetiva formação do contrato (como defendido pelo desembargador relator e refletido na ementa do acórdão) para justificar a decisão com base na responsabilidade pré-contratual da CICA. Nesse voto, o desembargador Aguiar Júnior repetiu os argumentos utilizados em outras demandas similares, de sua própria relatoria, como já tinha feito no acórdão da apelação cível que originou os embargos infringentes. Nesse sentido, segue ementa de acórdão anterior de relatoria do eminente desembargador, citado por ele próprio, bem como trechos destacados do acórdão em exame (grifos nossos):

Contrato. **Tratativas. "Culpa in contrahendo".** Responsabilidade civil. Responsabilidade da empresa alimentícia, industrializadora de tomates, que distribui sementes, no tempo do plantio, e então manifesta a intenção de adquirir o produto, mas depois resolve, por sua conveniência, não mais industrializá-lo, naquele ano, **assim causando prejuízo ao agricultor, que sofre a frustração da expectativa de venda da safra**, uma vez que o produto ficou sem possibilidade de colocação. Provimento em parte do apelo, para reduzir a indenização à metade da produção, pois uma parte da colheita foi absorvida por empresa congênere (...) (Apelação Cível Nº 591028295, Quinta Câmara Cível, Tribunal de Justiça do RS, Relator: Ruy Rosado de Aguiar Júnior, Julgado em 06/06/1991).

Desembargador Ruy Rosado de Aguiar Júnior (Embargos Infringentes n. 591083357, Terceiro Grupo de Câmaras Cíveis, Tribunal de Justiça do RS Rel. Juiz Adalberto Libório Barros, J. 01/11/91): Decorre do princípio da boa-fé objetiva, aceito pelo nosso ordenamento jurídico (...) o dever de lealdade durante as tratativas **e a consequente responsabilidade da parte que, depois de suscitar na outra a justa expectativa da celebração de um certo negócio, volta atrás e desiste de consumar a avença.** (...)

Isso é bastante para caracterizar o reiterado comportamento da ré em direção ao contrato de aquisição da produção de tomates (...), para o que fez pesquisa em campo, distribuiu gratuitamente sementes e, no momento da colheita – por ter considerado inconveniente a movimentação da sua empresa (...) – resolveu não mais adquirir o produto, conforme até ali para isso tudo estava preordenado. Tanto existia esse compromisso entre produtores e indústria que esta procurou de algum modo resolver o impasse, mantendo um convênio com a congênere Agapê, com quem se reuniu e a quem encaminhou os produtores, a fim de que esta pudesse absorver, na medida das suas possibilidades, a produção daquele ano.

Tanto basta para demonstrar que a ré, após incentivar os produtores a plantar a safra de tomates – instando-os a realizar despesas e envidar esforços para o plantio, ao mesmo tempo em que perdiam a oportunidade de fazer o cultivo de outro produto, – simplesmente desistiu da industrialização dos tomates, atendendo aos seus exclusivos interesses (...). **Deve, no entanto, indenizar aqueles que lealmente confiaram no seu procedimento anterior e sofreram o prejuízo.**

Assim, pela análise do acórdão, fica claro que a solução adotada no caso concreto foi condenar a CICA com base na responsabilidade pré-contratual decorrente de suas atitudes contrárias à boa-fé objetiva.

Entretanto, apesar de o resultado do julgamento parecer-nos irreparável, fica a questão com relação ao seu embasamento: teria havido a formação de um contrato, como aparenta sustentar o desembargador relator em dissonância aos demais desembargadores? Seria esse o embasamento tecnicamente correto para a decisão do tribunal em oposição à responsabilidade pré-contratual?

Sem entrar em qualquer discussão quanto à representação da CICA – que os acórdãos de apelação e embargos infringentes do caso em tela demonstram entender correta, vez que parecia haver de fato representantes autorizados da CICA realizando a distribuição das sementes e negociando e instruindo os produtores – a primeira pergunta que surge é: ora, se há contrato, em que momento esse contrato foi concluído?

Antes de analisar o caso concreto, seria interessante repetir essa pergunta com relação às safras anteriores, nas quais houve a efetiva compra e venda da produção de tomates e, portanto, não há dúvidas quanto à celebração do contrato em tais ocasiões.

Pensando nessas relações pregressas (e recorrentes), parece-nos claro que há apenas dois momentos a se considerar: (i) quando da entrega das sementes, pela CICA, aos produtores agrícolas e comunicação de que uma vez colhida a safra plantada seria essa adquirida em sua totalidade, acompanhada pela aceitação, pelos produtores, das sementes e insumos fornecidos pela CICA; ou (ii) quando da efetiva entrega da produção agrícola à CICA e pagamento aos produtores. Que no momento '(ii)' há um contrato, não há dúvidas; a dúvida, claro, é saber se o contrato foi formado naquele momento ou se já fora celebrado no momento '(i)', sendo, portanto, o item '(ii)' apenas um ato devido de execução de um contrato já formado.

Nesse aspecto, interessante notar que o acórdão destaca que o próprio preposto da CICA teria declarado que algumas promessas de compra e venda "eventualmente (...) eram formalizadas" com os produtores. Ou seja: alguns produtores agrícolas, mais sofisticados e zelosos, preferiram formalizar a relação contratual com a CICA por meio de um instrumento escrito. Nada nos acórdãos e trechos de depoimentos, contudo, leva a crer que haveria tratamento contratual diverso entre os produtores agrícolas, pelo contrário – em outras palavras: embora alguns poucos produtores tenham formalizado por escrito a contratação, o modelo contratual utilizado era sempre o mesmo entre todos os produtores. E a existência de um contrato escrito demonstrando que a forma de atuação da companhia consistia justamente em entregar sementes, eventualmente insumos, instruções para o plantio e, ao final, adquirir a totalidade da safra colhida, reforça o entendimento de que havia sim uma contratação no momento da entrega das sementes pela CICA e sua aceitação pelos produtores.

Corroborando a posição acima, a própria CICA alegou que a companhia teria sido prejudicada por alguns produtores em safras anteriores vez que, tendo em vista a alta dos preços praticados no momento da colheita, determinados produtores "desviaram" parte da sua produção para vendê-la a concorrentes por preços mais vantajosos. Ora, a CICA admite com essa afirmação o modo como sua operação estava estruturada: justamente uma compra antecipada da safra que seria produzida com as suas sementes. E o faz para justificar a suposta alteração de sua operação no ano da safra discutida em litígio – sustenta a CICA que, por causa desses prejuízos, desistiu "do procedimento que até então vinha sendo seguido". Entretanto, sua afirmação não condiz com seus atos, tendo em vista que voltou a distribuir sementes e insumos no ano seguinte (ou seja, naquele ano discutido no caso em tela), sem fazer qualquer observação ou informação aos produtores quanto à suposta mudança de operação.

Por fim, o acórdão ainda traz declarações de mais de um desembargador relativas à conhecida prática das indústrias de tabaco e soja na região do Rio Grande do Sul à época dos fatos – havia justamente o incentivo à produção de tais produtos, com a entrega de sementes, insumos, assistência técnica, entre outros, sempre com a garantia de posterior aquisição da safra colhida.[887]

Com essas informações parece-nos que a entrega das sementes estava longe de ser uma mera doação, pelo menos na prática recorrente da companhia em safras anteriores. E, ao que tudo indica, em tais safras anteriores a entrega das sementes sequer fora um ato preparatório de um contrato – era, outrossim, a execução parcial de um contrato, que tanto a CICA entendia como celebrado que se referiu à venda de parte da produção a terceiros como sendo um "desvio" de produção.

Deixando de lado o elemento do preço – sobre o qual dedicaremos alguns importantes parágrafos logo abaixo – parece-nos que a análise dos fatos e do contexto negocial não deixa dúvidas de que os contratos das safras pregressas foram formados antes mesmo do início da plantação, no mais tardar no momento de entrega das sementes aos produtores e de sua aceitação por esses últimos. Há, nesse momento, todos os elementos essenciais de um contrato (como indica o exame do material disponível, inclusive o preço); não há qualquer menção a outros elementos que estariam pendentes de negociação; nada indica que alguma das partes tenha manifestado a necessidade de qualquer formalidade para a contratação, como a existência de um instrumento escrito; houve atos de execução parcial do contrato, representados pela entrega e aceitação das sementes

---

[887] Desembargador Adalberto Libório Barros: "A produção do fumo, por exemplo, é praticamente feita toda nessa base."; Desembargador Osvaldo Stefanello: "Tal fato acontece na lavoura fumageira, acontece na lavoura de soja, especialmente em algumas regiões do Estado (...)".(BRASIL. Tribunal de Justiça do Estado do Rio Grande do Sul. Embargos Infringentes nº 591083357... op.cit.)

– seguidos, após a formação do contrato, por outros atos de execução, como a prestação de assistência técnica e a entrega de insumos; e os usos e costumes comerciais da região comportam esse tipo de contratação. Em suma, por qualquer ângulo que se olhe, parece-nos claro que o contrato estava formado (ao menos) desde a entrega das sementes aos produtores agrícolas.

Infelizmente, a questão da definição do preço – elemento essencial de um contrato de compra e venda – não está detalhadamente explorada nos acórdãos. Testemunhas citadas nos acórdãos afirmaram que era praxe ter o preço acertado antes ou no momento da entrega das sementes.[888] Inclusive, na safra em discussão, uma das testemunhas afirmou que o preço acertado com dois produtores teria sido de Cz$1,10 e Cz$1,20 o quilo, respectivamente. Outra testemunha chegou a mencionar que o preço acertado previamente com um terceiro produtor para essa mesma safra seria de Cz$3,20 o quilo. Entretanto, outras testemunhas disseram não ter havido acerto prévio do preço – ou desconheciam acordo quanto a tal questão.

De toda maneira, a interpretação do desembargador relator do acórdão de apelação foi de que "nas safras anteriores, a CICA entregava as sementes aos produtores, fornecia algum insumo e prestava alguma assistência técnica. (...). Ajustava-se o preço. Mas nem sempre celebravam contratos escritos."[889]

Assim, não obstante algumas divergências entre as testemunhas e a pouca atenção dada a esse ponto nos acórdãos, parece-nos que o preço era sim elemento previamente acertado entre produtores e a CICA, ao menos nas safras anteriores.

Com relação ao caso específico em discussão, há indícios de que o preço também teria sido acertado anteriormente, como parecia ser a praxe nas contratações. Como mencionado acima, testemunhas relataram o acerto prévio com outros produtores na mesma safra, além de o acórdão dos

---

[888] Testemunha Ariano Lopes (caminhoneiro): "Havia uma praxe definindo as relações empresa/produtor: um representante da CICA, acompanhado de um caminhoneiro, contatava os colonos, oferecia a semente, acertava o preço, comprometendo-se a empresa a receber toda produção." BRASIL. Tribunal de Justiça do Rio Grande do Sul, Embargos Infringentes n. 591083357... op. cit.
[889] Desembargador Lio Cezar Schmitt. (Ibid.)

embargos infringentes mencionar também "uma certa reunião ocorrida (...), para tratativas da safra em causa, antes de seu plantio."[890] Infelizmente, contudo, não fica absolutamente claro pelos acórdãos analisados se o preço foi ou não acertado com o produtor demandante, tendo em vista que esse aspecto não foi efetivamente debatido pelos julgadores. E, caso tenha de fato sido estabelecido um preço, não há informações ou provas de qual teria sido esse preço.

Todas as características acima descritas com relação às contratações em safras anteriores mostraram-se idênticas no caso em tela. Há algum debate nos acórdãos sobre ter havido a prestação de assistência técnica e entrega de insumos durante a plantação, o que a CICA nega ter ocorrido na safra em discussão. Entretanto, todas as demais características e elementos das negociações e contratações de anos anteriores repetiram-se no caso analisado. Houve, inclusive, novos atos de execução parcial do contrato: a CICA forneceu caixas para os produtores colocarem sua produção; recebeu as primeiras entregas de tomates; pesou-as; solicitou que os produtos já encaixotados e pesados fossem encaminhados a uma terceira empresa, com a qual teria sido celebrado uma espécie de convênio, não detalhado nos autos; e, por fim, solicitou que as remessas seguintes fossem encaminhadas diretamente a essa terceira empresa.

E se se tratava de situação idêntica – ou ao menos materialmente similar – àquela dos anos anteriores, na qual, como demonstrado acima, o contrato fora formado antes do plantio dos tomates, o entendimento para as relações comerciais da safra em questão deveria ser o mesmo.

Na verdade, para sermos precisos, parece-nos que o caso em tela pode ter dois tratamentos distintos a depender de um único elemento que infelizmente não foi devidamente explorado nos autos: o acerto do preço.

Assumindo que o preço foi expressamente definido pelas partes antes da entrega das sementes (ou, na realidade, em qualquer momento no qual a CICA ainda praticava atos de execução parcial do contrato e não negava de forma expressa a contratação avençada), o entendimento de que houve a efetiva celebração de um contrato é de rigor.

Ora, somado a todos os argumentos acima pelos quais concluímos que as tratativas das safras anteriores culminaram na formação efetiva de um

---

[890] Desembargador Adalberto Libório Barros. (BRASIL. Tribunal de Justiça do Rio Grande do Sul, Embargos Infringentes n. 591083357... op. cit.)

contrato no momento da entrega das sementes pela CICA aos produtores (e os quais se aplicam integralmente à safra e à contratação em questão), é mister destacar o importante papel da confiança na análise do contexto dessas negociações. Em todas as contratações pregressas, a entrega das sementes representou, como vimos, um ato conclusivo de um contrato – talvez tenha havido algum ato conclusivo anterior, como por exemplo o momento em que as partes acertaram o preço a ser pago pela CICA, mas não há dúvidas de que se não houve qualquer ato conclusivo de um contrato anterior à entrega das sementes, esse é o momento em que o contrato deve ser considerado formado para as contratações pregressas. O exame dos acórdãos demonstra que esse mesmo ato foi repetido na safra em discussão, sem que houvesse qualquer diferença de contexto em relação aos atos praticados nos anos anteriores. Ainda que houvesse uma reserva da CICA de que *dessa vez* aquele ato não significaria a celebração de um contrato, vez que a intenção da CICA alegadamente seria de apenas doar tais sementes, fato é que essa mudança de intenção jamais foi anunciada aos produtores que, portanto, *confiaram* – legitimamente, tendo em vista os usos e costumes comerciais da região e, principalmente, o histórico das relações comerciais com a CICA – que aquele ato era um ato conclusivo de um contrato. Essa é a única interpretação que poderia ser dada no contexto em que aquelas negociações se inseriam. Tanto é legítima essa confiança que dezenas de produtores tiveram o mesmo entendimento e ingressaram com ações separadas alegando os mesmos fatos.

Tivesse a CICA de fato o mero intuito de doar as sementes sem qualquer contrapartida – o que parece absurdo para qualquer sociedade comercial, mas que a depender do contexto poderia ser razoável (e.g., unidade fabril que será transferida para outro estado e custos de transporte das sementes não justificam o investimento) – deveria, agindo de acordo com os preceitos da boa-fé objetiva, ter informado os produtores de tal conduta e da alteração daquela relação que mantinham há anos. Como não o fez – seja porque jamais teve o intuito de *doar* as sementes, agiu de má-fé, ou simplesmente não se preocupou com os efeitos de suas condutas na esfera alheia –, não pode a CICA beneficiar-se de sua deliberada omissão em prejuízo das suas contrapartes. Até porque, como já bastante explorado, a declaração de vontade deve ser interpretada de acordo com as manifestações de cada parte dentro de um dado contexto e não de acordo com as vontades internas e não declaradas de cada qual. Mais do que isso: o direito cada vez mais se preocupa em interpretar os atos e condutas de acordo com os efeitos que eles geram na esfera alheia.

E, como já vimos, a partir do momento que se cria o *vinculum juris* – e todos os elementos acima destacados demonstram que aquela entrega e recebimento das sementes representaram um ato conclusivo de um contrato –, estamos fora do campo de autonomia privada das partes, emanando o contrato seus próprios efeitos, de forma que qualquer arrependimento ou mudança de planos posterior de uma das partes tratar-se-ia, na verdade, de negar um contrato já celebrado e/ou de inadimpli-lo.

Por outro lado, assumindo que o elemento preço não estava bem definido, a argumentação do Desembargador Ruy Rosado de Aguiar Júnior – resumida pelos excertos e ementa transcritos anteriormente – é irreparável. Não havendo decisão quanto ao preço, faltaria um elemento essencial ao contrato, de maneira que todos os demais atos e condutas destacados anteriormente a fim de justificar a formação de um contrato jamais seriam suficientes para tanto.

Entretanto, não há dúvidas de que a conduta da CICA teria sido contrária à boa fé esperada (e, mais do que isso, devida[891]), gerando uma confiança legítima em suas contrapartes de que aquele contrato seria efetivamente celebrado – de forma que a responsabilidade pré-contratual aplica-se de maneira didática nesse caso (e por isso sua notoriedade no ensino do direito civil). Dessa maneira, portanto, irreparável a posição adotada pelo Tribunal de Justiça do Rio Grande do Sul.

Em suma, a depender do elemento preço, o caso dos tomates pode ser analisado de duas formas distintas, reconhecendo ou não a formação de um contrato. Pela análise do acórdão, fica claro que o Tribunal de Justiça do Rio Grande do Sul não considerou o contrato formado no caso concreto, tendo embasado sua decisão na responsabilidade pré-contratual da CICA – diferentemente do que leva a crer a leitura da ementa da decisão dos embargos infringentes. Não obstante a corretude dessa decisão caso consideremos que o preço de fato não estava previamente definido, essa questão deveria ter sido ponto central da discussão, vez que há *in casu* todos os elementos

---

[891] Note-se que a decisão é anterior ao Código Civil de 2002, de forma que a boa-fé objetiva não estava ainda positivada em nosso sistema civil. Entretanto, respeitada doutrina já admitia a aplicação desse princípio, posteriormente adotado de forma positiva pelo nosso ordenamento como cláusula geral.

necessários para que se considere o contrato formado – hipoteticamente trazendo outros remédios contratuais, como a execução específica das obrigações enquanto isso era possível.

Em conhecido precedente do direito inglês, o caso British Steel Corp. v. Cleveland Bridge[892], é possível examinarmos diversos fatores relevantes à discussão sobre a formação do contrato.

No final dos anos 70 e início da década de 80, as partes iniciaram negociações para compra de 137 peças de aço, que seriam produzidas e fornecidas pela British Steel à Cleveland Bridge. Em determinado momento das negociações, a British Steel enviou uma quotação de preço à Cleveland Bridge com base em informações técnicas incompletas que tinha até então. Pouco dias depois, a Cleveland Bridge enviou à British Steel documento intitulado "carta de intenções" com os seguintes termos:

> Temos o prazer de informá-los que é intenção da Cleveland Bridge & Engineering Co. Ltd. celebrar um subcontrato com a Companhia [British Steel] para o fornecimento e entrega das peças de aço que formam a estrutura do telhado deste projeto. O preço será aquele citado em seu telex datado de 9 de fevereiro de 79. (...) O subcontrato a ser celebrado será em nosso modelo padrão de subcontrato, para uso em conjunto com as Condições Gerais do Contrato ICE, cuja cópia é anexada para sua consideração. (...) Entendemos que vocês já possuem um conjunto completo dos nossos desenhos técnicos e pedimos que vocês iniciem imediatamente os trabalhos, ficando pendente a preparação e emissão a vocês do formulário oficial de subcontratação.[893]

---

[892] British Steel Corp. v. Cleveland Bridge & Engineering Co., (1984) 1 All E.R. 504 (Q.B.) *apud* BURROWS, Andrew S.; e PEEL, Edwin. **Contract formation and parties...** op cit., p. 22 e ss.)

[893] British Steel Corp. v. Cleveland Bridge & Engineering Co., (1984) 1 All E.R. 504 (Q.B.) *apud* BURROWS, Andrew S.; e PEEL, Edwin. **Contract formation and parties...** op cit., p. 23 (Tradução nossa). Na redação original: *"We are pleased to advise you that it is the intention of Cleveland Bridge & Engineering Co Ltd to enter into a sub-contract with your Company for the supply and delivery of the steel castings which form the roof nodes on this project. The price will be as quoted in your telex dated 9th February '79 ... The form of Sub-contract to be entered into will be our standard form of sub-contract for use in conjunction with the ICE General Conditions of Contract, a copy of which is enclosed for your consideration... We understand that you are in posession of a complete set of our node detail drawings and we request that you proceed immediately with the works pending the preparation and issuing to you of the official form of sub-contract."*

Como se observa, a Cleveland Bridge aceitou o preço orçado pela British Steel e solicitou que a British Steel iniciasse *imediatamente* a produção das peças de aço, ficando pendente a emissão e envio do contrato final, que deveria seguir os termos padrões da Cleveland Bridge.

Apesar de não concordar com os termos do contrato padrão enviado pela Cleveland Bridge – dentre eles, principalmente, questões relacionadas à responsabilidade por atraso na entrega dos materiais – a British Steel inicou a produção, aguardando o envio do contrato prometido e que conteria, em tese, a totalidade das especificações técnicas dos materiais encomendados. Após essa data, em novas mensagens, a Cleveand Bridge requereu diversas alterações nos pedidos, inclusive solicitando que as entregas ocorressem de acordo com um cronograma rigoroso, que não havia sido antes disponibilizado e que previa que as entregas fossem realizadas em uma ordem específica. Houve discussões entre as partes a respeito das especificações técnicas solicitadas e dos ajustes propostos pela Cleveland Bridge, sem que houvesse acordo quanto a elas. Em nenhum momento a Cleveland Bridge emitiu e enviou o contrato final à British Steel, como havia informado em sua correspondência inicial.

Em certo momento, a British Steel enviou à Cleveland Bridge novo orçamento, prevendo que a contratação seguiria os termos e condições usuais da British Steel, além de um preço majorado em razão das alterações solicitadas pela Cleveland Bridge e das especificações técnicas detalhadas. Nessa mesma carta, a British Steel informou que as datas de entrega ainda seriam acordadas. A Cleveland Bridge rejeitou essa nova oferta da British Steel. Apesar disso, a British Steel continuou trabalhando na produção das peças, inclusive entregando os materiais em etapas, em um esforço para cumprir o cronograma solicitado pela Cleveland Bridge.

Em determinado ponto, as partes concordaram com os novos preços informados pela British Steel, mas não conseguiriam chegar a um acordo sobre o cronograma de pagamentos ou sobre disposições relativas à responsabilidade da British Steel por atraso na entrega dos materiais.

Ao final de dezembro de 1979, todas as peças encomendadas haviam sido entregues pela British Steel, com exceção de uma, que teria sido retida para garantia de pagamentos ainda não realizados pela Cleveland Bridge. Nesse ínterim, uma greve paralisou a fábrica da British Steel, e a última peça encomendada foi entregue à Cleveland Bridge apenas em abril de 1980.

Em razão de prejuízos causados no projeto pelo atraso da British Steel, a Cleveland Bridge requereu indenização pelo atraso na entrega dos materiais, além de ter se recusado a efetuar os pagamentos restantes à British Steel, vez que as peças haviam sido entregues fora do prazo acordado.

A British Steel, por sua vez, argumentou que *nenhum contrato havia sido celebrado* no caso, sendo que as correspondências trocadas representavam apenas documentos pré-contratuais. Requereu, ademais, que as peças entregues e ainda não pagas fossem avaliadas em uma base *quantum meruit*[894], sendo tais valores devidos pela Cleveland Bridge.

A Cleveland Bridge sustentou que a existência de um contrato vinculante estava evidenciada em diversos documentos, incluindo a carta de intenções mencionada. Além disso, o contrato poderia ser inferido da conduta da British Steel, que efetivamente fabricou e entregou os equipamentos.

O juiz Robert Goff J. assim se pronunciou:

> Não pode haver resposta fácil e direta para responder à pergunta se a carta de intenções dará origem a um contrato vinculativo: tudo deve depender das circunstâncias do caso particular. (...) Na referida carta de intenções, o pedido para que a British Steel iniciasse imediatamente os trabalhos foi declarado 'pendente de preparação e emissão a vocês do formulário oficial de subcontratação', sendo um sub-contrato que estava claramente em fase de negociação, incluindo questões relativas ao preço, datas de entrega, e termos

---

[894] Conforme o *Black's law dictionary*: "[Latin 'as much as he has deserved'] 1. *The reasonable value of services; damages awarded in an amount considered reasonable to compensate a person who has rendered services in a quasi-contractual relationship.* (...) *Quantum meruit is still used today as an euitable remedy to provide restitution of unjust enrichment. It is often pleaded as an alternative claim in a breach-of-contract case so that the plaintiff can recover even if the contract is unenforceable.*".(GARNER, Brian A. **Black's Law Dictionary**... op. cit., p. 1.2476) Em tradução livre: "[Do latim 'tanto quanto ele mereceu']. O valor razoável dos serviços; indenização concedida em uma quantia considerada razoável para compensar uma pessoa que prestou serviços em uma relação quase-contratual. (...) ainda é usado hoje como um remédio adequado para restituir o enriquecimento ilícito. Muitas vezes, é invocado como um pedido alternativo em caso de violação de contrato com o fim de que o requerente possa ser ressarcido mesmo que o contrato não seja executável."

aplicáveis, além de ser impossível afirmar com qualquer grau de certeza quais seriam os termos materiais do contrato [final].[895]

Ao final, rejeitou-se a existência de um contrato, ainda que a British Steel já tivesse realizado os trabalhos 'contratados'.

Burrows e Peel[896], analisando o caso de acordo com as bases da *common law*, concordam com alguns aspectos da decisão de Goff, como por exemplo a necessidade de analisar os fatos objetivos a fim de apurar os efeitos da carta de intenções; e, também, a decisão de não sancionar a British Steel pelos atrasos nas entregas, vez que os prazos solicitados unilateralmente pela Cleveland Bridge nunca foram acordados. Entretanto, Burrows e Peel criticam fortemente o não reconhecimento de um contrato. Entre seus argumentos, sugerem uma situação hipotética: e se as peças entregues fossem defeituosas e o prédio, meses depois, entrasse em colapso? Parece óbvio nesse caso que haveria uma demanda baseada em um contrato, não apenas na responsabilidade civil extracontratual da British Steel.

Analisando o caso da perspectiva do direito brasileiro, parece-nos difícil não admitir a conclusão de um contrato, embora haja grandes dificuldades em estabelecer o momento em que esse deve ser reputado concluído.

Trata-se de um contrato de compra e venda de equipamentos, no qual houve dois acordos quanto aos elementos objetivamente essenciais: (i) o primeiro, no momento em que a Cleveland Bridge envia a carta de intenções manifestando consentimento ao preço ofertado pela British Steel com base nas antigas especificações técnicas, sem fazer qualquer alusão a possíveis alterações nessas; (ii) o segundo, no momento em que as partes chegam a um acordo quanto ao novo preço aplicável, tendo em vista as alterações e detalhamentos nas especificações técnicas. Seja em um momento, seja em outro, parece-nos difícil negar que não havia um acordo sobre todos os elementos tido como essenciais a um contrato de compra e venda considerado hipoteticamente, principalmente considerando que, em cada momento, o objeto e preço estavam bem definidos.

---

[895] BURROWS, Andrew S.; e PEEL, Edwin. **Contract formation and parties...** op. cit., p. 22 e ss. Tradução nossa.

[896] BURROWS, Andrew S.; e PEEL, Edwin. **Contract formation and parties...** op. cit., p. 22 e ss.

Logicamente, não se trata de uma compra e venda simples: é uma contratação de objeto complexo, incluída em um contexto de construção civil, sendo diversos outros elementos importantes e subjetivamente essenciais àquela contratação, como o cronograma de entrega e as cláusulas de responsabilidade e indenização. Voltaremos a esse ponto na conclusão desse tópico.

Apesar de a Cleveland Bridge expressamente declarar que ainda estava pendente a emissão e envio do *formulário oficial de sub-contratação*, não nos parece que em algum momento a Cleveland Bridge condicionou a celebração do contrato ao envio ou assinatura de tal documento; a British Steel, não obstante entender que esse documento seria enviado e que conteria maiores detalhes da contratação, parece que igualmente não condicionou a contratação a tal documento.

Sem dúvida, o maior indicativo da celebração do contrato é o início de cumprimento das obrigações avençadas, ainda que ambas as partes soubessem haver discordâncias quanto ao cronograma de entrega e cláusulas finais de responsabilidade e indenização. Tais discordâncias eram claras para todos os envolvidos e, apesar disso, tanto a British Steel continuou fabricando os equipamentos, quanto a Cleveland Bridge continuou recebendo-os e, eventualmente, solicitando alterações nos projetos.

Por essa razão, tendo em vista (i) a clareza do acordo quanto aos elementos considerados objetivamente essenciais do contrato, o que parece ter ocorrido em dois momentos distintos; e (ii) a execução *parcial* (em realidade, *quase total*) do contrato pelas partes, com a produção e envio das peças pela British Steel, e o recebimento dos materiais e pagamento do preço (ao menos parcial) pela Cleveland Bridge, parece-nos que (iii) a ausência de um documento final escrito e completo; e (iv) o desacordo com relação a certas obrigações acessórias não seriam suficientes para afastar a conclusão de um contrato, sendo de rigor o reconhecimento de uma contratação nesse caso – na opinião deste trabalho, concluída quando do início da produção dos equipamentos pela British Steel com conhecimento (e sem oposição) da Cleveland Bridge, que por sua vez tinha consciência de que a British Steel discordava de certas disposições contratuais, tendo sido tal contratação aditada e alterada após as partes acordarem os novos preços decorrentes das alterações técnicas.

É claro que em uma contratação complexa como essa, questões como o cronograma de entregas dos equipamentos e responsabilidades específicas de cada parte podem ser – e geralmente são – de fundamental importância para uma ou ambas as partes. Entretanto, apesar de haver registros de longas negociações, o caso indica que a Cleveland Bridge não chegou a negociar tais aspectos antes do envio da carta de intenções solicitando o inicio dos trabalhos. Aliás, em tal carta de intenções, a Cleveland Bridge aparentemente sequer chega a mencionar o cronograma de entregas, fazendo-o com ênfase apenas em momentos posteriores, após início da produção pela British Steel (e, em nossa visão, após a conclusão do contrato). Apesar de a Cleveland Bridge ter incluído em sua carta de intenções cláusulas relativas às responsabilidades das partes, algumas dessas questões não haviam sido negociadas e, aparentemente, foram rechaçadas pela British Steel de maneira clara e tempestiva.

A Cleveland Bridge, conhecendo tal discordância e, ao mesmo tempo, sabendo que a produção havia sido iniciada tinha duas opções: quedar-se inerte sobre tal produção, autorizando tacitamente a sua continuidade (por ela solicitada, frise-se) e, também tacitamente, aceitando a recusa sobre as cláusulas de indenização – de modo que tal questão fosse regulada da maneira geral disposta pelo ordenamento; ou solicitar a suspensão das atividades até que tal questão fosse resolvida. Claramente (e de forma deliberada, a Cleveland Bridge não optou pela segunda opção, vez que não apenas permitiu que a produção continuasse, como recorrentemente solicitou alterações em especificações técnicas e prazos, ainda que ciente da discordância da British Steel sobre termos do contrato.

5.3. Considerações Finais

Um contrato é considerado formado se presentes os elementos necessários à sua existência.Dentre os elementos essenciais para tanto, a declaração negocial[897] – entendida como a manifestação de vontade qualificada pelas circunstâncias negociais, que demonstra o consenso acerca daquela contratação e é apta, portanto, a concluir o contrato – é o elemento de maior dificuldade de identificação, capaz de gerar incertezas *se* e *quando* um contrato teria sido concluído.

Essa dificuldade é mais evidente naqueles contratos de formação progressiva, vez que nem sempre é fácil ou possível dintinguir uma

---

[897] Seja uma declaração de aceitação de uma das partes, uma declaração conjunta ou, ainda, declarações concomitantes.

declaração que oferta e uma declaração que aceita. Há, inclusive, como vimos, juristas que sustentam a superação do binômio oferta-aceitação, admitindo a possibilidade de outros procedimentos de formação do contrato. Independentemente dessa posição, o foco na análise da formação do contrato deve ser sempre na identificação dos elementos de existência daquele contrato *in concreto*, em espcial a declaração negocial.

A identificação da declaração negocial passa, necessariamente, por um exercício interpretativo das manifestações, expressas ou tácitas, das partes em negociação. E é claro que em uma formação progressiva do contrato deve-se olhar não apenas para os fatos e comportamentos isolados de cada parte, mas sim para o contexto em que essas condutas se inserem, considerando todo o conjunto de atos de aproximação das partes em negociação.

O negócio jurídico – e, portanto, o contrato – é um fato social. É o reconhecimento social de determinadas condutas, compreendidas dentro de um modelo cultural de atitude, que faz com que aquele dado negócio seja visto como apto à produção de efeitos jurídicos. A identificação da declaração negocial, com isso, deve ser realizada levando em conta as características sociais e culturais, incluindos os usos e costumes comerciais daquele mercado específico em que a negociação se insere.

Como vimos, há uma crescente valorização da cláusula geral de boa-fé objetiva e de outros princípios dela decorrentes (ou, ao menos, a ela relacionados) e também caros ao ordenamento, como a confiança e a segurança do tráfego comercial. Deve-se, claro, evitar a *superutilização* da boa-fé objetiva, sob pena de convertê-la em um instrumento vazio e inútil. Como menciona Rosenvald, "o grande desafio relacionado ao princípio da boa-fé concerne à sua mais exata concreção."[898]

Por essa razão, tentou-se neste Capítulo 5 realizar um exercício de concretização do conteúdo da cláusula de boa-fé objetiva (incluindo a confiança dela decorrente), o qual é importantíssimo para, de um lado, afastar a superutilização indevida, infundada e atécnica de tal cláusula geral e, de outro lado, dar ao intérprete do direito elementos concretos para sua utilização.

Em decorrência da cláusula geral de boa-fé, parece-nos que a interpretação das declarações negociais deve sempre ser realizada da perspectiva de

---

[898] FARIAS, Cristiano Chaves de; ROSENVALD, Nelson. Curso de Direito Civil, v. 4 – Direito dos Contratos. 9. ed. Salvador (BA). Editora Juspodium, 2013, p. 167.

um declaratário comum colocado na posição do real declaratário, levando em consideração requisitos objetivos de proteção à confiança legítima. Isso representaria uma forma de tutela da confiança na formação do contrato, que não deve necessariamente ficar adstrita à proteção indenizatória decorrente da responsabilidade pré-contratual.

A consideração dos usos e costumes do tráfego comercial na interpretação dos atos das partes em negociação é não apenas instrumento apto a auxiliar a compreensão das declarações negociais, como também uma maneira de tutelar a segurança do tráfego jurídico, valor caro ao ordenamento e ao direito privado.

Como demonstramos, a determinação do momento de formação do contrato é tarefa impossível de ser realizada no plano teórico, sendo imperativa uma análise do caso concreto. Não é possível, também, estabelecermos *a priori* critérios exaustivos e imutáveis para tanto. Apesar disso, o exercício realizado no Capítulo 5, em especial no subcapítulo 5.1, pareceu-nos capaz de entregar ao intérprete do direito balizas adequadas e aptas a facilitar o exame dessa questão *in concreto*.

Em suma, não se trata de criar novas fontes luminosas ao direito contratual, as quais nos parecem desnecessárias, tendo em vista que o direito contratual tal como estruturado e sistematizado em nosso país já entrega todos os subsídios necessários à identificação da formação de um contrato. Trata-se, outrossim, de um exercício de concretização da boa-fé inspirado pela confiança, auxiliando o operador do direito na aplicação do regramento legal já existente a fim de identificar a conclusão de um contrato em situações nas quais essa tarefa não é tão evidente, em especial naquelas de formação progressiva.

Se hoje, pelas razões mencionadas ao longo desse trabalho, já há uma maior complexidade nas relações de troca, que se reflete também no no processo de negociações e de formação dos contratos, a tecnologia em constante evolução deve trazer ainda mais desafios para os juristas do futuro próximo e remoto. Pense-se, por exemplo, na possibilidade – que não nos parece longínqua – de contratações serem *formadas* e *concluídas* por meio de computadores e algoritmos[899], esses últimos cada vez mais

---

[899] Nada impede, por exemplo, que as partes celebrem um acordo prévio dispondo sobre um procedimento específico de formação do contrato – como similarmente ocorre na resolução de conflitos contratuais por meio da arbitragem, em que as partes possuem ampla liberdade

presentes em nosso cotidiano. Ora, uma base de dados devidamente alimentada e organizada, contando com diferentes tipos de contratos, decisões judiciais a respeito de conflitos contratuais e doutrina atualizada sobre o tema, poderá, eventualmente, ser capaz de gerar contratos prontos, detalhados, aparentemente justos e equilibrados e em consonância com as mais recentes práticas e entendimentos jurídicos, bastando às partes, eventualmente, decidir sobre uma ou outra questão específica. Haveria, em tese, um contrato bastante *completo* (ou próximo disso), aumentando a segurança jurídica de todos os envolvidos naquela relação, sem a ineficiência de altos custos de transação. Indo um passo adiante nesse cenário hipotético: nada parece impedir, em um primeiro momento, que as partes resolvam, de comum acordo, vincular-se a um contrato que *será* gerado por um algoritmo, antes que, de fato, haja um regramento contratual para ser examinado e livremente consentido. Ou seja, as partes manifestariam seu assentimento e desejo de vinculação a um contrato cujos termos sequer conhecem, confiando na *qualidade* da base de dados e do algoritmo – à exceção, eventualmente (ou não), de um ou outro elemento previamente acordado à maneira clássica. Nesse cenário, em que momento há a conclusão do contrato? É esse contrato legítimo e exequível? Essas são apenas divagações sobre questões que poderão seguir aparecendo a respeito desse tema, o qual, apesar de clássico, continua em constante evolução.

    O importante é que o direito, em especial o direito contratual, siga sempre as inevitáveis mudanças da sociedade e do comércio, com respeito à cultura em que as negociações se inserem e servindo como instrumento de consecução dos interesses individuais e coletivos – e não como entrave burocrático a (tentar) limitar os avanços.

---

para regular o procedimento da maneira que entendam adequado. Parra Lucán utiliza essa hipótese (de acordo prévio sobre procedimento de formação do contrato) como argumento a ratificar sua posição de atipicidade dos procedimentos de formação do contrato. (LUCÁN, Maria Ángeles Parra Lucán. La formación del contrato como proceso. In: _____ (org.). Negociación y perfección de los contratos. Pamplona: Thomson Reuters Aranzadi, 2014. P. 68 e 74 *apud* SPÍNOLA GOMES, Técio. **O processo de formação do contrato...** op. cit., p. 122.). Já o paralelo com a arbitragem é exemplo de Spínola Gomes (SPÍNOLA GOMES, Técio. **O processo de formação do contrato...** op. cit., p. 122).

REFERÊNCIAS

AARON, Stewart D.; CATERINA, Jessica. Contract formation under New York Law: by choice or through inadvertence. **Syracuse Law Review**, v. 66, p. 855-868, 2016.
ABREU, José de. **O negócio jurídico e sua teoria geral**. São Paulo, 1984.
AGUIAR JR., Ruy Rosado de. Contratos relacionais, existenciais e de lucro, *in* **Revista Trimestral de Direito Civil**, Rio de Janeiro, ano 12, v. 45, jan./mar. 2011.
ALEM, Fabio Pedro. **Contrato preliminar**: eficácia nos negócios jurídicos complexos. 197f. Dissertação (Mestrado em Direito das Relações Sociais) – Faculdade de Direito, Pontifícia Universidade Católica de São Paulo, São Paulo, 2009.
ALEMANHA. Bürgerliches Gesetzbuch (BGB). Disponível em < https://www.gesetze-im-internet.de/bgb/index.html>. Acesso em 5 jan. 2018.
ALMEIDA, Carlos Ferreira de. Interpretação do contrato. **O Direito**, Lisboa, ano 124, n. 4, p. 629-651, 1992.
ALMEIDA COSTA, Mario Júlio de. **Responsabilidade civil pela ruptura das negociações preparatórias de um contrato**. Coimbra: Editora Coimbra, 1984.
___. **Direito das obrigações**. 12ª ed., 3ª reimpressão. Coimbra: Almedina, 2014.
ALVARENGA, Maria Isabel de Almeida. **Direito de preferência para a aquisição de ações**. Dissertação de Mestrado apresentada à Faculdade de Direito da Universidade de São Paulo. Orientador: COMPARATO, Fábio Konder (orient). São Paulo, 2001.
ALPA, Guido. Le contrat 'individuel' et sa définition. **Revenue Internationale de Droit Comparé**, n. 2, p. 327-350, 1988.

AMARAL, Francisco. **Direito civil: introdução**. 6ª ed. Imprenta: Rio de Janeiro, Renovar, 2006.
AMERICAN LAW INSTITUTE. **Restatement of the law**: Contracts 2d. Vol I. Saint Paul: American Law Institute, 1981.
ANTUNES VARELA, João de Matos. **Das obrigações em geral**. 10. ed., 6. reimp., v. I, Coimbra: Almedina, 2009.
ARGENTINA. **Codigo Civil Y Comercial de La Nacion** de 1º de outubro de 2014. Disponível em: <http://servicios.infoleg.gob.ar/infolegInternet/anexos/235000-239999/235975/norma.htm>. Último acesso em 5 jan. 2018.
ASSIS, Araken de; ANDRADE, Ronaldo Alves de; ALVES, Francisco Glauber Pessoa. **Comentários ao Código Civil brasileiro. Do Direito das Obrigações (Arts. 421 a 578)**. Vol. V, ALVIM, Arruda. ALVIM, Thereza. (Coord.). Rio de Janeiro: Forense, 2007.
ATIYAH, Patrick Selim. **The rise and fall of freedom of contract**. Oxford: Clarendon Press, 1985.
AZEVEDO, Antônio Junqueira de. **Negócio jurídico e declaração negocial (noções gerais e formação da declaração negocial)**. 1986. 244f. Tese (Titularidade do Departamento de Direito Civil) – Faculdade de Direito, Universidade de São Paulo, São Paulo, 1986.
___. A Boa-fé na formação dos Contratos. **Revista da Faculdade de Direito**, Universidade de São Paulo, v.87, 1992.
___. Responsabilidade pré-contratual no Código de Defesa do Consumidor: estudo comparativo com a responsabilidade pré-contratual no direito comum. **Revista do Direito do Consumidor**, São Paulo, v. 18, p. 23-31, 1996.
___. Insuficiências, deficiências e desatualização do projeto de Código Civil na questão da boa-fé objetiva nos contratos. **Revista Trimestral de Direito Civil**, v. 1, n. 1, p. 3–12, jan./mar., 2000.
___. **Negócio jurídico:** existência, validade e eficácia. 4ª ed. São Paulo: Saraiva, 2010.
___. **Estudos e pareceres de Direito Privado.** São Paulo: Saraiva, 2004.
___. Diálogos com a doutrina: entrevista com Antônio Junqueira de Azevedo. **Revista Trimestral de Direito Civil**, v. 9, n. 34, abr./jun. 2008.
___. **Novos estudos e pareceres de direito privado**. São Paulo: Saraiva, 2009.
BANDEIRA, Paulo Greco. **Contrato incompleto**. São Paulo: Atlas, 2015.
BASSO, Maristela. As cartas de intenção ou contratos de negociação, **Revista dos Tribunais**, v. 88, n. 769, p. 28-47, São Paulo: Revista dos Tribunais, 1999.
BEATSON, Jack; BURROWS, Andrew; CARTWRIGHT, John **Anson's Law of contract**, Oxford, 2010.
BENACCHIO, Marcelo. **Responsabilidade Civil Contratual** – Col. Prof. Agostinho Alvim. São Paulo: Saraiva, 2011.

REFERÊNCIAS

BENEDETTO, Alessandra. **Pre-contractual agreements in international commercial contracts**: legal dynamics and commercial expediency. 2012. Tese (Doutorado em Ciências Jurídicas) – Universitá Degli Studi di Salerno, Italia, Salerno, 2012.

BERNSTEIN, Herbert; ZEKOLL, Joachim. The gentleman's agreement in legal theory and in modern practice: United States. **The American Journal of Comparative Law**, Ann Arbor, v. 46, n. 1, p. 87–110, 1998.

BERNSTEIN, Lisa. Opting out of the legal system: extralegal contractual relations in the diamonds industry, **Journal of Legal Studies**, Chicago, v. 21 n. 1, p. 115-157, jan. 1992.

BETTI, Emilio. Teoria generale del negozio giuridico. In: VASSALLI, Filippo. (Dir). **Tratatto di diritto civile italiano**. 3. ed.Torino, UTET, 1960.

___. Teoria geral do negócio jurídico. Tradução: Servanda Editora. Campinas, SP: Servanda Editora, 2008.

BIANCHINI, Luiza Lourenço. **Contrato preliminar**: conteúdo mínimo e execução. Porto Alegre: Arquipélago Ed., 2017.

BIONDI, Biondo. **Instituizione di diritto romano**. 4. ed. Ampliada. Milão. Dott. A. Giuffré Ed., 1965.

BITTAR, Carlos Alberto. **Curso de direito civil**. Rio de Janeiro: Forense Universitária, 1991, v. I.

BORDA, Alejandro. **La teoria de los actos proprios**. 3. ed. Ed. Abeledo-Perrot, 2000.

BRASIL. Código Civil de 10 de janeiro de 2002. Disponível em: <http://www.planalto.gov.br/ccivil_03/leis/2002/L10406.htm>. Acesso em: 5 jan. 2018.

BRASIL. Código de Defesa do Consumidor de 11 de setembro de 1990. Disponível em: <http://www.planalto.gov.br/ccivil_03/leis/L8078.htm>. Acesso em: 5 jan. 2018.

BRASIL. Lei de Introdução às normas do Direito Brasileiro de 4 de setembro de 1942. Disponível em: <http://www.planalto.gov.br/ccivil_03/decreto-lei/Del4657compilado.htm>. Acesso em: 23 mar. 2019.

BRASIL. Conselho da Justiça Federal. Jornadas de direito civil I, III, IV e V: enunciados aprovados. Coordenador científico Ministro Ruy Rosado de Aguiar Júnior. Brasília: Conselho da Justiça Federal, Centro de Estudos Judiciários, 2012.)

BRASIL. Tribunal de Justiça do Estado de São Paulo. Apelação nº 1131069-5, 11ª Câmara de Direito Privado, Rel. Des. Gilberto Pinto dos Santos, j. 12/04/06. Disponível em: <http://www.tjsp.jus.br/>. Acesso em: 10 dez. 2017.

BRASIL. Tribunal de Justiça do Estado de São Paulo. Apelação nº 0211399-92.2007.8.26.0100, 1ª Câmara Reservada de Direito Empresarial, Rel. Des.

Francisco Loureiro, j. 16/03/16. Disponível em: <http://www.tjsp.jus.br/>. Acesso em: 26 dez. 2017.

BRASIL. Tribunal de Justiça do Estado do Rio de Janeiro. Apelação nº 0034576-62.2011.8.19.0023, 11ª Câmara Cível, Rel. Des. Luiz Henrique Oliveira Marques, j. 26/04/17. Disponível em: < http://www.tjrj.jus.br/>. Acesso em: 20 dez. 2017.

BRASIL. Tribunal de Justiça do Estado do Rio Grande do Sul. Apelação nº 0139540-05.2013.8.21.7000, 9ª Câmara Cível, Rel. Des. Marilene Bonzanini, j. 14/08/13. Disponível em: <http://www.tjrs.jus.br/site/>. Acesso em: 4 dez. 2017.

BRASIL. Tribunal de Justiça do Estado do Rio Grande do Sul. Apelação nº 591.028.295, 5ª Câmara Cível, Rel. Des. Marilene Bonzanini, j. 6/06/91. Disponível em: <http://www.tjrs.jus.br/site/> . Acesso em: 8 nov. 2017.

BRASIL. Tribunal de Justiça do Estado do Rio Grande do Sul. Embargos Infringentes nº 59108335, 3º Grupo das Câmaras Cíveis, Rel. Des. Juiz Adalberto Libório Barros, j. 01/11/91. Disponível em: <http://www.tjrs.jus.br/site/>. Acesso em 2 dez. 2017.

BRASIL. Superior Tribunal de Justiça. Recurso Especial nº 5406/SP, Quarta Turma, Rel. Min. Barros Monteiro, j. 26/03/91, DJ 29/04/91. Disponível em: < http://www.stj.jus.br/> Acesso em 5 jan. 2018.

BRASIL. Superior Tribunal de Justiça. Súmula nº 54 de 24 de setembro de 1992. Disponível em: http://www.stj.jus.br/SCON/SearchBRS?b=SUMU&livre=@docn=% 27000000054%27. Acesso em 10 nov. 2017.

BRASIL. Superior Tribunal de Justiça. 2ª Seção. Embargos de Divergência em Recurso Especial nº 1280825-RJ, Rel. Min. Nancy Andrighi, j. 27/06/2018. Disponível em: < http://www.stj.jus.br/> Acesso em 23 de mar. 2019.

BRASIL. Supremo Tribunal Federal. Recurso Extraordinário nº 88.716-4/RJ, Segunda Turma, Rel. Min. Moreira Alves, j. 11/09/79. Disponível em: < http://portal.stf.jus.br/>. Acesso em: 8 nov. 2017.

BRODSKY, Stephen L. Federal Courts in New York provide framework for enforcing preliminary agreements, **Journal of the New York State Bar Association**, Albany, p. 16-25, Mar./Apr. 2001.

BURROWS, Andrew S. **A casebook on contract**, Oxford, 2011.

BURROWS, Andrew S.; e PEEL, Edwin. **Contract formation and parties**. Oxford: Oxford University Press, 2010.

BUSNELLI, Francesco D.; PATTI, Salvatore. **Danno e responsabilità civile**. Studi di Diritto Privato 7. 3. ed. Torino: G. Giappichelli Editore, 2013.

CAPPELARI, Récio Eduardo. **Responsabilidade pré-contratual, aplicabilidade ao direito brasileiro**. Porto Alegre: Livraria do Advogado, 1995.

CARNELUTTI, Francesco. Formazione progressiva del contratto. **Revista del Diritto Commerciale e del Diritto Generale delle Obbligazioni**, Milano, v. XIV, segunda parte, p. 308-319, 1916.
___. **Teoria generale del diritto**. 3. ed. Roma: Soc. Ed. del "Foro Italiano", 1951.
CARVALHO, Orlando de; ANDRADE, Manuel A. Domingues de. **A teoria geral da relação jurídica**: seu sentido e limites. 2a ed. Coimbra, Centelha, 1981.
CESÀRO, Ernesto. **Il contrato e l'opzione**. Napoli: Casa Editrice Dott. Eugenio Jovene, 1969.
CHAVES, Antônio. **Responsabilidade pré-contratual**. 2ª ed., São Paulo: Lejus, 1997.
___. Responsabilidade pré-contratual. In: NERY JR, Nelson; NERY, Rosa Maria de Andrade (Org.). **Responsabilidade civil**. São Paulo: Editora Revista dos Tribunais, 2010. v. 2: direito das obrigações e direito negocial.
CHEN-WISHART, Mindy. **Contract Law**, Oxford, 2010.
CHITTY, Joseph.,**Chitty on contracts**, vol. I, §§ 129-139, 30rd ed., London: Sweet and Maxwell, 2010
COELHO, Fabio Ulhoa. Curso de direito civil. Vol. 3, 2ª ed. São Paulo: Saraiva, 2007
COUTO E SILVA, Clóvis Veríssimo do. **A obrigação como processo**. 1. ed. Rio de Janeiro: Editora FGV, 2006.
CORBIN, Arthur Linton; MURRAY, Timothy; PERILLO, Joseph M; MIRRAY JR., John E. Corbin on contracts §§ 1.1-4.14: formation of contracts. Matthew Bender (rev. ed. 1993).
DE LOS MOZOS, José Luis. **La inexistencia del negocio jurídico**. Madri, Instituto Editorial Reis, 1960.
DELGADO, Abel Pereira. **Do contrato-promessa**. 3. ed. Lisboa: Livraria Petrony, 1985.
DIAMVUTU, Lino. **A tutela da confiança nas negociações pré-contratuais**. Dissertação apresentada ao Curso de Pós-graduação em Direito dos Contratos do Instituto de Cooperação Jurídica da Faculdade de Direito da Universidade de Lisboa (2010/11).
DINIZ, Maria Helena. **Curso de direito civil brasileiro**. 17. ed. São Paulo: Saraiva, 2002, v. 3.
DUXBURY, Robert. **Contract Law**, London, 2008.
ENGISCH, Karl. **Introdução ao pensamento jurídico**. Lisboa: Fundação Calouste Gulbenkain, 2001.
FARIAS, Cristiano Chaves de; ROSENVALD, Nelson. Curso de Direito Civil, v. 4 – Direito dos Contratos. 9. ed. Salvador (BA). Editora Juspodium, 2013

FARNSWORTH, E. Allan. Precontractual liability and preliminary agreements: fair dealing and failed negotiations, **Columbia Law Review**, v. 87, n. 2, p. 217-294, Mar./1987.

___. **Contracts**. Aspen Treatise Series: 4. Ed., 2005.

FAVALE, Rocco. Opzione. Art. 1331 in **Il Codice Civile**, Commentario, org. por D. Busnelli, Milano, Giuffrè, 2009.

FERRARA, Luigi cariota. **Il negozio giuridico nel diritto privato italiano**, Napoli: A. Morano Editore, 1960.

FERRO-LUZZI, Frederico. **L'imputazione precontrattuale. Il preliminare. Le trattative**. Padova: Cedam, 1999.

FIUZA, César.; SÁ, Maria de Fátima Freide de; NAVES, Bruno Torquato de Olivera. **Direito Civil**. Da autonomia privada nas situações jurídicas patrimoniais e existenciais. Belo Horizonte/MG: Editora DelRey. 2007.

FONTAINE, Marcel; LY, Filip de. **Drafting internacional contracts:** an analysis of contract clauses. Ardsley: Transnational Publishers, Inc., 2006.

FONSECA, Patrícia Afonso. As cartas de intenções no processo de formação do contrato. Contributo para o estudo de sua relevância jurídica, **Revista "O Direito"**, a. 138, n. 5, p. 1101-1147, Coimbra: Almedina, 2006.

FORGIONI, Paula. **Contratos empresariais**: teoria geral e aplicação. 1 ed. São Paulo: RT, 2015.

FRADA, Manuel Antonio de Castro Portugal Carneiro da. **Teoria da confiança e responsabilidade civil**. Lisboa: Almedina, 2004.

___. **Contrato e deveres de protecção**. Coimbra: Gráfica de Coimbra, 1994

FURMSTON, Michael. Letters of Intent. In: BURROWS, Andrew; PEEL, Edwin. **Contract formation and parties**. New York: Oxford University Press, 2010.

GABRIELLI, Enrico. **Trattato dei contratti, i contratti in generale.**, 1. ed. Milano: UTET, 1999.

GALLIGAN, Michael W. Choosing New York Law as governing law for international commercial transactions. New York State Bar Association. **Meeting of the Morocco Chapter**, Casablanca, Morocco, October 8, 2012.

GARCIA, Enéas Costa. **Responsabilidade pré e pós-contratual à luz da boa-fé**, São Paulo: Juarez de Oliveira, 2003.

GARNER, Brian A. **Black's Law dictionary**. 8. ed. West Group, 2011.

GHESTIN, Jacques; LOISEAU, Grégoire; SERINET, Yves-Marie. **Traité de droit civil:** la formation du contrat. Tome 1: Le contrate, Le consentement. 4ᵉ édition. Paris: Lextenso éditions, 2013.

GILMORE, Grant. **The death of contract**. 2. Ed. The Ohio State University Press, 1995.

GODOY, Claudio Luiz Bueno de. **Função social do contrato:** os novos princípios contratuais. 4. ed. São Paulo: Saraiva, 2012.

___. CC e CDC: convergência de princípios e distinção de sua modulação. In: MELGARÉ, Plínio. (Coord.). **O direto das Obrigações na contemporaneidade**: Estudos em homenagem ao Min. Ruy Rosado. Porto Alegre: Livraria do Advogado, 2014.

GOGLIANO, Daisy. **Tratativas pré-contratuais (bases de uma teoria)**. São Paulo: Quartier Latin do Brasil, 2013, São Paulo.

GOMES, Orlando. **Obrigações**. 12ª ed. Rio de Janeiro: Forense, 1999.

___. **Contratos**. 26ª ed. Rio de Janeiro: Forense, 2008.

GRAU, Eros Roberto. Um novo paradigma dos contratos? **Revista da Faculdade de Direito da Universidade de São Paulo**, São Paulo, v. 96, p. 423-433, 2001.

GRISI, Giuseppe. **L'obbligo precontrattuale di informazione**. Napoli: Jovene Editores, 1990.

GRÜN, Mary. **A eficácia dos documentos pré-contratuais**. 2006. Dissertação (Mestrado em Direito Civil) – Faculdade de Direito, Universidade de São Paulo, São Paulo, 2006.

GUERREIRO, José Alexandre Tavares. A boa-fé nas negociações preliminares. **Revista de Direito Civil (imobiliário, agrário e empresarial)**, São Paulo, v. 5, n. 16, p. 48-52, abr./jun 1981.

HIRONAKA, Giselda Maria Fernandes Novaes. Contratos reais e o princípio do consensualismo. In: **Revista do Instituto de Pesquisas e Estudos**: Divisão Jurídica, Bauru, n.14, p.151-70, abr./jul. 1996.

IGLESIAS, Felipe Campana Padin. **Opção de compra ou venda de ações no direito brasileiro**: natureza jurídica e tutela executiva judicial. 2011. 328 f. Dissertação (Mestrado em Direito Comercial) – Faculdade de Direito, Universidade de São Paulo, São Paulo, 2011.

ITALIA. **Codice Civile Italiano** de 4 de abril de 1942. Disponível em: < http://www.normattiva.it/uri-res/N2Ls?urn:nir:stato:regio.decreto:1942-03-16;262 >. Acesso em: 2 dez. 2017.

JEFFRIES, Browning. Preliminary negotiations or binding obligations? A framework for determining the intent of the parties. **Gonzaga Law Review,** v. 48, n. 1, 2012-2013.

KESSLER, Friedrich; FINE, Edith, Culpa in contrahendo, bargaining in good Faith, and freedom of contract: a comparative study, **Havard Law Review**, v. 77, n. 3, 1964.

KLEIN, John; BACHECHI, Carla. Precontractual liability and the duty of good faith negotiation in international transactions. **Houston Journal of International Law,** v. 17 n. 1, 1994.

KUMPEL, Vitor Frederico. **Teoria da aparência no Código Civil de 2002**. São Paulo: Ed. Método, 2007.

LAKE, Ralph B; DRAETTA, Ugo. **Letters of intent and other precontractual documents:** comparative analysis and forms, Salem, New Hampshire, 1994.
LARENZ, Karl. **Derecho civil: parte general**. Trad. Miguel Izquierdo y Macías-Picavea. Madrid: Ed. Revista de Derecho Privado, 1978.
___. **Lehrbuch des schuldrechts**. Band I. Allhemeiner Teil. 14. Auflage. Munchen. Verlag C.H. Beck. 1987.
___. **Allgemeiner teil**. 7. ed. Munchen, 1989.
___. **O estabelecimento de relações obrigacionais por meio de comportamento social típico**. Tradução de Alessandro Hirata e revisão de Flavia Portella P. Revista DireitoGV, v. 2, n. 1, p. 55-64, jan-jun, 2006. Publicado originalmente como: Die Begründung von Schuldverhältnissen durch sozialtypisches Verhalten. Neue Juristische Wochenschrift, n. 51-52, p. 1897-1900, 1956.
LEITÃO, Luís Manuel Teles de Menezes. Negociações e responsabilidade pré-contratual nos contratos comerciais internacionais. In: **Revista da Ordem dos Advogados**, Jan. 2000, p. 49-71.
___. **Direito das obrigações**, Vol. I, 9. ed., Coimbra: Almedina, 2010.
LOS MOZOS, José Luis de. **El principio de la buena fe**: sus aplicaciones prácticas en el derecho civil español. Barcelona: Bosch, 1965.
MACHADO, João Baptista. **Tutela da confiança e venire contra factum proprium**. Obra Dispersa. Braga: Scientia Iuridica, 1991. v. 1.
MARINO, Francisco Paulo de Crescenzo. **Contratos coligados no direito brasileiro**. São Paulo: Saraiva, 2009.
MARQUES, Cláudia Lima. **Contratos no Código de Defesa do Consumidor**. O novo regime das relações contratuais. 5ª ed. São Paulo: Editora Revista dos Tribunais, 2005.
MARTINS, António Carvalho. **Responsabilidade pré-contratual**. Coimbra: Coimbra Editora, 2002.
MARTINS, Fran. **Contratos e obrigações comerciais**, Rio de Janeiro: Forense, 1986.
MARTINS, Raphael Manhães. O princípio da confiança legítima e o enunciado n. 362 da IV Jornada de Direito Civil. **Revista CEJ**, Brasília, Ano XII, n. 40, p. 11-19, jan./mar. 2008.
MARTINS-COSTA, Judith. As cartas de intenção no processo formativo da contratação internacional: os graus de eficácia dos contratos, **Revista da Faculdade de Direito da Universidade Federal do Rio Grande do Sul**, Porto Alegre, v. 10, p. 39-55, 1994.
___. A incidência do princípio da boa-fé no período pré-negocial: reflexões em torno de uma notícia jornalística. **Revista de Direito do Consumidor**, São Paulo, v. 4, out./1992.

___. Crise e modificação da ideia de contrato no direito brasileiro. **Revista de Direito do Consumidor**, São Paulo, v. 3, 1992.

___. **A boa-fé no direito privado:** sistema e tópica no processo obrigacional. São Paulo: RT, 1999.

___. **Comentários ao novo Código Civil:** do inadimplemento das obrigações. Coord. Sálvio de Figueiredo Teixeira. Rio de Janeiro: Forense, 2003, v. 5, t. II.

MENDONÇA, J. X. Carvalho. **Tratado de Direito Comercial Brasileiro**, 5ª edição, vol. VI. São Paulo: Freitas Bastos, 1955.

MELLO, Marcos Bernardes de. **Teoria do fato jurídico:** plano da existência. 12a ed., São Paulo: Saraiva, 2003.

MENEZES CORDEIRO, António Manuel da Rocha. **Tratado de Direito Civil Português**, v. I, t. I. 2. ed. Coimbra: Almedina, 2000.

___. **Da boa-fé no direito civil**. Lisboa: Almedina, Coleção Teses, 2007.

___. **Tratado de direito civil**. Direito das obrigações: Vol. IX. Coimbra: Almedina, 2014

MERUZZI, Giovani. **La trattativa maliziosa**. Padova: Cedam, 2002.

MESSINEO, Francesco. **Doutrina Generale del Contrato**: art 1321-1469 cod civil., Terza edizione ampliata. Milano: Giuffrè, 1948.

MIRANDA, Custódio da Piedade Ubaldino. **Comentários ao Código Civil. Dos contratos em geral (Arts. 421 a 480)**. Volume 5. AZEVEDO, Antônio Junqueira de (Coord). São Paulo: Saraiva, 2013.

MONTEIRO, Washington de Barros; MALUF, Carlos Alberto Dabus; SILVA, Regina Beatriz Tavares da. **Curso de Direito Civil**, v.5: direito das obrigações, 2ª parte. 40ª ed., São Paulo: Saraiva, 2013.

MORAES, Lívia Lenz de. **Os efeitos jurídicos das cartas de intenções e memorandos de entendimentos**. 2016. 150 f. Dissertação (Mestrado em Direito Privado) – Faculdade de Direito, Universidade Federal do Rio Grande do Sul, Porto Alegre, 2016.

MORAES, Mariana Assunção de. **Acordos pré-contratuais:** um estudo sobre seus efeitos jurídicos e sua relevância. 2016. Dissertação (Mestrado em Ciências Jurídicas) – Faculdade de Direito, Universidade de Lisboa. Lisboa, 2016.

MOREIRA, Ana Alvarenga. **Por uma concepção objetiva do erro:** a contribuição da teoria da confiança. 2006. 202 f. Dissertação (Mestrado em Direito Privado) – Faculdade de Direito, Pontifícia Universidade Católica de Minas Gerais, Belo Horizonte, 2006.

MOREIRA ALVES, José Carlos. **Direito romano**. v. 1, Rio de Janeiro: Forense, 2003.

MOTA PINTO, Carlos Alberto da. A responsabilidade pré-negocial pela não conclusão dos contratos. **Boletim da Faculdade de Direito da Universidade de Coimbra**. Suplemento XIV, p. 143-252, 1966.

____. **Teoria geral do direito civil**. 4. Ed. por António Pinto Monteiro e Paulo Mota Pinto. Coimbra: Coimbra Editora, 2005.

____. **Interesse contratual negativo e interesse contratual positivo**. Coimbra: Coimbra, 2008, v. II.

MOTA PINTO, Paulo Cardoso Correia da. **Declaração tácita e comportamento concludente no negócio jurídico**, Almedina: Coimbra, 1995.

NALIN, Paulo. Ética e boa-fé no adimplemento contratual. In: FACHIN, Luiz Edson (coord.). **Repensando fundamentos do direito civil brasileiro contemporâneo**, Rio de Janeiro: Renovar, 1998, p. 173-210.

NEGREIROS, Teresa. **Fundamentos para uma interpretação constitucional do princípio da boa-fé**. Rio de janeiro: Renovar, 1998.

____. **Teoria do contrato:** novos paradigmas. 2. ed. Rio de Janeiro: Renovar, 2006.

NORONHA, Fernando. **Direito das obrigações**. São Paulo: Saraiva, 2003, v.1.

OLIVEIRA, Marcelo Leal Lima. A aurora na formação dos contratos: a oferta e a aceitação do clássico ao pós-moderno. **Revista de Direito Privado**, v. 4, n. 15, p. 242-272, jul./set, 2003.

PANUCCI FILHO, Roberto. **Lease-back**. 2014. 195f. Dissertação (Mestrado em Direito Civil) – Faculdade de Direito, Universidade de São Paulo, São Paulo, 2014.

PANZARINI, Elisabetta. **Il contratto di opzione: I. Struttura e funzioni**, Milano, Dott. A Giuffrè, 2007.

PATTI, Guido; PATTI, Salvatore. **Responsabilità precontrattuale e contratti standard**. Milano: Giuffrè, 1993.

PENTEADO, Luciano de Camargo. **Figuras parcelares da boa-fé objetiva e *venire contra factum proprium***. THESIS, São Paulo, a. IV, v. 8, p. 39-70, 2º semestre, 2007.

____. **Integração de contratos incompletos**. 2013. 381f. Tese (Livre Docência em Direito) – Faculade de Direito de Ribeirão Preto da Universidade de São Paulo. Ribeirão Preto, 2013.

PEREIRA, Caio Mário da Silva. **Responsabilidade civil**. Rio de Janeiro: Forense, 1994.

____. **Instituições de Direito Civil**: teoria geral das obrigações. v. II. Rio de Janeiro: Forense, 2008.

PEREIRA, Regis Fichtner. **A responsabilidade civil pré-contratual:** teoria geral e responsabilidade pela ruptura das negociações contratuais. Rio de Janeiro – São Paulo: Renovar, 2001.

PIGNATARO, Gisella. **Buona fede oggettiva e rapporto giuridico precontrattuale:** gli ordenamenti italiano e francese. Napoli: Edizioni Scientifiche Italiane, 1999.

PONTES DE MIRANDA, Francisco Cavalcanti. **Tratado de direito privado**. 3. ed. Rio de Janeiro: Borsoi, 1972. t. II, XXIII, XXXVIII.

POPP, Carlyle. **Responsabilidade civil pré-negocial:** o rompimento das tratativas. Curitiba: Juruá, 2001.

PORTUGAL. DL n.º 47344/66 da República Portuguesa, de 25 de novembro de 1966. Disponível em: <http://www.pgdlisboa.pt/leis/lei_mostra_articulado.php?nid=775&tabela= leis&so_miolo>. Acesso em: 8 dez. 2017.

PORTUGAL. Tribunal da Relação de Guimarães. Apelação nº 902/04-2, Rel. Vieira e Cunha, j. 26/05/04. Disponível em: < http://www.trg.pt/index.php >. Acesso em: 8 dez. 2017.

PRATA, Ana Maria Correia Rodrigues. **O contrato-promessa e o seu regime civil**. Coimbra, Almedina, 1995.

RÁO, Vicente. **Ato Jurídico: noção, pressupostos, elementos essenciais e acidentais: o problema do conflito entre os elementos volitivos e a declaração**. 3. Ed. anotada e atual. Por Ovídio Rocha Barros Sandoval. São Paulo: Ed. Revista dos Tribunais, 1994.

RAVAZZONI, Alberto. **La formazione del contrato**, Milano: Giuffré Editore, 1974.

REI, Maria Raquel Aleixo Antunes. **Da interpretação da declaração negocial no direito civil português**. 2010. 476 f. Tese (Doutorado em Direito Civil) – Faculdade de Direito, Universidade de Lisboa, Lisboa, 2010.

REIS JÚNIOR, Antonio dos. O problema da execução do contrato preliminar: esboço de sistematização em perspectiva civil-constitucional. **Civilistica.com**. Rio de Janeiro, a. 6, n. 1, 2017. Disponível em: http://civilistica.com/o-problema-da-execucao-do-contrato-preliminar/, p. 4. Acesso em: 7 de jan. de 2018.

REVORÊDO PUGSLEY, Gustavo de. **O efeito modificativo dos fatos jurídicos sobre a relação jurídica obrigacional**. Dissertação de mestrado apresentada à Faculdade de Direito da Universidade de São Paulo. Orient.: Lydia Neves Bastos Telles Nunes, 2014.

RIBEIRO, Joaquim de Sousa. Responsabilidade pré-contratual – breves anotações sobre a natureza e o regime, in **Estudos em homenagem ao Prof. Doutor Manuel Henrique Mesquita**, volume II, Coimbra: Coimbra Editora, 2009.

RODRIGUES, Sílvio. **Direito civil:** parte geral. 34. ed. São Paulo: Saraiva, 2003. v. I.

___. **Direito civil:** dos contratos e das declarações unilaterais de vontade. 30ª ed. São Paulo: Saraiva, 2006.

ROMERO, Anna Paula Berhnes. **A tutela da confiança nos contratos empresariais**. Tese de doutorado apresentada à Faculdade de Direito da Universidade de São Paulo. Orient.: Mauro Rodrigues Penteado. 2013.

ROPPO, Vincenzo. Il contratto. In: IUDICA, Giovanni; ZATTI, Paolo. **Trattato di diritto privato**. Milão: Giuffrè, 2001.

___. **Il contratto del duemila**. Terza edizione. Torino: G. Giappichelli Editore, 2011.

ROPPO, Enzo. **O contrato**. Coimbra: Almedina, 2009.

ROSENVALD, Nelson. **Código Civil comentado:** doutrina e jurisprudência. Coord. Cezar Peluso. 7. ed. rev. e atual. Barueri, SP: Manole, 2013.

RUBINO, Domenico. **La fattispecie e gli effetti giuridici preliminari**. Milano: Giuffré, 1939.

SACCO, Rodolfo. **Introdução ao Direito Comparado**. Tradução: Véra Jacob de Fradera. São Paulo: Editora Revista dos Tribunais, 2011.

SANTOS JÚNIOR, Eduardo. Acordos intermédios: entre o início e o termo das negociações para a celebração de um contrato. **Revista da Ordem dos Advogados,** Lisboa, a. 57, n. 2, p. 566-604, 1997.

SCHREIBER, Anderson. **A proibição de comportamento contraditório**: tutela da confiança e venire contra factum proprium. 4. ed rev. e atual. São Paulo: Atlas, 2016.

SCHWARTZ, Alan; SCOTT, Robert E., Precontractual liability and preliminary agreements. **Harvard Law Review**, v. 120, n. 3, p. 662-705, 2007.

SCOTT, Robert E.; KRAUS, Jody S. **Contract law and theory**. 4. ed. Newark: LexisNexis, 2007.

SERPA, Pedro Ricardo e. **A preferência legal e voluntária no direito brasileiro**. Tese de Doutorado apresentada à Faculdade de Direito da Universidade de São Paulo. Orientador: MARINO, Francisco Paulo De Crescenzo. São Paulo, 2016.

SHEARS, Peter; STEPHENSON, Graham. **James' Introduction to English law**. 13. Ed. Londres/Dublin/Edimburgo: Butterworths, 1996.

SILVA, Juliana Pedreira da. **Contratos sem negócio jurídico**: crítica das relações contratuais de fato. São Paulo: Atlas, 2011.

SIMÃO, José Fernando. A teoria dualista do vínculo obrigacional e sua aplicação ao direito civil brasileiro. **Revista Jurídica da Escola Superior do Ministério Público de São Paulo,** v. 3, p. 165-181, 2013.

SONNENBERGER, Han Jürgen. **La conclusione del contratto secondo il diritto tedesco**: con attenzione ai problemi internazionalprivatistici nei rapporti commerciali ítalo-tedeschi. Padova: CEDAM, 1991.

SPECIALE, Renato. **Contratti preliminari e intese precontrattuali**. Milano, Giuffre, 1990.

SPÍNOLA GOMES, Técio. **O processo de formação do contrato**: abordagem comparatista entre a tradição da *common law* e o direito brasileiro. 2017. 159f. Tese (Doutorado em Direito) – Faculdade de Direito, Universidade de São Paulo, 2017.

TAMBURRINO, Giuseppe. **I vincoli unilaterali nella formazione progressiva del contratto**. Milano: Giuffrè, 1954.

TARTUCE, Flávio. A boa-fé objetiva e os amendoins: um ensaio sobre a vedação do comportamento contraditório. ("venire contra factum proprium non potest"). **Revista Jus Navigandi,** Teresina, a. 11, n. 1171, 15 set. 2006. Disponível em: <https://jus.com.br/artigos/8925>. Acesso em: 2 nov. 2017.

TELLES, Inocêncio Galvão. **Direito das Obrigações.** Coimbra: Coimbra, 1982

___. **Manual dos contratos em geral.** Coimbra, 2002.

TEPEDINO, Gustavo. Atividade sem negócio jurídico fundante e a formação progressiva dos contratos. **Revista Trimestral de Direito Civil,** Rio de Janeiro, v. 11, n. 44, p. 19–30, out./dez., 2010.

TEPEDINO, Gustavo; BARBOZA, Heloisa Helena; e MORAES, Maria Celina Bodin. **Código Civil interpretado conforme a Constituição da República.** Vol. 2. Rio de Janeiro: Renovar, 2006.

TOMASETTI JR., Alcides. **Execução do contrato preliminar.** 1982. 311f. Tese (Doutoramento em Direito) – Faculdade de Direito, Universidade de São Paulo, São Paulo, 1982.

___. Arts. 1º a 13. In: OLIVEIRA, Juarez (coord.). **Comentários à lei de locação de imóveis urbanos (Lei n. 8.245, de 18 de outubro de 1991).** São Paulo: Saraiva, 1992.

___. A parte contratual. In: VON ADAMEK, Marcelo Vieira (coord.). **Temas de direito societário e empresarial contemporâneos:** liber amicorum Prof. Dr. Erasmo Valladão Azevedo e Novaes França. São Paulo: Malheiros, 2011.

TRABUCCHI, Alberto. **Instituciones de derecho civil.** Trad. de Luiz Martínez-Calcerrada. Madrid: Revista de Derecho Privado, 1967. v. 2.

TUCCI, Rogério Lauria; AZEVEDO, Álvaro Villaça. **Direito de preferência.** São Paulo, 1995. p.41-56. Revista do Advogado, Sao Paulo, n.45, p.41-56, jan. 1995.

UNIDROIT Principles of International Commercial Contracts 2004. Disponível em: < https://www.unidroit.org/english/principles/contracts/principles2016/principles2016-e.pdf>. Acesso em: 20 dez. 2017.

VASCONCELOS, Pedro Pais. **Teoria Geral do Direito Civil,** Almedina, 2005.

___. **Contratos atípicos.** 2 ed. Coimbra: Almedina, 2009.

VENOSA, Sílvio de Salvo. **Direito Civil:** teoria geral das obrigações e teoria geral dos contratos. 7ª ed., 2ª reimpr. São Paulo: Atlas, 2007.

___. **Código Civil interpretado.** São Paulo: Atlas, 2010.

VERKERKE, J. H. **Contracts doctrine, theory & practice.** CALI eLangdell Press, 2012.

VICENTE, Dário Moura. **Da responsabilidade pré contratual em direito internacional privado, Colecção Teses**, Coimbra: Almedina, 2001.

WAISBERG, Ivo. **Direito de preferência para a aquisição de ações: conceito, natureza jurídica e interpretação**. São Paulo, Quartier Latin, 2016.

ZANETTI, Cristiano de Sousa. **Responsabilidade pela ruptura das negociações.** 1. ed., São Paulo: Juarez de Oliveira Ltda., 2005.

ÍNDICE

AGRADECIMENTOS	7
SUMÁRIO	9
INTRODUÇÃO	11
1. A FASE PRÉ-CONTRATUAL	17
2. FORMAÇÃO PROGRESSIVA DO CONTRATO	59
3. ELEMENTOS DO CONTRATO E DECLARAÇÕES NEGOCIAIS	161
4. NECESSIDADE DE CRITÉRIOS PARA IDENTIFICAÇÃO DA FORMAÇÃO DO CONTRATO	235
5. CONCLUSÃO	279
REFERÊNCIAS	333